발견,
『한서』
　　라는
역사책

발견,『한서』라는 역사책

발행일 초판1쇄 2021년 6월 30일(辛丑年 甲午月 己酉日) | **지은이** 강보순 · 길진숙 · 박장금
펴낸곳 북드라망 | **펴낸이** 김현경 | **주소** 서울시 종로구 사직로8길 24 1221호(내수동, 경희궁의아침 2단지) |
전화 02-739-9918 | **팩스** 070-4850-8883 | **이메일** bookdramang@gmail.com
ISBN 979-11-90351-88-1 03910

책으로 여는 지혜의 인드라망, 북드라망 **www.bookdramang.com**

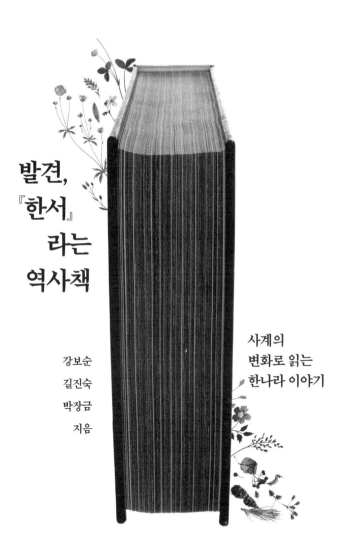

발견,
『한서』
라는
역사책

강보순
길진숙
박장금
지음

사계의
변화로 읽는
한나라 이야기

티 BookDramang
북드라망

머리말 『한서』라는 역사책이 있었다니!

사마천 「사기」의 라이벌, 「한서」의 현재

『한서』漢書라는 역사책이 있다. 반고班固(32~92)라는 중국 후한後漢 시대의 역사가가 전한前漢 시대의 역사를 기술한 책이다. 예전 공부하는 선비라면 반드시 읽어야만 했던 책이다. 『한서』는 전한 시대의 역사가 사마천司馬遷(기원전 145~기원전 85?)이 집필한 『사기』史記와 더불어 선비들의 필독서로서 역사계의 왕좌에서 내려온 적이 없다. 당나라의 한유韓愈(768~824)가 『사기』에 주목하기 전까지 학자들은 『한서』를 더 중요한 역사책으로 취급했다고 한다. 이후 송·원·명·청나라 시대에도 마찬가지로 학자들은 『사기』와 『한서』를 비교하며 그 우위를 평가했다. 말하자면, 『사기』와 『한서』는 역사책의 라이벌로 시대에 따라 학자의 기호에 따라 엎치락뒤치락 우위를 다투었으니, 둘 중 어느 책이 더 탁월한지를 판정하기가 쉽지 않았던 것이다.

그런데 지금은 연구자를 제외하고 『한서』라는 역사책을 읽는 이가 거의 없다. 아니 『한서』를 아는 이조차 매우 드물다. 『한서』라는 책을 입에 올리면 금시초문今始初聞 하는 사람들이 더 많다. 혹간 고전에 관심이 있는 이라면 "『한서』로 이불 삼고 『논어』로 병풍 삼았다"는 이덕무의 그 유명한 글귀를 떠올릴지도 모르겠다. 이불에 성에가 끼어 버석 소리가 날 정도로 한파가 몰아친 겨울밤, 그나마 『한서』를 덮고서 간신히 얼어 죽은 귀신을 면하게 되었다는 가난한 선비의 '웃픈' 이야기를 읽고 나면 『한서』라는 책명이 머릿속에 강렬하게 남기 때문이다. 이렇듯 『한서』는 운 좋게(?) 책명만 알거나 아예 모르거나! 단언할 수는 없지만 『한서』의 대중적 지명도는 정말 치명적일 정도로 낮다.

그에 반해 사마천의 『사기』는 동서양을 통틀어 전무후무한 역사책으로 사람들의 주목을 한몸에 받고 있다. 『사기』는 현재 대중들에게 널리 사랑을 받는 중이다. 『사기』를 읽은 사람이라면 사마천의 역사 서술의 탁월함에 동의하지 않을 수 없을 것이다. 사마천의 붓끝에는 감정이 흐르고, 편편의 이야기들은 인간학 교과서에 다름 아니라는 평가에 고개가 절로 끄덕여진다. 기전체紀傳體라는 역사 양식을 창조하고, 삼황오제부터 한나라 무제 때까지의 그 방대한 시공간의 이야기를 정리·해석했을 뿐 아니라 그 시공 위에서 활동했던 인간들의 욕망과 심리를 살아 움직이듯 표현한 그 필력에 어찌 감동하지 않을 수 있겠는가?

생각해 보니 나도『사기』에는 열광했지만『한서』에는 호기심을 가져 본 적이 없다. 춘추·전국시대 제자백가가 남긴 저서들을 공부했을 때, 이 저서들에 대한 정보의 출처는 예외 없이『한서』의「예문지」藝文志였음에도 불구하고『한서』라는 원전을 읽겠다는 마음이 생기지 않았으니 생각하면 참으로 이상하다. 이런 상태에서『한서』를 찾아 읽으려 한 적이 딱 한 번 있다. 아이러니하게도 반고의 라이벌 사마천의 생애가 궁금해서『한서』번역본을 찾아본 것이다. 그런데『한서』「열전」의 극히 일부분만 선별하여 번역되어 있었고, 애석하게도 그 선집에는「사마천 열전」이 수록되지 않았다. 이때에도「사마천 열전」이 번역되지 않은 것만 아쉬웠을 뿐, 번역된『한서』선집에는 눈길조차 주지 않았다. 아마도『한서』를 읽고 싶게 만드는 어떤 추동력도, 필요성도 없었기 때문이리라. 적어도 나에게 한나라 역사는『사기』에 기술된 이야기만으로 충분했다. 한나라 무제 이후의 전한 시대가 궁금하지 않았고,『한서』라는 책이 지닌 매력도 전혀 알지 못했기 때문이다. 정말이지『한서』에 대한 호기심을 불러일으킨 전령사를 한 번도 만난 적이 없고, 그런 해설서를 접한 적이 없었다. 그렇게『한서』는 닿기 어려운 저 멀리에 가려져 있었다.

『한서』를 읽는 까닭은?

2018년 여름『한서』를 읽었다. 인생사 한 치 앞을 모른다더니 전혀 예정에 없던 『한서』를 읽게 된 것이다. 『한서』를 읽자는 제안이 왔을 때 나는 아주 편안하게 말했다. 부분만 번역되어 전체를 읽을 수가 없어, 라고. 그런데 이 무슨 일인가? 그 자리에서 검색하니 2017년 9월 『한서』의 「본기」와 「열전」 전체가 번역되어 출간된 것이다. 읽으라는 계시인가? 차마 외면할 수가 없었다. 그렇지만 장장 10권! 지구력이 필요했다. 게다가 재미있으리란 보장도 없었다. 아무도 읽은 사람이 없기에 사전 정보가 전혀 없는 상태에서 10권을 읽자니 부담스럽기 짝이 없었다. 세미나를 열면서도 끝까지 잘 읽어낼 수 있을지 걱정이 앞섰다.

아니 이럴 수가. 이 모든 것이 기우에 불과했다. 매주 한 권씩 10주에 걸쳐 『한서』를 읽어 가면서 나의 불안은 말끔히 사라졌다. 매주 한 권, 원문을 포함하여 약 600쪽의 분량을 읽어 가는 건 결코 쉬운 일이 아니었다. 번역본을 내준 분들에게 말할 수 없이 감사하지만, 지명과 인명이 한자로 되어 있어 속도를 내기도 어려웠다. 그럼에도 불구하고 지루하기는커녕 흥미진진했다. 매 권마다 다른 이야기와 세계가 전개되면서 새로운 국면이 펼쳐졌다. 그렇고 그런 사건과 이야기들의 나열일까 지레 걱정했는데 깨알 재미가 넘쳤다.

10권을 다 읽고 뿌듯했다. 이 재미있는 『한서』를 읽기에서 멈추는 것이 아쉽다는 생각이 들었다. 그래서 우리 ──『한서』 읽기에 함께한 길진숙·박장금·강보순 ── 는 의기투합했다. 『한서』라는 책을, 『한서』의 이야기를 알리자. 『한서』에 대한 평가와 진단은 역사학계의 몫이지만, 우리는 전령사로서 『한서』의 그 풍성하고 중층적이고 구체적인 인물의 면모와 서사를 가감 없이 전하자.

이제,『한서』를 읽으면서 느낀 즐거움을 고스란히 전달할 수 있기를 간절히 바라면서『한서』를 읽는 이유에 대해 이야기해 보련다.

먼저『한서』편찬에 얽힌 이야기를 좀 더 정확히 풀어 보자. 반고의 아버지 반표班彪(3~54)는 사마천의『사기』를 잇는 역사서『사기후전』史記後傳 65권을 저술하고 반고의 나이 22살 때 세상을 떠난다. 그 후 아들 반고는 26살 때부터 아버지의 뒤를 이어 역사책 집필을 시작하여 80년에『한서』의 완성을 목전에 두었다고 한다. 그런데 반고가 대역죄인 두헌竇憲의 측근으로 투옥되어 옥사하면서『한서』는 미완성 상태에 놓이게 된다. 이에 여동생 반소班昭(45?~117?)가 그 뒤를 이어「표」表와「지」志를 보완하면서『한서』쓰기의 대장정은 완수된다. 그러니까『한서』는 반씨 집안이 전력투구하여 만들어 낸 역작이었던 것이다.

반씨 집안은 후한 시대를 살면서 전 왕조의 생장쇠멸生長衰滅을 끈질기게 추적했다. 이전 왕조의 흥성과 쇠망을 길잡이 삼아 자기 왕조의 현재 그리고 내일을 통찰하고 돌봐야 한다는 절박함이 반씨 집안 사람들을 움직였음에 틀림없다. 이리하여 단대사斷代史라는 역사학의 전통이 만들어진다.『한서』가 정사로 인정받으면서 이후 출현한 왕조들은 전대 왕조를 조명·정리하는 역사책 편찬을 대업의 하나로 인식하게 된 것이다.

반씨 집안의 이 공력에도 불구하고 한나라 단대사에 대한 관심은 미미한 편이다. 사마천의『사기』덕분에 전한 시대의 고조·여태후와 혜제·문제·경제·무제까지의 왕력에는 익숙하지만 그 이후의 왕들에 대해서는 거의 알지 못한다. 그나마 전한을 멸망시킨 장본인 왕망王莽(기원전 45~기원후 23)에 대해서는 들어봤을 텐데, 왕망을 아는 정도라면 역사에 대한 관심이 지대한 편에 속한다. 한나라 무제 이후, 소제·선제·원제·성제·애제·평제는 『한서』 안에 박제된 채 소환된 적이 없다. 그 이유는 한나라 시대를 조망하게 만들 정도로 문학·예술·사상·종교가 강렬하고 매력적이지 않았기 때문일 것이다. 이는 한나라 시대가 문화적으로 암흑이었다는 말이 아니라 다른 시대에 비해 상대적으로 밀려나 있었기 때문이리라.

한나라 하면 떠오르는 것을 따져 보자. 동중서董仲舒의 『춘추번로』春秋繁露, 유안劉安의 『회남자』淮南子, 육가陸賈의 『신어』新語, 양웅揚雄의 『법언』法言, 사마상여司馬相如의 부賦, 왕충王充의 『논형』論衡 등등. 제자백가의 사상이 통섭되는 시기이면서 몸·국가·우주를 하나의 유기체로 인식하는 사유가 꽃피던 때였다. 그런데 이런 지적 경향이 오히려 한나라에 대한 기대치를 떨어뜨리는 결정적 이유가 된다. 여러 사유들을 통일·융섭하는 경향 때문에 새로운 사유가 범람하던 춘추전국시대와 비교하여 창조적이기보다는 잡스러운 것으로 평가절하되었던 것이다. 그리고 천지의 기운과 인간의 기운이 서로 교통하고 감응하는 측면에서 인간의 몸과 정치를 해석하는 까닭에 비과학적이고 비논리적인 술수나 비의처럼 취급되어 음지로 밀려났던 것이다.

우리가 『한서』를 읽기로 작정한 이유는 바로 여기에 있다. 위에 열거한 한나라 시대의 저작들을 읽으면서 인간의 몸과 정치를 해석하는 새로운 가능성을 보았고, 그 이해를 위해 한나라 시대에 대한 탐사가 필요했기 때문이다. 곧 인간의 몸과 정치의 관계, 천지 자연의 이치와 음양오행과 인간과 국가의 역학에 이토록 관심이 많았던 때가 있었는지 궁금해진 것이다. 어떻게 이런 사유가 출현 했는지, 왜 한나라 때 사람들은 몸과 우주의 관계를 통해 인간 삶을 해명하는 데 집중했는지, 그리고 한나라 현실에서 어떻게 작용했 는지의 답을 찾기 위해 그 시공을 탐사하지 않을 수 없었다.

그렇게 『한서』 읽기는 시작되었다. 세미나가 준 행운이랄까? 『한서』를 읽어야 하는 또 하나의 이유가 추가되었다. 역사책으로서 의 『한서』가 지닌 매력과 미덕 때문이다. 진秦나라가 중국 천하를 통일했지만 허망하게도 15년 만에 무너지고 만다. 다시 천하를 통 일한 한나라는 200여 년 동안 제국을 지켜 낸다. 안정된 관료제로 그 넓은 영토를 다스리며 번영을 구가했던 천하의 제국 한나라! 반 고는 한나라라는 이 특정 조건 위에서 200여 년의 시간 동안 명멸 해 간 인간들의 말과 행위에 주목한다. 인간들이 얽혀 빚어내는 사 건과 사고事故와 마음을 다각도에서 비추어 보여 준다. 그럴 때 하나 의 사건, 한 사람의 행위는 단선적이지 않다. 일례로 반고는 행정 능 력은 놀라울 정도로 뛰어나고 정확하지만 그 반대급부로 잔인한 동 시에 남 잘되는 걸 볼 수 없는 찌질한 인간의 이면을 디테일하게 해 부한다. 또한 모든 걸 다 가졌으나 오히려 이것이 제 무덤을 파는 원 인이 되는 삶의 역설과 그 매트릭스를 적나라하게 들추어낸다. 반고가 해부한 인물 열전을 읽으면 인간이란 어떤 존재인지, 시공을 뛰어넘어 인간이 넘어야 할 문턱은 무엇인지, 이 드넓은 천지와 교감하는 한 생명체로 돌아가 삶의 기본과 그 심연을 묻고 또 묻게 된다. 아마도 이것이 『한서』를 읽어야만 하는 가장 큰 이유일 것이다.

역사책 『한서』를 알리고 싶은 마음을 모아 '감이당'의 네트워크 'MVQ'(무빙비전탐구)에 연재를 시작한 때가 2018년 11월이다. 세 사람이 돌아가면서 매주 연재를 하여 2020년 1월에 글쓰기를 마감했다. 『한서』로 글을 썼던 1년 3개월 동안 우리는 서로에게 스승이자 독자가 되어 『한서』에 관한 시각을 조율하고, 글쓰기에 대한 비평과 조언을 아끼지 않았다. 더할 나위 없이 즐겁고 뿌듯한 시간이었다. 『한서』를 알아 가는 기쁨에 넘쳐, 활력을 잃지 않고 글쓰기 대장정을 마무리한 동료들에게 무한한 감사를 보낸다. 그리고 언제나 그렇듯, 엉성한 원고를 꼼꼼히 체크하여 책이 될 수 있게 만들어 주는 북드라망의 김현경 대표에게 마음속 깊이 간직한 고마움을 전한다. 따뜻하면서도 예리한 시선으로 책을 살피는 김현경 대표는 필자의 책을 필자보다 더 잘 안다. 대표를 닮아 최고의 교정을 해주는 북드라망 식구들에게도 한량없는 신뢰와 존경의 마음을 보낸다.

사이재에서

필자들을 대표하여 길진숙이 쓰다

목차

**3부
한나라의 가을: 소제부터 선제까지 241**

4부
한나라의 겨울: 원제부터 왕망의 등장까지 339

| 일러두기 |

1 이 책에는 세 명의 지은이가 쓴 총 31편의 글이 실려 있습니다. 각 글의 지은이가 누구인지는 이 책 말미 '저자 인덱스'에 밝혀 놓았습니다.

2 이 책에서 인용한 『한서』의 국역본은 진기환 역주의 명문당 판본(1~10권, 2016~2017년 발행)입니다. 본문에 인용할 때는 인용 문장 뒤에 작은 글씨로 다음과 같이 적었습니다. 「흉노전」, 『한서』 4, 65쪽. 이후 같은 책이 반복될 때는 '같은 책, 쪽수'로 간단히 표기했습니다.

3 단행본·정기간행물의 제목에는 겹낫표(『 』)를, 단편·시·노래 등의 제목에는 낫표(「 」)를 사용했습니다.

4 인명·지명 등 외국어 고유명사는 2002년에 국립국어원에서 펴낸 외래어표기법을 따라 표기했습니다.

『한서』가 들려주는 한나라의 사계

프롤로그 『한서』가 들려주는 한나라의 사계

한나라의 봄·여름·가을·겨울

우주 만물은 매년 봄·여름·가을·겨울의 사계절을 밟는다. 봄에는 태어나고[生], 여름에는 자라며[長], 가을에는 거두어지고[收], 겨울에는 사라진다[藏]. 봄·여름·가을·겨울의 사계절이 어김없이 반복되듯, 태어나고 자라고 거두어지고 사라지는 과정 곧 생로병사의 과정이 모든 생명체의 주기이다. 태어나는 모든 것들에는 끝이 있고, 끝난 뒤에는 또 새로운 생성이 이어진다. 탄생과 죽음의 반복, 이것이 자연스러운 우주의 이치이자 행로이다. 모든 생명체가 그러하듯 국가 또한 태어나면 죽는 것, 영원한 나라는 없다. 한 국가가 사라지면 또 새로운 국가가 시작된다. 사람마다 수명이 다르듯 여러 나라들 또한 수명이 다를 뿐, 지구상에 세워진 모든 나라들은 시작되고 성장하고 거두어지고 사라지는 과정을 겪는다.

『한서』의 저자 반고는 이것이 역사의 법칙이라고 보았다. 사계절의 변화가 반복되는 것이 우주의 역사인 것처럼, 한 국가의 역사 법칙 또한 생로병사의 변화인 것이다. 이런 이치에 입각하여, 반고는 한나라가 "고조(유방)에서 시작하여 효혜제, 고후(여태후), 효문제, 효경제, 효무제, 효소제, 효선제, 효원제, 효성제 한나라는 황제의 시호에 '孝'를 붙였다를 거쳐 효애제 때 『주역』 '대과괘'大過卦의 곤경에 처해 꺾이고 흉해지다 효평제 때 천하를 상실하기까지의 12대, 230년 동안" 「서전」, 하, 『한서』 10, 478~479쪽 살았다고 요약한다. 반고가 한나라의 역사적 흐름에서 중시한 것은 생장과 쇠멸의 역정이다. 말하자면 반고는 한나라의 봄·여름·가을·겨울의 변곡점이 언제이며, 각 계절마다 어떤 일이 어떻게 전개되었는지를 보여 주고자 했다.

그리하여 한나라 역사를 사계절의 변화에 맞춰 구분해 보면 다음과 같다. 고조 유방에서 혜제·여태후·문제·경제 때까지의 한나라는 시작하고 살리는 봄의 시간을 보낸다. 무제 때의 한나라는 봄에 만들어 놓은, 안정된 기운을 열정적으로 발산하고 팽창시키면서 화려하게 성장하는 여름의 시간이다. 확대와 성장이 극에 달하다 보니, 무제 말년 동안은 부실해지고 더 이상의 성장은 불가능해진다. 이 뒤를 이은 소제와 선제 때의 한나라는 버릴 것은 버리고 내실을 다지는 가을의 시간을 겪는다. 기존의 성과를 정리하고 변화하려 애쓰던 시절이다. 한나라의 말년, 원제·성제·애제·평제 때는 『주역』 택풍대과澤風大過괘의 기둥이 흔들리듯 병이 깊게 들어 멸망하는 겨울의 시간에 해당한다. 반고는 이 흐름을 막을 수 있는 건 없다고 본다. 국가는 그저 흘러간다.

물론 모든 역사가가 국가사를 자연사처럼 기술하지는 않는다. 역사가마다 중요하게 여기는 사건이 다르듯, 역사를 서술하는 관점 또한 매우 다르다. 황제부터 요순시절, 하나라, 은나라, 주나라, 춘추·전국시대의 여러 제후국들, 진나라, 항우의 초나라, 고조부터 무제에 이르는 한나라까지, 3천여 년 이상의 시간을 기술하며 수많은 탄생의 각축전과 멸망의 파노라마를 보여 준 사마천의 『사기』에서는 오히려 국가라는 생명체의 생장쇠멸의 흐름에 주목하기 어렵다. 광활하고 장구한 시공 위에서 각개 분투하는 인간들의 삶과 운명에 몰입했기 때문이다. 사마천은 국가에 있어서든, 개인에 있어서든 어떤 드라마틱한 지점을 포착하는 데 능란하다. 인간이 어떻게 자유의지를 발휘하며, 또 그 결과를 어떻게 받아들이는지에 대한 탐구! 사마천이 역사에서 주목한 바다.

그러나 반고는 때의 흐름을 매우 중시한다. 반고에게 역사의 법칙은 오로지 변화한다는 사실에 있다. 성장이 극에 달하면 반드시 쇠락하고, 쇠락의 끝에 이르면 반드시 생성한다. 가득 차면 반드시 기울어지고, 기울어진 것은 다시 차오른다. 이 때문에 반고는 성장의 정점을 찍었던 무제 때가 곧 쇠락의 시작이라고 이야기한다. 이처럼 반고는 세상사 또한 변화를 반복하는 자연의 법칙을 비껴갈 수 없다고 여긴다. 역사는 연대기적으로 발전하는 것이 아니다. 목적적이고 계획적이며 의도적으로 만들어질 수 없는 게 역사다. 자연의 역사에 정해진 방향은 없다. 환경과 조건과 생명체들이 조우하면서 그저 그렇게 매 순간 만들어졌던 것이다. 생성할 때가 되면 생성하고, 성장할 때가 되면 성장하고, 쇠락할 때가 되면 쇠락하며, 소멸할 때가 되면 소멸한다.

이는 인간의 의지와 노력이 무용지물임을 말하려는 것이 아니다. 어떤 완전한 상태란 존재하지 않음을 말하는 것이다. 한나라 때 사람들은 요순시대가 가장 완전하고 좋은 때라 여긴다. 과거로 거슬러 올라갈수록 완전하다. 역사는 뒤로 갈수록 타락한다. 지금의 우리는 어떤가? 우리의 시대가 모든 시대의 완성이거나 혹은 거의 완성에 가까운 때라 여긴다. 그렇기 때문에 과거를 오로지 지금 이 시대의 완성을 위해 존재하는, 불완전하고 미숙한 상태로 취급한다. 그러나 반고에게는 완성의 때와 미완성의 때가 따로 있지 않다. 모든 시간은 머무르지 않고 흘러 서로 다른 상태를 빚어낼 뿐이다. 요순시대만이 완전한 때라거나, 아니면 지금 현재만이 완전한 때라고 규정짓기 어렵다. 반고는 한나라 또한 요순시대와 같이 좋은 점 혹은 나쁜 점을 가지고 있지, 요순시대에 못 미치는 때라 여기지 않았다. 다만 모든 것은 변화하므로 겪을 일을 모두 겪을 따름이다. 모든 것을 다 겪어 온 시간 그 자체를 보는 일만으로도 지혜가 생겨나므로 반고는 한나라의 생로병사를 아주 디테일하게 여러 방면의 시선으로 조망할 뿐이다.

반고가 한나라의 역사에서 발견한 것은 '생장수장'生長收藏의 흐름이었다. 우리는 이 흐름에 몸과 마음을 실을 뿐이다. 봄에는 살려야 하고, 여름에는 성장하게 하며, 가을에는 정리하고 변화시켜야 하며, 겨울에는 마무리하고 끝내야 하는 것이다. 이 흐름을 차례로 밟아 나가야지, 때를 건너뛰거나 때에 맞지 않는 일을 해서는 안 된다. 그러니 매 국면을 직시하는 것 외에 다른 방법은 없다. 반고는, 때는 자연스럽게 오며, 오는 때를 막을 수 없으니 한나라의 사람들이 그 때를 어떻게 맞이하고 행위했는지를 따라가면서 보여 준다. 이 때문에 『한서』를 읽을 때마다, 때에 맞게 행동한다는 것은 무엇일까를 질문하고 탐구하게 된다. 이것이 한나라의 봄·여름·가을·겨울에 일어난 일을 관찰해서 얻는 지혜이다.

역사는 운명이다!

역사는 운명이라고 말하면, '역사의 발전'이라는 믿음을 모독하는 것처럼 들릴지 모른다. 그렇다. 운명을 강조하는 이유는 역사가 인간의 의지만으로 이루어지지 않음을 알고, 역사가 발전한다는 상식을 깨기 위한 것이다. 운명이라 말하는 것은 원인과 결과가 분명하지 않다는 말이다. 다시 말하자면, 어떤 일도 예측 불가능하다는 뜻이다. 콩 심은 곳에서 콩이 나오지만, 콩의 수확이 많을지 적을지 콩이 탐스럽게 맺을지 병들지는 아무도 예측할 수 없다. 나와 봐야 안다. 인간도 콩 스스로도 결과를 알 수는 없다. 싹이 트고 자라고 열매를 맺어 수확해 봐야 안다.

그렇지만 우리는 역사를 운명이라 말하지 않는다. 모든 역사는 과거의 흔적이요, 이미 있었던 일의 기록이다. 원인부터 결과까지 이미 드러나 있기 때문에 왜 그런 일이 일어나고 그런 결과가 생겨났는지 선명하게 아는 것처럼 느낄 뿐이다. 일의 발단과 결과가 파노라마처럼 펼쳐져 있으니 마치 그런 원인에서 그런 결과로 이어지는 것을 지극히 당연하게 받아들인다는 말이다. 이것은 과거에 대한 착시거나 착각이다. 수없이 많은 조건들과 원인들이 마주쳐 그런 결과가 빚어진 것이다. 그러니까 분명한 인과관계는 없다. 원인과 결과 사이의 관계는 매우 우연적이고 불연속적이다. 그리고 원인이 똑같다고 똑같은 결과가 나오지 않는다. 그 관계 또한 일회적이다. 그야말로 그때 그때 다르다! 이것이 인생이고 역사다.

반고는 역사를 운명이라고 말하는 역사가다. 운명을 반고식으로 표현하면 천명天命 또는 신명神命이다. 다시 말하자. 역사는 운명이요 천명이요 신명이다. 반고는 이렇게 읊조렸다. "세상사 변화하기에 서로 어긋나거늘 / 누가 그 종시의 길흉을 예언할 수 있는가?" 「서전」 하, 『한서』 10, 448쪽 "대도는 하나이고 자연이러니 / 술법의 근원은 같고 방법은 다르다 / 신명은 인간보다 앞서 그 명을 정해 놓았다."같은 책, 455쪽 세상사는 변화한다. 똑같은 일을 해도 결과는 다르다. 아무도 결과로서의 길흉을 예측하지 못한다. 우주만물의 운명은 이미 결정되어 있다. 인간이 마음대로 할 수 없는 것, 저절로 그렇게 되기 때문이다.

그러므로 반고는 모든 일이 되고자 하여 되는 것은 아니라고 딱 잘라 말한다. "대개 굶주린 하층 백성이나 길에서 추위에 떨고 있는 사람은 짧고 거친 속옷이라도 입기를 바라고, 먹을 것이 부족한 사람들이 바라는 것은 적은 돈인데도 끝내 구덩이에서 죽는다. 왜 그러한가? 가난한 것도 운명이기 때문이다. 하물며 천자의 고귀한 자리나 사해의 부를 차지하는 것은 하늘이 주는 자리인데 아무나 차지할 수 있고 멋대로 누릴 수 있는가?"「서전」하, 『한서』 10, 438쪽 가난한 것도 운명이요, 부귀한 것도 운명이다. 부귀빈천은 인간 영역 너머의 일이다. 이는 하루아침에 만들어진 것이 아니다. 누적되고 누적된 미묘한 파동과 힘들이 모여 만들어진 결과이다. 언제 누구에게 무슨 일이 닥칠지 알지 못한다. 내가 어찌할 수 없으니 운명이요, 하늘의 뜻이요, 신의 뜻이라고 말하는 것이다.

황제의 자리에 오르는 자도, 황제가 되고 싶었으나 불행히 나락에 빠지는 자도 모두 천명에 의한 것이다. 단순한 인과관계만으로는 세상사의 깊은 연고를 알기 힘들다. "세상 사람들은 고조가 포의布衣: 베로 지은 옷이라는 뜻으로 미천한 신분을 말함에서 일어난 것만 보았지 그 깊은 연고는 모르기에 난세를 만나 분연히 칼을 빼들고 일어났다 했으며, 유세하는 사람은 천하가 사슴을 쫓았는데 요행히 고조가 빨리 잡은 것이라 말하였으니, 이는 신기神器: 황제의 지위가 천명이며 인간의 지력으로 차지할 수 없다는 것을 알지 못한 것이다."같은 책, 432쪽 "한신이나 경포처럼 용감했거나 항량과 항적처럼 강대했거나 왕망처럼 성취했던 사람일지라도 끝내 갑자기 삶겨 죽거나 도끼로 처형되고 각종 악형에 처해진다."같은 책, 440쪽 단순히 상황이 유리하다고, 혹은 용감하거나 강대하거나 똑똑하다고 황제의 자리에 오를 수 있는 건 아니다. 그것은 지성으로 포착 불가능한, 알 수 없는 힘들의 작용이다.

　반고는 건국과 망국의 필연적 원인을 하나로 잡아내기 어렵고 인간의 힘이나 지력에 의한 것이라고 단정하기도 어렵기 때문에 천명 또는 운명을 말했던 것이리라. 우발적으로 부딪힌 여러 힘들이 어떤 시기에 집합하여 건국이라는 사건도 만들고, 망국이라는 사건도 만든다. 말하자면 천지와 만물과 인간과 때의 집합적 공명의 결과가 흥망성쇠라는 사건으로 드러나는 것이다. 흥망성쇠의 사건에 인간이 부분적으로 참여하는 것일 뿐, 인간 마음대로 할 수는 없다. 역사는 운명임을 알게 하는 것이 반고가 역사를 기술하는 이유다.

　역사가 운명임을 아는 행위가 우리에게 선사하는 건 무엇인가? 저절로 흘러가는 역사, 운명이라는 이름으로 구성되는 역사를 읽는다는 것이 우리에게 어떤 의미를 주는가? 운명에 대한 직시는 세상만사가 내 마음대로 되지 않음을 알게 하는 것이다. 또한 인간이 세상일에 부분적으로 참여할 뿐임을 깨닫게 하는 일이기도 하다. 그렇다면 반고가 역사를 통해 꾀하는 바는 인간의 나약함과 왜소함을 각인시키고자 하는 것인가? 아니면 운명에 복종하라는 말인가?

　반고는 운명을 아는 것은 자신과 자신의 조건을 이해하는 행위라 여긴다. 반고는 말한다. 열등한 말은 천리 먼 길을 달릴 수 없고, 참새나 제비는 강하고 완벽한 날개를 쓰는 새를 따를 수 없으며, 서까래로나 쓸 만한 목재가 기둥의 자리를 견딜 수 없고, 옹졸

한 사람은 결코 제왕의 중책을 수행할 수 없다. 자신의 역량을 모르고 그 이상의 일을 하게 되면, 『주역』 화풍정火風鼎괘 구사효의 '큰 솥의 다리가 부러지면 귀인의 음식은 엎어지는' 지경에 이른다. 다시 말하면, 큰솥을 감당할 수 없는 자가 일을 맡으면 솥의 다리가 부러져 음식물을 다 쏟는 참사가 일어난다. 자신을 알고 그에 딱 맞는 일을 하는 게 중요하다.

반고는 운명을 아주 잘 파악한 두 어머니를 이야기한다. 진영陳嬰의 어머니와 왕릉王陵의 어머니. 진나라의 혼란기에 여러 호걸들이 진영을 왕으로 추대했다. 진영의 어머니는 이를 말렸다. "내가 너의 집에 며느리가 된 뒤로 네 집안은 대대로 빈천했는데 갑자기 부귀해지는 것은 좋은 일이 아니니 군사를 다른 사람에게 맡기는 것만 못할 것이다. 일이 잘되어도 그 이득은 작지만 일이 실패하면 화가 닥칠 것이다." 진영은 어머니의 말을 따랐기에 평안할 수 있었다. 왕릉의 경우를 보자. 왕릉은 한나라 유방의 장수였는데, 초나라의 항우가 왕릉을 탐내어 그 어머니를 초나라에 잡아 두었다. 한나라의 사신이 왕릉의 어머니에게 찾아오자, 그 어머니는 아들에게 전하는 말을 남기고 사신들 앞에서 칼을 안고 죽는다. "한왕은 장자長者라서 천하를 차지할 것이니 내 아들에게 한왕을 신실하게 섬겨 절대 두 마음을 먹지 말라 전해 주시오." 왕릉의 어머니는 한왕 유방에게 천하가 기울었음을 알았던 것이다.

진영의 어머니는 자식의 운명을 알았고, 왕릉의 어머니는 한왕 유방의 운명을 내다보았다. 이 이야기는 어머니들의 예지력을 칭송하기 위한 것이 아니다. 그 어머니들은 때와 능력을 간파한 것이다. 운명은 수억 겁 이어져 온 행위와 수많은 인연들이 모여 만들어진 결과이다. 하루아침의 행위로 운명이 결정된다면, 한 사람의 능력만으로 일의 성공과 실패를 판가름할 수 있는 법이다. 그렇지만 운명은 수많은 시간 동안 쌓이고 쌓인 행위들과 환경과 관계들의 집합에 의해 만들어지는 것이다. 그러니 자신의 위치와 능력과 때를 꿰뚫어 보는 자만이 운명을 알 수 있다. 자신을 알고, 때를 알고, 나를 둘러싼 맥락을 아는 것, 이것이 어떤 운명에도 흔들리지 않으면서 나를 보존하고 나라를 지키는 방법이다. 이것이 반고가 '운명적인 역사'에 대해 이야기하는 이유이다.

삶을 위한 역사, 마음을 닦는 역사책

공자의 『춘추』 이래로 역사는 잘한 일은 칭찬하고 못한 일은 비판하여, 후대가 이를 배워 삶과 정치의 방향을 올바로 세울 수 있게 하기 위해 편찬되었다. 이때 잘한 일과 못한 일의 기준은 무엇이었을까? 화려한 업적과 위대한 승리였을까? 후한시대 학자인 왕충은 "『춘추』를 살펴보면 털끝만 한 선행일지라도 채택했으며 검부러기만 한 악행일지라도 폄하했다"왕충, 『논형』, 성기옥 옮김, 동아일보사, 2016, 1021쪽고 해석한다. 공자는 안 되는 줄 알면서도 하고자 하는 바를 행했던 사람이다. 하고자 하는 바는, 스스로에게든, 집안에서든, 나라에서든, 천하에서든, 사람다운 행위를 하는 것이다. 그 사람다움은 인의仁義에 따라 살고 인의에 따라 행하는 것.

반고는 공자를 스승으로 삼은 역사가로서 하늘을 따르고 사람과 통하는[應天順民] 삶을 탐험하는 것을 역사 편찬의 제일로 삼았다. 한나라는 사계절의 변화에 따라 생장하고 소멸했으며, 한나라의 역사는 운명임을 보여 주는 역사가 반고! 그는 성장과 발전에 대한 환상이나 업적에 대한 망상이 없었음에 틀림없다. 변화와 운명에 주목하는 것은 결과나 업적을 중시하는 것이 아니라 과정과 행위를 중시하는 것이다. 자신이 발 딛고 있는 지반, 그 자리 그 시간에 무엇을 어떻게 하는지에 관심을 갖는 것이다. 그것이 바로 하늘을 따르고 사람과 통하는, 응천순민應天順民이다.

『한서』를 읽으면 공로가 아니라 공덕을 쌓아 가는 과정을 생각하게 된다. 유방이 제왕이 된 이유는 오랜 세월 축적한, 정성스런 마음과 은혜로운 행위다. 보통 우리는 결과만 보고 황홀해한다. 사실 어떤 결과든 무수한 계기들이 축적된 뒤에 온 것이다. 그러니 성급하게 결과를 내려고 해서는 안 된다.

> 제왕의 자리란 많은 공적과 복리를 오랜 세월 축적한 공덕이 있은 연후에 정성이 신명에 통하고 은택이 백성들에게 주어졌기 때문에 신명이 복을 내려 준 것이며 거기에 백성이 따라 응한 것이다. 시운과 세계가 아무런 근본도 없고 그 공덕을 백성들이 알지도 못하는데 갑자기 솟아나 자리에 오르는 일은 없다.「서전」하, 『한서』 10, 432쪽

그러니 우뚝 서 먼 시공을 살펴보고 깊이 깨우쳐야 한다고 반고는 말한다. 고금의 득실을 살펴보고 지난 일의 성패를 따져 보면서 우리가 할 바는 자리에 어울리지 않는 욕망이나 법도에 어긋나는 목표를 버리는 일이다. 영웅도 때를 만나야 영웅이 되고, 때를 만나지 못하면 일개 필부에 불과하다. 굳이 자신의 권리라며 탐내고 순서를 뛰어넘어 함부로 행동한다면, 재앙에 빠질 뿐이다. 공은 그렇게 쉽게 이루어지지 않으며, 명성은 거짓으로 차지할 수 없다. 만약 공을 쉽게 이루고, 명성을 쉽게 얻었다면, 자신의 능력 때문이라는 오만함을 버리고 자신을 닦아 나가야 한다.

　　봄에는 봄의 일을 하고, 여름에는 여름의 일을 하며, 가을에는 가을의 일을 하고, 겨울에는 겨울의 일을 해야 한다. 봄에 여름의 일을 하고, 여름에 가을의 일을 하고, 가을에 겨울의 일을 하며, 겨울에 봄의 일을 하면, 단계를 건너뛰고 차서가 어긋나 병이 생기고 어지러워진다. 한나라는, 나라가 시작된 봄에는 양생養生에 힘쓰는 황로학黃老學으로 백성을 살리고, 성장해야 하는 여름에는 유학으로 인재를 양성하고 나라 안팎으로 문물제도를 화려하게 꽃피웠다. 유학은 한나라의 봄에는 그 쓸모를 인정받지 못했다. 여름에 가서야 진가를 발휘했다. 소박하게 생명 본위로 돌아가는 황로학은 화려하게 발산하는 여름에는 활약할 수 없었다. 이것이 황로학과 유학의 운명이다. 학문이나 사상도 그렇고 사람도 그렇다. 아무리 뛰어난 인재도 때를 만나야 한다. 황로학의 인재는 봄에 활약했다. 유학의 인재들은 무제 때 화려하게 부각되어 빛을 발했다. 때가 아닌 때엔 그 능력을 인정받기 힘들다. 그래서 때를 알고 기다리며, 자신을 다스려 나가는 일 말고 방법은 없다.

> 성인의 고귀한 지론이라도 / 천성을 따르고 의로 단절해야 한다 / 외물에 욕심이 있더라도 누리지 않으며 / 죽음을 싫어하면서도 피하려 하지 않으며 / 큰 약속을 지켜 두 마음을 갖지 않고 / 곧 작은 덕행이라도 실천해야 한다.「서전」하, 『한서』 10, 456쪽

『한서』는 이처럼 삶을 위한 책이요, 마음을 닦는 데 필요한 책이다. 반고는 한나라가 겪어 낸 현명하기도 하고 어리석기도 한 온갖 경험과 인간 군상들을 통해, 기억상실에 걸린 우리들을 일깨운다. 어느 때고 상관없이 빨리 성과를 내고, 언제 어디서나 인정받기를 원하며, 자신들이 원하는 대로 다 가질 수 있다고 믿는 우리들에게 역사는 그렇게 흘러온 적이 없음을 상기시켜 준다. 미몽에 빠져 허우적대는 한나라 사람들의 어리석음을 우리 또한 차이 나게 반복하고 있음을 환기하기! 이것이 반고가 한나라 역사를 후대에 전하고자 한 이유이리라.

반고는 역사로써 우리 몸에 새긴다. 성장 뒤엔 반드시 쇠락이 있으며, 소멸 뒤에 반드시 새로운 탄생이 이어진다는 그 어김없는 사실을. 그러니 성장한다고 들뜰 것도 없고 쇠락한다고 온 세상이 무너지듯 절망할 것도 없다. 때에 맞게 처신하고 마음을 다스리는 것이 최선의 삶임을 반고는 이야기한다. 더 좋은 때도 나쁜 때도

없다. 그저 동요하지 않고 매 순간을 충실하게 살면 된다. 하여 "숫돌에 갈면 그 닳는 것이 보이지 않아도 때가 되면 없어지고, 나무를 심고 가축을 기를 때 그 크는 것이 보이지 않지만 때가 되면 커지며, 덕을 베풀고 행하는 것이 그 선행인 줄 모르더라도 때가 되면 유용한 것이며, 의리를 저버리는 것이 악인 줄 모르지만 때가 되면 망하게 됩니다"「매승전」, 『한서』 4, 77쪽라는 반고의 말을 믿고 수련하는 것 외에 다른 것은 없다. 아니 이것이 최선의 삶이다.

1부

한나라의 봄

:

고조 유방부터 오초칠국의 난까지

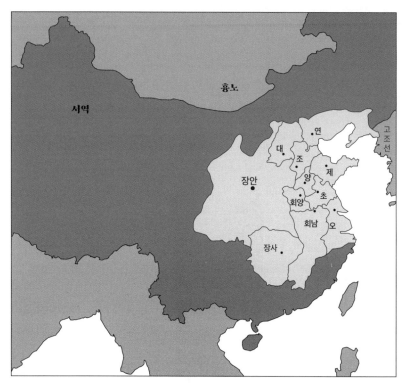

장안(長安): 현재의 중국 산시(山西) 성 시안(西安) 시의 옛 이름. 전한(前漢)과 당나라의 수도.

한나라 초기 지도

고조 유방(劉邦, 기원전 256~기원전 195)이 세운 한나라는 중국의 두번째 통일 국가다. 중국 최초의 통일 국가인 진나라는 기원전 221년에 건국되어 15년 만인 기원전 206년에 멸망하고 만다. 진나라가 멸망한 뒤 중국은 여러 나라로 분열되어 각축을 벌이다가 기원전 201년 고조 유방에 의해 다시 통일된다. 한나라는 장안을 수도로 삼아 왕성을 제외한 사방의 땅을 유방의 형제, 아들, 공신들에게 나눠 주고 이들을 제후로 세운다. 진나라는 중앙에서 관료를 파견하여 지방을 다스리는 군현제 즉 중앙집권체제를 구축했지만, 한나라는 지방분권체제인 봉건제와 중앙집권체제인 군현제를 절충한 군국제(郡國制)를 시행하였다. 군국제는 제후를 세우되 태부와 승상은 중앙에서 파견하는 제도로, 강력한 군주전제이면서 동시에 지역방어를 위해 혈연적 종법을 활용한 조처였다.

항우(왼쪽)와 유방(오른쪽)

진시황 2세가 다스리던 시절, 가난한 농민 진승(陳勝, ?~기원전 208)의 반란으로 진나라가 무너졌지만, 이 혼란기의 최고 영웅은 항우(項羽, 기원전 232~기원전 202)와 유방이다. 항우와 유방은 우후죽순 일어난 반란의 주동자들을 평정한 뒤 항우는 초나라의 왕이 되고 유방은 한나라의 왕이 되어 대적했다. 양분된 천하를 차지하기 위해 치열하게 다투던 때를 초한쟁패(楚漢爭霸)라 일컫는다. 혈기왕성하고 병력도 막강하며 백전백승 전투의 신이었던 항우가 모든 것이 열세였던 유방에게 패배한다. 유방이 승리한 결정적 이유는 현명한 사람들을 불러들이고, 적재적소에 사람을 잘 쓰고, 사람들의 말을 잘 들었기 때문이다. 항우는 배우기를 싫어했고, 다른 사람의 말을 믿지 않았기에 천하를 얻지 못한 것이다. 항우는 한 사람으로 천하에 대적했지만, 유방은 천하의 사람들과 천하에 대적했기 때문에 항우를 이길 수 있었다.

네 사람의 은사(隱士), 상산사호(商山四皓)

상산사호는 아무것도 하지 않는 듯 보이지만 백성들 사이에서는 절대적인 신망을 받고 있는 도가의 은사다. 상산사호를 본 유방은 깜짝 놀라며 왜 자신이 부를 때는 오지 않다가 태자는 따라오게 되었는지 물었다. 이에 상산사호는 유방은 선비를 무시하고 욕을 많이 하여 천하의 선비들이 모두 피하려 하지만, 지금의 태자 유영은 인자하고 효성스러운데다 유생들을 공경하기에 온 천하 사람들이 태자의 다스림을 기대하여 자신들도 따라 나오게 되었다고 답했다. 상산사호의 도움으로 유영은 폐태자를 모면하고 황제에 등극한다.(그림은 조선 말 철종 시기 지운영의 「상산사호도」)

'문경지치'의 주인공 효문제(아래 왼쪽)와 효경제(아래 오른쪽)

한나라는 문제와 경제 시기에 최고로 잘 다스려지고 백성들은 안락했다. 그래서 이때를 문경지치(文景之治)라 일컫는다. 중국인들이 상상한 문경지치의 태평시대는 맨 위 그림 속의 모습이었을 것이다.

1장 한나라 탄생의 활기와 열망

유방, 때를 만나다!

한나라의 탄생을 말하려면 당연히 나라를 세운 고조 유방劉邦(기원전 256~기원전 195)에서 시작해야 할 것이다. 초한쟁패楚漢爭霸에서 승리하여 황제의 자리에 오르기 이전, 유방은 농사를 짓지 않고 외상술이나 마시고 여색을 즐기던 일개 한량이었다. 유방은 나라를 세워 왕이 되리라는 상상조차 해본 적이 없는 패현沛縣 풍읍豐邑의 그렇고 그런 필부에 불과했다. 아마도 진승陳勝의 반란이 있기 이전 반란의 주동자로 나설 거란 상상은 유방 자신조차 더더욱 하지 못했을 것이다. 그런 유방이 떨쳐 일어난 것은 순전히 우연이었다. 계획도 목표도 없이 어쩌다 보니 무리의 두목이 되고, 한왕漢王이 되었던 것이다.

유방을 길로 나아가게 한 건 2세 황제(재위 기원전 209~207) 때의 가난한 농민 진승 때문이다. 물론 진승이 직접적으로 유방에게 반란의 불을 지핀 것은 아니다. 진승 또한 자신이 반기를 들었을 때 진나라가 멸망하는 사태에 이를 것이라고는 상상조차 하지 못했기 때문이다. 단지 사내답게 죽고 싶어 반기를 든 것일 뿐인데, 진나라가 무너지는 어마어마한 일이 일어난 것이다.

진승이 반란을 일으킨 계기 또한 전적으로 우연이었다. 어양에 수자리^{국경을 지키던 일} 할 천민 900명을 뽑아 보내는데, 진승과 오광 두 사람은 이 수자리 팀의 둔장^{屯長}이었다. 중간 기착지 기현의 대택향에 도착했을 때, 큰비로 길이 막혀 최종 목적지인 어양에 도착할 기일을 지킬 수 없었다. 기일을 지키지 못하면 참수형이라는 무시무시한 처벌이 내려지는 터, 이렇게 되면 어양으로 가도 참수형이요, 가지 않아도 참수형이다. 진승은 이런 기막힌 상황에 직면하자, 진나라에서 받은 고통이 뼈저리게 다가왔다. 그러고는 생각했다. 가도 죽고 안 가도 죽는다면, "사내 대장부로 큰 이름을 내고 죽는 게 낫지 않은가? 왕후장상의 씨가 따로 있는가?"

뚫고 나갈 길이 보이지 않았을 때, 진승에게서 일어난 질문은 그 유명한 말, "왕후장상의 씨가 따로 있는가"였다. 고통이 극한에 이르자 신분적 한계에 갇힌 자신을 문제시하게 된 것이다. 인간의 본래 조건에 대한 성찰에 이르자 마침내 진승은 들고 일어났다. 눌려 있던 억울함과 분노가 폭발한 것이다. 이 반란은 치밀하고 차분하게 계획한 일이 아니었다. 너무나 우발적으로 일어난 사건이 진승의 반란이었다. 그런데 놀랍게도 진시황의 일족을 멸망시키는 사건이 되었다.

진승은 아주 가난한 사람이고 농사일을 하는 고용인이었으며 노역에 동원된 무리에 속했다. 그 재능은 보통 사람에도 미치지 못했고 중니(공자)나 묵적 같은 지혜도 없었으며 도주공이나 의돈처럼 부자도 아니었다. 진승은 군대에 투신하면서 겨우 밭두렁 일에서 벗어날 수 있었다. 그가 통솔한 군대는 지치고 산만했으며, 거느린 무리는 수백 명에 불과했으나 방향을 바꿔 진나라를 공격했던 것이다. 그가 나무를 깎아 무기를 만들고 장대로 깃발을 세우자 천하 사람들이 구름처럼 모이고 호응하였으며 양식을 싸들고 그림자처럼 따랐다. 마침내 산동의 호걸들이 봉기하여 진의 일족을 멸망시켰다.「진승전」, 『한서』 2, 104쪽

전한시대의 유명한 지식인 가의賈誼는 이 놀라운 사태를 이렇게 정리했다. 진승은 지혜도 없고 돈도 없으며, 변변한 무기조차 없었는데, 어떻게 이런 일이 일어날 수 있는지 이성적으로 해명 불가능했다. 누적되고 누적된 마음의 파동들이 마주쳐 한 번에 폭발한 것으로밖에 달리 뭐라 진단할 수 있을까? 신비하게도, 진승이라는 일개 농민과 때마침 내린 큰비와 900명의 천민과 가혹한 형벌의 집합적 접속이 반란이라는 큰 사건이 되게 한 것이다. 때마침 마주친 이 여러 조건들로 인해 의도하지 않게, 삽시간에 진나라가 사라지는 놀라운 일이 벌어졌다.

모두 어리둥절했다. 그렇지만 이 사건은 반란을 일으킨 당자當者들뿐만 아니라 고통 속에 숨죽인 사람들을 자극했고, 자신들도 몰랐던 욕망이 무엇인지 눈앞에 보여 주었다. 진승이 반란을 일으키고 여기저기서 또 다른 반란자들이 호응했을 때, 이 힘에 자극받아 일어난 두 사람이 바로 초한쟁패의 주인공 항우와 유방이다. 항우와 유방 또한 그 시절의 커다란 물결에 몸을 던졌지만, 진승과 마찬가지로 이들도 거사를 미리 계획하지 않았다. 그야말로 어쩌다 보니 거센 파도에 몸을 실었을 뿐이다. 항우와 유방의 마음 저편에 가려져 있던 "대장부라면 진시황처럼 저렇게 살아야 한다"는 욕망이 진승의 반란으로 분출되어 나왔던 것이다.

한나라 건국의 주역 유방은 진승의 반란을 만나지 않았다면 술 좋아하고, 여자 좋아하고, 사람 좋아하는 한량으로 일생을 마쳤을지 모른다. 그러나 예측하지 못했던 이 폭발적인 사건을 만나 자신도 몰랐던 욕망과 재능을 발현할 수 있게 된 것이다. 이 알 수 없는 파고를 만난 건 유방의 운명이니, 이는 특별한 것임에 틀림없다. 그 특별한 운명을 표현하자니, 유방의 몸은 늘 운기運氣로 둘러싸여 어느 곳에 있어도 찾을 수 있었다고 한 것이 아닐까?

이 시절을 만나려고 애써서 만난 것도 아니고, 거사를 치밀하게 준비한 것도 아니니, 이건 유방에게 다가온 때이자 운명이라고밖에 달리 표현할 길이 없는 것이다. 때가 왔을 때, 그때에 맞춰 움직였던 것이 유방의 특별함이자 능력이다. 진나라의 가혹함과 큰비와 900명의 천민과 진승이 없었다면 유방은 한나라의 왕이 될 수 없었을 것이다. 이런 조건들이 없었다면 꿈꾸지조차 않았을 일이다. 훗날 천하통일을 한 유방에게 인의仁義의 정치를 주장했던 육가陸賈가 말한바, "지난날 진이 천하를 통일한 뒤 인의의 정치를 하고 선성先聖을 본받았다면 폐하가 어찌 천하를 얻고 또 소유할 수 있었겠습니까?"「육가전」, 『한서』 3, 114쪽

유방은 무르익은 때를 만나면서 숨겨진 능력을 발휘하기 시작했다. 유방을 중심으로 사람들이 모였고, 한량 시절 닦은 담대함으로 우두머리가 되어 천하를 차지하는 주역이 되었던 것이다. 물론 유방의 적수 항우도 이때를 만나 만만치 않게 능력을 펼쳤다. "배를 가라앉히고 솥을 부수며 움막을 불태우고 3일치 양식만 준비하는"「항우전」, 『한서』 2, 56쪽 필사의 정신으로 천하를 점령해 나간 항우는 싸움의 신이요, 전쟁의 영웅이었다. 이 능력으로 중국 천하의 반쪽을 차지하여 서초의 왕으로 군림했던 것이다.

병력의 강대함과 싸움의 기술로 볼 때 항우가 유방을 능가했지만, 최종 승자는 유방이 되었다. 집안도 안 좋고 인품이 훌륭하지도 않았던 유방이 집안 좋고 재기 넘치고 기골이 장대한 항우를 이겼다. 하늘은 항우가 아니라 유방에게 천하를 다스릴 기회를 주었다. 무엇 때문이었을까?

항우는 초나라 사람으로 대대로 장군을 배출한 집안 출신이다. 24세에 봉기한 항우는 담력과 능력과 신체 조건을 고루 갖춘 출중한 장수였다. 타고난 게 많은 항우는 결정적으로 배우는 걸 싫어했다. 글도 배우다 그만, 검술도 배우다 그만이었다. 왜? 글은 이름

만 쓸 줄 알면 되고, 검술은 한 사람만 상대하는 기술이므로 배울 게 못 된다는 것이 항우의 변이었다. 그래서 숙부 항량項梁이 병법을 가르쳤으나 좋아할 뿐 대략 뜻만 파악하고는 끝까지 배우지 않았다. 배우기를 싫어한다는 건 남의 의견을 받아들이기 어렵다는 뜻이다. 혼자 싸워서는 천하를 통일할 수 없는 법이다. 경험과 지략이 부족한 스물네 살의 젊은이 항우는 나날이 배워 나날이 새로워져야 했으나, 그러지 못했다. 좋아하는 건, 금방 배우는 건, 끝까지 배우는 것만 못하다!

항우는 다정하고 사람을 공경할 줄 알았지만, 공과 이득을 나누지 않고 독식했다. 자신이 직접 나서는 전투에서 한 번도 패배한 적이 없던 터, 모든 승리를 자신의 공이라 여기고, 부하 귀한 줄 몰랐던 것이다. 자신과 자기 집안과 자기 고향에 붙들려 있는 독불장군 항우! 사람들과 천하를 품기엔 도량이 너무 좁았다. 배우기 싫어한 탓이요, 자신이 너무 강한 탓이다.

항왕에게는 약속을 어겼다는 명분만 남았고, 의제를 살해한 죄가 있으며, 남의 공적은 알아주지도 못하고, 타인의 허물은 잊어버리지 못하며, 전투에서 이겨도 상을 주지 못하고, 성을 차지하더라도 분봉하지 못하며, 항씨가 아니면 관직에 임용되지 못했고, 부하에게 줄 직인을 새겨도 주지 못하며, 성을 공략하여 재물을 차지해도 쌓아 놓고 상으로 주지 못합니다. 온 천하가 항우를 등졌고 인재들은 항우를 원망하면서 그를 위해 일하려 하지 않습니다. 그래서 천하의 인재들이 한왕[유방]에게 귀부歸附: 스스로 와서 복종함하기에 한왕은 앉아서 부릴 수 있습니다.「역이기전」, 『한서』 3, 105쪽

유방은 능력이 항우보다 못했기에 다른 사람들을 받아들일 수 있었다. 그 결과 천하의 인재들이 모두 유방에게 귀부했다. 항우는 한 사람으로 천하와 대적했지만, 유방은 천하의 사람들과 천하에 대적했기 때문에 항우를 이길 수 있었다.

공은 하나를 알지만 둘은 모른다. 휘장 안에서 전략을 세워 천 리 밖에서 승리할 능력은 내가 장자방張子房만 못하고, 나라가 편안토록 백성을 안무하며 군량을 부족하지 않게 공급하는 능력은 내가 소하蕭何만 못하며, 백만 대군을 지휘하여 싸우면 이기고 공격하면 필히 쟁취하는 능력은 내가 한신韓信만 못하다. 이 세 사람은 모두 인간이니 나는 이들을 등용하였기에 내가 천하를 차지할 수 있었다. 항우는 범증范增 한 사람뿐인데도 쓰질 못했으니 그 때문에 나에게 잡혔던 것이다.「고제기」, 『한서』 1, 123-124쪽

한고조 유방은 사람들이 모이고, 무리의 우두머리가 되면서 깨달았다. 그는 자신의 능력이 부족하다는 사실을 직시했고, 재능보다 더 중요한 것은 재능을 활용할 수 있는 용인술임을 알았던 것이다. 천하를 통일하는 싸움에서 혼자만의 능력으로는 절대 이길 수 없다. 천하에는 인재가 많고 그 인재를 잘 쓰는 것이 승리의 결

정적 요건임을 유방은 간파했던 것이다. 자신을 알고, 다른 사람을 아는 것이 능력 중의 최고 능력이다! "큰 건물의 재목은 나무 한 그루가 아니고, 제왕의 공적은 한 사람의 지략이 아니다."「반고논찬」, 『한서』 3, 151쪽 한고조 유방은 때를 만나고 사람을 만났기에 천하를 통일할 수 있었다. 탄생은 결코 한 사람의 힘으로 이루어지지 않는다. 때를 만났다면, 그다음은 여러 사람의 활기와 열망을 펼치는 것이다. 그래야 시작할 수 있다.

유방을 도왔던 역이기酈食其는 이렇게 말했다. "하늘이 하늘인 것을 아는 자는 왕업을 이룰 수 있지만 하늘이 하늘인 줄을 모르는 자는 왕업을 이룰 수 없습니다. 왕자는 백성을 하늘이라 생각하고 백성은 먹는 것을 하늘로 생각합니다."「역이기전」, 『한서』 3, 102쪽 역이기의 진단대로, 유방은 천하 사람들을 하늘이라 알았고, 천하 사람들의 하늘은 먹는 것이요 이득임을 알았던 것이다. 항우가 유방을 이길 수 없었던 결정적 이유는 바로 이것이었다.

유방을 선택한 인재들: 소하, 조참, 장량

진秦나라의 멸망과 한나라가 건국되기까지의 일을 다시 정리해 보자. 진승으로 인해 진나라가 흔들리면서 천하에 욕심을 내는 사람들이 여기저기서 깃발을 들고 일어났다. 진승은 스스로 왕이 되어 국호를 장초張楚라 했으며, 무신武臣은 한단에서 조나라 왕이 되었고, 한광韓廣은 연나라의 왕이 되었으며, 전담田儋은 제나라의 왕이 되었고, 위구魏咎는 위나라의 왕이 되었다. 얼마 뒤, 진승은 왕이라 불린 지 6개월 만에 피살되고, 조나라 왕 무신 또한 피살되었다. 항량이 초회왕의 후손 심心을 의제義帝로 세워 초나라를 이었으나, 결국 항우가 의제를 죽이고, 진秦나라 왕 자영子嬰을 죽이고 스스로 왕이 되어 서초패왕西楚覇王으로 군림하게 된다. 패현沛縣에서 소하蕭何·조참曹參·번쾌樊噲와 함께 일어난 유방은 패공이 되어 의제의 신하로 진나라 함양을 함락한다. 유방은 초왕 항우에 의해 한왕漢王으로 봉해졌으나, 초나라로부터 자립하여 항우와 대결하게 된다. 마침내 중국은 항우와 유방의 천하로 이분되어 초한쟁패의 시기를 맞게 된다. 유방의 천하통일이 이루어지기 전까지 천하를 차지하기 위한 격전은 그치지 않았다.

세상의 혼란은 위기이기도 하지만 어떤 이들에겐 인생역전을 할 수 있는 절호의 기회이기도 했다. 잠재되어 있던 재능이 발휘될 수 있는 때가 온 것이다. 아마도 이 혼란의 시절에 이르러 자신도 미처 가늠하지 못했던 능력의 정도를 비로소 알게 되었을지 모른다. 지혜는 한 사람의 전유일 수 없는 것! 영웅들도 인재가 필요하고 인재들도 영웅이 필요했다. 서로가 인물을 찾아 나서는 시절, 사람들은 저마다 새로운 시대의 영웅을 찾아 나섰다. 인재들은 중국 천하의 주역이 될 만한 사람이 누구인지 판단하고, 그에게 자신의 능력을 어필했다. 『주역』 수지비水地比괘의 괘사에서 적시한바, 의탁할 수 있는 자가 어떤 사람인지 잘 판단해야 한다. 의탁할 만한 이에게 의탁해야 한다는 말씀이다. '성숙한 지도력과 지속적인 일

관성과 올바름을 굳게 갖춘'[元永貞] 이를 찾아 협력해야 한다.정이천 주
해, 『주역』, 심의용 옮김, 글항아리, 2015, 218쪽

　　패현에서 소하와 조참과 번쾌를 만나 현령으로 추대된 유방은
시작부터 운이 좋았다. 자신의 능력만으로는 안 되는 일이 동지들
덕분에 이루어졌기 때문이다. 유방은 이들 덕분에 천하를 차지할
왕으로 성장했고, 이들 덕분에 귀를 열어 두었던 것이다. 그러나 잘
난 항우는 동지를 믿기보다 자신을 더 믿었기에 자신을 지켜 주는
범증范增의 말조차 듣지 않았다. 이 싸움에서는 소하, 조참, 번쾌의
보좌를 받는 유방이 항우보다 더 유리했다. 인재는 인재를 부른다.
인재들은 유방에게로 몰려들었다. 자신의 뜻을 펼칠 수 있는 대지
가 유방임을 알아보았던 것이다. 유방이 인재들에게 기회를 준 것
이라 말할 수도 있지만, 사실 인재들이 유방을 선택했던 것이라고
할 수 있지 않을까?

　　유방은 운이 좋았다. 고향 패현에서 맺었던 소하와의 인연이
유방에겐 행운과 같은 것이었기 때문이다. 법률지식을 갖춘 관리
소하는 유방이 한량으로 노닐 때부터 도움을 주었던 인물이다. 소
하는 한결같아서 유방이 하급관리인 정장亭長일 때도 도와주고, 함
양으로 복역하러 떠날 때도 5백 전을 보태 주었다. 그만큼 유방을
믿었기 때문이리라. 패현은 진나라의 혼란기에 반기를 들었고, 그
때 소하를 비롯하여 패현의 부로父老들은 유방을 추대했다. 소하는
유방보다 지위가 높은 관리였지만, 기꺼이 유방의 밑으로 들어갔
다. 문서를 다루는 관리로서 몸을 보존하기를 원했고, 혹여 일이 실

패할 경우 자신의 친족들이 처벌될까 걱정했기 때문이다. 일말의 두려움을 가진 자로서 우두머리가 되기는 어려웠다. 유방은 두려움이 없었다. 가족을 걱정하거나 훗날에 대한 불안이 없었다. 소하는 자신과 다른 유방의 스케일에 압도되었다. 이렇게 보면 유방이 소하를 알아준 게 아니라 소하가 유방을 알아본 것이었다. 유방이라면 자신과 가족을 의탁할 만하고, 천하를 안정시킬 수 있다는 확신이 들었기 때문이다. 그렇게 소하는 유방의 신하가 되어 유방이 기세를 잡을 수 있게 보좌했으며, 건국 이후에도 재상으로서 한나라를 안착시켰다.

유방이 진나라의 수도 함양을 점령했을 때, 여러 장수들은 재물 창고에 다투어 달려가 금과 비단을 나눠 가졌으나 소하는 홀로 승상부와 어사대부의 관청에 들어가 율령과 도서를 챙겨 보관하였다. 유방이 천하의 요새지나 호구戶口의 다소多少와 부강하고 빈약한 지역, 백성들의 괴로움을 잘 알 수 있었던 것은 소하가 획득한 진나라의 도서 때문이었다. 또한 전장에서 뛰지는 않았지만, 전쟁의 와중 파촉 지역을 다스리면서 백성을 안정시키고 군량을 공급했으며, 이후 함양 일대를 다스릴 때는 관중 땅을 지키고 법령을 제정·실행하고 종묘사직과 궁실을 세우고 세금을 안정적으로 거두며 군량을 운반·공급하고 군졸을 징발하여 보냈다. 유방이 전쟁에서 패하면서도 다시 전열을 가다듬을 수 있었던 것은 전적으로 소하 덕분이었다. 그가 일선에서 싸우지 않고도 천하통일의 일등공신으로 인정받은 것은 이 때문이다.

물론 다른 부하들은 소하가 일등공신의 자리에 오른 것을 납득하지 못했다. 일선에서 죽도록 고생한 우리가 일등공신이 아닌가? 그때 유방은 좌중의 의아심을 한마디로 가라앉혔다. 짐승을 잡는 건 사냥개 덕분이지만 사냥개를 풀어 지시하는 것은 사람의 능력이라고. 소하가 그 지시하는 사람이요, 일선에서 싸운 이들은 사냥개라는 말씀! 게다가 소하의 일가 수십 명이 유방을 따라 사선을 넘나들었으니, 뭐라 더 말할 수 있겠는가. 소하는 조금의 사심도 없이 유방에게 올인했다. 소하가 유방을 윗사람으로 세우고 신하를 자처한 데는 다른 이유가 없었다. 유방이 천하를 안정시킬 사람이었기 때문이다.

　　소하의 역할은 여기서 끝나지 않는다. 한신韓信의 능력을 천하에 펼칠 수 있게 한 사람이 바로 소하였다. 소하가 아니었으면 전쟁의 신 한신은 유방의 장수가 되지 않았을 것이다. 소하는 한신의 능력을 알아보고, 도망가는 한신을 데리고 와서 유방을 설득했던 것이다. "왕께서 한중의 왕으로 있겠다면 한신을 쓸 일이 없지만 천하를 놓고 다투겠다면 한신을 빼놓고선 일을 같이할 사람이 없습니다." 이리하여 유방은 한신을 장군으로 등용하였다. 유방이 한신을 대장으로 제수하면서도 어린아이 부르듯 하니, 소하는 유방을 나무란다. 예의 없이 신하를 대하니 도망가는 거라고. 소하의 말에 유방은 택일하고 목욕재계하며 단과 자리를 마련해 예를 갖춰 한신을 대장으로 임명했다. 거칠고 무례한 유방은 소하에게 단련되면서 왕으로 거듭났다. 소하로 인해 천하의 유방이 있고, 천하의 한신이 있게 된 것이다.

유방의 지연들은 막강했다. 소하의 밑에서 패현의 옥리로 일했던 조참은 유방과 함께 전장을 누볐다. 소하가 후방을 다스렸다면 조참은 전방을 다스렸다. 유방에게 조참이 없었다면 중원을 아우르기 힘들었을 것이다. 그렇지만 조참의 역할은 여기서 그치지 않았다. 조참이 없었다면 건국 이후 한나라가 혼란 없이 안착하는 것도 불가능했을 것이다.

한나라는 건국 후 유방의 친인척과 공신들에게 땅을 봉해 주었다. 한나라는 진나라의 군현제와 주나라의 봉건제를 합친 군국제郡國制에 의거해 나라를 다스렸다. 군국제는 제후를 세우되 태부와 승상은 중앙에서 파견하는 제도로, 강력한 군주전제이면서 동시에 지역 방어를 위해 일종의 혈연적 종법을 활용한 조처였다. 조참은 승상으로 제나라에 파견돼 70여 개의 성을 다스렸다. 조참은 통일의 주역으로 승리에 도취되지 않았다. 장군의 역할에 머물지 않았던 것이다. 승상이 되자 조참은 전쟁으로 피폐해진 민생을 고민했다. 정당正堂: 승상이 거주하는 곳에 머물지 않고 황로학黃老學자 개공蓋公과 함께 생활하며 그에게 치국의 도를 배웠다. 그 결과 백성을 괴롭히지 않는 무위의 정치, 청정의 정치를 실행했다. 한나라의 수성은 많은 부분 조참의 공으로 돌려야 한다. 조참은 진나라처럼 되지 않으려면, 그리고 천하의 백성을 안정시키려면 어떻게 해야 하는지를 고민했던 것이다. 조참은 유방의 신하였지만, 자신을 천하의 주인으로 여겼기 때문에 천하를 지키기 위해 능동적으로 움직였던 것이다.

유방에게 온 인재들은 유방을 통해 천하를 안정시키려는 자들이었다. 유방의 심복으로 그쳤다면 한나라의 건국도, 수성도 가능하지 않았을 것이다. 소하와 조참만 천하의 주인으로 자처했던 것이 아니었다. 위기에서 유방을 구했던 책략의 귀재 장량도 그랬다.

장량張良은 한韓나라의 재상 집안 출신으로 진나라에 대한 복수를 꾀했던 인물이다. 자객을 고용해 진시황을 저격했으나 실패하여 도망자 신세가 되었다. 유방이 장량을 알아보고 기용한 것이지만, 사실 따지면 장량의 복수를 향한 일념이 유방을 만나게 한 것이라고 할 수 있다. 장량은 도망자 시절, 한 노인을 만나『태공병법』太公兵法을 얻게 되고 이를 익혀 책략의 귀재로 거듭난다. 유방과 장량의 염원이 합치되어서인지, 장량의 책략은 유방만이 알아들었고, 그 책략에 따라 한나라가 승리를 거머쥐었다.

장량은 뜻이 원대한 책략가로서 천하의 대계를 중시했다. 유방이 진나라 궁궐을 점령하면서 궁궐의 규모, 금은보화, 부녀자들의 화려함에 현혹되어 여기에 머물고자 했을 때였다. 유방은 번쾌가 말려도 듣지 않았으나 장량이 말하자 군사를 철수했다. 장량은 천하 사람들의 마음으로 유방을 설득했다. "천하를 위해 잔인하고 흉악한 무리를 제거하려면 검소한 생활을 해야 합니다. 지금 진의 궁에서 안락을 즐긴다면 이는 폭군을 도와 잔인한 짓을 하는 것입니다."「장량전」,『한서』 2, 523쪽

유방을 굳건히 보좌한 인재들은 이 세 사람에 그치지 않는다.

진평, 왕릉, 주발 등 많은 사람들이 유방에게로 와서 천하를 평정하는 데 앞장섰다. 진평陳平은 제사의 고기를 공평하게 나누었던 사람으로 자신을 평가하는 데도 냉정했다. "나는 음모를 많이 썼는데 이는 도가에서 금기하는 것이다. 내 세대에서 바로 망한다면 그뿐이지만 끝내 다시 일어나지 못할 것이니 이는 나의 음모에 대한 재앙일 것이다."「진평전」, 『한서』 2, 582쪽 진평은 이런 마음을 가졌기 때문에 욕심 없이 한나라의 건국과 수성에 전력할 수 있었다.

왕릉王陵은 꾸미지 않고 곧이곧대로 행동하며 직언을 잘한 인물로, 그 어머니는 아들이 유방을 선택한 것으로 항우에게 잡히게 되는데 아들이 두 마음을 갖지 않기를 바라며 자결했다. 그 아들의 어머니다웠다. 주발周勃은 군사를 이끌고 도로에서의 전투를 가장 많이 한 장군으로, 여태후가 집권하면서 여씨의 세력이 강화되었을 때 진평과 함께 이 여씨들을 물리치고 유방의 아들을 황제로 세워 한나라의 수성을 이끌었다.

여태후가 한고조 유방에게 재상에 대해 물었을 때 유방은 이렇게 대답했다. "진평은 지혜가 넘치고, 왕릉은 약간 미련한 데가 있지만 서로 보좌할 만하고, 유씨 천하를 안정시킬 사람은 주발임이 틀림없다." 유방은 세 사람의 자질을 알았다. 인재들이 유방에게 왔고, 유방은 그들을 알아보았다. 서로를 알아보고 서로를 선택했던 것이다. 일방적인 관계가 아니었다. 유방도, 유방에게 온 인재들도 모두 천하를 안정시키는 주인으로 자처했다. 하여, 이 인재들은 유방과 함께 자발적이고 능동적으로 천하를 만들어 나갔다.

천하 인재들의 열망, 한나라의 안착

한나라를 안착시킨 공로를 유방의 입장에서 이야기하면 반고가 말한바, 이렇게 정리될 것이다.

> 고조는 문학을 하지는 않았지만 천성이 명철 통달하였고 책모를 잘 썼으며 즐겨 경청하였으니 마을의 문지기나 수졸일지라도 오랜 벗처럼 상견하였다. 초기에는 민심에 순응하여 삼장의 약법(사람을 죽인 자는 죽이고, 남에게 상처를 입히거나 도둑질한 자에게는 징역을 주며, 이전의 진나라 법을 모두 폐지한다)을 정하였다. 천하가 안정된 뒤로는 소하에게 명하여 율령을 정리하게 하였고, 한신에게는 군법을 요약케 하였으며, 장창에게 명하여 법규를 정비하고, 숙손통을 시켜 의례를 제정케 하였으며, 육가에게 신어를 편찬케 하였다. (……) 비록 재위 기간이 길지 않았지만 그 치적의 규모는 크고도 멀리 내다본 것이었다. 「고제기」 하, 『한서』 1, 168쪽

유방은 통일된 천하를 탁월하게 다스렸다. 초한쟁패의 혼란기를 평정할 때도 그랬듯이 인재를 잘 썼기 때문이다. 유방은 누구보다 천하의 민심을 잘 읽었기에 한나라 창업의 길을 어렵지 않게 다진 것처럼 보인다. 그렇다. 유방은 누구보다 귀가 열려 있었지만 훌륭한 인품의 소유자는 아니었다. 욕심도 과오도 많았다. 만약 욕심과 과오를 지적하여 고치게 하고, 왕이 가야 할 길을 제시해 주는

신하들이 없었다면 한나라의 안정은 불가능하지 않았을까? 유방의 신하들은 눈을 부릅뜨고 지켜봤다. 동지로서 유방의 욕심과 과오를 보게 되면 눈을 감거나 입을 닫지 않았다. 이들은 유방을 황제로 세우는 데 목적이 있지 않았다. 천하의 안정이 계속되기를 바라는 마음이 먼저였기 때문에 유방의 처신에 예민하게 반응했다. 사방의 신하들이 왕을 감찰하는데, 유방이 듣지 않을 수 없었을 것 같다. 하고 싶은 말을 감추지 않는 신하들, 그리고 잘 듣는 왕. 시작이 좋지 않을 수 없지 않은가.

　유방이 패현에서 추대될 때부터 함께했던 번쾌는 바른말 잘하기로 소문난 사람이다. 번쾌는 유방의 안일을 묵과하지 않았다. 번쾌가 여후의 여동생인 여수呂嬃를 아내로 삼았으므로 다른 장수들보다 황제와 가까웠다고 한다. 가까워서 바른말을 할 수도 있지만 가까워서 말하기 어려울 수도 있다. 그러므로 번쾌의 사람됨이 원래 그랬던 같다.

　경포黥布가 배반했을 때 유방은 병이 깊어서 사람 만나기를 싫어하면서 궁중에 누워 문지기에게 신하들을 들여보내지 말라고 하였다. 주발이나 관영 등 신뢰하는 신하들도 들어갈 수가 없었다. 10여 일이 지나서 번쾌는 곧바로 문을 밀치고 들어갔고 여러 대신들도 번쾌의 뒤를 따라갔다. 유방은 혼자 환관을 베고 누워 있었다. 번쾌는 유방을 보고 눈물을 흘리며 말했다. "전에 폐하와 저희들이 풍패에서 기의하여 천하를 평정할 때 그 얼마나 씩씩했습니까! 이제 천하를 다 평정하였는데 어찌 이리 지치셨습니까! 또 폐하의 병환이 심하다고 대신들이 모두 두려워 떨고 있는데 저희들을 만나 일을 논의하지 않고 환관 하나와 함께 세상을 버리려 하십니까? 그리고 폐하께서도 조고趙高가 했던 짓을 어찌 모르겠습니까?"「번쾌전」, 『한서』3, 24쪽 유방은 번쾌의 말에 웃으며 일어났다고 한다. 진시황이 죽자 환관 조고는 호해胡亥를 황제로 추대하고는 황제를 정사에서 멀어지게 하고 제멋대로 진나라를 주물렀다. 진나라가 호해 즉 2세 황제 때 국운이 다했으니, 조고의 환관 정치는 한나라 정치인들에게는 반면교사였던 것이다. 천하의 평정은 유방의 염원일 뿐 아니라 신하들의 열망이기도 하니, 왕은 병이 들었어도 환관을 베고 누워서는 안 되는 것이다. 이 열망에 유방은 쉴 수도 없었다. 왕이 신하들을 쓰는 것인지, 신하가 왕을 쓰는 것인지, 한나라의 시작에 이런 경계는 없었다.

유방에게는 주창周昌이란 신하도 있었다. 주창은 사람됨이 고집이 세면서도 직언을 서슴지 않았다. 소하나 조참과 같은 신하들도 주창만 못했다. 주창이 황제가 한가한 시간에 업무를 상주하러 들어갔더니 황제는 척부인을 껴안고 있어서 주창은 돌아 나왔다. 머쓱했을 황제가 따라 나와 주창의 목에 올라타고 물었다. "나는 어떤 군주인가?" 주창은 유방을 올려다보며 말했다. "폐하는 꼭 걸주와 같은 주군입니다." 이 말에 유방은 웃고 말았지만 속으로는 주창을 더욱 어려워했다. 공자도 그러지 않았는가? 천하의 모든 악은 하나라의 마지막 왕인 걸桀과 은나라의 마지막 왕 주紂에게로 모인다고. 사실 걸주가 그 정도로 악하지는 않았으나 망국의 왕으로 모든 악의 상징으로 거론되었던 것이다. 척부인에게 빠져 있던 유방을 보고 주창은 거침없이 걸주와 같다고 했으니, 이는 망국의 악을 싹부터 없애려는 의도였으리라.

직언의 달인 주창은 말을 더듬었다고 한다. 말은 더듬지만, 할 말을 멈춘 적은 없었다. 유방이 태자를 폐하고 척부인 소생의 여의를 태자로 삼으려 할 때 대신들이 완강히 간쟁을 하여도 통하지 않았다. 주창이 조정에서 강력히 따지자 유방이 말을 해보라고 했다. 주창은 말을 더듬으면서 크게 화난 모습으로 말했다. "신이 입으로는 말을 잘 못하지만 신은 마음속으로는 그… 그것이 불가하다는 것을 압니다. 폐하께서 태자를 폐하려 하더라도 신은 기… 기필코 명을 따르지 않을 것입니다." 유방은 그 모습이 재미있어 실소하면서 조회를 파했다. 여후가 동쪽 복도에서 엿듣고 있었는데 주창을 보고서는 무릎을 꿇고 사례하며 말했다. "경이 아니었으면 태자를 거의 폐할 뻔했습니다."「주창전」,『한서』3, 74~75쪽

유방의 신하들은 한결같이 황제를 단련시켰다. 미인도 좋아하고 금은도 좋아하고 술도 좋아하고 예의도 없어 거칠기 짝이 없던 유방은 한왕이 되어 싸울 때도, 통일을 하고 한나라의 황제가 되었을 때도 함께했던 동지들의 엄정한 채찍질을 피할 수 없었다. 제멋대로이고 욕심도 많았던 유방이 무사히 황제의 직을 수행한 것은 전적으로 좌우에 포진된 동지이자 신하였던 인재들 덕분이었다.

한나라를 창업한 뒤에 만난 인재들도 유방을 만났을 때 거침이 없었다. 이들 인재들도 진나라처럼 금방 사라지지 않고 한나라

가 오래가기를 열망했다. 낙양에서 만난 제나라 사람 유경劉敬이 그러했다. 당시 유방은 도읍을 정하는 문제로 신하들과 설왕설래하고 있었다. 많은 신하들이 주나라가 장구하게 지속되었음을 이유로 낙양을 수도로 정하자고 주장하던 중이었다. 관중지역의 장안은 진나라의 수도로 2대 만에 멸망하였기 때문에 많은 신하들이 반대했던 것이다. 이때 만난 유경은 다르게 말했다. 유경은 한나라 건국의 현실을 아주 냉철하게 분석하면서 장안을 도읍으로 정할 것을 건의했다.

폐하께서는 풍패에서 기의하시면서 3천 명 사졸을 거느리시고 이곳저곳을 다니시며 싸워 촉과 한을 차지하셨고 삼진을 평정하셨습니다. 항우와 형양성에서 싸웠고 큰 전투를 70여 차례, 작은 전투를 40여 차례 겪는 동안에 천하의 백성들은 피를 흘려 땅을 젖게 하였고 들판에 나뒹구는 부자父子의 해골을 이루 다 셀 수가 없으며 통곡소리가 그치질 않으며 다친 사람들은 일어나지를 못하고 있습니다. 이러한 때에 폐하께서는 주나라의 성왕과 강왕과 같은 태평성대를 이루기를 바라십니다. 그러나 신의 생각으로 주 왕실과 같을 수 없다고 생각합니다. 또 진나라의 옛 땅은 산으로 둘러싸이고 큰 강이 두르고 있으며 사방이 막힌 안전한 땅이며 갑자기 위급한 상황이면 백만의 군사를 준비할 수 있는 곳입니다. 진의 옛 땅이지만 본바탕이 좋은 기름진 땅이기에 이곳은 소위 하늘이 내준 창고라 할 수 있습니다.「유경전」,『한서』3, 128쪽 한나라가 세워지기까지 얼마나 많은 사람들이 피를 흘리며 죽었는가. 유경은 수많은 사람들의 원한 위에서 세워진 나라가 한나라인데, 어찌 주나라와 같은 태평성대를 바랄 수 있느냐고 말한다. 나라의 안정은 방어에 있다는 것이 유경의 판단이었다. 전쟁으로 일어난 나라는 또 다른 전쟁을 부를 수 있다는 냉정하고 엄정한 현실 인식은 유방을 움직였다. 유방 또한 유경만큼이나 냉철했던 것이다. 안주하지 않는 긴장이 시작의 기운일 것이다. 싹을 틔우고 뿌리를 단단히 내리려는 간절함이 있다면 절대 안주할 수 없는 것이다. 안주하지 않기에 소통이 가능하다. 인재들도 긴장하기 때문에 입을 열고 있는 대로 이야기하며, 황제도 긴장하기 때문에 귀를 열고 있는 그대로 들을 수 있었다. 한나라의 수도 장안은 이렇게 탄생했다.

승상 조참이 칼을 쓰는 무장에서 백성을 살리는 승상으로 거듭나기 위해 공부를 했듯, 유방에게도 그러한 인재가 나타났다. 육가였다. 육가는 중원이 안정된 후 기용되어 중원 너머 사신으로 파견되었다. 「육가전」에서 반고는 사신으로 천하를 평정하는 데 일조했다고 평가했다. 육가는 말할 때마다 언제나 『시경』詩經이나 『서경』書經의 글을 인용하였다. 유방은 육가에게 욕을 하며 말했다. "네 아비는 말 위에서 천하를 얻었는데 언제 『시』와 『서』를 배웠겠는가?" 유방은 말만 앞서는 유생을 좋아하지 않았으므로 육가의 말을 탐탁지 않아했다. 육가는 이에 굴하지 않았다.

마상馬上에서 천하를 차지했다 하여 무력으로 다스릴 수 있겠습니까? 그리고 탕왕과 무왕도 무력으로 얻었지만 이룬 것을 인의로 지켰으니 문무를 병용해야만 나라가 오래갈 수 있습니다. 옛날에 오왕吳王 부차夫差와 진晉의 지백智伯은 끝까지 무력에 의존하다 망했고 진에서는 형법에 의한 통치를 바꾸지 않았기에 결국 망했습니다. 지난날 진이 천하를 통일한 뒤 인의의 정치를 하고 선성을 본받았다면 폐하가 어찌 천하를 얻고 또 소유할 수 있었겠습니까?「육가전」, 『한서』 3, 114쪽

전쟁의 때와 평화의 때의 다스림은 달라야 한다. 전쟁이 끝났는데도 백성을 무력으로 제압할 수는 없는 법. 육가는 인의의 정치를 알아야 한나라를 지킬 수 있음을 강변했다. 유방은 육가의 말에 불쾌해하면서도 또한 부끄러워했다. 그러고는 육가에게 나라를 지킬 수 있도록 사례와 방법을 찾아 저술하라고 명령했다. 육가는 황제에게 12편의 『신어』新語를 저술하여 올렸다. 매번 한 편씩 올릴 때마다 유방은 칭찬을 아끼지 않았고 주변의 신하들은 만세를 불렀다고 한다.

유방의 매력과 힘은 이런 데 있다. 기분 나빠하면서도 실수를 하면서도, 들을 말은 듣는 겸손과 감응의 태도. 한고조 때는 이렇듯 활기가 넘쳤다. 황제와 신하가 하나의 열망을 품고 서로를 단련했던 것이다. 굴하지 않고 말하는 신하와 부끄러워하면서 수용하는 황제. 이런 소통이 한나라를 자리 잡게 했다. 누가 누구를 불렀다고

할 수 있을까? 천하가 평정을 염원하는 때, 그런 마음들이 자연스럽게 접속한 게 아닐까? 이런 발심이 모이지 않았다면 한나라의 시작은 불가능했을 것이다.

2장 혜제 유영의 재발견

우리는 흔히 객관적인 사실을 통해 역사에 접근한다고 생각하지만, 우리가 접하는 대부분의 역사는 있는 그대로의 사실事實이 아니라 당대의 역사가에 의해 절단·수집되어 편집·확대된 사실史實로서의 역사다. 그렇기 때문에 동일한 사건과 인물도 역사가의 시선에 따라 얼마든지 다르게 해석될 수 있다. 한나라의 2대 황제 혜제惠帝 유영劉盈(재위 기원전 195~기원전 188년)을 평가하는 사마천과 반고의 붓의 극명한 엇갈림은 이 점을 잘 보여 준다.

　사마천의『사기』「본기」는 '고조본기 – 여태후본기 – 효문본기' 순으로 구성되어 목차에서부터 혜제가 없다. 반고가 '고제기 – 혜제기 – 여후기 – 문제기' 순으로 「본기」를 구성하여 혜제를 위치시킨 것과는 대조적이다. 사마천은 왜 혜제를 「본기」에서 제외시켰을까?

　혜제 시절, 한나라는 태평했다. 이것은 분명한 사실이었다. 그러나 이 사실에서 사마천이 주목한 건, 태평함 그 자체가 아니라 그러한 태평함을 만든 현실적인 권력이 누구로부터 나왔는가에 있었다. 혜제는 이름만 황제였을 뿐, 모든 실권을 장악하고 태평성대를 이룬 건 사실상 혜제의 모친 여태후의 공이었다. 사마천이 「혜제본기」를 따로 할애하지 않고 「여태후본기」에 편집해서 넣은 건 이런 이유에서다. 사마천은 실권이 없던 혜제를 황제로 인정할 수 없었던 것이다. 하지만 반고의 입장은 달랐다. 반고는 혜제를 한나라의 황제로 인정하고 『한서』에 「혜제기」를 수록, 그의 7년간의 정치행적을 담아 놓았다.

> 효혜제는 안으로는 친족을 친애하고 밖으로는 재상을 예우하였으며, 제齊 도혜왕을 우대하고 조趙 은왕을 총애하였으니 형제에 대한 은애와 공경이 두터웠다. 숙손통이 간언을 올리면 두려워했으나 상국 조참의 대답에는 기뻐하였으니 가히 관대 인자한 주군이라 할 수 있다. 여태후에게 지덕을 훼손당하였으니 슬픈 일이다. 「혜제기」, 『한서』 1, 181쪽

사마천의 『사기』를 먼저 읽었던 나에게 반고의 이 논찬은 무척 신선하게 다가왔다. 솔직히 말하자면 나에게 혜제는 꽤 오랫동안 존재감이 조금도 없던 인물이었다. 차라리 왕망에게 독살되어 죽었던 어린 황제 평제平帝나, 미소년 동현과 동성애를 나누었던 황제 애제哀帝가 혜제보다 훨씬 더 기억에 남았다. 그런 혜제가 반고

의 붓끝에서는 '관대 인자한' 군주로 등장한 것이다. 이러한 충격은 『한서』를 읽는 내내 계속되었는데 『한서』를 전부 읽고 나서야 알게 되었다. 혜제를 바라보던 내 시선이 사마천의 시선이었다는 것을.

어느 왕조의 역사를 둘러봐도 군주에게 '관대 인자하다'는 평가는 자주 쓰이는 표현이 아니다. 심지어 『한서』 「본기」에 기록된 12명의 황제들 중에서도 이러한 평가를 받은 인물은 거의 없다. 이쯤 되니 사마천과 반고가 바라본 혜제가 동일인물이 맞는지 의심마저 생길 지경이다. 대체 반고는 어떤 이유에서 혜제를 「본기」에 넣은 것일까?

내쳐지는 아들, 유영

한나라의 후계 원칙은 적장자^{정실 황후의 장남} 상속이다. 하지만 이 원칙으로 자리에 오른 황제는 14명 중 단 2명, 고조의 아들 혜제와 선제의 아들 원제 정도다. 이 사실은 맏아들이 무조건 태자가 되는 것은 아니며, 태자가 되었더라도 그 자리가 결코 황제를 보장하는 자리가 아님을 말해 준다. '맏아들=태자=황제'라는 도식이 실제 역사에서는 늘 적용되지 않은 것이다. 유방의 적장자인 유영 역시 이 곤란으로부터 자유롭지 않았다.

때는 한고조 말년. 고조는 태자인 유영을 폐하고 자신이 총애하던 척부인(척희)과의 사이에서 낳은 아들 여의如意를 태자로 세우려 한다. 태자로 책봉된 지 약 10년 만에 내쫓길 처지에 놓인 유영.

사실 유영이 유방에게 내쳐지는 건 이번이 처음은 아니다. 유방이 '팽성전투'에서 항우에게 대패하여 도주할 때, 유영은 본인부터 살고 봐야 했던 부친 유방의 발길질에 달리는 수레 위에서 내쳐지는 모습으로 『한서』에 처음 등장한다. 유영의 무력한 이미지는 이 장면에서부터다.

유방이 유영을 폐하려는 대외적인 명분은 '닮음'이었다. 유방은 어질고 나약한 유영보다 나이는 어리지만 활달한 성격의 여의가 자신을 더 닮았다고 생각했다. 그러나 이 명분을 듣고 유방을 지지한 신하들은 아무도 없었다. 유방의 안목을 의심했던 것일까? 아니면 늙은 군주의 노망으로 여겼던 것일까?

여태후가 물었다. "폐하께서 백세가 되시면 소상국도 죽을 것인데 누가 대신하면 좋겠습니까?" "조참이 좋을 것이다." 그다음을 묻자 황상이 말하였다. "왕릉이 좋을 것이니 조금 고집스럽지만 진평이 왕릉을 도우면 된다. 진평은 지혜가 넘치지만 혼자 감당하기는 어려울 것이다. 주발은 중후하고 학식이 좀 적어도 유씨를 안정시킬 자는 틀림없이 주발일 것이니 태위로 삼을 수 있다." 여후가 그다음을 묻자 황상이 말했다. "그다음은 자네도 알 수 없을 것이다."「고제기」, 『한서』 1, 164쪽

왕릉은 여태후가 여씨를 왕으로 봉하려 하자 가장 먼저 쓴소리를 했던 인물이고, 진평과 주발은 여태후 사후 '여씨의 난'을 진

압해 나라를 안정시킨 일등공신이었다. 또한 고조는 골상을 볼 줄 알아 조카 유비劉濞: 훗날 오초칠국의 난을 일으킴를 보자마자 "너에게 반상이 있구나"라고 말하며 "동성은 일가이니 나중에 반역하지 말라"고 신신당부하기까지 했다. 고조의 인물 평가는 죽는 순간까지 정확하고 예리했던 것이다. 이것을 두고 늙은 군주의 노망이라 할 수 있을까. 그런 고조가 보기에 태자 영은 여러모로 한나라를 수성할 만한 재목이 아니었을 것이다. 무엇보다 전국 각지에서 끊임없이 반란이 일어나고 있는 상황에서, 유약한 태자 영은 더더욱 안심할 수 없는 후계였을 것이다. 유방의 마음은 여의에게 기울고 있었다.

태자 모친의 조건, 태후의 품격

왕실의 세계에서 엄마와 아들은 운명공동체로, 엄마의 흥망성쇠는 곧 아들의 흥망성쇠다. 엄마가 황제로부터 총애를 받으면 대부분의 경우 아들 역시 황제의 총애를 받고, 엄마가 총애를 잃으면 아들 역시 대부분 황제의 총애를 잃는다. 이것은 여후-유영, 척부인-유여의 모자지간도 마찬가지였다. 이렇다 하게 내세울 게 없던 유여의가 갑자기 태자 후보로 거론된 건, 척부인이 받은 총애와 무관하지 않다.

시작은 척부인-유여의 모자에게 유리하게 흘러갔다. 유방은 척부인을 총애하여 정처인 여후를 오랫동안 찾지 않았고, 때마침 아들 유영도 탐탁지 않게 생각했다. 그러나 자신의 아들을 태자로 만들기 위한 척부인의 전략은 여성으로서의 매력, 그 이상을 넘지 못했다. 오직 유방만 바라보고 매달린 것이다. 그녀는 여론의 중요성을 몰랐다. 반면 여후는 유방과 함께 오랫동안 전장을 누비며 산전수전 다 겪은 여인. 여후의 전략은 유방에게 매달리는 게 아니라 유방이 아끼는 신하들의 마음을 얻어 조정의 여론을 주도하는 것에 있었다. 여후는 오랜 경험을 통해 태자 책봉의 최종결정권은 유방에게 있을지 모르나, 그 결정을 좌우하는 것은 신하들의 여론이란 걸 알고 있었던 것이다.

그렇다면 여론은 무엇으로 움직이는가? 고조가 유영을 폐하고 여의를 태자 삼기로 결심한 날, 대신들은 극렬히 반대했지만 고조의 고집은 꺾을 수 없었다. 이대로 조회가 끝난다면 여의는 태자가 될 것이었다. 그런데 이때 돌직구를 던져 고조의 고집을 멈춘 이가 있었으니 그가 바로 주창이다. 앞서 1장에서 보았듯, 주창은 더듬거리면서도 단호한 어조로 태자를 교체하는 명은 따를 수 없다고 선을 그었다. 이에 고조는 웃으면서 조회를 파했는데, 조회를 엿듣던 여후는 주창을 보자마자 무릎을 꿇고 사례하며 말했다. 경이 아니었으면 태자를 거의 폐할 뻔했다고.

자식을 위해 무릎 꿇는 것을 마다않는 어머니의 모습은 시대를 초월하는 감동이 있다. 그러나 이 장면의 감동은 그러한 것에 있지 않았다. 이 장면의 진정한 감동은 다른 사람이 아닌 천하의 '여후가 무릎을 꿇으며 사례'한 것에 있었다. 여후가 어떤 여인인가? 뒤에서 보겠지만 척부인을 인간돼지로 만들고, 항우에게 사로잡혀

억지로 무릎 꿇려 있을 때도 기개를 잃지 않았던 철의 여인 아니던 가. 그 콧대 높고 자존심 강한 여인이 지금 한낱 신하에게 무릎 꿇 어 사례하고 있는 것이다. 그것이 진정 자식을 위해서였는지, 자신 을 위해서였는지는 알 수 없으나 여후의 이 무릎 퍼포먼스가 당시 신하들에게 던진 울림은 결코 작지 않았을 것이다. 이는 태후가 갖 추어야 할 품격이 무엇인지 보여 주는 사건이었기 때문이다.

주창은 날마다 척부인을 희롱하며 시간을 보내고 있는 유방에 게 "폐하는 꼭 걸주와 같은 주군입니다"라고 말한 바 있다. 이는 유 방에 대한 질타이기도 하지만 어떤 면에선 척부인에 대한 질타이 기도 하다. 걸주를 걸주로 만든 건, 그들의 난폭 음란한 성정도 있 지만 그들 옆에서 폭정을 부추긴 미녀 '말희'와 '달기'를 빼놓을 수 없지 않은가. 척부인은 말희·달기와 다르지 않았다. 과연 신하들의 여론이 어디로 움직이겠는가? 유방바라기 척부인일까, 아니면 높 은 자리에 있음에도 낮은 자에게 기꺼이 고개를 숙일 줄 아는 여후 일까.

"지금 태자는 인자하시니 이를 천하가 다 알고 있으며 여 황후와 폐 하께서는 같이 고생하시며 맛없는 음식을 드셨는데 어찌 버릴 수 있 겠습니까! 폐하께서 기어이 적자를 폐하시고 어린 아들을 세우겠다 면 신은 먼저 사형을 받아 목의 피로 땅을 적시겠습니다."「숙손통열전」, 『한서』 3, 147쪽 숙손통이 문제 삼고 있는 태자의 조건은 두 가지다. 태자가 어떤 사람이냐는 것과 태자의 엄마가 누구냐는 것. 유방은 여의가 자신을 더 닮았다는 대외적인 명분을 내세워 태자를 새로이 세우려 하지만 숙손통은 그것 못지않게 태자의 엄마가 누구인지도 중요하다는 것이다. 사실 유방의 말대로 여의는 유영보다 황제에 더 적합한 인물일 수 있다. 그러나 군주의 눈과 귀를 가리고, 신하들의 마음을 얻을 줄 모르는 여인이 태후의 위치에 앉게 되었을 때의 위험도 경계해야 한다. 태후답지 못한 여인이 황후의 자리를 꿰차게 되었을 때, 얼마나 나라가 혼란해졌었는가. 이런 점을 고려할 때, 척부인은 더더욱 태후가 되어서는 안 되었다.

한나라의 예법을 만든 숙손통은 적장자 상속 원칙이 지켜지길 바랐던 것도 있지만, 주군이 맛없는 음식을 함께 나누어 먹으며 힘든 시절을 함께 이겨 내 왔던 여후에 대한 마음도 헤아리길 진심으로 바랐던 것이다.

감독 여후, 시나리오 장량, 주연 상산사호

조정의 여론은 여후에게 기울어 있었지만, 유방은 자신의 뜻을 굽히지 않았다. 유방의 마음을 돌릴 수 있는 조금 더 강력한 한 방이 필요했다. 그건 한 번도 부친에게 인정받지 못한 아들 유영의 군주다움에 대한 증명이었다.

어느 날, 회남왕淮南王 경포鯨布의 반란 소식이 날아왔다. 때마침

고조는 병으로 앓아누워 출정할 수 없어, 유영을 대신 내보내려 했다. 유영에겐 좋은 기회였다. 허나 유영은 출정하지 못했다. 그 출정에 태자를 내보내서는 안 된다는 상산사호商山四皓의 간언 때문이었다. 상산사호는 동원공東園公·기리계綺里季·하황공夏黃公·녹리선생甪里先生으로 모두 80세가 넘은 당대의 현인들로 태자를 보좌하기 위해 여후를 찾았다. 대체 상산사호는 무슨 연유로 태자를 보좌하기 위해 등장한 걸까? 결론부터 말하자면 이것은 여태후의 그림이었다.

사방으로 귀를 열고 있던 여태후에게 어느 날 한 가지 묘안이 들어온다. 어떤 사람이 말하길 "장량은 계책을 잘 쓰고 폐하도 그 말을 잘 따릅니다"라고 하자 여후는 곧장 오빠 여석지呂釋之를 장량에게 보낸다. 장량은 여석지의 설득에 못 이겨 계책을 내주는데, 그 계책은 유방이 존경했지만 끝내 얻지 못했던 천하의 현자, 상산사호를 모셔와 태자를 보필하게 만들라는 것이었다. 여후는 장량이 일러 준 대로 태자에게 서신을 쓰라고 한 뒤 후한 예물과 함께 겸손한 언사의 사람을 보내 상산사호를 초빙하는 데 성공한다. 상산사호는 여석지의 집에 머물면서 우연히 이 상황을 알게 되었는데, 이때 그들이 태자를 위해 낸 첫 간언이 바로 경포의 난에 태자를 내보내서는 안 된다는 것이었다.

상산사호가 보기에 이 출정은 태자에겐 여러모로 이득이 없었다. 태자로서 공을 세우는 건 당연한 일이기에 태자에겐 더 보탤 이득이 없지만, 만약 공을 세우지 못한다면 바로 그 실패 때문에 화를 당할 것이라는 게 상산사호의 진단이었다. 게다가 태자가 데리고 출정해야 하는 장수들은 유방과 함께 천하를 평정했던 늑대와 같은 장수들로 양과 같은 태자의 명령을 잘 따르지 않으리라는 건 불보듯 훤한 일이었다. 이러한 조건 속에서 태자가 출정에 성공할 수 있을까. 하여 상산사호는 태자의 출정을 반대한 것이다.

이 말을 들은 여태후는 상산사호가 알려 준 대로 유방에게 찾아가 울면서 뜻을 전한다. 결국 고조는 "못난 자식을 내보낼 수 없으니 이 아비가 직접 출정하겠다"는 말을 남기고 유영을 대신해서 아픈 몸을 이끌고 전쟁터로 떠난다. 진압은 성공했다. 그러나 결과적으로 이 일은 유방으로 하여금 태자를 교체해야겠다는 확신을 더더욱 심어 준 계기가 되어 척부인의 조르기에 힘을 실어 주었다. 과연 태자 유영의 운명은 어찌 될 것인가.

경포의 난 진압 후 열린 한 연회에서 유방은 유영을 수행하는 네 명의 위엄 넘치는 백발노인을 보고 이상히 여겨 묻는다. 대체 이들은 뭐하는 자들이냐고. 상산사호가 자기소개를 하자 유방은 깜짝 놀라며 왜 자신이 부를 때는 나오지 않다가 태자는 따라오게 되었는지 재차 물었다. 이에 상산사호는 유방은 선비를 무시하고 욕을 많이 하여 천하의 선비들이 모두 피하려 하지만, 지금의 태자 유영은 인자하고 효성스러운 데다 유생들을 공경하기에 온 천하 사람들이 태자의 다스림을 기대하여 자신들도 따라 나오게 되었다고 답했다. 혼자서는 무엇 하나 제대로 할 수 없는 유약한 아들이라 생각했는데, 그런 아들을 보필하기 위해 천하의 유생들이 나서다니.

유방은 상산사호에게 끝까지 태자를 도와주기 바란다는 당부를 남기고 이후로 두 번 다시 태자 교체를 입에 올리지 않았다. 크게 뛰어난 재능이 없던 자신이 천하를 움켜쥘 수 있었던 이유가 자신의 등 뒤에 달린 날개, 즉 인재들에 있었음을 유방은 누구보다 잘 알고 있었기 때문이었다.

유방이 태자를 교체하려 했을 때 많은 신하들이 반대의 상소를 올렸는데 그들이 태자를 지지한 이유는 하나같이 상산사호의 뜻과 같았다. 그것은 태자 영의 인자하고 어진 성품이었다. 왜 이들은 혜제의 인자함에 주목했던 것일까? 유방의 천하대업은 무수히 많은 살육 위에서 세워진 제국이었기에 백성들의 삶은 피폐해질 대로 피폐해져 있었다. 그러나 지금은 통일되어 천하가 안정된 상황으로, 이 시기에 필요한 군주는 유방과 같은 '전쟁의 신'이 아니라 백성들을 어진 마음으로 보듬을 수 있는 군주, 살육보다는 생의 기운을 쏠 수 있는 따뜻한 군주였다. 게다가 혜제는 천하를 소유한 자의 자식들에게서 흔히 보이는 방식으로 자신의 욕망을 쓰지 않았다. 마음만 먹으면 얼마든지 진시황의 아들 호해처럼 쾌락을 누릴 수 있을 조건이었지만 혜제의 성정은 그렇질 않았던 것이다.

혜제의 참을 수 없는 고통

유방 사후, 태자 유영은 많은 신하들과 엄마의 염원을 담아 한나라의 2대 황제가 되었다. 허나 기쁨도 잠시, 조정에는 곧 피바람이 불기 시작한다. 예상했던바, 여태후는 태자를 넘본 척부인-유여의 모자를 가만두지 않았다. 조왕으로 봉해진 여의를 첫 타깃으로 삼은 여후는 그를 암살키 위해 장안으로 입조하라 명한다. 하지만 입조는 쉽게 이루어지지 않았다. 유방으로부터 여의를 잘 보살펴 달라는 유언을 받은 충신 주창이 재상으로 버티고 있었기 때문이다. 여후의 속내를 간파한 주창은 여후의 명을 번번이 거절한다. 이에 격분한 여후는 전략을 수정해 주창을 먼저 장안으로 소환했고, 조왕을 지켜 줄 신하가 없는 틈에 여의마저 소환한다.

여의는 장안으로 소환되어 올라왔다. 그런데 이때 여후가 계산하지 못한 변수가 있었으니 그가 바로 구원투수 혜제다. 혜제는 여후의 분노를 알고 있었던 까닭에 동생 여의가 화를 입을까 걱정되어 직접 마중을 나갔다. 혜제에겐 자신을 밀어내고 태자가 되려 했던 동생에 대한 악감정이 없었다. 주창과 숙손통 그리고 상산사호가 보았던 '태자의 인함'이 바로 이러한 것이었으리라. 그러나 결국 여의는 여후에 의해 독살로 죽음을 맞이한다. 혜제가 새벽에 사냥에 나가 자리를 비운 사이 사람을 시켜 혼자 있는 여의를 독살케한 것이다. 여후의 칼날은 이제 척부인을 향한다.

여태후는 마침내 척부인의 수족을 자르고 눈을 파내고 귀를 멀게 하였으며 약을 먹여 말을 못하게 하고 지하에 살게 하면서 '인체'(사람돼지)라고 불렀다. 몇 달 뒤 혜제를 불러 인체를 보게 했다. 혜제가 보고 물어 척부인인 줄 알고서는 통곡했고 병이 나서 1년 이상 일어나지 못했다. 그리고 사자를 보내 태후에게 주청했다. "이는 사람이 할 짓이 아닙니다. 제가 태후의 아들이지만 이제는 다시 나라를 다스리지 못할 것입니다." 이후로는 날마다 술을 마시거나 음락에 빠져 정사를 돌보지 않다가 재위 7년에 죽었다.「외척전」,『한서』9, 423쪽

소름 끼칠 정도로 강렬한 이 일화는 그 유명한 척부인 '인체' 사건이다. 읽기만 했을 뿐인데도 공포감이 엄청나다. 아니나 다를까, 이 장면을 본 혜제는 충격으로 쓰러져 1년 이상 일어나지 못하고 더 이상 나라를 다스릴 수 없을 거라고 여후에게 말한다. '사람이 할 짓이 아닌' 일도 참을 수 없었지만 '사람이 할 짓이 아닌' 일을 하는 어머니의 아들이라는 사실이 혜제에겐 참을 수 없는 고통이었을 것이다.

이후 혜제는 날마다 음주와 음락에 빠져 지냈다. 사마천이 군주로서 혜제를 부정한 건 아마도 이 때문일 것이다. 군주에게 정치 포기는 곧 자기 포기 아닌가. 그러나 반고가 주목한 건 정치 포기 선언 이후의 혜제의 음락이 아니라 '여태후에게 지덕至德을 훼손당하였음'에도 불구하고 내딛은 혜제의 발걸음에 있었다.

무위[無爲]의 군주, 혜제

반고의 시선으로 혜제의 발걸음을 따라가다 보니 전에는 지나쳤던 혜제의 모습이 눈에 들어온다. 그것은 정치와는 무관하다고 생각

했던 혜제가 당대의 명재상 소하, 조참과 대화를 나눈 장면이었다. 그리고 이 대화에서 다스림에 대해 고민하는 군주 혜제를 만날 수 있었다.

> 고조가 붕어하자 소하는 혜제를 섬겼다. 소하가 병이 나자 혜제가 몸소 소하를 찾아 문병하면서 겸사해서 물었다. "승상이 백세가 된 뒤에 누가 승상을 대신할 수 있습니까?" 소하가 대답하였다. "신하에 대해서는 주군이 가장 잘 아십니다." 혜제가 다시 물었다. "조참이 어떻겠습니까?" 소하는 머리를 숙이며 말했다. "폐하께서 바로 보셨으니 저는 죽더라도 한이 없습니다." 「소하열전」, 『한서』 2, 491쪽

이것은 혜제 2년, 그러니까 혜제가 정사에 신경쓰지 않겠다고 생각한 그 시점의 기록이라는 점을 유의해서 보자. 혜제는 나라 살림을 도맡아 했던 소하가 건강이 좋지 않음을 알고 문병을 간다. 그리고 소하에게 후사를 묻는다. 후사를 묻는다는 것은 어떤 의미인가. 예전에 고조가 붕어하기 전, 여후는 유방에게 후사를 물어본 일이 있었다. 이는 그 자체로 자신이 정치를 주도하겠다는 간접적인 의사표시다. 혜제가 소하에게 후사를 물어보는 것 역시 이와 같은 맥락에서 이해할 수 있다. 혜제는 군주로서 소하가 죽은 뒤의 한나라가 너무나 걱정되었던 것이다. 과연 이것을 정치를 포기한 군주의 모습으로 볼 수 있을까. 날마다 술을 마시고 음락에 빠져 있지만 재상은 챙기는 군주? 어쩐지 앞뒤가 맞지 않다.

소하는 유방이 여후에게 그랬듯 바로 대답해 줄 수도 있었을 질문을 "신하에 대해서는 주군이 가장 잘 아십니다"라는 말로 혜제의 답을 이끌어 낸다. 그리고 혜제는 조심스레 "조참"이라 답한다. 우리는 지금 역사의 결과를 다 알고 있기 때문에 '당연히 조참 아닌가?'라고 말할 수 있을지 모르겠지만, 나이 어린 황제가 그 많은 개국공신들 중에서 조참을 선택한다는 건 쉬운 일이 아니다. 이는 혜제가 그만큼 눈과 귀를 온 사방으로 열어 두고 있었다는 방증이기도 하다. 조참과 혜제의 일화를 보자.

조참의 아들 조줄䓓窋은 중대부였다. 혜제는 상국이 정사를 돌보지 않은 것을 괴이하게 여기며 '내가 어리다고 무시하는 것은 아닌가?'라고 생각하였다. 그래서 조줄에게 말했다. "경이 휴가를 얻거든 틈을 보아 조용히 부친에게 '고제가 돌아가신 지가 얼마 안 되었고 폐하는 나이가 어린데 아버님은 상국으로서 날마다 술만 마시고 정사를 주청하는 일이 없으니 천하를 어찌하시렵니까?'라고 말하되, 내가 부탁했다는 말은 하지 마시오."

조줄은 세목 휴가일에 틈을 보아 자신의 뜻인 것처럼 부친에게 말했다. 조참은 화를 내며 조줄에게 2백 대를 매질하고 말했다. "빨리 궁에 들어가거라. 천하의 일은 네가 말할 것이 아니다." 다음 조회 때 혜제가 조참을 나무라며 말했다. "왜 조줄에게 매질을 했소? 저번 일은 경에게 말하라고 내가 시킨 것이오." 조참은 관을 벗고 사죄하며 말했다.

"폐하께서 스스로 생각하실 때 뛰어난 무예가 고황제에 비해 어떻습니까?" 혜제가 말했다. "짐이 어찌 선제를 쳐다보기나 하겠습니까?" 조참이 물었다. "폐하께서 볼 때 저와 소하는 누가 더 현명하다고 생각하십니까?" 혜제가 대답했다. "경이 따라가지 못할 것 같소." 이에 조참이 말했다. "폐하의 말씀이 맞습니다. 고황제와 소하가 천하를 평정하시면서 법령이 다 갖추어졌으니 폐하께서는 팔짱을 끼고 계시며, 저희들은 직분을 지켜 따르면서 실수만 안 하면 되지 않겠습니까?" 혜제가 말했다. "좋은 말씀이오. 상국도 그만 쉬십시오!" 「조참열전」, 『한서』 2, 511쪽

혜제의 자기평가와 정세분석도 흥미롭지만 무엇보다 그러한 혜제의 평가와 분석이 결국 나라에 대한 걱정으로 귀결되고 있다는 것이 눈길을 끈다. 자신은 어리고 부족한데, 상국이란 자는 매일 술만 퍼마시고 있으니 나라 걱정이 안 되겠는가. 그럼에도 불구하고 사마천은 혜제와 고후의 시대를 다음과 같이 논평했다. "군주와 신하가 전부 쉬면서 아무것도 행하지 않으려 했기 때문에 혜제는 팔짱만 끼고 아무 일도 하지 않았고, 고후가 여주인으로 황제의 직권을 대행해 정치가 방안을 벗어나지 않았어도 천하는 편안했다." 사마천, 「여태후본기」, 『사기』, 김원중 옮김, 민음사, 2015, 407쪽 이 말은 자칫 잘못 해석하면 사마천이 '팔짱만 끼고 아무 일도 하지 않은' 혜제의 무능력함을 비판하는 내용처럼 보일 수 있다. 그러나 조참의 표현을 빌리자면 이것은 비판이 아니라 혜제에 대한 칭찬이다. 조참은 혜제에

게 고조와 소하가 만들어 놓은 것을 잘 지켜 나가는 것이야말로 갓 개국한 한나라의 안정에 필요한 정치라고 말한다. 그러기 위해서 군주는 무엇인가를 계속 하려 하기보다 오히려 팔짱만 끼고 아무 일도 하지 않는 이른바 무위의 통치를 해야 한다는 것이다. 혜제가 팔짱만 끼고 아무것도 하지 않을 수 있었던 이유가 바로 여기에 있다. 혜제는 조참의 의견을 받아들인 것이다.

혜제가 봄의 기운을 쓰는 방식

혜제와 여태후는 참 특별한 모자지간이다. 아들을 황제로 만들어 준 사람도 엄마지만, 사실상 죽음에 이르게 한 것도 엄마이기 때문이다. 게다가 이 특별한 모자지간은 살아서도 다투었지만, 사후에도 「본기」에 들어가느냐 마느냐를 두고 다시 한 번 역사가들 사이에서 다투게 된다. 사마천과 반고도 이를 두고 다투지 않았던가.

반고는 명실상부 황제였던 혜제를 본기에서 뺀 사마천에게 나름 불만이 있었다. 그래서 반고는 사마천이 묻어 버린 여태후와 혜제의 권력다툼을 전면에 내세워, 숙살지기肅殺之氣: 쌀쌀하고 매서운 기운를 쓴 여후와는 달리 혜제가 봄의 기운을 쓰는 방식에 주목했다. 봄이란 어떤 기운인가? 그것은 겨울 내내 얼어 있던 땅을 뚫고 나와 새싹을 틔우는 힘으로 모든 만물이 생하려는 기운이자, 천지만물을 사랑하는 인한 마음 아닌가. 그 결과 반고의 시선에서 혜제는 사마천이 보여 주었던 혜제와 전혀 다른 군주로 드러났다. 무능한 군주가 아니라 형제에겐 은애롭고 재상들을 공경하는 가히 '관대 인자한 군주'로, 그리고 '봄의 군주'로! 반고가 혜제를 「본기」에 수록한 이유도 아마 여기에 있을 것이다. 전한시대라는 단대사를 정리해야 했기에 당연히 넣어야 할 필요성도 있었겠지만, 그렇게만 해석하기에 반고가 다룬 혜제의 비중이 결코 가볍지 않다. 반고에게 혜제는 진정 군주였던 것이다.

그런 혜제는 스물셋의 나이로 재위 7년 만에 죽었다. 봄이 채 시작되기도 전에 죽은 것이다. 혜제는 생의 기운을 썼지만 그의 다스림은 끝내 싹을 틔워 내지 못했다. 그 싹은 결국 여후가 틔워 주는데, 혜제가 생전에 추진하려 했지만 실행하지 못한 삼족죄^{연좌제}와 요언령妖言令: 무고죄 폐지였다. 혜제가 죽는 순간까지 백성을 살려 내는 일을 하려 했던 것이다.

혜제는 오랫동안 어머니의 그늘에 가려 황제의 역할을 하지 않았던 유약한 황제로 알려져 왔지만 반고가 그러했듯 혜제의 따듯한 성정과 군주로서의 비전은 우리가 한 번쯤은 알아줘야 하지 않을까.

3장 여태후의 재발견, 잔인하게 너그럽게!

정치적 야망을 가진 여태후

『한서』의 역사는 발전이나 성장의 도식을 따르지 않는다.『한서』는 12명의 황제의 통치를 그리고 있는데, 1년 12달이 균질한 달이 아니듯 그 속에는 사계절의 변화가 극명하게 드러난다. 고조가 한나라를 건국했고 그리고 두번째로 혜제가, 세번째는「고후기」로 여태후가 등장한다. 한나라의 역사를 사계절로 보자면 여기까지가 초봄이고, 그 다음에 이어지는 문제와 경제는 늦봄이라 할 수 있다.

여태후呂太后(기원전 241~기원전 180)는 황제는 아니었지만 실질적인 역할을 한 탓에『사기』에서는 혜제를 제치고 등장했다. 하지만『한서』는 혜제를 삭제하지 않았다. 황제는 아니었지만『사기』와『한서』모두「본기」에 기록된 여태후! 그녀는 한나라 건국에 엄청난 기여를 했을 뿐만 아니라 먼 안목으로 공신 한신과 팽월彭越을 제거하는 정치적 혜안까지 가진 여장부였다. 『한서』 「외척전」에는 그녀를 "강직하고 굳센 사람이라서 고조의 천하 평정에 도움을 주었고, 두 오빠가 장수로 고조의 정벌에 수행"을 했다고 기록하고 있다. 우리는 고후를 보통 여장부의 이미지보다는 첩을 질투해서 사람돼지로 만든 악녀로 기억한다. 하지만 『한서』는 그녀를 질투심 폭발한 악녀보다는 정치가로 조명하고 있다. 당시 고조는 척부인에게 푹 빠져 태자 교체를 감행코자 했는데, 그것을 눈치챈 고후는 자신이 나서기보다는 공신들에게 도움을 요청할 정도로 정치의 흐름을 잘 파악하고 있었다. 당시 제위는 적장자 계승 원칙이라 황제가 함부로 할 수 없었다. 공신들도 고후의 아들 혜제가 황제가 되면 고후의 권력 장악이 우려되었지만 정치적 안정을 위해 고후의 손을 들어줄 수밖에 없었고, 고후는 그런 상황을 잘 이용했던 것이다.

이 결정은 한나라가 뿌리를 굳건히 내리는 시작점이 된다. 그럼에도 여태후의 공적이 부각되기보다 악녀로 유명한 것은 척부인의 참혹한 지경을 아들 혜제에게 보였기 때문이다. 사람들은 그녀가 심약한 혜제에게 충격을 가해 정치 포기를 유도했다고도 말한다. 그 속내야 고후만이 알겠지만 정말 그럴까. 혜제는 자기 아들인데 죽일 이유가 있었을까. 그리고 여태후가 처음부터 척부인에게 가혹하게 한 건 아니었다. 상대를 자극한 건 척부인이 먼저였다. 고조가 죽고 죄수가 된 척부인은 "아들은 왕이나 어미는 죄수"라며 세상에 떠벌렸고, 고후는 그녀의 발언이 혜제와 자신의 권력 유지에 걸림돌이 된다고 판단했을 것이다. 여후가 목격한 정치판의 생리는 살아남지 않으면 죽는다가 아니었을까! 결국 자신의 권력에 도전하는 싹을 뿌리 뽑기 위해 결국 여의를 독살하고 척부인을 끔찍하게 처리해서 자신의 권위에 도전할 수 없게 만든 게 아닌가 싶다.

만약 척부인이 조용히 입 다물고 살았다면 그냥 넘어갔을 수도. 척부인은 정치판의 흐름보다는 오직 고조에게 받은 사랑만을 믿고 까불었고, 고후는 이것을 그냥 넘긴다면 척부인뿐 아니라 신하들도 자신을 만만하게 볼 거라는 계산을 했을 것이다. 또한 정치판의 비정함을 모른 채 고운 심성을 타고난 아들 혜제를 단련시킬 필요도 있었을 것이다. 여러 이유에도 불구하고 솔직히 그녀의 행동은 과한 면이 있다. 심성 여린 혜제가 충격을 받아 주색에 빠져 정사를 돌보지 못하고 병사病死를 했으니 말이다. 혜제가 보위에 오른 지 7년 만의 일이다.

유씨의 싹을 제거하라

혜제가 죽자 고후는 불안했고 자신의 권력을 유지하기 위해 여씨 천하를 만들기 위한 작업을 치밀하게 그리고 조용히 실행에 옮긴다. 혜제의 부인인 장황후에게 거짓 임신한 척하게 하여 후궁 미인의 자식을 태자로 삼았다. 그녀는 증거 인멸을 위해 생모를 죽였는데 나중에 황제가 된 태자는 출생의 비밀을 알게 되었고 황후에게 복수를 결심한다. 그것을 알아차리고 고후는 황제를 정신병자로 몰아 폐위시켜 몰래 죽여 버리고 혜제의 다른 아들 유의劉義를 새로운 황제로 세우고 직권을 행사했다. 또 아무리 여씨라 해도 자기 눈에 들지 않으면 가차 없이 조처했다. 생활 태도가 교만 방자한 여왕呂王인 여가呂嘉를 폐위시키고, 조카 여산呂産을 바로 여왕으로 교체할 정도로 무소불위의 권력을 휘둘렀다.

고후의 권력 확장을 위한 행보는 멈출 줄 몰랐다. 고후 7년 조왕趙王인 유방의 여섯번째 아들 유우劉友는 여씨인 왕후를 멀리하고 후궁을 가까이했다. 질투심이 폭발한 왕후는 고후에게 고후가 죽으면 여씨 일족을 몰살하겠다 했다며 유우를 모함했다. 고후에게 진위 여부는 중요하지 않았다. 유씨 제거가 목표다 보니, 유우를 즉각 불러들여 감금하고는 굶겨 죽였다. 억울한 유우는 원한에 사무쳐 다음과 같이 노래를 부르며 죽어 갔다.

여씨 일족이 전권을 휘두르니 유씨가 위태롭구나. 왕후를 협박하고 강제로 여씨의 딸을 왕비로 주었네. 왕비가 질투하여 나를 모함하니 참언하는 여자가 나라를 어지럽게 하건만 황상께선 깨닫지 못하시네. 내게는 충신이 없단 말인가? 어찌하여 나라를 잃어버렸는가? 황야에서 자결하나니 푸른 하늘이 시비를 가려 주리라. 아아! 후회 막급이로다. 차라리 진작 자결할 것을. 왕이 되어 굶어 죽다니 누가 나를 불쌍히 여기리오? 여씨가 천리天理를 끊었으니 하늘이 이 원수를 갚아 주길 바라노라.사마천, 「여태후본기」, 『사기본기』, 정범진 외 옮김, 까치, 1994, 312~313쪽

왕의 신분인데 굶어 죽다니! 죄라면 유씨 왕족으로 태어난 것밖에 없지 않은가. 여씨 왕후의 모함 앞에서 이러지도 저러지도 못하고 원한에 사무친 유우의 마음이 절절하게 느껴진다. 조왕이 감금된 채로 굶어 죽자 고후는 후사를 없애기 위해 왕위를 박탈하여 평민의 예로 장사를 치른다. 이렇게 유씨의 싹은 하나둘씩 잘려 나가고 있었다.

또 고조의 다섯째아들인 유회劉恢를 조왕으로 삼고 여산呂産의 딸과 결혼시켰다. 유회는 여씨에 둘러싸여 감시를 당해야 했고 아끼던 희첩마저 독살을 당하자 원한에 사무쳐서 죽었다. 그러자 고후는 유회가 첩에게 정신이 팔려 종묘사직의 예를 버렸다고 트집을 잡아 왕위계승권을 취소시킨다. 고후는 고조의 넷째아들인 유항劉恒을 조왕으로 봉하려고 했으나 유항은 목숨을 걸고 사양한다. 척부인 아들 유여의, 유우, 유회 등 고조의 자손들이 조왕만 되면 줄줄이 죽어 나가는데 누가 그곳에 가려고 하겠는가. 결국 아무도 그 자리에 가지 않으려고 하자 신하들은 고후 입맛에 맞게 여씨를 추천하였고 고후는 마지못해 봉하는 척하며 둘째오빠 여석지의 아들 여록呂祿을 조왕에 봉했다. 그 해 고조의 막내아들 유건劉建이 사망하자 유씨의 씨를 말리기 위해 후손을 모두 죽이고 봉국을 취소했다. 고후 8년에 조카 여태呂台의 아들 여통呂通을 연왕燕王으로 봉하고, 여통의 동생 여장呂莊을 동평후東平侯에 봉하였다. 고후는 유씨의 싹을 점점 제거하면서 여씨 왕으로 교체 작업을 했다. 여왕에 여산을, 조왕에 여록呂祿을, 연왕에 여통을 봉하는 작업이 착착 진행된다.

혜제 7년이 지나, 고후 섭정 8년 만에 천하의 고후도 죽음을 맞게 되었다. 무소불위의 권력을 휘두른다 해도 죽음은 피할 수 없는 법. 고후는 죽으면서까지 여씨 천하에 대한 강한 열망을 보였다. 하지만 남은 여씨들이 그것을 유지하기에 역부족이라는 것 또한 잘 알고 있었다. 고후는 여씨 일족에게 제발 자신의 장사를 지낼 생각을 하지 말고 오로지 '병권을 지키는 것'에 전념하라고 유언한다. 고후는 병권이 정권 장악의 핵심임을 꿰뚫고 있었다. 이 정도 정치 판세를 읽고 무엇을 해야 하는가를 명확히 알고 죽기는 쉽지 않다. 고후가 유언을 통해 병권을 손에 쥐여 주고 그 중요성을 누차 강조했지만 여록과 여산은 그것을 지킬 만한 인물이 아니었다.

고후의 죽음, 여씨 일족의 몰락

당시 궁궐과 수도 장안성을 수비하기 위해 남군과 북군이 있었고 고후의 조카 여록과 여산이 총 책임자였다. 고후가 죽자, 그들은 대신들의 반란이 두려웠다. 공신인 진평, 주발, 관영 등은 때를 기다리고 있었다. 고조 서장자 유비劉肥의 둘째아들 유양의 동생인 유장劉章은 기백과 능력이 남달랐는데 부인이 여록의 딸로 여씨 일족의 반란 정보를 미리 입수하고 있었다. 여씨 vs 대신들의 팽팽한 긴장감이 고조된 상황.

솔직히 병권을 장악한 여록과 여산은 마음만 먹으면 대신들을 한 방에 제압할 수 있었다. 진평은 그들이 실질적인 힘을 가졌을 뿐, 소인배 정도의 그릇이라는 걸 간파했다. 여록은 부귀를 좋아하고, 여산은 우유부단한 인물이기 때문이다. 군사 책임자인 태위 주발이 진평에게 병권 장악에 대해 의논하자 진평은 계책을 내놓았다. 역상酈商의 아들 역기酈寄가 여록과 친한 것을 알고 여록을 잘 설득해서 병권을 자발적으로 내놓게 하자는 거였다.

> 고제와 여후는 함께 천하를 평정하셨고 유씨에서 9명, 여씨에서 3명을 왕으로 세웠습니다. 이것은 모두 대신들이 합의한 것으로 제후들도 모두 이를 마땅한 일로 여기고 있습니다. 지금 태후께서 서거하시고 황제의 나이는 아직 어리신데 족하足下께서는 조왕趙王의 인수印綬를 받고도 봉국에 가서 봉지를 지키는 대신 상장군上將軍의 신분으로 병사들을 인솔해 이곳에 머물러 계시니 많은 대신과 제후들의 의심을 사게 되었습니다. 족하께서는 무엇 때문에 상장군의 인수를 반환해 태위에게 병권을 돌려주지 않으십니까? 청컨대 양왕梁王께서도 상국의 인수를 반환해 대신들과 맹약하고 자신의 봉국으로 돌아가시기 바랍니다. 그러면 제나라에서도 틀림없이 병사를 거두고 대신들도 안심할 것입니다. 「고후기」, 『한서』 1, 194쪽

역기가 여록을 설득한 내용을 요약하자면, 공신들은 여씨 일족에 대해 전혀 의심하지 않고 있는데 여록은 왜 힘들게 병권을 장악하냐는 거다. 계속 병권을 쥐고 있으면 없던 의심도 생길 수 있으

니 병권을 반환하는 게 좋지 않겠냐는 제안. 역기가 듣고 보니 그럴 듯했다. 진평 외 공신들이 지금까지 고후를 섬겼는데 여후가 죽었다고 설마 다른 마음을 가질까 싶었던 것이다. 고후의 유언이 걸리긴 했지만 늙고 병들면 마음이 약해지지 않던가. 고후가 예민해져서 그런 유언을 했을 거라 애써 생각을 했을 수도. 무엇보다 결정적인 건 여록은 싸우기가 싫었다. 솔직히 병권 장악이란 늘 초긴장 상태를 유지해야 하는 일 아닌가. 진평은 여록이 부귀를 좋아한다는 것을 간파했고, 그가 원하는 말을 해줌으로써 병권을 자진해서 반납하게 만들고야 말았던 것이다.

여록은 역기의 말에 설득되어 여씨 일족에게 알렸으나 의견이 분분했다. 그러던 차 여록의 고모 여수는 "너는 장수가 되어 군사를 버리려 하니 여씨는 이제 안주할 데가 없을 것이다"라며 패물들을 모두 밖으로 던져 버렸다. 여씨의 왕좌 게임이 끝났음을 고모 여수는 단박에 알아차렸던 것이다. 여씨 일족은 확실히 여성이 똑똑하다. 그렇다고 고모 여수가 병력을 장악할 수는 없으니 여기까지가 여씨 집안의 운인가 싶다. 그후에도 여산이 남은 병권을 잡고 있었으나 번번이 기회를 놓치게 되었고 결국 주발은 북군을 장악해 버렸다. 그후 주발과 유장은 협업하여 여산을 기습해서 죽였고 여씨 일족은 거의 몰살되었다.

여태후가 죽자 여씨 천하는 막을 내리고 말았다. 만약 고후가 권력 장악을 하지 않았다면 별일이 없었을까. 그럴 리가 없다. 불안정기에는 누구라도 권력 구도를 뒤집고 싶은 욕망을 일으키기 마련이다. 그때 고후는 타고난 카리스마를 이용하여 체제를 정비했고, 그 덕분에 한나라는 15년간 '안정기'를 유지할 수 있었다. 아이러니한 것은 고후가 유씨 세력을 숙청한 것이 다가올 유씨 왕조의 권력 다툼을 위한 문제의 싹들을 제거해 준 셈이 되었다는 것이다. 이것이 역사의 아이러니가 아닐까.

권력은 잔인하게! 정치는 너그럽게!

혜제 7년, 여태후 8년으로 이어지는 15년은 고후가 실권을 잡은 기간이다. 그녀는 실권을 잡고 황족·공신 등을 살해, 황실을 피로 물들였지만 "백성들에게는 너그러웠다"라고 『한서』는 기록하고 있다. 고후 원년 봄 정월에는 천하 죄인을 대사면할 뿐만 아니라 혜제가 하지 못한 삼족죄와 요언령 폐지를 실시한다. 삼족죄란 죄를 지으면 삼족을 멸하는 벌이다. 요언령은 무고죄 즉, 유언비어 유포 죄에 해당된다. 물론 작심하고 가짜 뉴스를 유포하는 자도 있었지만 약간의 불만만 말해도 법령이 실행되니 백성들은 두려워했다. 고후는 언론과 사상의 자유를 위해 과감하게 가혹한 법령을 폐지했다. 이런 일은 아무나 할 수 없다. 정치적 감각이 있고 민심의 아픔이 무엇인지를 알 수 있어야 가능하다.

    원년 2월에는 백성에게 작위를 하사하고 군주나 재상이 효성스러운 효자나 열심히 농사짓는 자를 천거하는 제도를 처음으로 실시했다. 그 해 여름 5월에는 왕궁 총대叢臺에 불이 났다고 『한서』

는 기록하고 있다. 그 다음에 이어지는 내용이 흥미롭다. "고후는 후궁의 아들 강疆을 회양왕에 봉하고, 불의不疑를 항산왕, 홍弘을 양성후, 조朝를 지후, 무武를 호관후에 봉했다."「고후기」, 『한서』 1, 184쪽 화재가 났음에도 여후는 이곳저곳에 조용히 자기 사람을 심고 있음을 『한서』는 포착하고 있다. 그다음에 이어지는 내용 또한 흥미롭다. 그 해 가을에는 복숭아 꽃[桃李]이 피었다로 끝을 맺는다. 가을에 꽃이 피다니 분명 이변이다. 고후의 행동이 때에 맞지 않음을 반고는 자연의 이변을 통해 경고하고 있는 것이다.

고후 2년에는 공신들에게 지위를 주고 세습을 하도록 명한다. 고후는 권력 장악을 위해서는 가혹했지만 백성과 신하에게는 너그러운 군주였다. 하지만 그 해에 자연은 지진과 산의 붕괴, 그리고 그믐 일식 등으로 이변이 계속되었다. 고후 3년 여름에는 장강과 한수가 범람하여 4천여 호의 유민이 발생했고, 가을 낮에도 별이 보였다. 6년 봄에 별이 낮게 보였고 여름에 사면령을 내렸다. 현령의 녹봉도 2천 석으로 정하고 장릉에 성을 쌓았다. 오분전五分錢이라는 화폐도 발행했다.

고후 7년 유우를 굶겨 죽이고 며칠 뒤 일식이 발생했고 낮에도 어두웠다. 『한서』와 『사기』 모두 이 시기에 '일식'을 포착하고 있다. 『사기』는 고후가 잘못을 고백하는 장면을 언급함으로써 여후의 권력 장악이 정당하지 않음을 은근히 암시하고 있다. 『한서』에는 없지만 『사기』에는 이런 내용이 있다. 고후 9년 3월 중순에 고후는 제사를 지내고 돌아오는 중에 검정색 개 비슷한 괴물을 보았는데, 그

것이 고후의 겨드랑이를 치고 사라진 후 병이 들었다는 것이다. 고후는 검은 개를 여의의 귀신이라 여겼고, 그것이 두려워서 병이 든 것임을 암시하고 있다. 『사기』는 고후의 정치적인 면보다는 여씨 천하를 욕망했던 악행에 주목하는 듯하다. 반면 『한서』는 '정치가 고후'에 주목한다.

고조와 고후는 한나라 역사의 다른 흐름에 서 있었다. 유방은 혼란기에 통일을 이루어야 했고, 고후는 의도했든 아니든 안정을 위해 권력층 내부에서 피를 흘려야만 했다. 전쟁에서 적을 죽이는 건 정당해 보이는 착시 효과가 있다. 하지만 권력 내부에서 사람을 죽이면 아군을 죽이는 거라 부당해 보인다. 그 대상이 혈육이거나 가까운 관계라면 잔인하다는 평가를 피할 수가 없다.

그러나 잘 생각해 보자. 전쟁과 권력의 피바람. 누가 더 살생을 많이 했을까. 단연코 전쟁이 더 많은 살생을 불러왔을 거다. 그럼에도 우리는 고조에 대해서는 창업 군주로 높이고 고후는 잔인하다 말한다. 고조를 폄하하자는 게 아니다. 고조의 때에는 통일을 위해 전쟁을 해야만 했고, 고후 또한 안정을 위한 권력 투쟁이 불가피했다는 생각이 든다. 만약 고후가 강력한 카리스마로 권력을 장악하지 않았다면 야심 찬 공신과 제후로 인해 조용할 날이 없었을 것이다. 고후가 악녀라는 꼬리표에도 불구하고 사마천과 반고가 이견을 보이지 않는 영역이 있었는데, '너그러운 정치'를 펼쳤다는 것이다. 고후는 어떻게 너그러운 정치를 펼칠 수 있었을까?

4장 한나라의 봄, 시련을 겪으며 온다

공신들의 봄, 살기 위해 기다리고 구부려라

고조가 죽은 후 한나라는 언제 뒤집힐지 모르는 불안한 상태에 놓였다. 누군가 반란을 일으키면 언제든 새로운 나라가 건국될 수 있는 불안정한 상황. 다행히 공신들은 딴마음을 품지 않았고, 유씨 한나라를 유지하기 위해 온 마음을 다했다. 문제는 고후였다. 고후는 여장부로 공신들이 견제할 정도로 정치적인 감각과 야심을 타고났다. 대신 vs 고후의 권력을 향한 팽팽한 줄다리기가 이어졌다. 막상막하의 전력이라 싸움이 붙으면 모두가 죽는다는 걸 잘 알고 있었다. 이런 초긴장 상황에서 진평은 '빅 픽처'를 구상했다.

　　장장 15년이 소요된 빅 픽처는 그가 고후의 시중 장벽강張辟彊의 말을 귀담아듣는 것에서 시작된다. 혜제가 죽고 그 뒤를 이을 아들이 없기 때문에 고후는 공신들을 두려워하니 의심을 풀어 주는 게 좋겠다는 조언을 들은 것이다. 진평은 강하게만 보였던 고후가 두려워한다는 것을 알게 되었고 여씨 일족을 조정에 등용함으로써 그녀를 안심시킨다. 즉, 자신은 고후의 편임을 표방한 것이다. 가장 경계했던 진평이 자기 편이 되었으니 고후는 천군만마를 얻은 심정이었을 것이다. 안심한 고후는 본격적으로 자신의 야망을 드러내기 시작했다.

　진평은 고후의 정치력과 권력욕을 간파하고 있었다. 하지만 야망의 크기가 어디까지인지는 가늠하기가 어려웠다. 그러니 아예 고후가 원하는 대로 판을 깔아 주면서 때를 기다리는 전략을 세웠다. 이것은 성한 종기를 완전히 곪을 때까지 기다려서 제거하는 치료법과 비슷하다. 이 치료법의 문제는 몸의 정기를 뺏기므로 기력 소모를 감당해야 한다는 것이다. 즉, 성한 종기가 쇠락할 때까지 인내심을 가지고 기다릴 수 있는가가 관건인 것이다. 이건 여담이지만 치痔라는 병증이 있는데 몸의 9개 구멍에 종기가 생기는 병이다. 그 중 대표가 항문 주위에 생기는 치질이다. 몸에서 구멍은 중요하다. 구멍을 통해 안과 밖의 기운이 소통되기 때문이다. 그런데 '치'라는 종기로 인해 안과 밖의 소통이 원활하게 이루어지지 않는다. 공교롭게도 여태후의 이름이 치痔였다. 당시 자신의 이름이 들어간 치라는 글자 사용을 금했다고 『동의보감』東醫寶鑑은 기록하고 있다. 진평은 고후 이름에 착안해서 그녀의 여씨 천하의 욕심을 한나라에 생긴 종기로 파악한 게 아닐까. 아무튼 진평의 해법과 그녀의 이름이 절묘하게 맞아떨어진다.

세월이 약이라는 말이 있듯이, 아무리 큰 병도 낫게 마련이고 큰 상처도 아물기 마련이다. 고후의 여씨 천하 프로젝트가 한나라를 위험에 빠트릴 수 있지만, 그 기세도 쇠락하기 마련이니 기회만 잘 포착한다면 한 방에 제거가 가능하다. 성난 종기를 바로 제거할 수 없듯 한참 독이 오른 고후를 바로 제거할 수 없다고 진평은 진단했던 것이다. 진평은 고후에게 전권을 주고 때를 기다렸다. 진평의 예상대로 고후의 정치적 야심은 대단했다. 혜제 후궁의 아들을 태자로 정해 아바타로 세우고 고조의 유언 따위는 안중에도 없는 듯, 오직 여씨 천하를 위해 움직였다. 타고난 정치 감각은 그녀를 보통 황후로 살 수 없게 만들었다. 당시 공신들은 고후의 능력과 야심을 간파했기에 고후를 제거할 기회를 호시탐탐 노렸고, 고후도 살기 위해선 여씨 천하 건설 외에 달리 방법이 없다고 생각했을 것이다.

고후의 권력을 장악하려는 욕망은 이제 막 봄에 들어선 한나라에 첫 시련과도 같았다. 이때 필요한 것이 바로 봄의 곡직曲直 기운이다. 직진하기 위해서는 구부려야 하는 법. 진평은 누구보다 이 기운을 잘 사용하는 자였다. 무엇이든 시작은 어렵다. 싹을 틔우기도 어렵지만 어렵게 틔운 싹은 숱한 시련들을 통과해야 한다. 비바람이 불기도 하고, 폭설이 오기도 하며, 한파가 몰려오기도 한다. 풀은 자신의 몸을 바람에 맡길 뿐 맞서지 않는다. 하지만 공신 왕릉은 당시 때를 읽지 못했다. 그는 "꾸미지 않고 곧이곧대로 행동하며 직언을 잘 했"지만 고후 시대에 그의 장점은 단점이 되어 버렸다.

고후는 여씨들을 왕으로 삼고 싶어서 왕릉을 슬쩍 떠 보았다.

왕릉은 진평과는 달리 눈치 없이 직언했다. "고조께서는 백마를 잡아 맹서하시면서 유씨가 아니면서 왕을 하려는 자는 천하가 함께 격파하자고 하셨으니 지금 여씨를 왕으로 봉하는 것은 약속에 어긋난다"고 딱 잘라 거절한 것이다. 고후는 기분이 몹시 상했고 진평과 주발은 곧바로 그녀의 마음을 달래기 바빴다. 왕릉은 아부한다고 진평과 주발을 맹비난했고, 진평은 자신의 속사정을 왕릉에게 토로한다.

> 얼굴을 맞대고 비판하거나 조정에서 간쟁을 한다면 우리가 당신만
> 못합니다. 그러나 사직을 보존하고 유씨 후손들을 안정시키는 일은
> 당신 또한 우리만 못할 것입니다.「장진왕주전」, 『한서』 2, 576쪽

진평은 왕릉에게 지금은 정면 대결의 때가 아니라고 설득했지만 워낙 강직하고 융통성 없는 왕릉은 자기의 뜻을 굽히지 않았다. 진평은 계속 설득했다. 지금은 비굴해 보여도 결국 사직을 보존하고 유씨 후손들을 안정시키려면 기다려야 한다고. 그 말은 빈말이 아니었고 15년 만에 이 약속은 지켜졌다. 진평의 예상대로 고후에게 미운 털이 박힌 왕릉은 바로 지위를 박탈당한다. 화가 난 왕릉은 두문불출하다 10년 후에 분을 이기지 못해 죽어 버렸다. 만약 이때 진평과 주발도 왕릉과 같이 고후에게 발끈했다면 여씨 천하가 되었거나 진나라처럼 단명했을 수도 있다. 하지만 진평은 때를 기다렸다. 진평은 고후의 심복 역할을 하다가 여태후가 죽자 준비된 듯

움직여서 여씨 일족을 멸하고 문제를 즉위시켰다. 종기가 농익을 때까지 인내심을 가지고 기다리다가 한방에 짜서 없애듯이.

여씨 천하가 막을 내릴 수 있었던 것은 진평이 유씨 왕조 복권을 향한 마음을 15년간 놓지 않았기 때문이다. 이 집중력이야말로 여씨의 야심보다 더 놀랍다. 기다림은 저절로 오지 않는다. 오직 사직을 보존해야 하는 비전이 바탕이 된 치밀한 계산이 있어야만 기다릴 수 있다. 정확한 비전, 상황 파악, 사람, 관계, 시너지, 위험성 등 모든 것을 감안해야 지금 무엇을 해야 할지가 나온다. 고후 집권 초기에는 종기가 곪기만을 기다려야 한다. 때로는 아무것도 하지 않음이 가장 적극적인 행위일 때가 있는 것이다. 힘이 있다고 나댔다가는 나도 적도 한나라도 모두 죽는다. 중요한 것은 '때'이다! 진평은 바로 그 '때'를 아는 자였다. 한나라가 태동하는 초봄이라는 때를! 그는 봄의 생명력으로 시련이 오면 구부리지만 끝까지 살아남아서 그 다음 스텝을 묵묵히 밟아 나갔다. 공신들의 때로는 구부리고 때로는 직진하는 곡직 활동을 통해 한나라의 봄은 그렇게 오고 있었다.

개인과 가족을 넘는 '생명 비전'을 향한 활동

진평 외 대신들은 여씨 일족을 몰살하고 드디어 정권을 잡는 데 성공했다. 그럼에도 정당하게 정권을 잡았다는 것에 대한 의견이 분분했다. 여록이 적이긴 하지만 자신을 전적으로 믿은 친구 여록을 역기가 배신했기 때문이다. 그 시대 사람들도 같은 의문을 품었고, 역기를 배신자로 불렀다고 『한서』는 기록하고 있다. 이것에 대해 반고는 다음과 같이 해명한다.

> 효문제 당시 사람들은 역기가 벗을 이용했다는 말을 했었다. 본래 벗을 이용한다는 말은 이득을 얻으려 의리를 버리는 것이다. 역기의 경우에 부친이 나라의 공신이었고 또 강요를 당하는 상태였는데 비록 여록을 꺾어 버렸지만 사직을 편안케 했고 주군과 부친에게 도리를 지켰으니 옳은 일이었다. 「번역등관부근주전」, 『한서』 3, 66~67쪽

반고의 말에 따르면 역기의 거짓말은 자신의 이득을 위한 것이 아니므로 의리를 버린 게 아니라는 것이다. 의리 없음을 일컫는 사자성어 견리망의見利忘義는 역기의 경우에는 맞지 않는다는 것. 역기와 여록을 친구관계로 보자면 분명 배신한 게 맞다. 하지만 국가를 하나의 몸으로 본다면 둘의 관계는 달라진다. 몸은 병이 드는데 살아남는 세포가 있다면? 그것은 암세포가 아닌가. 몸의 비전과 세포의 비전이 다를 수가 있을까.

또 이런 생각은 어떤가. 여록은 역기의 말을 믿은 게 아니라 자신의 욕심에 걸려 넘어진 거라면. 사기를 당하는 진짜 이유는 상대에게 속기 전에 자신에게 먼저 속는 거라 하지 않던가. 진평은 여록이 부귀에 집착함을 잘 알고 있었고, 고양이에게 생선을 주듯 원하는 것을 제시함으로써 피 한 방울 흘리지 않고 병권 장악에 성공했

던 것이다. 또한 진평은 여산의 우유부단한 성정을 간파했고 그 점을 활용해 나머지 병권도 장악할 수 있었다.

여씨 천하가 될 뻔한 일촉즉발의 상황! 진평의 기다리고 구부렸던 빅 픽처가 없었다면 사태 진압은 불가능했을 것이다. 진평의 한나라 살림을 향한 구부림은 이후에도 계속 이어진다. 문제文帝가 진평에게 우승상 지위를 주었지만 주발에게 양보하고 자신은 좌승상에 만족했다. 주발에게 더 높은 공이 돌아가게 한 것이다. 솔직히 주발은 진평에 비해 전략이나 지혜 면에서 한참 부족했다. 진평은 그것을 알아채고 주발을 더 높임으로써 그가 자격지심을 느끼기 않도록 배려했던 것이다.

진평의 지혜는 여기서 그치지 않는다. 문제가 조회에서 주발에게 묻는다. 1년에 재판받는 자가 몇 명인지, 돈과 곡식의 출납 숫자가 얼마인지 등 세세한 것을 질문하자 주발은 답하지 못하고 쩔쩔맸다. 질문은 진평에게 넘어왔고 진평은 담당 관리에게 물어야 할 내용을 왜 승상에게 질문하냐고 황제에게 반문한다. 진평의 기세등등함 앞에서 문제는 다시 질문한다. 그렇다면 "승상은 무슨 일을 담당하는가?" 진평은 망설임 없이 답을 이어 간다.

재상이란 위로는 천자를 보좌하여 음양을 고르게 하고 사시를 순환하게 하며 아래로는 만물이 때맞춰 성장케 하고, 밖으로는 사이四夷와 제후들을 어루만지며 안으로는 백성들을 가까이 살펴 주면서 경과 대부들로 하여금 직분을 충실히 수행토록 해야 합니다.「장진왕주 진평은 승상의 자리가 자연법칙을 따르는 원대한 비전 속에서 수행되는 정치적 활동임을 아는 자였다. 주발도 진평의 답을 듣고 승상 역할에 대해 생각하는 계기가 되었을 것이다. 만약 진평이 주발처럼 쩔쩔맸다면 문제는 주발과 진평을 불신했을지도 모른다. 결국 진평의 현답으로 인해 문제, 주발, 진평 모두가 비전을 공유할 뿐 아니라 서로를 신뢰하면서 각자 직분에 맞는 실천을 하게 되었다. 봄은 시작이다. 시작은 불안정하다. 그렇기 때문에 서로의 '신뢰'가 무엇보다 중요하다. 진평은 신뢰의 중요성을 아는 자였고 그것을 위해 실천하는 자였다. 진평의 남다름은 죽음 앞에서도 빛을 발한다.

나는 음모를 많이 썼는데 이는 도가에서 금기하는 것이다. 내 세대에서 바로 망하더라도 그뿐이지만 끝내 다시 일어나지는 못할 것이니 이는 나의 음모에 대한 재앙일 것이다. 같은 책, 582쪽

진평은 천지 변화와 흐름을 따르는 자였고, 한나라의 창업은 사익을 위한 일이 아니었다. 그럼에도 진평은 나라의 창업이 많은 피를 흘려야 하고 남을 속일 수밖에 없는 일임을 잘 알고 있었다. 그래서 그는 죽음 앞에서 가문의 번영을 욕망하지 않았다. 한나라를 살리기 위해 집안의 모든 기운을 진평 대에 몽땅 썼다고 생각한

것 같다. 후손들은 섭섭할 수도 있겠다. 하지만 뒤집어 보면 집안의 번영 대신 한나라를 살렸으니 그 안에 집안의 번영도 포함된 게 아니겠는가. 이런 마음이야말로 천하를 자기 몸처럼 여기는 거인의 마음이 아닌가 싶다. 달라이 라마가 70억 인구 중에 자신은 하나라고 할 때 그는 인류를 자기 자신으로 여긴다. 그것은 몸과 연결된 세포가 유기적인 역할을 하듯, 자신에 대한 전혀 다른 접근이라 할 수 있다. 만물의 연결에 대한 이해와 그 속에서 우러나오는 행동이야말로 나도 살고 모두가 사는 열쇠라고 생각한 것이다.

장안의 화제였던 드라마 〈스카이 캐슬〉이 생각난다. 좋은 머리, 집안, 모든 조건을 타고난 자들이 고작 자기 집안의 번영을 위해 수단과 방법을 가리지 않는다. 남이야 어떻게 되든 나와 내 가족만 잘되면 그만이다. 이런 삶은 결국 암세포를 키우는 것과 다르지 않다. 온몸의 정기는 약해지는데 특정 세포만 증식되는. 암이 현대의 병이듯, 우리의 정신과 신체의 간극은 점점 커져서 반생명적인 흐름 위에 놓여 있다. 반면 진평의 삶에 대한 태도는 굳건하고 흔들림이 없다. 나와 한나라의 관계에 대한 온전한 이해를 바탕으로 했기 때문에 매 순간 해야 할 일을 할 뿐, 집안의 번영 따위의 보상에는 연연하지 않았던 것이다.

혹시나 진평이 대의를 위해 개인의 이익을 포기한 것으로 오해하면 안 된다. 개인의 욕망과 국가의 비전은 분리된 게 아니다. 그는 집안의 번영을 포기한 자가 아니라 생명의 비전을 향해 나아간 자였다. 그것은 사심에 찬 눈으로는 볼 수 없는 흐름이다. 자기

가족, 자기에게 갇히면 전체를 볼 수가 없다. 어려운 얘기가 아니다. 자기 가족, 자기 소유, 자기 명예만 중요한 게 아니라, 다른 사람의 행복도 중요하다. 나와 너는 연결되어 있으니까. 진평은 요순시대처럼 모두가 공존할 수 있는 나라를 건설하고 싶었을 것이다. 그 비전의 실현이 유씨 한나라를 지키는 것으로 드러났을 뿐!

변치 않는 한나라 비전

천하를 위해 집안의 번영을 포기한 진평의 음모(?)는 낯설지만 참으로 고귀해 보인다. 한나라를 살리는 마음이 이처럼 절실할 수 있을까 싶지만 그 행위는 곧 자신을 살리는 길이기도 했다. 또한 유방 입장에서 보면 죽어도 그 뜻을 같이하는 자가 있었으니 그는 참으로 인복이 많은 사람이지 싶다. 유방과 의기투합한 그들이 건재했기에 한나라의 봄은 끊어질 듯하면서도 지속될 수 있었다. 공신들은 고조를 배신하지도 않았고 고후와 공존하면서 결국 한나라의 안정을 이끈 것이다.

솔직히 능력 면에서 보면 고후가 고조보다 더 뛰어나 보인다. 결정적으로 고후와 고조의 다른 점은 고조 옆에는 사람들이 많았고 여후는 단 한 명의 사람도 키우지 못했다는 점이다. 고후는 여씨 일족에게 '몰빵'을 했기 때문에 공신들의 마음을 얻을 수 없었고, 여씨 자손들은 물려받은 것조차 지키지 못했다.

속담에는 농기구가 있더라도 때를 잘 만나는 것만 못하다라고 하였는데 이는 사실이다. 번쾌와 하후영과 관영 같은 사람들이 한창 개를 잡고 마부 노릇을 하며 비단을 팔 때 훌륭한 사람을 만나서 나라의 큰일을 하고 그 복록을 자손에게 물려줄 것이라 어찌 알았겠는가. 「번역등관부근주전」, 『한서』 3, 66~67쪽

그렇다. 좋은 농기구가 있어도 때와 사람을 만나지 못하면 능력을 발휘할 수 없는 법이다. 반대로 보통의 농기구라도 때와 사람을 잘 만나면 유용하게 쓰일 수 있다. 만약 유방을 만나지 못했다면 공신들은 평범한 백성으로 살았겠지만 '훌륭한 유방'을 만났기 때문에 큰일을 할 기회를 얻었다는 거 아닌가. 우리의 통념이 깨지는 지점이다. 능력만 출중하면 될 것 같지만 중요한 것은 누구를 만나는가이다. 유방의 능력은 유방만의 능력이 아니다. 그와 관계를 맺는 순간 공신들의 잠재력은 분출한다. 유방은 플랫폼이었다. 오히려 능력이 없기 때문에 어떤 자도 품을 수 있는 자. 백지를 떠올려 보자. 텅 빈 백지에는 그리고 싶은 모든 것이 표현된다. 꽉 찬 그림 위라면 아무것도 그릴 수가 없다. 고후가 꽉 찬 그림이자 능력자였다면 유방은 무능력의 능력, 텅 빔의 충만함, 여백의 미학 등에 어울리는 자라 할 수 있을 것이다.

그렇기 때문에 유방과 공신들은 일방적인 복종관계라 할 수 없다. 합체가 되어야 새로운 신체가 만들어진다. 이들을 의기투합하게 만든 건 무엇일까. 백성을 위한 나라를 건국하는 것! 고조가

죽은 후 지금까지 유씨 재건을 위한 비전은 공신들의 열망이기도 했다. 그들은 유씨를 위해 기다린 게 아니다. 자신의 비전을 실현하기 위해 유씨 왕조를 지켜 낸 것이다. 여전히 변색되지 않는 그들의 비전이 참으로 충성스럽고, 한편으로는 미스터리하게 여겨지지만 진평이 승상 역할에 대해 답하는 장면을 떠올려 보라. "재상이란 위로는 천자를 보좌하여 음양을 고르게 하고 사시를 순환하게 하며 아래로는 만물이 때맞춰 성장하게 하고, 밖으로는 사이와 제후들을 어루만지고 안으로는 백성들을 가까이 살펴 주면서 경과 대부들로 하여금 직분을 충실히 수행토록 해야" 한다는 그 내용 속에 한나라의 비전이 녹아 있다. 이것이 진평이 15년 동안 버텼던 원동력일 것이다.

봄은 시련을 겪으면서 온다

한나라 창업을 위해 비전을 공유한 자들의 능동적인 협업 과정은 참으로 감동스럽다. 고조는 고후의 야심을 간파했기에 유씨가 아니면 제거하라고 유언했을 것이다. 비전이 확실하면 어떤 시련에도 움츠리지 않는다. 생명력이 강한 풀들을 상상해 보라. 바람이 불면 바람을 따라, 비가 오면 비가 오는 대로, 추위가 오면 추위가 오는 대로 웅크리지만 그것은 나아가기 위한 물러남이다. 진평을 비롯한 공신들은 한나라의 봄을 열기 위해 물러남과 구부림을 반복하면서 기다리고 기다렸다.

우리는 보통 혜제는 유약해서 한나라 건국에 별 도움이 안 됐다고 생각하기 쉽지만 꼭 그렇게만 볼 일은 아니다. 한나라의 봄이 유지된 데는 혜제의 공도 크다. 권력욕은 약했지만 혜제는 분명 특별한 점이 있는데, 『한서』는 그 지점을 정확하게 포착한다. 혜제는 친족·재상·형제에 대한 은애와 공경이 도타웠고, 신하들의 간언에 두려움과 기쁨의 정서 속에서 귀를 기울이는 황제라는 것. 즉, 다양한 감정을 공감하는 군주라는 것이다. 여태후의 야심을 채워 주는 아들 역할은 부족했지만 살리는 기운으로 충만한 혜제는 자신이 죽을지언정 왕권 유지를 위해 누군가를 죽이는 선택을 하지 않았다. 봄이 생명을 살리는 듯, 혜제는 주변을 살리는 역할을 충실히 수행했다고 생각된다.

이런 상상도 가능하다. 만약 혜제가 엄마 고후처럼 야심가였다면 아버지 유방도, 어머니 여후도 먼저 제거됐을지 누가 알겠는가. 대제국의 확장을 꿈꾸면서 자신을 진시황의 환생으로 여겼다면 한나라 400년이 펼쳐졌을까. 진나라가 16년 만에 몰락한 것처럼 한나라도 짧게 생을 마감했을 수도 있다. 봄에는 꽃샘추위가 오듯 혜제는 추위를 견디지 못하고 죽었지만 봄의 살리는 기운을 잃지 않았기 때문에 한나라의 봄은 유지될 수 있었다.

꽃샘추위는 초봄에 날씨가 풀린 뒤 다시 찾아오는 일시적인 추위이다. 꽃이 피는 것을 시샘하듯 춥다고 해서 이 이름이 붙었다. 고후의 등장은 꽃을 시샘하는 추위와 닮았다. 그렇다고 고후가 한나라의 봄을 방해한 훼방꾼일까? 질문을 다르게 해보자. 꽃샘추위가 봄을 막기만 할까. 꽃샘추위는 어떤 싹은 죽이기도 하지만 다른 싹의 뿌리를 더 단단하게 만든다. 고후라는 악역이 없었다면 공신들은 긴장을 잃고 각자의 공에 취해 그 다음 스텝을 밟지 못했을 수도 있다. 불안정한 건국 초기에 긴장을 유지하면서 갈 수 있었던 것은 거듭 말하지만 고후의 악행 덕분이라고 감히 말하고 싶다.

봄은 살림과 죽임의 연속 과정을 통해 온다. 그 속에서 생명은 자란다. 온화함과 잔인함의 이중주. 그리고 때를 기다리고 구부리는 천지의 율동이 한나라의 봄을 북돋았다. 봄은 생기가 넘치지만 좌충우돌을 겪을 수밖에 없다. 그래야 봄은 여름에게 바통을 넘길 수가 있다. 그런 점에서 봄의 생명력은 한나라의 일생을 좌우한다고 해도 틀린 말이 아니다. 고후와 진평으로 대변되는 숨 막히는 대결을 보면 한나라는 이제 곧 혼란에 빠져들 것만 같았다. 한데 반고는 혜제와 고후 시대를 다음과 같이 논찬한다.

> 효혜제와 고후 시대에는 나라 안[海內]은 전쟁의 고통에서 벗어났고 군신이 모두 무위의 정치를 원했기 때문에 혜제는 팔짱 끼고 있었으며 고후가 여주女主로 정사를 재단했으나 궁궐 문밖을 벗어나지 않았으니 천하는 태평했고 형벌을 거의 쓰지 않았으며 백성은 농사에 힘써 의식衣食이 넉넉하였다.「고후기」, 『한서』 1, 199쪽

정치판은 피가 튀기는데 백성들은 태평성대를 누리는 중? 지금까지 전쟁으로 인해 얼마나 많은 백성들이 죽었겠는가. 혜제와

고후 시대는 전쟁의 고통에서 벗어난 시기이다. 군신이 무위를 원하고 왕은 백성들을 괴롭히지 않았다. 무위 정치에 대해서는 나중에 본격적으로 언급하겠지만 무위를 통해 백성이 전쟁에서 벗어났다는 게 중요하다. 혜제는 팔짱을 끼고 있고 여태후는 궁궐 문밖을 벗어나지 않았는데 천하는 태평했다. 형벌이 없고, 백성은 농사에 집중할 수 있어서 살기가 좋아진 세상인 것이다.

반고의 말을 뒤집어 보면 이렇다. 이전의 왕은 팔짱을 끼지 않고 적극적으로 무엇을 했고, 궁궐 밖을 나갔으며, 형벌을 시행했고, 백성이 농사에 힘쓰지 못하고 전쟁에 동원됐다는 결론이 나온다. 왕은 열심히 했는데 백성이 힘들다면 이것은 백성을 위한 '노오력'이 아니다. 자신의 권력 확장을 위해 가혹한 형벌을 시행하고, 전쟁에 징집하여 농사에 집중하지 못하게 괴롭힌 것이다.

하지만 혜제와 고후는 달랐다. 팔짱을 끼고 아무것도 하지 않은 것만으로도 백성에게 너그러울 수 있었다. 덕분에 백성은 휴식을 충분히 취할 수 있었다. 한나라의 봄은 오고 있었다. 때로는 부드럽게! 때로는 잔인하게! 그리고 기다리고 구부리면서! 이렇게 온 초봄은 드디어 늦봄에게 그 바통을 넘겨주려고 한다. 태평성대로 이름난 '문경지치'文景之治라는 만춘은 그냥 온 게 아니다. 초봄의 꽃샘추위를 혹독하게 겪으면서 왔음을 우리는 기억해야 한다.

5장 한나라를 감싸는 훈훈한 '양생'의 바람 — 문제 유항

유방의 넷째아들 유항, 변방의 제후에서 황제로!

소제少帝를 허수아비 황제로 세우고 스스로 황제라 칭했던 여태후가 죽었다. 권불십년權不十年! 여씨의 한나라를 만들고 싶었던 여태후의 바람은 이루어지지 않았다. 조카 여산과 여록에게 천하를 지켜 달라 당부했으나, 여태후의 죽음과 함께 여씨 천하는 막을 내리고 만다. 태위 진평과 승상 주발은 여록에게서 병권을 빼앗은 뒤 유장을 앞세워 여씨들을 제거하고, 소제와 3명의 동생을 비밀리에 모두 죽인다. 그리고 고조 유방의 넷째아들이자 후궁 박희薄姬의 소생인, 대왕代王 유항劉恒을 황제로 옹립한다. 이렇게 '문제'文帝는 변방 대나라의 제후에서 황제로 등극했다.

인생사 한 치 앞도 알 수 없고, 운명의 엇갈림은 오묘하기 짝이 없다. 문제와 그 어머니의 인생이 그랬다. 고조 유방의 아들 여덟 명 중 넷째인 유항은 여태후 소생도 아니요, 총애하는 후궁 소생도 아니었다. 유항의 어머니 박희는 진승의 반란기에 초나라 왕 위표의 직실織室에서 일하던 궁녀였다. 초나라를 점령했던 한왕 유방의 눈에 들어 후궁으로 들어왔지만 1년간 동침 한 번 못한 채 살고 있었다. 박희는 젊은 시절 관부인管夫人과 조자아趙子兒라는 후궁과 친해서 먼저 부귀하게 되어도 서로를 잊지 말자는 약속을 했다. 그러나 이 약속은 지켜지지 않았다. 유방의 총애를 받게 된 관부인과 조자아는 젊은 시절의 약속을 떠올리며 박희를 조롱했다. 유방은 이들이 비웃는 까닭을 듣고 오히려 박희를 불쌍히 여겨 그날 밤 박희를 불러 동침했다. 이때 박희가 꿈에서 용을 품었다고 아뢰자 유방은 높이 오를 징조니 그 뜻을 이루어 주겠다고 했는데, 이 말대로 박희는 임신하여 대왕 유항을 낳았다. 유방의 연민으로 아들이 태어난 것이다. 인생사 도처 반전이란 바로 이런 것!

예상하듯, 박희의 인생역전은 여기서 끝나지 않는다. 여태후는 고조 유방이 죽은 뒤 척부인을 사람돼지로 만들어 보복했을 뿐만 아니라 고조의 총애를 받던 비빈들도 모두 궁에 가두어 버렸다. 박희는 이번에도 위기 탈출. 그 이유는 고조의 총애를 받지 못했기 때문이다. 고조와의 잠자리가 적었던 연유로 박희는 아들과 함께 안전하게 대나라로 갈 수 있었다. 고조의 총애를 받았다면 궁에 갇혀 죽을 수도 있었는데, 사랑을 못 받아 천수를 누리게 된 이 역설! 모든 일이 그렇듯 멀리 보면 좋은 게 좋은 게 아니고, 나쁜 게 나쁜

게 아니다. 게다가 봉지도 변방의 대나라를 받았기 때문에 주목받지 않아 안전하게 목숨을 지켰다. 고조 유방이 사랑을 주지 않은 덕분에 박희도 살고, 유항도 살았다.

권력을 장악하기 위한 유혈의 난투극으로부터 멀리 벗어나 있던 박희와 유항 모자. 유항은 눈에 띄지 않고 조용히 어질고 겸손하게 대땅을 지킬 따름이었다. 그런 와중 이들 모자의 인생은 뜻하지 않게 또 한 번 역전한다. 진평과 주발이 여씨를 몰아내고 천하를 다시 유씨에게 이양하는 사건이 일어난 것이다. 혜제의 소생은 없었기에 고조 유방의 아들 중에서 후계자를 찾았다. 이때 고조 유방의 아들로 생존한 이는 넷째인 대왕 유항과 여덟째로 막내인 회남왕淮南王 유장劉長 두 사람뿐이었다. 진평과 주발을 비롯한 공신세력들은 나이가 많은 대왕 유항을 황제로 올리기로 결정한다. 덧붙여 대왕을 황제의 적임자로 내세운 또 하나의 이유는 어머니 박희의 조건 때문이었다. 박희의 어진 성품도 한 이유였지만 또 다른 큰 이유는 천하를 위협할 수 있는 외척세력이 없었기 때문이다. 공신세력들은 여태후의 맹렬한 권력에의 의지와 이것을 받쳐 주는 막강한 여씨 세력의 힘을 미워하고 두려워했기 때문에 황제 어머니의 조건을 따지지 않을 수 없었다. 이런 조건들을 따져 볼 때 유항이 적격이었다.

고조의 막내아들 유장은 유항보다 나이가 어려 황제로 옹립되지 못했던 것일까? 『한서』의 기록으로 보면 유장은 한나라를 지켜내기 힘든 인물로 보인다. 진평과 주발도 이미 파악했던 것이다. 유장이 어떤 인물인지 짚고 넘어가자.

기억하기 쉽게 덧붙이자면, 유장은 『회남자』를 지은 유안劉安의 아버지이다. 유장의 어머니는 조왕 장오張敖의 후궁이었다. 조나라가 한나라에 정복되자 조왕은 유방에게 후궁을 바쳤는데, 이 후궁이 유장의 어머니이다. 이때 유장을 임신했는데, 조나라가 모반한다는 혐의를 받아 조왕과 더불어 그 비빈들이 모두 감금되면서 유장의 어머니도 함께 갇히게 된다. 벽양후辟陽侯 심이기審食其에게 고조의 아이를 임신했다고 호소했지만 벽양후는 유장의 어머니를 구해 주지 않았다. 어머니는 아들 유장을 낳고는 벽양후에 대한 분노로 자살한다. 관리가 고조에게 유장을 데려가자 고조는 안타까워하면서 여태후에게 유장을 길러 달라고 부탁한다. 여태후는 고조의 총애를 받지 못하는 후궁과 그 소생에 대해서는 관대했기에 유장을 아들로 받아들여 양육하기를 마다하지 않았다. 덕분에 유장은 여후와 혜제의 총애를 독차지한다. 이뿐만이 아니었다. 문제 또한 하나밖에 없는 동생 유장에 대한 총애가 지극했다.

총애가 지나쳤던 것인지, 유장은 교만이 하늘을 찔렀다. 황제의 동생이자 측근으로 법을 자주 어기고, 황제의 수레를 같이 타고 사냥을 다녔다. 생모에 대한 복수를 위해 벽양후 심이기를 찾아가 쇠몽둥이로 때려 죽이고 수행원에게 목을 자르게 했다. 유장은 포악하고 잔인했고 교만했다. 물론 이 사건들은 문제 즉위 이후에 일어났기 때문에 유장이 황제가 되었다면 어떻게 행동했을지 단정할수는 없다. 그러나 여후와 혜제에게 총애를 받을 때부터 유장은 이미 교만했다. 또한 봉국인 회남으로 돌아가 왕으로 처신할 때도 방자하기 그지없었고, 법도를 준용하지 않았으며, 황제처럼 명령하고 출입할 때마다 길을 치우게 했다.

문제는 동생 유장을 불쌍히 여겨 직접 꾸짖지 못하고 외삼촌 박소薄昭에게 부탁했다. 박소는 유장이 잘못을 깨우칠 수 있도록 편지를 보냈다. 그러나 유장은 반감을 갖고 사람들과 모의하여 반란을 꾀하고 흉노를 끌어들이려 했다. 결국 폐위되어 촉의 엄도로 이송되는 중에 교만했던 행동을 후회하며 식음을 전폐하여 죽었다. 사실 문제는 동생 유장을 풀어 줄 생각이었다. 그러나 유장은 그런 상황을 견딜 수 없었다. 유장의 어머니는 분노 때문에 자살했고, 유장은 비관으로 목숨을 끊었다. 감정을 다스리지 못했던 어머니와 아들. 유장에게 천하를 맡길 수는 없었을 것이다.

천하의 대권은 유항에게로 향했다. 인물은 인물이었다. 유항은 가볍게 움직이지 않았다. 널리 조언을 구했고, 점을 쳐서 시운을 파악했다. 대왕의 신하 중 송창宋昌은 "안팎으로 유씨 친족들이 포진하여 공신들이 함부로 할 수 없으며, 나이 많고 현명하고 인자하고 효행으로 천하에 알려졌기에 천하 민심에 따라 대왕을 옹립하는 것"이니 의심하지 말라고 조언했다. 점을 치니 "천왕이 되어 선제의 유업을 빛낼 것"이란 '대횡'大橫괘가 나왔다.「문제기」,「한서」1, 204쪽 유항은 확신이 서자 움직였다. 그럼에도 불구하고 장안에 이르러서도 황제의 자리를 선뜻 받지 않았다. 서쪽 대신들을 향해 3번 사양하고, 남쪽 여러 신하를 향해 2번 사양했다. 신하들이 다시 간곡

히 청원하자 유항은 그제야 천자의 자리에 등극했고 미앙궁으로
입궁했다.

진평과 주발 등의 공신세력과 유씨 일족은 천하 사람들의 안
정과 한나라의 안녕을 위해 마음을 모았다. 그렇기 때문에 황제를
선택할 때 각고의 고민을 하지 않을 수 없었을 것이다. 개인적인 욕
심 때문에 움직였다면 제각각 후계자를 내세워 싸웠거나, 조종하
기에 적당한 인물을 황제로 올렸을 것이다. 여씨를 물리친 세력들
에게 사심은 없었다. 이들은 유씨 천하에 올인했다. 따라서 한나라
를 짊어질 황제로 유항을 지목하는 데 주저하지 않았다.

한나라가 될 나라라 그랬는지, 공신들이 훌륭해서인지, 문제
는 이들의 확신을 저버리지 않았다. 즉위하자마자 문제는 제후들
과 사방의 이민족들에게 무력으로 통치하지 않겠다고 공표한다.
이민족 남월南越의 왕 조타趙佗에게 화친을 먼저 청하면서, 한나라
변경의 장사국長沙國에 대한 침략을 그치기를 제안한다. 전쟁은 많
은 죽음을 불러온다. 생명을 살리는 시작은 전쟁을 멈추는 것이다.
만물을 살리기 위해 문제는 과감했다. 황제라 부르며 한나라를 자
극했던 조타에게 자존심 세우지 않고, 조타의 선조 무덤을 관리해
주기로 약속하고, 오령五岭 이남의 땅을 다스리도록 공식적으로 허
용한다. 남월왕 조타는 이를 받아들여 스스로를 신하라 낮추며 조
공을 바치고 화친의 제안을 받아들인다.

문제는 황제의 첫걸음을 이렇게 내딛었다. 문제는 서슴지 않
고 백성을 살리는 정치에 몸을 던졌다. 문제는 화창한 봄기운에 감

응하며 만방에 약동하는 생명의 기운을 불어넣었다. 이로 인해 한나라는 최고의 안정기를 구가했다. 결과적으로 진평과 주발의 혜안은 탁월했으며, 이들의 선택은 옳았다.

양생 정치의 끝판왕 '문제'를 기억하라!

한나라는 고조로부터 혜제, 고후, 문제, 경제에 이르기까지 무위와 청정과 양생을 정치적 비전으로 삼았다. 말하자면 황제와 노자의 비전으로 천하를 다스리기를 제안한 황로학이 통치의 좌표가 되었던 때이다. 그야말로 억지로 무언가를 하지 않는 것으로 백성의 삶을 돌보는 통치! 무위, 청정, 양생과 같은 모토가 현실정치에서 실행될 수 있는지에 의구심을 던지는 우리들에게 한나라 초기의 역사는 그것이 가능함을, 실제로 그런 정치적 모토가 구현되었음을 증명해 준다.

　한나라가 천하를 통일하기까지 백성들은 전쟁의 칼바람 속에서 한시도 쉴 수 없었다. 게다가 무수한 전쟁 끝에 쟁취한 천하 통일의 뒤끝은 죽음과 황폐였다. 통일 한나라의 최대 과제는 백성의 삶을 복구하는 것이었다. 이때는 황폐한 땅을 갈아 생명의 씨를 뿌리고 싹을 틔우고 푸르게 자라게 해야 할 시기였던 것이다. 하여, 백성들 스스로 삶을 복구하고 삶을 안정시킬 때까지 통치자는 아무것도 하지 않는 것이 최상의 방책이었다. 진나라 제국의 허망한 종말이 황로학의 비전에 공감하게 만들었던 것이다. 한나라 건국의 주체들은 엄혹한 법령이, 가중한 세금이, 장엄한 궁실과 성곽과 도로가 거대 제국 진나라와 진나라 백성의 삶을 파탄나게 했음을 누구보다 잘 인지하고 있었다.

> 한이 건국되고 가혹한 법치를 버리고 관대하게 다스리면서 간교한 통치가 아닌 질박한 정책을 폈는데 배를 삼킬 큰 고기도 빠져나갈만 큼 법망이 느슨하였다. 관리들은 순수하여 간교하지 않았고 백성은 평안하였다. 이를 본다면, 나라의 태평은 덕치에 달렸지 법치에 있 지 않았다.「혹리전」, 『한서』 8, 336쪽

그리하여 승상 조참은 한고조와 소하가 건국의 기초로 닦아 놓은 궁실, 법령, 행정제도 위에 그 어떤 것도 더하지 않았다. 혜제 와 여태후도 한나라를 지키는 비책이 온 천하 사람들의 '휴식과 안 정'에 있음을 절감했기에 '팔짱을 끼고 아무 일도 하지 않는 것'을 일로 삼았다. 백성을 동원하고 번거롭게 하며 괴롭히는 정치를 하 지 않는 것, 백성이 자신의 삶을 돌볼 수 있도록 그냥 놔두는 것, 통 치자가 욕심내지 않는 것. 한나라 초기 통치자들은 이런 정치로 자 신도 살리고 나라도 살리고 백성도 살렸다.

황로학의 비전이 현실 정치에서 구현된, 아마도 이 이후로는 찾기 힘든, 그래서 아주 특별한 역사의 순간이 한나라 초기였음을 누구도 부정할 수 없을 것이다. 권력에 대한 야욕으로 활활 타올랐 던 여태후가 황로의 정치적 비전을 적극 실행했다는 사실도 반전

이라면 반전이지만, 더 놀라운 것은 여태후의 뒤를 이어 등극한 문제가 '양생 정치'의 끝판왕으로서 이보다 더할 수 없는 정점을 보여주었다는 사실이다.

> 천하는 금하는 것이 많으면 백성들이 더욱 가난해지고, 백성들이 이로운 기물을 많이 갖고 있으면 국가는 더욱 혼미해지고, 사람들이 재주가 많아지면 기이한 일들이 더욱 불어나며, 법령이 복잡해질수록 도적이 많아진다. 그러므로 성인께서 이르기를 내가 무위하니 백성들이 스스로 교화되고, 내가 고요함을 좋아하니 백성들이 스스로 바르게 되며, 내가 일을 만들지 않으니 백성들이 스스로 넉넉해지며, 내가 무욕하니 백성들이 스스로 순박해진다.노자,『도덕경』, 57장

노자가 말한바, 무위와 청정과 양생의 정치는 자신으로부터 시작되어야 한다. 통치자가 먼저 무위하고, 일을 만들지 않고, 욕망에 흔들리지 않아 고요하며, 욕심을 내지 않아야 천하 또한 달라진다. 통치자가 자신을 다스리지 못하면 천하는 다스려지지 않는다.

이런 노자의 통치학에 부합하는 황제는 오직 문제뿐이었다. 백성의 양생에 힘을 쏟으면서도 검소와 절제로 자신을 청정, 무욕하게 만드는 일에 솔선했다는 것. 반고는 문제를 인애의 군주라 일컬으며, 소박하고 절제하며 자신을 다스려 가는 모습에 주목했다. 반고는 이런 모습을 「문제기」의 본문에서는 언급하지 않고, 역사가의 총괄적 비평을 담은 논찬에서 부각시킨다. 「본기」는 신하와 백

성 그리고 이웃 나라와의 관계 속에서 문제가 실행한 정책과 정치를 시간 순서대로 기술하고 있다. 문제의 수신修身 행위는 빠뜨릴 수 없는 중요한 사항이지만 기술상 본문에 넣기 어려웠기 때문에 논찬에서 다루었던 것이다.

반고가 개괄한바, 문제 개인의 생활은 이랬다. 효문제가 대나라로부터 와서 즉위한 지 23년이 지나도록 궁실, 동산, 애완물, 의복, 거마에 있어 더 늘어난 것이 없었다. 문제는 궁실을 지으려다 황금 100근이 든다고 하자, "황금 100근이면 보통사람 열 집의 재산과 맞먹는다. 짐이 선제의 궁실을 물려받은 것만으로도 늘 선제께 부끄러웠는데, 누대를 더 지어 무엇하겠는가?"라고 말하며 중지시켰다. 문제는 항상 질박한 옷을 입었고 총애하던 신부인愼夫人에게도 땅에 끌릴 정도로 긴 옷은 입지 못하게 했으며, 휘장에는 수를 놓지 말게 하여 검약하는 것을 보임으로써 천하의 모범이 되었다. 패릉霸陵을 건조할 때는 와기를 사용하고 금, 은, 구리, 주석 등으로 장식하지 못하게 했으며 산의 형세를 따를 뿐 분묘를 높게 만들지 못하게 했다.

문제의 생활은 소박하고 청정했다. 하여, 한나라 백성들은 가장 안정되고 풍요롭게 살 수 있었다. 통치자가 소박하고 무욕하면 백성들의 삶이 안정되고 부유해진다. 통치자가 사치하고 방종하면 백성들의 삶은 피폐하고 가난해진다. 황제黃帝와 노자가 추구했던 삶의 원칙이지만, 이것은 만대에 새겨야 할 삶의 원리이자 통치의 원리였다. 문제는 황제, 노자의 삶을 충실히 실천했고, 이 때문에 이후로는 문제 자신이 청정한 삶의 표상이 되었다. 반고의『한서』에 수록된 역대 신하들의 상소문이나 대책문에서 문제는 황제들을 깨우치는 삶의 전범으로서 빠지지 않고 거론된다.

성명하신 문제에 이르러서 전례에 따라 바로 나라의 안녕에만 뜻을 두고 절검을 실천하시어 거친 비단옷을 해질 때까지 입으셨고, 가죽 신발은 구멍 나지 않으면 괜찮았으며, 큰 궁궐에 거처하지 않았고, 목기에는 무늬를 새기지 않았습니다. 이에 후궁에서도 대모를 천시하고 구슬을 멀리했으며 비취 장식을 하지 않고 공들여 새기지 않았으며 화려한 사치를 미워하여 가까이하지 않았고 향기를 멀리하여 즐기지 않았고 음악과 사성邪聲의 풍류를 삼가고 정과 위의 기묘한 음악을 싫어하였기에 정치가 깨끗하고 사회가 안정되었습니다.「양 웅전(하)」,『한서』8, 160쪽

효문황제는 자신이 묻힐 패릉을 보고 북쪽 물가에서 마음이 처량하고 슬퍼 여러 신하들을 둘러보며 말했습니다. "아, 북산에서 캐낸 돌로 덧널을 만들고 모시와 솜으로 채우고 그 사이를 옻으로 칠한다면 어찌 열 수 있겠는가?" 그러자 장석지張釋之가 나서며 말했습니다. "그 안에 욕심낼 만한 것이 있다면 비록 남산으로 막더라도 뚫을 틈이 있겠지만 그 안에 욕심낼 만한 것이 없다면 비록 덧널이 없다 한들 무엇을 걱정하겠습니까?" 대저 죽음이란 것은 그 끝이 없지만 나라에는 망하고 흥하는 것이 있기에 장석지의 말은 무궁한 계책일 것

입니다. 효문제는 깨달았고 그래서 박장을 하면서 큰 봉분을 만들지 않았습니다.「초원왕전」, 『한서』 2, 361쪽

쾌락과 사치와 방종은 필연코 안일과 나태와 욕심을 부른다. 욕심에 가로막히면 소통은 불가능하다. 욕심은 한 사람을 고립시키는 데 그치지 않는다. 욕심이 또 다른 욕심을 불러 갈등과 충돌을 일으킨다. 따라서 천하 백성과 통해야 하는 황제에게 환락과 사치와 욕심은 치명적이다. 내 몸과 마음이 막혀 있는데 어찌 천하 백성의 몸과 마음을 볼 수 있겠는가? 양생은 소박하고 절제하는 생활에서 시작된다. 내 몸과 마음이 청정하고 고요해야 다른 이들의 삶도 청정하고 고요해진다.

문제는 백성들의 양생에 전심했다. 청렴을 귀히 여기고 탐욕을 천시하였으며, 농민은 전조田租의 세를 납부하지 않았고, 연좌제와 육형을 폐지하였고, 비방과 요언의 죄를 폐지하여 천하의 소리에 귀를 기울였으며, 널리 현량賢良을 찾아 기용했으며, 전쟁을 피하고자 흉노와의 화친을 국책으로 삼았다. 무위하려는 노력의 결과, 판결은 1년에 400건을 넘지 않았다고 한다.

백성을 생각하는 문제의 마음은 한량이 없었다. 상제와 종묘에 제사하면서 불민하고 어리석은 존재로 천하에 군림하고 있음을 부끄러워하면서 선왕들의 뜻을 마음에 새겼다. "예전에 선왕은 먼 곳의 백성에게 은덕을 베풀면서도 그 보답을 바라지 않았고, 먼 산천을 제사하면서도 복을 구하지 않았으며, 현인을 우대하고 친척

을 멀리하였으며, 백성을 먼저 보살피고 자신을 나중에 생각했으니 아주 영명한 처사이셨다."「문제기」,『한서』1, 238쪽 그리하여 제사관이 황제에게 복이 돌아가도록 축원하는 일을 금지시켰다. 문제가 생각하기에 제사의 복을 혼자 누리며 좋아하면서 백성과 함께하지 못한다면 부덕을 더하는 것. 사실 이야말로 탐욕의 극치가 아닌가? 백성을 책임지는 황제로서 차마 해서는 안 되는 일이었다.

문제는 죽는 순간에도 욕심을 버렸다. 마지막까지 백성을 번거롭게 하지 않으려 마음을 썼다. 문제는 무위를 실천하고자 죽기 전 조서를 남겨 당부했다. "지금 세상에서는 모두 생을 찬미하고 죽음을 싫어하여 장례를 후히 치르느라 생업을 파괴하고 복을 중히 여겨 산 사람을 상하게 하는 일이 있는데, 짐은 이에 대해서 심히 찬성하지 않는다. (……) 천하의 관리와 백성들은 사흘 동안만 조곡하고 모두 상복을 벗을 것이며, 백성의 자식을 결혼시키고 제사를 지내고 술을 마시며 고기 먹는 것 등을 금하지 말라! 상사喪事를 담당하여 상복을 입고 곡을 해야 하는 자들도 절대 맨발로 땅을 밟지 마라! 상복의 질대는 세 치를 넘지 않도록 하며, 수레와 병기를 진열하지 말고, 백성들 중에서 남녀를 선발하여 궁전에서 곡하게 하는 일도 하지 말라! 궁에서 곡을 해야 하는 자들도 아침 저녁 각각 열다섯 번씩만 하고 예가 끝나면 그만둘 것이며 아침 저녁으로 곡할 때가 아니면 자기 멋대로 곡하지 말라. (……) 패릉 일대의 산수는 원래의 모습을 그대로 두고 바꾸지 마라. 후궁 중 부인 이하 소사少使에 이르기까지는 모두 그들의 집으로 돌려보내도록 하라." 문제는 무위 정치의 표본 그 자체였다.

> 황제의 덕은 바람이고 백성들은 풀처럼 따르니 나라는 부유하고 형
> 벌은 청렴하여 한의 법도를 이룩했다.「서전」, 『한서』 10, 482쪽

문제는 천하의 양생을 위해 먼저 자신을 다스리고 천하를 다
스렸다. 반고는 문제의 훈풍과 같은 덕에 백성들이 풀처럼 따랐다
고 총평했다. 문제가 불러온 훈풍은 한나라 백성들을 안정시키고
성장시켰으며 더하여 습속을 바꾸었다.

6장 안정 속의 위기, 제후들을 다스려라 — 경제 유계

문경지치, 아버지의 원칙을 계승한 경제

문제의 아들이요 두황후의 소생인 유계劉啓가 황제에 등극했다. 문제가 대나라 왕이었던 시절의 왕후는 문제가 황제가 되기 전에 죽었고, 이후 왕후의 소생 네 아들도 모두 죽었다. 그리하여, 후궁 소생의 아들 중 유계가 가장 연장으로 태자가 되고, 그 어머니 두희竇姬는 황후가 된다.

두희는 여태후 시절 궁궐로 들어왔는데, 궁인 5명씩을 여러 제후국에 보낼 때 대나라로 가게 된다. 두희는 고향이 조나라였기 때문에 담당 환관에게 조나라로 보내 달라 부탁했다. 아뿔싸! 환관이 부탁을 잊어버리고 두희를 대나라로 가는 명단에 올리고 말았다. 울며불며 가지 않으려 했으나 여러 사람이 권하자 마지못해 대나라로 향했다.

그런데 이 무슨 일인가? 두희에게도 인생은 반전의 연속! 대나라 왕 즉 문제가 오직 두희만을 총애하여 딸도 낳고 아들도 낳은 것이다. 그리고 아들은 황제가 되고, 덕분에 자신은 황후에 오른다. 한나라 초기 황실 사람들의 인생은 이렇게 드라마틱했다. 『한서』를 읽어 갈수록 한 치 앞을 모르는 게 인생임을 실감하게 된다.

문제의 경우와 마찬가지로 경제景帝도 황제로 길러진 것이 아니었다. 어쩌다 보니 황제에 오른 케이스이다. 그렇지만 인품과 능력 면에서 모자람이 없었다. 아버지를 뒤이어 경제 때도 풍요와 안정을 구가했다. 그 아버지에 그 아들이었다. 이 두 황제의 시기에 한나라 최고의 안정을 이뤘기에 문경지치文景之治라 부른다.

역사가 반고에게 있어 통치의 제일은 백성의 안정이고, 백성의 안정은 황제들의 검소한 생활과 공경하고 인애하는 태도에서 오는 것이었다. 한나라 최고의 안정기를 이끌었던 문제와 경제가 바로 그런 황제였다. 문제와 경제가 검소, 공경, 인애를 바탕으로 통치했기 때문에 한나라 백성은 풍족하고 편안하게 살았던 것이다. 반고는 「문제본기」에서 그랬던 것처럼 「경제본기」에서도 검소하고 인애한 경제의 통치에 주목한다.

한이 건국되고서 번잡하고 가혹한 조문을 많이 없애면서 백성과 함께 휴식했었다. 효문제는 여기에 공경과 검소를 보태었고, 효경제는 문제의 원칙을 바꾸지 않고 그대로 따랐기에 건국 후 50, 60년에 풍속이 바뀌어 백성들은 순박해졌다. 주에서는 성왕과 강왕의 성세를,

한에서는 문제와 경제 시대를 말할 수 있으니, 훌륭하도다!「경제기」,
『한서』1, 282쪽

반고는 아버지 문제의 통치 원칙을 바꾸지 않고 지켜 간 경제
를 칭송한다. 그리고 그런 원칙을 천명하고 실천했던 증거로서 경
제의 '조서'를 많이 수록한다. 사마천의 「효경제본기」에서는 경제
의 조서를 직접 인용하는 경우는 거의 없고, 정책만 정리해서 보여
준다. 이에 비해 반고는 경제의 조서 내용이 중요하다고 판단했다.
왕조의 정책을 공식적으로 천명하는 조서에서 백성을 걱정하지 않
는 경우는 없겠지만, 반고가 보기에 백성을 대하는 경제의 원칙은
상기할 만한 가치가 있었던 것이다.

여름 4월, 조서를 내려 말했다.
"무늬를 놓고 나무나 쇠를 조각하는 일은 농사를 못 짓게 하고, 비단
에 수를 놓고 매듭을 짜는 일은 여인의 길쌈에 손해가 된다. 농사를
못 지으면 굶주리고 길쌈을 못 하면 추위에 떨게 된다. 굶주림과 추
위가 한꺼번에 닥치면 나쁜 짓을 안 할 사람이 없을 것이다. 짐은 친
경親耕하고 황후는 친히 누에를 치며 종묘에 바칠 곡식과 제복을 준
비하며 백성에게 솔선하고, 헌상하는 물건도 물리치며 음식을 줄였
고, 요역과 부세를 줄였으며 백성들에게 농사와 길쌈을 권하여 평소
에 비축으로 재해를 대비케 했었다. 또 강자가 약자의 것을 빼앗지
못하게 하고, 부자가 빈자에게 포악한 짓을 못하게 했으며, 노인네

가 천수를 누리고 어린애나 고아도 자랄 수 있게 하였다. 금년에도 흉년이 든다면 백성들의 먹을 것이 크게 부족할 터인데 그 허물은 누구에게 있겠는가?" 같은 책, 278쪽

통치자는 기본적으로 사치를 경계해야 한다. 사치는 서민들의 기본 생활권을 심각하게 침해한다. 윗사람이나 부자가 검소해야 백성들의 일용이 보장된다. 이러면 재해에도 대비할 수 있다. 통치자가 먼저 의식주에서 필요 이상의 사치를 하지 않고, 백성들의 요역과 세금을 줄여 주면, 천하는 편안하다. 흉년에 대비하는 것은 이 원칙을 잊지 않고 지켜 가는 것이다. 반고는 이 조서에서 드러나는 경제의 솔선수범과 백성을 향한 정성스런 마음을 전하고 싶었던 것이다.

반고는 또한 청렴한 관리를 뽑으려는 경제의 시도에 주목한다. 아래의 조서를 보면, 이 시절 10만 전 이상의 자산가라야만 관리가 될 수 있었다. 경제가 보기에 10만 전 이상의 재산을 모으려면 이재에 밝아야 한다. 이렇게 되면 청렴하여 가난한 자는 관리로 나아갈 수 없다. 경제는 이 폐단을 고쳐 4만 전 이상만 있으면 관리가 될 수 있도록 조서를 내린 것이다.

5월, 조서를 내려 말했다.

"사람들은 자신이 지혜롭지 못한 것을 탓하지 않고 속임수에 당할 것을 걱정하며, 자신이 용기가 없음을 걱정하지 않고 포악한 자에게

당하는 것을 걱정하며, 빈곤을 걱정하지만 탐욕을 걱정하지 않는다. 청렴한 사람은 욕망을 억제하여 쉽게 만족한다. 지금 자산이 10만 전 이상이어야 겨우 관리가 될 수 있는데 청렴한 지사라면 재산이 많을 필요는 없다. 상인 명단에 오른 사람은 관리가 될 수 없지만, 재산이 없는 사람도 관리가 될 수 없어 짐은 이를 안타깝게 생각한다. 재산이 4만 전만 되어도 관리가 될 수 있도록 고쳐서 청렴한 인재가 오랫동안 관직을 얻지 못하거나 탐욕한 자가 큰 이득을 챙기는 일이 없도록 하라."같은 책, 280쪽

한나라 때는 일정 금액의 돈을 내면 관리가 될 수 있었다. 문제 때의 명신名臣 장석지도 젊은 시절 형의 재산으로 낭관의 자리를 얻은 적이 있다. 장석지가 훌륭했으니 망정이지, 돈으로 관직을 산다는 건, 능력이나 품행에 상관없이 이재에 밝은 사람이 발탁될 확률이 높다는 뜻이다. 발탁 요건이 이렇게 정해지면 탐욕스런 자는 더욱 탐욕스럽게 되고, 청렴하여 가난한 지사는 관직에 오를 수 없다. 사회가 이런 추세로 가면 청렴은 무능으로 취급되어, 부자든 가난한 자든 재물만을 욕망하게 된다. 부자는 더 가지고 싶고, 가난한 자는 없어서 가져야겠다는 욕망에 불타게 되는 것이다.

이 조서에서 중요한 것은 관리 등용의 문제를 근원적으로 살피는 경제의 시선이다. 재물을 중시하는 사회는 사람들의 심성을 잘못 이끌 수 있을 터, 근본부터 점검해야 하는 것이다. 돈으로 관직을 얻을 수 있다면, 돈으로 그 무엇은 못하겠는가? 돈이면 다 되

는 세상에서 사람들은 이득을 취하기 위해 사기 치고 포악하게 되고 탐욕스럽게 될 것이다. 이렇게 사회가 움직이면, 사람들은 이런 일을 당할까 두려워 모두가 돈에 더욱 욕심을 내고, 더 높이 올라가려고 아등바등 쟁투할 것임에 틀림없다. 경제가 근심한 바는 삶의 향방이요, 마음의 정처였다.

경제의 조서를 읽으면서 갑질을 양산한 우리 사회의 문제가 어디에서 비롯된 것인지 짚어 보게 된다. 한나라 때보다 더 재물과 성공과 권력의 비례관계가 분명한 우리 시대, 내 안의 '갑'과 '을'들을 어떻게 넘어서야 할까? 재물과 권력만 있으면 맘껏 살 수 있으리란 확신이 내 안의 사기성과 폭력성과 탐욕을 키우고 있는 건 아닌지? 모두가 추동하는 이런 흐름으로 인해 우리 안에는 갑과 을이 공존하고 있는 것은 아닌지? 재물이 나 자신이요, 힘이라 여기는 사회에서 설령 을의 자리에서 두려움을 안고 산다 하더라도, 을에서 벗어나려면 사기 치고, 억압하고, 탐욕스런 갑의 자리에 오르지 않고는 불가능한 것이 아닐까? 이런 사회에서는 언젠가는 갑도 되지만, 언젠가는 을이 되는 배치를 영원히 벗어날 수 없을 것이다.

하여, 갑질에 대한 을들의 근본적인 반란은 내 안에 새겨져 있는 수동적인 '을'의 위축되고 결핍된 마음가짐을 바꾸는 것이 아닐까? 이 사회의 무수한 갑들을 폭로하고 물리치는 동시에 내 안에 숨어 있는 갑이고자 하는 마음과 을의 마음가짐을 깨뜨려야 진정 이 사회에서 독단과 폭력이 사라지지 않을까? 경제가 말했듯 속임을 당할까 걱정하지 말고 스스로 지혜로워지고, 폭압에 시달릴까 걱정하지 말고 스스로 용기를 갖고, 빈곤을 걱정하지 말고 스스로의 탐욕을 걱정할 때, 갑을관계를 넘어설 수 있을 것이다. 무지와 두려움과 탐욕을 깨뜨리기 위해서는 욕심과 욕망을 부추기고 그것을 삶의 원동력이라 몰아가는 흐름을 해체해야 한다.

경제가 청렴한 사람을 인재로 뽑으려 했던 이유는 명약관화했다. 청렴한 자는 욕망을 다스리고 이득을 챙기지 않으며 스스로에게 만족하는 자이다. 탐욕은 폭력을 불러온다. 갑을관계라는 배치를 만드는 건, 우리 안에 활활 타고 있는 탐욕과 독점의 욕망이다. 그러니 관리의 독단과 폭압을 방지하려면, 또는 갑을관계를 넘어서려면 욕망을 다스릴 수 있는 인재를 우선으로 해야 하는 것이다. 더 나아가 욕망을 불러일으키는 배치를 바꾸는 것이다. 이것이 경제의 원칙이자, 이 시대 황로학의 비전이었다.

동성의 제후를 경계하라!

문제와 경제의 시대, 천하는 안락했고 풍요로웠다. 그러나 안락과 풍요 뒤에 늘 위태로움이 뒤따른다. 개인도 그렇지만 한 나라의 역사도 그런 것 같다. 아무 일이 없는 상태를 유지하는 게 정말 어렵다. 모든 게 편안하면 몸이 근질거려 기꺼이 일을 만들고 위태로운 상태로 가려고 발버둥 치지 않는가?

한나라도 그랬다. 전쟁의 시기 항우라는 공동의 적을 합심해서 물리쳤으나 정작 통일이 되자 초나라의 회음후 한신韓信, 회남의 경포경포布, 양의 팽월彭越, 한왕韓王 신信, 조나라의 장오張敖, 연나라의 노관盧綰, 대나라의 진희陳稀가 반란을 일으켰다. 건국 후 10여 년에 반란이 9번이나 있었다. 그후 여씨를 물리치고 이성 제후들이 일으킬 분란의 씨앗이 완전히 제거되어 천하가 안정되자, 이제는 종실의 제후들이 들썩였다. 그래서 문제 때의 정치인이자 문사였던 가의 賈誼는 한나라 초기의 역사에 의거하여 하나의 명제를 만들어 냈다. "이성 제후는 위험하고 동성 제후는 틀림없이 분란을 일으킨다."

문제는 백성들에게도 인애의 군주요, 인척들에게도 너그러운 군주였음에도 동성의 제후들은 황제에 버금가는 권세를 휘두르며 갈등을 일으켰다. 고조의 8남이자 문제의 동생인 회남왕淮南王 유장 劉長은 황제의 총애를 믿고 교만하게 굴다 궁지에 몰려 반란을 일으 켰으나 실패하여 자살했다. 제북왕濟北王 유흥거劉興居는 문제를 황제로 옹립하는 데 공을 세웠으나 공적을 인정받지 못했다는 불만 때문에 반기를 들었다가 토벌되어 자살했다. 유흥거는 고조의 2남인 유비의 아들이자 문제의 조카이다. 갈등을 일으키는 세력은 이들만이 아니었다. 당시 다른 지역의 동성 제후들도 독립적인 힘을 과시하며 암암리에 황제 권력을 위협하고 있었다.

당시 문제 주변의 신하들은 제후들의 움직임에서 위기를 감지했다. 문제가 신임했던 신하 가의는 「치안책」治安策을 올려 제후들을 경계하고 강력하게 다스릴 것을 건의하였다. 가의는 현재 중앙에서 태부와 승상을 파견하여 제후국을 다스리지만, 앞으로 제후국들이 힘을 키워 자립한다면 단속이 어려울 것이라 예측하고, 그 조짐이 보일 때 싹을 제거해야 한다고 진단했다. 가의가 보기에 지금은 제후국의 왕들이 어려서 큰 혼란은 없지만 앞으로 장성하면 황제의 권력을 넘볼 것임에 틀림없다. 더구나 동성의 제후들은 황제에 대해 명분은 신하지만 실제로는 평민 형제들의 심정으로 황제의 법제를 생각하지 못하고 스스로를 천자처럼 생각한다는 것. 그리하여 마음대로 벼슬을 내리고 죄인도 사면하고 심한 경우에는 황색 수레 덮개도 사용하리라는 것. 이렇게 되면 요순과 같은 훌륭한 천자라도 다스릴 수 없다. 그러니 제후국 왕들이 왕성해지기 전에 다스려야 한다. 가의는 중앙집권이지만 지방자치를 허용하는 한나라의 체제가 필경 반란을 야기하리라는 사실을 예견하고 있었던 것이다.

그러나 문제는 마음이 약했다. 형제나 사촌·친족들의 문제에 단호하게 대처하지 못했다. 회남왕과 제북왕의 경우 잘못을 저질렀을 때 바로 제압해야 했는데, 황제가 인정에 이끌려 다니다가 반란으로 일을 키우게 된 것이다. 가의는 황제의 우유부단함을 문제 삼았다. 가의의 판단으론, 제후와 왕들은 모두 엉덩이와 허벅지 뼈인데 도끼를 쓰지 않고 칼을 쓴다면 칼날은 망가지거나 부러진다. 회남왕과 제북왕의 경우도 칼날이 아니라 도끼를 써야 했다. 도끼를 쓰지 않으면 한나라는 위태롭다.

가의는 제후국들의 움직임을 포착하고 있었다. 회남왕과 제북왕은 자살했고 반란은 진압되었지만 앞으로 제후국들의 반란은 다시 일어날 것이다. 오왕吳王 유비劉濞의 움직임이 심상치 않았기 때문이다. 유비는 고조의 둘째 형 유희의 아들이자 문제의 사촌이다. 황제는 장년이고 통치에 아무 과실도 없고 제후들에게 많은 은택을 주고 있지만, 제후국들 또한 풍요롭고 안락하며 경제적으로 성장세에 있었기 때문에 힘을 과시하려는 욕망이 들끓었다. 한나라는 살 만해졌고, 풍요와 안락이 넘쳐났다. 이럴 때 스멀스멀 위기가 찾아온 것이다. 위기는 내부에서 일어난다. 이때 오나라는 예장군豫章郡에 구리광산이 있어 자체적으로 화폐를 주조하고, 동쪽에서는 바닷물을 끓여서 소금을 제조하여 세금을 부과하지 않고도 국고가 풍족한 상태였다. 백성에게 세금을 부과하지 않아 인심을 얻었고, 돈으로 병졸을 구해 군대를 조직할 수 있었다. 이러한 흐름상, 제후들이 황제로 자칭할 날이 멀지 않았다.

위기를 예측한 가의는 처방전을 내린다. 제후국의 힘을 분산시키는 것만이 방법이었다. 제후국들이 강대해지면 통제가 불가능함은 분명한 사실. 그리하여 가의는 봉지를 삭감하여 많은 친족들에게 나눠 줄 것을 제안했다. 국력이 약하면 의리로 쉽게 부릴 수 있고, 나라가 작으면 사심을 가질 수 없기 때문이다. 독자적인 군대를 갖추고 제후의 사람으로 관리를 세우면 중앙권력이 분산되는 것은 명약관화하다. 중앙으로 권력을 집중시키기 위한 최선의 방책은 제후의 영지를 삭감하는 것이었다. 가의의 현실 분석은 예리했으며, 예측은 정확했다. 이 시기 조조晁錯도 봉지 삭감을 건의했다. 그러나 황제는 환부에 메스를 대지 않았다. 친족인 제후들에게 야박하게 할 수 없었고, 여기에 따르는 항명을 감당하기 어려웠기 때문이다.

　제후들을 다스리는 과제는 경제에게로 넘어갔다. 조조는 경제에게 건의했다. 고조는 서얼인 도혜왕悼惠王을 제나라 72개 성의 왕으로 삼았고, 동생인 원왕元王을 초나라 40개 성의 왕으로 삼았으며, 형의 아들을 오나라 50여 개 성의 왕으로 삼았다. 그 결과 이 3명이 천하의 절반을 차지하게 되었다. 그중 오나라가 국고의 풍족함과 사병에 의지하여 황제에게 항명하고 있는데, 제나라·초나라와 연합하면 그 혼란은 막을 수 없다. 영지를 삭감해도 반역할 것이고, 삭감하지 않아도 반역할 것이다. 그러나 삭감하면 피해가 작지만, 삭감하지 않으면 한나라의 피해는 심각하다. 이렇게 조조는 영지의 삭감만이 혼란을 막는 최선의 방법임을 강력하게 주장했다.

　조조의 건의는 경제를 움직였다. 경제는 조조의 대책대로 과감하게 제후들의 봉지를 삭감했다. 초나라 왕 유무劉戊는 문제의 어머니 박태후의 복상기간에 상청에서 간음했기에 사형 대신 동해군을 삭감하는 것으로 사면됐고, 조나라 왕 유수劉遂는 죄를 지어 영지인 상산군을 삭감당했고, 교서왕膠西王 유앙劉卬은 작위를 팔아먹은 죄를 지어 6개 현을 삭감당한다. 오나라 왕 유비劉濞는 위기를 느꼈다. 삭감이 여기서 끝나지 않으리라 판단하고, 반기를 들었다. 가의와 조조의 예측대로 제후들은 황제 권력에 맞섰다. 이렇게 오초칠국吳楚七國의 반란이 일어났다. 아버지 문제가 위태로운 조짐이 드러났을 때 해결했으면 오초칠국의 난으로 확대되지 않았을까? 아들 경제가 도끼를 들자 제후들의 힘이 폭발했다.

7장 오초칠국의 난, '게임'이 불러온 '대재앙'

도화선, 게임과 원한 감정

오나라 왕 유비는 초나라, 조나라, 교서, 제남, 치천, 교동의 여섯 나라와 연합해서 반란을 일으켰다. 앞서 언급한바, 반란이 일어난 직접적인 원인은 조조가 제후들의 영지를 삭감하는 정책을 급진적으로 추진했기 때문이다. 영토가 줄어들면 세력이 축소되니, 제후국의 왕으로 불안했을 것임에 틀림없다. 그러나 모든 사건이 그렇듯 오나라 반란의 원인은 이처럼 간단하지 않다. 오초칠국의 난이 일어난 원인과 반란을 진압하는 과정에는 많은 곡절이 얽혀 있다. 그 사연들의 저변에는 '감정'이 얽혀 있었다. 결론부터 말하면, 주체 못 할 감정의 선분들 때문에 끝내는 죽거나 반란으로 이어지게 된 것이다.

오왕 유비는 고조 둘째 형의 아들이다. 고조는 한나라 건국 후 둘째 형 유중劉仲을 대왕으로 봉했다. 대나라는 흉노의 땅과 가깝다. 흉노가 대나라를 공격하자 유중은 끝까지 방어하지 못하고 샛길로 도망쳐 낙양으로 와 버렸다. 고조는 형을 법대로 처리할 수 없어 왕에서 폐위하여 합양후로 삼고, 그 아들 유비를 패후沛侯로 삼았다. 경포가 반란을 일으켰을 때 유비는 스무 살로 경포의 반군을 토벌한다. 형나라의 왕이 피살되어 자리가 비자 고조는 유비를 오왕으로 삼아 3군 53성의 왕이 되게 했다.

고조는 유비의 얼굴을 본 적이 없었다. 유비를 오왕으로 봉하고 직인을 수여한 뒤에야 불러서 얼굴을 본 것이다. 고조는 유비의 얼굴을 직접 본 뒤 후회가 밀려왔다. 유비의 생김이 반골상이었던 것이다. 이때는 개인의 운수뿐 아니라 국가의 운수도 반드시 점쳤다. 고조 또한 한나라 운수를 점쳤던바, 건국 이후 50년에 동남에서 반란이 일어난다고 나왔다. 이 점괘에 유비의 반골상이 겹쳐지니 후회막급이 아닐 수 없었다. 이미 유비를 오왕으로 봉한 이상 바꿀 수 없었다. 고조가 할 일은 딱 하나, 유비를 어루만지며 '일가이니 반할 생각을 하지 말라'는 간절한 조언 외에 달리 방법이 없었다. 아마도 유비는 건드리면 터질 수 있는 기질을 안고 태어난 듯하다.

혜제와 여태후 시기를 거치며 한나라는 경제적으로 안정되어 갔고, 제후국의 왕들도 각자 백성들의 생활 안정에 힘썼다. 스무 살 유비의 성장과 함께 오나라도 나날이 성장했다. 오나라는 그 어떤 나라보다 더없이 풍요로웠다. 구리와 소금 생산으로 세금을 거두지 않아도 풍족했다. 도망자들을 불러들여 화폐를 주조하고, 급여를 주고 사졸을 기용하여 국력은 날로 강대해졌다. 사실 이때까지 오왕 유비는 착실한 제후였다.

이런 기운 속에 문제가 등극했다. 이때는 젊었던 제후들이 제법 나이를 먹어 혈기왕성한 장년으로 자리 잡은 시기였다. 이런 풍요 속에 황제와 종실의 제후들은 돈독한 관계를 유지했다. 특히나 인애를 베푸는 문제 덕분에 제후들은 장안의 황실을 자연스럽게 오갔다.

오나라도 예외는 아니었다. 그러나 여기서 문제가 발생했다. 오나라 태자, 즉 유비의 아들이 장안에 와서 황제를 알현하고 황태자와 술을 마시며 박博놀이*를 한 것이 화근이었다. 오나라 태자의 사부 또한 초나라 사람이었는데 경박하고 사나웠으며 평소 교만했다. 중국은 역대로 초나라 사람들의 기질을 경박하고 사납다고 인식했다. 반고가 초나라 사람의 기질을 강조한 건, 오나라 태자 또한 그런 기질의 소유자였기 때문이다. 오나라 태자는 박판에서 길을 다투면서 공손하지 못했다. 게임을 하며 흥분하여 거칠게 굴었던 것이다. 이에 황태자가 화가 나서 박판을 오나라 태자에게 던져 태자가 죽게 된다. 오나라 태자가 깐죽거리고 성질을 부리다, 그와 마찬가지로 성질 못 다스린 황태자로 인해 죽고 만 것이다.

오나라가 삐딱선을 탄 건 이때부터였다. 황실은 태자의 시신

---

* 가장 오래된 노름의 한 가지. 5목(木)으로 새를 삼아 그것을 던져 뒤집어진 모양에 따라 효(梟)·노(盧)·치(雉)·독(犢)·새(塞)의 등급을 매기고 판 위의 말을 움직여 승부를 정하던 놀이.

을 돌려보내 오나라에서 장례를 지내게 했다. 이런 황실의 처사에 오나라 왕은 화가 나서 "천하는 한 집안이거늘 장안에서 죽었으면 장안에서 묻어야 한다"며 시신을 다시 장안으로 보내 버린다. 황실은 하는 수 없이 오태자의 시신을 장안에 묻는다. 오늘날의 관습으론 집으로 돌려보내 장례를 치러야 맞는 것 같은데, 이때는 장안에서 장례 지내는 것을 정당한 절차로 인식했던 것이다.

황태자가 박판을 던져 오나라 태자를 죽인 건 명명백백 잘못이다. 그러나 오나라 태자도 게임 때문에 선을 넘은 건 마찬가지였다. 게임으로 감정이 격해지면서 황태자를 자극했으니, 오나라 태자도 전적으로 정당하다고 말하기 어렵다. 어느 쪽도 정당하다고 말하기 어려운 상황에서 황실도 오나라도 서로의 도리를 다하지 않고 원한을 쌓게 된 것이다.

오나라 왕은 감정을 풀지 못했다. 고조가 본 관상이 맞았는지, 오나라 왕은 이때부터 조정을 원망하며 신하의 예를 갖추지 않았고 병을 핑계로 내조하지 않았다. 오나라의 국력을 믿었기에 오왕이 이렇게 버틴 것이다. 황실도 아들에 대한 원한 때문에 오왕이 내조하지 않는 것이라 여겨 진짜 병인지 탐문하고, 오나라에서 온 사신을 잡아 가두고 문책하며 죄를 물었다. 이러자 오나라 왕은 더욱 두려워하며 음모를 꾸몄고, 이에 따라 황제의 화도 풀리지 않았다.

다시 오나라 사신이 내조했고, 이번에 온 오나라 사신은 숨김없이 말했다. 두려움 때문에 오왕이 문을 닫은 것이니 용서해 달라고 간청했다. 이 말을 듣고 문제는 너무 쉽게 오왕을 용서해 준다.

왜 그랬을까? 강대한 오나라가 반역하면 한나라가 위태로울 터, 이 선에서 갈등을 봉합하는 게 낫다고 판단한 것이다. 오나라의 모든 죄를 사면하고 심지어 오나라 왕에게 안석安席과 지팡이를 내리며 연로하니 내조하지 않아도 좋다는 허락까지 내린다. 문제는 갈등을 싫어하는 기질의 소유자였던 것 같다. 되도록 안정과 평화를 추구했다.

이렇게 황실과 오나라 사이의 갈등은 일단락되었지만 감정이 풀린 것은 아니었다. 황실은 오나라를 불신했고 오나라는 황실을 불신했다. 겉으로는 평화로웠지만 감정의 골이 깊어져 돌이킬 수 없게 되어 버린 것이다. 황실도 오나라도 서로를 두려워하고 불안해했다. 양쪽 다 만약의 사태를 대비하기 위해 움직였다. 오왕은 넉넉한 국고를 밑천으로 인재를 기르고 군사를 길렀다. 황실은 오나라가 흉악하게 힘을 축적하는 것을 두고 볼 수 없었다. 제후국을 누를 대책을 강구했다.

조조가 건드린 뇌관, 건드리면 폭발한다!

문제는 차마 할 수 없었으나 경제는 팔을 걷어붙이고 나섰다. 조조의 영지 삭감 정책을 수용한 것이다. 제후국의 기운 빼기! 만약에 있을 반란에 대비해 경제는 망설이지 않고 초나라·조나라·교서국의 영지 삭감을 단행했다. 영지 삭감의 칼끝이 오나라로 좁혀 왔다.

건드리면 폭발한다. 제후국의 강성함과 오만방자함에 불안해하는 황실, 황실에 잡아먹힐까 두려워 떠는 제후국 사이에 감돌던 긴장이 폭발했다. 조조가 용감하게 그 도화선에 불을 놓은 것이다. 조조는 영지를 삭감해도 터지고, 삭감하지 않아도 언젠가는 터질 것이라 예상하며 삭감을 강행했다. 삭감하지 않은 경우는 알 수 없으니, 조조의 말이 옳았는지는 알 수 없다. 그러나 삭감하면 반란을 일으킬 거란 조조의 말은 적중했다.

　오나라가 황실을 향해 반기를 든 발단은 박놀이였다. 원한 감정에 쌓여 서로를 불안하게 만들고 불신하게 만든 것이다. 기가 막히지만 게임으로 인해 생긴 감정이 도화선이 되어 죽음을 부르고 국운을 위태롭게 만들었다. 거시적인 이념이나 대의명분이 오초칠국의 난을 불러온 게 아니다. 허망하지만, 어처구니없는 사건으로부터 이런 엄청난 일들이 시작된다. 감정 싸움, 기 싸움의 근저에 도사린 것은 먹고사는 문제가 아니다. 비등한 힘을 겨루다 감정 싸움으로 번지고, 급기야는 소유권 다툼으로 번진다. 그리하여 반고와 사마천은 오나라 태자로부터 반역이 싹튼 것으로 보았다. 사마천은 이렇게 비평했다. "기예를 다투는 데서 재앙이 발생하여 마침내 근본을 망하게 하였다." 사마천, 「오왕비열전」, 『사기열전』 중, 정범진 외 옮김, 까치, 1994, 747쪽

　조조는 오왕의 원한 감정에 불을 당겼다. 오왕이 일어나 초나라·조나라·교서국·치천국·제남국·교동국의 왕들을 설득했다. "어사대부인 조조는 천자를 현혹시키고 제후를 침탈하며 충신과 현인을 가로막아 조정이 모두 원망하고 제후들은 모두 반역할 마음을

먹고 있으니 사람이 할 수 있는 막다른 곳에 왔습니다. 혜성이 나타나고 황충도 발생했으니 이는 만 년에 한 번 있을 일이라 걱정하고 수고로우니 성인이라도 일어나야 합니다."「형연오전」, 「한서」 2, 275쪽

오초칠국은 조조를 공동의 적으로 삼아 반역의 깃발을 들었다. 영지 삭감을 단행한 조조가 청산 대상 1호일 수밖에 없었을 것이다. 그렇지만 오왕도 그렇고 다른 제후국의 왕들도 최후의 목표는 황제였다. 때마침 혜성도 나타나고 황충도 발생하여 민심이 불안한 터, 황제 권력을 탈취하고자 들고 일어섰다. 62세의 오왕은 군사를 몸소 지휘하고, 14세의 막내아들을 사졸로 앞장세우고, 20만의 대군을 일으켰다.

경제는 반란을 진압하는 데 총력을 다했다. 그렇지만 오초의 병력은 막강했다. 이에 경제는 원앙袁盎을 불러들여 계책을 들었다. 원앙은 7국의 목표는 조조를 죽이고 옛 땅을 회복하는 데 있으므로 이대로 해주면 병란이 그칠 것이라고 아뢰었다. 원앙의 대책은 오초칠국이 내세운 명분을 충실히 따르는 것처럼 보이지만 이 계책에는 원앙의 사심이 들어 있었다.

문제 때부터 원앙은 조조와 사이가 좋지 않았다. 더욱이 경제 즉위 직후 원앙은 조조로 인해 서인으로 강등된 까닭에 원한이 사무쳐 있는 상태였다. 원앙이 오왕에게 뇌물을 받았는데 이 일이 법에 저촉되는지를 심사케 한 장본인이 조조였고, 이로 인해 원앙이 서인으로 강등되었기 때문이다. 반란이 일어난 직후에도 조조는 원앙을 잡아들이려 했으나 정신이 없어 유예하고 말았다. 원앙이

오왕의 거사 계획을 이미 듣고 반란을 일으키지 말라고 만류했지만, 이 사실을 황제에게는 숨기고 말하지 않았던 것이다. 이때 원앙을 잡아들이지 않은 것이 조조에게는 결정적 패착이었다. 황제가 조언을 구할 때 원앙은 조조의 참수를 강력하게 주장했고, 결국 조조는 참수되고 말았기 때문이다.

한나라 황실을 위해 영지 삭감을 단행한 조조는 제물이 되어 사라졌다. 조조의 아버지는 제후들의 원성을 듣고 걱정이 되어 장안으로 올라와 조조를 데려가려 하였다. 조조는 뜻을 굽히지 않았다. "이렇게 하지 않으면 천자를 높이지 못하고 종묘가 불안해집니다." 조조의 아버지는 비극적인 사태를 예감했다. "유씨야 안정되겠지만 우리 조씨는 위태로울 것이다." 나중에 조조의 아버지는 약을 마시고 자결한다. 자기 몸에 화가 미치는 것을 견딜 수 없었기 때문이다. 아마도 아들의 죽음까지 예감했으리라. 조조는 원앙의 원한과 7국 제후들의 원망을 한몸에 받은 채 죽고 말았다. 제후국의 세력을 축소시킬 방법은 영지 삭감이라는 게 중론이었지만, 고양이 목에 방울을 단 장본인의 삶은 그렇게 허망하게 끝나 버리고만 것이다. 신속하고 과감했지만 제후들의 정서를 읽어 내지 못한 조조에게 최후는 이런 것이었다.

물론 조조의 사형으로 7국이 반란을 멈추는 일은 일어나지 않았다. 원앙 또한 오나라에 사신으로 가서 황실의 뜻을 전했지만 오히려 감금되었다가 가까스로 도망쳐 나오게 된다. 원앙이 의도한 바, 일석이조의 성과는 있을 수 없었다. 조조에 대한 개인적 원한은 갚았지만, 원앙의 계책은 제후들의 의도에 전혀 맞지 않았고, 원앙 자신에게도 위험한 것이었다. 조조 처단은 명분일 뿐, 제후들은 황실에 대한 도전을 포기할 수는 없었다. 황실의 군사들과 맞서 3개월 동안 싸웠으나 반란은 실패로 돌아갔다. 조조는 참수로 사라졌지만 경제는 두영竇嬰, 주아부周亞夫 등의 장군을 앞세워 7국을 격파하고 10여만 명을 죽였다. 오왕 유비를 추격하여 단도현에서 죽였다. 교서왕 유앙, 초왕 유무, 조왕 유수, 제남왕 유벽광, 치천왕 유현, 교동왕 유웅거가 모두 자살했다.

조조에 대한 엇갈린 시선—사마천 VS 반고

오초칠국의 난에 대한 평가에서 사마천과 반고의 시선은 엇갈렸다. 반고는 반란을 물리쳐 왕실을 안정시킨 경제와 조조의 치적을 강조했고, 사마천은 오초칠국의 반란을 불러온 조조의 실책에 주목했다. 그는 "제후의 세력이 강대했음에도 불구하고 조조가 점진적인 방법으로 대처해 나가지 않았기 때문"사마천, 「효경본기」, 『사기본기』, 정범진 외 옮김, 까치, 1994, 358-359쪽에 왕실이 위태롭게 된 것이라고 평가했다. 천하의 안정과 위태로움의 관건은 모책에 달렸다고 보고 조조의 계책이 너무 성급했음을 비판한 것이다. 제후국의 영지를 강제로 삭감하면 항명을 불러올 수밖에 없다. 중앙정부가 한편에서는 제후의 후손들에게 땅을 나눠 주면서 또 한편에서는 제후국의 영지를 삭감하면, 힘은 힘대로 쓰면서 인심만 잃는 격이 아닐 수 없다.

그렇다고 사마천이 오왕 유비를 옹호한 것은 아니다. 사마천은 오나라가 주동한 반란에 부정적이다. 그래서 오왕 유비를 「세가」가 아니라 「열전」에 수록했다. 오왕 유비는 제후였으되 제후의 실질이 없는 자이기에 「세가」에 넣지 않았던 것이다. 사마천이 보기에 오왕 유비는 산과 바다의 이익을 맘대로 취해 막강한 힘을 가진 자가 되었기 때문에 감정을 다스리지 못하고 반란을 일으켰던 것이다.

그렇기에 사마천은 조조를 무조건 비판하지는 않는다. 영지를 삭감하자는 조조의 제안이 멀리 내다본 계책이었음은 긍정한다. 하지만, 조조에게 지나친 점이 있었다. 성급하게 이득과 성과를 내려는 마음, 사마천은 이를 권모술수라 단정한다. 성과를 내는 데 급급해 나라를 생각하고 제후들의 마음을 헤아리지 못한 것이다. 원앙에 대해서도 같은 입장이었다. 원앙은 훌륭한 유세가였지만 그의 계책 또한 권모에 불과했다고 사마천은 평가했다. 원앙이 사적인 원한을 앞세워 조조의 참수를 주장했으므로 이미 시작부터 권모술수였던 것이다.

세상을 편안하게 하는 책략가는 마음을 헤아린다. 제후들의 힘을 빼기 위해서는 제후들을 움직여야 한다. 사마천은 무제 때 주보언主父偃의 모책을 높이 평가했다. 제후가 자식들을 위해 자신의 성을 나눠 주고 왕으로 봉하게 하는 제도를 마련한 것이다. 이렇게 되면 하나의 제후국이 여러 나라로 쪼개지면서 저절로 제후국의 세력이 축소된다. 무제는 주보언의 모책으로 중앙집권을 공고히 했다. 사마천은 모책의 차이가 왕실의 안정을 좌우한다는 사실을 역사적 사건을 통해 보여 주었다.

사마천은 감정을 일으키지 않으면서 힘을 빼는 '지혜로운 방책'의 필요를 역설했다. 인간은 정말 감정의 동물이다. 강압적으로 뺏기는 것보다 스스로 나눠 줘야 감정이 생기지 않는다. 주보언은 그걸 알았던 것이다. 물론 주보언의 모책은 조조가 있었기에 나올 수 있었을 것이다. 경제 때 조조의 시행착오를 바탕으로 주보언은 섬세한 사유와 밝은 통찰을 할 수 있었다. 시간과 경험이 모책을 새롭게 만든다. 이것이 역사를 통찰하는 이유일 것이다.

사람을 움직이는 지혜는 누적되는 경험에 의해 거듭난다. 사마천이 역사를 통해 전하려는 요체가 바로 이것일 터. 사마천은 모책의 차이 나는 반복에 초점을 맞췄다. 하여, 사마천은 오초칠국의 난이 진압된 이후 제후국에 대한 정책이 어떻게 바뀌었는지 사평史評에서 특별히 강조했다.

고조 재위 시에는 제후들이 모든 세금을 자기 소유로 하였고 스스로 내사(민정관리) 이하의 관리를 임명하였다. 조정에서는 다만 승상만 파견하였고 그 승상은 황금 인신印信을 패용하였다. 왕이 직접 어사, 정위廷尉正, 박사 등의 관리를 임명하였으니 이는 황제와 유사하였다.

오초칠국의 반란 이후 오종(경제의 다섯 부인 소생의 아들들)이 왕으로 봉해졌던 시대에는 2,000석급의 관리들은 모두 조정에서 파견하였고, '승상'은 '상相으로 바뀌어 은으로 만든 인신을 패용하게 되었다. 제후는 세금만을 거두었고 정치 권력은 박탈되었다. 후일 제후 가운데 빈한한 자는 소가 끄는 수레나 탈 수 있었다.사마천, 「오종세가」, 『사기세가』 하, 624~625쪽

반고는 대체로 사마천의 평가를 받아들였다. 그러면서도 반고가 강조한 바는 오초칠국의 난을 제압하고 황실을 안정되게 이끈 경제의 치적이었다. 결정적으로 반고는 조조에 대한 평가에서 사마천의 견해와 달랐다.

조조는 나라를 멀리 내다본 방책을 꾸몄지만 자신이 당할 줄은 예상 못 했다. 그의 부친이 예견했지만 도랑에서 자살하여 가문의 멸망을 막지 못하였으니, 조괄의 모친이 아들을 지목하여 자기 종족을 지킨 것만도 못했다. 슬프도다! 조조가 끝을 잘 보지는 못했지만 세상은 그 충성심을 애도하였다. 그래서 그가 건의한 여러 대책을 여기에 옮겨 적었다.「원앙조조전」, 『한서』 3, 489~490쪽

반고는 조조의 아버지가 자살한 것을 안타깝게 여겼다. 전국 시대 조나라 장군 조괄趙括은 전략전술에 뛰어나지 못했다. 조나라 왕은 조괄을 장군으로 임명해 진나라의 백기白起와 싸우게 했다. 결과는 조나라 군대의 전멸. 백기가 장평에서 조나라 병사 40만을 생매장했던 그 엄청난 사건의 상대 장군이 조괄이었다. 조괄의 어머

니는 그가 전쟁에 나가기도 전에 이미 조괄의 패배를 예감했다. 왕에게 조괄을 내보내서는 안 된다고 간언했지만 왕은 듣지 않았다. 이에 조괄의 어머니는 아들이 패배해도 조씨 집안은 보호해 달라고 간청했다. 어머니의 예감은 사실이 되었고, 조씨 집안은 유지될 수 있었다. 반고는 조조의 아버지도 아들의 참사를 예감했다면 조괄의 어머니처럼 최소한 집안은 지켜야 했다고 비평한다. 반고는 이런 위기에서 자신도 살고 집안도 지켜 내는 길을 모색하는 것이 최선의 방책이라 여겼던 것이다.

반고는 조조의 죽음에 깊은 애도를 표했다. 사마천은 조조의 계책이 성급하고 일방통행이었음을 비판했지만 반고는 이 문제에 대해 다른 시선을 보여 준다. 조조가 자신의 끝을 보지 못한 한계는 있지만 그의 충심만은 저버릴 수 없었던 것이다. 한나라 황실을 지켜 내려는 충심은 누구도 깎아내릴 수 없는 진실이었기 때문이다. 영지 삭감에 관해 더 지혜로운 방법이 있다 하더라도 당시 조조의 입장에서 세울 수 있는 최선이었기 때문에 반고는 그 마음 그대로를 인정한 것이다. 성급하게 효과를 내려다 무리수를 둔 조조의 행위를 비평할 수 있지만 황실의 안녕을 위해 전력투구한 진심까지 간과할 수 없었다. 반고는 그 충심을 세상에 전하기 위해 조조의 글들을 간추렸다. 사마천에게 조조의 대책문은 특별하지 않았다. 그러나 반고에게는 중요하고도 의미 있는 자료였다. 이에 반고는 조조의 대책문을 세상에서 사라지지 않게 했다.

문제에게 대책을 올린 자들이 100여 명, 오직 조조만이 상위에

뽑혔다고 한다. 문제는 조조의 계책을 다 채용하지는 않았으나 그의 재능을 높이 샀다. 조조의 대책을 본격적으로 받아들여 정치를 펼친 황제는 경제였다. 문제와 경제 시대, 황제들은 신하들의 건의를 대책문으로 받아 소화했다. 조조는 대책에서 삼황오제 시대의 정치를 상기시켰다. 하늘과 땅과 인간이 그 흐름을 같이했던 시대, 조조는 황제에게 그런 정치를 펼치기를 건의했다. 우주와 몸과 정치가 하나라는 것, 그리하여 자연의 이치대로 흘러가기를 제안했다. 반고가 전하고자 한 조조의 충심은 여기에 있지 않았을까?

> 동정이 위로는 하늘의 뜻에 맞으시고 아래로는 지덕에 순응하셨고 그 중간에 인심에 순응하셨습니다. 그래서 사라지는 생명이 없었으며 뿌리를 가진 모든 생명이 열매를 맺었고, 촛불처럼 모든 곳을 밝혀 치우침이 없었으며, 은덕이 위로는 날아다니는 새들이나 아래로는 물속과 초목의 모든 생명이 모두 그 은택을 입었습니다. 그리하여 음양이 조화를 이루어 사계절이 순조로웠으며, 일월이 빛나고 풍우가 때를 맞추었고 감로가 내렸으며 오곡이 잘 익었고, 요사한 기운이 없었으며 음양의 부조화에 따른 나쁜 기운도 사라져서 백성들은 질병에 걸리지 않았습니다. (……) 이는 천지의 뜻에 맞은 것이며 치국의 대체에 따른 공적이었습니다.「원앙조조전」, 『한서』 3, 466-467쪽

반고는 조조가 오초칠국의 난을 불러온 장본인이지만, 조조의 정책을 문제 삼지는 않았다. 오초칠국의 난을 불러온 원인이 조조

의 정책이라고 단정지을 수 없기 때문이다. 영지 삭감을 통해 나라의 위기를 막고자 한 마음, 반고에겐 이것이 중요했다. 더구나 조조의 정책에는 생명을 살리고자 하는 마음이 담겨 있음을 반고는 확신하고 있었다. 반고는 오초칠국의 반란이 전적으로 조조가 불러온 사태라고 보지 않았다. 반란을 미연에 방지할 수 있으면 좋겠지만 마음대로 되는 문제가 아니다. 그래서 반란을 막아 낸 경제를 칭송했던 것이다. 그리고 반고에게 더 중요한 건, 천하를 살리고자 하는 충심이다.

이렇듯 반고와 사마천은 조조에 대한 평가를 달리했다. 두 사람 모두 마음이 중요했다. 다만 그 마음이 향하는 곳이 달랐다. 사마천은 황실을 안정시킬 성과만 생각하고 제후들의 마음을 통찰하지 못한 조조의 성급함이 반란을 불러온 것이라 진단했다. 스스로 영지를 나눠 줘서 줄어드는 것과 강제로 영지를 빼앗기는 것은 천지만큼이나 큰 감정의 차이를 일으킨다. 상대를 헤아리는 통찰과 지혜가 계책의 심급이다. 반고는 나라를 생각하는 마음, 백성을 생각하는 마음이 진실한 것인지를 따졌다. 개인의 원한이나 사적인 감정이 개입되지 않은 마음! 이것이면 충분하다. 적어도 조조에게 이런 사적인 감정은 없었다. 반고는 이런 마음을 인정했다. 반고의 『한서』와 사마천의 『사기』는 그 역사 서술이 같은 듯하나 이런 미묘한 차이로 재미를 더해 준다.

2부

한나라의 여름

:

한무제

한무제 유철

무제 때의 한나라는 강대했다. 영토는 넓고 인재는 많고 치적은 높고! 만물이 여름에 자신의 외형을 확장하며 팽창과 성장의 기운으로 가득 차듯 바야흐로 한나라에 여름이 온 것이다. 이 여름의 중심에 한무제, 바로 그가 있다.

先儒董子

名仲舒北直河間府景州人,州西南
十里廣川鎭其故里也

明,呂調陽贊

漢繼絶學, 乾專其門, 惟子倶始, 孔道斯彰

『천인삼책』을 올려 무제의 마음을 사로잡은 동중서

『천인삼책』의 핵심은 백가를 배척하고, 오직 유학만을 숭상한다는 '파출백가(罷黜百家) 독존유술(獨尊儒術)', 즉 대일통 학설이다. 대일통은 만물이 하나의 도로 귀의한다는 의미로, 지방마다 흩어져 있는 도를 하나로 통합하고, 그 도를 중심으로 법제를 통일하겠다는 것이다. 그런데 이 대일통의 진정한 의미는 모든 제후가 천자에게 귀속되어, 지방에서 제후가 독자적인 정치를 할 수 없다는 논리적 명분을 마련한 것에 있었다. 무제에겐 지방도 중앙의 확대에 다름 아니었다. 이것은 각각의 지방권력을 긍정했던 황로의 철학과는 다른 배치로, 절대 황권을 기획했던 무제의 비전에 가장 합당한 근거를 제시해 주었다.

실크로드를 장악한 장건

무제가 흉노를 몰아내고 실크로드를 장악한 배경에는, 중국 밖의 사해에 대한 그림을 그릴 수 있게 된 배경에는, 13년 동안 무제의 비전을 잊지 않고 한나라 밖에서 온 천하를 돌며 명을 수행한 장건이 있었기에 가능했다.

병든 무제와 강충의 대화

무제가 병이 나자 강충은 더럭 겁이 났다. 만약 무제가 죽고 태자가 황제가 된다면 자신은 바로 사형될 수 있다는 두려움. 생각이 거기에 미치자 강충은 무제에게 그가 아픈 것은 누군가 무고를 했기 때문이라고 속삭인다. 심신이 약해진 무제는 그 말을 그대로 믿었고 강충에게 무고한 자를 찾으라고 명한다.

1장 무제 유철은 어떻게 절대군주가 되었나

해를 품은 유철, 황제가 되다!

『한서』에서 무제武帝가 차지하는 비중은 상당하다. 「본기」와 「열전」에 담긴 에피소드만 전체 분량의 거의 절반에 달할 정도다. 아마도 한나라의 전성기를 이끈 주인공인 데다 16세에 즉위하여 무려 54년간 재위했기에 이야깃거리가 많아서일 것이다. 실제로 무제 때의 한나라는 강대했다. 단순히 무력을 넘어 '정삭正朔 개정, 역법 개정, 음률의 표준 지정 및 봉선제도 확립' 등을 통해 천하의 주인임을 자처할 정도였으니 그 강대함에 대해선 두말할 필요가 없겠다. 영토는 넓고 인재는 많고 치적은 높고! 만물이 여름에 자신의 외형을 확장하며 팽창과 성장의 기운으로 가득 차듯 바야흐로 한나라에 여름이 온 것이다. 이 여름의 중심에 한무제, 바로 그가 있다.

한나라의 태자는 적장자 후계가 원칙이다. 그러나 앞서 보았듯 7대 황제인 무제에 이르기까지 혜제를 제외하곤 전부 적장자가 아니다. 문제는 한고조의 넷째아들이었고, 경제는 문제의 다섯번째 아들인데, 이번에 함께 볼 무제는 무려 경제의 열한번째 아들이다. 게다가 경제에겐 당시 율태자栗太子라 불린 태자마저 있었다. 황제는 고사하고 태자가 될 가능성조차 희박한 상황. 이런 빡빡한 조건 속에서 무제는 어떻게 태자에 오르고 황제가 될 수 있었을까?

황실에서 모자母子지간이 운명공동체라는 점을 상기한다면 율태자가 폐출된 배경엔 모친 율희栗姬가 얽혀 있음을 알 수 있다. 율희는 후궁인 자신의 신분이 늘 불만이었다. 아들이 태자이면 모친은 황후가 되어야 하지 않는가. 해서 율희는 자주 경제에게 찾아가 자신을 황후로 책봉해 달라고 졸랐다. 그러나 경제는 율희의 불손한 언사와 '황후'에 집착하는 태도가 걸려 청을 들어주지 않았다. 예를 갖추지 못한 여인이 권력을 잡게 되었을 때 불러들일 혼란을 경계했던 것이다. 율희는 경제의 총애를 점점 잃어 갔다.

총애를 잃어 가니 경제의 발길이 뜸한 건 당연했다. 그런데 엎친 데 덮친 격으로, 얼마 뒤 율희는 남아 있는 총애마저 완전히 잃고 유폐되기에 이른다. 사연은 이렇다. 경제의 누나인 유표劉嫖는 자신의 딸을 태자비로 만들고 싶어 율희에게 사돈을 제안한다. 허나 율희는 경제에게 지속적으로 미인을 소개해 준 유표가 미워 그 제안을 거절한다. 이 무렵 경제가 자신을 찾지 않은 이유를 유표에게서 찾은 것이다. 율희는 악감정에 휩싸여 자신과 태자에게 무엇이 이로운지 알지 못했다. 무엇보다 자신의 거절이 유표에게 어떤 마음을 불러일으킬지 알지 못했다. 왜냐하면 율태자를 폐하고 유철劉徹을 태자로 만드는 데 결정적인 역할을 한 이가 바로 유표였기 때문이다. 유표는 율희에 대한 험담을 자주 늘어놓아 경제의 마음을 떠나게 했으며, 그때 가깝게 지내던 유철의 모친 왕지王娡를 칭찬하여 경제의 총애를 이끌어 낸 장본인이다. 훗날 유표와 왕지는 사돈지간이 된다.

경제에게 유철은 나이는 어리지만 현명하여 가장 눈에 띄는 아들이었다. 특히 왕지가 유철을 임신했을 때의 태몽인 '해를 품에 안는 꿈'은 귀한 징조였기에 더더욱 그러했다. '오초칠국의 난'을 경험했던 경제는 한나라가 안정되기 위해선 제후들을 압도할 강력한 카리스마를 지닌 군주가 필요하다고 생각했다. 그런데 때마침 태어난 아들이 해와 같다니. 해는 밝음의 상징이자 양기陽氣의 근원으로 예로부터 황제를 의미했다. 이것이야말로 강력한 군주 탄생의 조짐 아닌가! 한나라의 여름이라는 차서에, 그 여름을 뜨겁게 달구어 줄 진정 '태양'인 황제의 탄생. 결국 경제는 율태자를 임강왕臨江王으로 강등시키고 유철을 태자에 앉히는 파격을 감행한다.

리더십은 시대를 타고

오늘날까지도 많은 사람들은 중국 대륙에서 명멸했던 수많은 왕조의 전성기를 뒤로 하고 유독 무제의 전성기에 주목한다. 그 이유는 아마도 무제가 한나라의 여름을 이끌면서 보여 준 강력한 황권 중심의 리더십 때문일 것이다. '황제라면 누구나 강력한 권력을 휘두르는 절대지존 아닌가?'라는 생각이 들 수도 있겠다. 하지만 한나라에서 무제 이전의 군주, 그러니까 한고조 유방으로부터 시작해 경제에 이르기까지의 약 60여 년간의 치세는 대부분 재상의 권력으로 질서를 만들어 가는 시대였다. 소하, 진평, 주발, 조참, 원앙, 조조 등 한나라의 역대 재상들을 보라! 무소불위의 권력을 휘둘렀던 여태후만 하더라도 정치는 철저히 소하, 조참 등에게 일임하고 재상이 가진 권력까지는 탐하지 않았다. 그러나 무제는 달랐다. 무제는 한나라 개국 이후 공고했던 재상 중심의 권력구도를 해체하고, 황제 중심으로 권력을 재편한다. 열여섯 살에 재위에 오른 이 어린 군주는 어떻게 황제 중심으로 권력을 모을 수 있었을까? 그리고 왜 이 시대는, 무제 단 한 사람에게로의 권력 집중을 허락했던 것일까? 지금부터 이 이야기를 해보자.

한고조에서 시작해 경제에 이르는 한나라의 봄은 백성을 쉬게 만드는 충전기였다. 이는 아무것도 하지 않고 백성들을 마냥 쉬게 만들었다는 게 아니라, 국가 주도의 일로 백성을 피곤하게 만드는 일을 하지 않았다는 의미다. 세금도 줄이고, 요역도 줄이고, 전쟁도 없었다. 초기 한나라의 무위정치는 이러했다. 한나라를 위협했던 북방의 흉노와 평화를 유지하기 위해 협상을 했던 이유도 당시 이러한 통치 분위기와 무관하지 않았다. 전쟁으로 낭비할 여력이 없었던 것이다.

이러한 정치가 구현되자 백성들은 일에 집중할 수 있었다. 때마침 하늘도 도와주어 수해나 가뭄이 없어 풍년에 풍년이 이어졌는데, 『사기』 「평준서」平準書에 따르면 그 풍요가 어찌나 대단했던지 촌락의 미곡 창고가 모두 가득 차고 재물이 남아돌았으며 소비하지 못해 묵은 곡식이 길가에 쌓이는 지경이었다고 한다. 그러나 진정한 풍요로움은 재화의 많음에서 오는 게 아니다. 그것이 쓰일 곳이 없어 썩어 버려질 정도라면 그것은 정체로서의 풍요가 아니라 병증이다. '오초칠국의 난'에서 보았듯, 순환되지 않아 한 곳에 쌓이는 물산은 제후들의 실력이 되어 언제든지 중앙을 위협하는 암이 될 수 있지 않은가. 무제 때의 한나라엔 저축이 아니라 쌓인 재물의 소비, 즉 순환이 필요했다.

그렇다면 누가 주체가 되어 재물을 순환시켜야 할까? 지방으로 분산되어 있던 제후권력은 '오초칠국의 난' 실패로 힘과 신뢰를 완전히 잃은 상태여서 순환의 주체가 될 수 없었다. 무제가 황제 중심으로 권력을 모을 수 있었던 이유가 바로 여기다. 무제의 개인적인 기질도 기질이지만 무엇보다 시대의 형세가 그러했던 것이다. 물산은 넘치고 제후는 약하고. 바야흐로 한나라에는 새로운 형태의 리더십이 요청되었다. 봄이 아닌 여름을 다스려야 하는 리더십이자, 비축(충전)이 아닌 발산(소비)의 리더십! 바로 그것이었다.

무제의 3가지 문제

무제는 한나라에 비축된 물적 풍요를 순환시키기 위해, 황제에게 권력을 모을 수 있는 방법을 모색한다. 그러기 위해선 자신의 리더십을 공고히 해줄 이론적·제도적 장치가 급선무다. 무제가 보기에 그동안 한나라의 황권이 강력한 힘을 발휘할 수 없었던 원인은 크게 세 가지였다. 황제를 견제하는 승상권력, 여태후와 같은 섭정하는 사람의 기질 문제, 권력의 분산을 긍정하고 군주에게 무위를 강조하는 국정철학으로서의 황로. 무제는 황제 중심으로 권력을 모으기 위해 이 세 개의 문제를 풀기 시작한다.

무제의 가장 큰 골칫거리는 국정철학 황로와 그것을 숭상하는 할머니 두태후竇太后였다. 무제는 강력한 황권을 중심으로 일사불란한 질서를 만들고 싶었는데, 그러자면 가장 먼저 해야 할 일은 기존의 정치이념인 황로를 대체할 새로운 정치논리를 구성하는 일이었다. 그러나 할머니 두태후가 두 눈을 시퍼렇게 뜨고 있어 쉽지 않은 일이었다.

무제 2년. 무제의 인재 라인업은 유학을 공부한 두영竇嬰, 전분田蚡, 조관趙綰, 왕장王臧이었다. 하지만 얼마 가지 않아 조관과 왕장은 죽음을 맞이했고, 두영과 전분은 면직된다. 이들이 두태후의 정치에 제동을 걸었기 때문이다. 두태후는 황로사상을 중심으로 어린 유철을 대신해 섭정을 했던바, 그녀는 평소 무언가 계속해서 일을 만드는 유학관료들을 탐탁지 않게 여겼다. 그런데 때마침 조관이 무제에게 올린 '두태후에게 정사를 보고하지 말라'는 상주가 두태후의 심기를 더욱 불편하게 만들었다. 조관은 결국 이 일을 계기로 죽게 되었고, 두태후는 유학자들을 더욱더 멀리하였다. 무제의 첫번째 인사는 이렇게 실패로 끝났다. 그러나 결과적으로 이 실패는 한나라와 백성들 차원에선 오히려 이로운 일이 되었다. 두태후가 섭정했던 이 6년간의 시간이 무제 시절 가장 태평한 치세로 기록되었기 때문이다. 뒤에서 보겠지만 무제가 일으키는 대규모 사업들은 대부분 많은 백성들의 희생을 요구했기에 태평하곤 거리가 멀었다.

암튼 두태후의 존재감을 확인한 무제는 진평이 여후 시절 납작 엎드려 후일을 도모한 것처럼 납작 엎드려 때를 기다리는 방향으로 전략을 수정한다. 물론 그렇다고 해서 무제가 두태후 밑에서 마냥 엎드려 지낸 것만은 아니었다.

전분은 키가 작고 못생겼지만 자존하며 으스대기를 좋아했다. 또 제후의 왕들에 연장자가 많고 황제는 즉위한 지 얼마 안 되어 나이가 어린데, 자신은 제실의 먼 외척으로 재상이 되었기에 엄격하게 기를 꺾거나 예로써 굴복시키지 않으면 천하를 통치할 수가 없다고 생각하였다. 그 당시에 승상이 입조하여 업무를 아뢰면 해가 기울도록 하는 말을 황제는 다 들어 주었다. 인재를 추천하면서 단번에 이천석 관리로 임명하니 권력이 폐하보다 더했다. 그러자 무제가 말했다. "승상이 제수할 관리가 아직도 있는가? 나도 관리 좀 임명하고 싶소." 전분이 고공의 관서의 땅을 요구해 집을 넓히겠다고 하자 무제가 화를 내며 말했다. "이제는 무고武庫까지 가져가는군!" 전분은 이후로 조심하였다.「전분열전」, 『한서』 4, 115쪽 역사에서 흔히 보이는 어린 황제의 모습은 외척이나 엄마에게 휘둘려 자신의 목소리를 온전히 내지 못하곤 했다. 하지만 무제는 어렸음에도 신하를 압도하는 무엇이 있었다. 그의 카리스마와 패기를 보라! 무제도 처음에는 자신이 어린 데다 즉위한 지 얼마 되지 않기에 외척이자 승상인 전분의 말을 다 들어준다. 하지만 황제인 자신보다 더한 권력을 휘두르려 하자 무제는 전분에게 화를 내며 할 말을 한다. 어렸지만 승상의 전횡을 두고 볼 순 없었던 것이다. 이 장면을 두고 『반고평전』을 쓴 천치타이는 "무제가 승상의 권력을 약화시킨 것은 황제의 권력을 강화하는 중요한 첫걸음"천치타이·자오용춘, 『반고평전』, 정명기 옮김, 다른생각, 2013, 240쪽이라 표현한바, 전분을 향한 무제의 분노를 단순한 화가 아니라 황권을 중심으로 국정을 리드하겠다는 군주의 의지라 보았다. 지금은 불가하더라도 결국 국정을 리드하는 것은 승상이 아니라 황제가 되어야 한다는 어린 무제의 결기라고 해석한 것이다.

이후 무제가 지지기반이 전혀 없는 공손홍과 같은 인물들을 승상으로 뽑은 것도 이런 맥락에서다. 능력 위주의 인사이기도 했으나 이는 단순히 능력 위주의 인사를 넘어 승상권력을 약화시키고 황권을 강화키 위한 무제의 포석이었다.

건원 6년, 할머니 두태후가 붕어한다. 이로써 강력한 승상권력의 해체와 두태후라는 섭정권력의 문제가 해결되었다. 드디어 하나의 문제만 남았다. 무제는 황권을 공고히 해줄 수 있는 이론적 토대, 새로운 정치논리를 찾아 나선다.

원광[*] 1년. "짐이 알기로 옛 요와 순은 죄에 따른 복장을 입게 했어도 백성은 죄를 짓지 않았으며 일월이 비추는 곳에 직분을 다하지 아니하거나 명을 아니 따르는 자가 없었다. 주의 무왕과 강왕은 형벌을 쓰지 않고도 은덕이 조수에도 미쳤고 교화가 사해에 통했으니 멀리 숙신에 이르렀고, 북쪽으로는 거수를 정벌하고 저족과 강족도 신복하였으며, 혜성이 나타나지도 않았고 일식이 일어나지도 않았으며 산릉이 무너지거나 하천이나 계곡이 막히지도 않았다. 기린이, 봉황이 교외에서 놀고 하수와 낙수에서 도서가 나오기도 하였다. 아! 어떻게 하면 그렇게 될 수 있을까! 지금 짐은 종묘를 지키고 받들면서 일찍 일어나 추구하고 저녁에도 생각해 보지만 깊은 물을 어떻게 건너가야 할지 알지 못하겠노라. 아름답고도 위대하도다! 어떻게 하면 선제의 공업과 미덕을 널리 알리고 위로는 요순과 같고 그 다음 삼왕과 같아지겠는가! 짐이 불민하여 먼 곳까지 덕을 펴지도 못하니, 이는 그대들이 보는 대로니 고금 왕도정치의 요체를 잘 아는 현량한 인재들은 짐의 책문을 받아 살펴 모두를 문서로 답하되 죽간에 지어 올린다면 짐이 친히 열람할 것이다." 그러자 동중서와 공손홍 등이 대책을 올렸다.「무제기」, 『한서』 1, 297쪽

---

* 원광(元光)은 무제(武帝)의 두번째 연호로, 기원전 134년에서 기원전 129년까지 6년간 사용했다.

이 문장은 두태후 사후 발표한 책문으로 무제의 비전이 어디에 있는지를 잘 보여 준다. 무제의 비전은 '멀게는 요순, 가까이는 삼왕'으로 요순이 구가한 태평성대를 이룩하면서도 주의 무왕과 강왕이 보여 주었듯 사방의 오랑캐를 신속臣屬하여 그들마저 자신의 질서 안에 포함시켜 천자의 은덕을 사해에 펼치는 것이었다. 눈여겨봐야 할 건 무제가 정치적 비전의 중심으로 삼은 인물이 '요순과 삼왕'이라는 점인데, 이것은 황로의 중심인 '황제'黃帝를 정치적 비전으로 삼았던 한고조 유방에서 경제까지 이어져 오던 70년간의 정치 패러다임과 결별하겠다는 의미다.

문제와 경제가 물려준 나라는 너무나 훌륭했다. 하지만 무제는 경제의 유업을 잇는 6년간의 두태후의 섭정 치세가 마음에 들지 않았다. 하늘은 태평성대에 반드시 태평의 징조──기린과 봉황, 하도와 낙서와 같은 상서祥瑞를 보내 주는데 결정적으로 지난 6년간은 그러한 상서가 전혀 출현하지 않았기 때문이었다. 해서 무제는 한나라가 아직 진정한 태평성대에 이르지 않은 것으로 보았고, 그 것은 황로의 무위정치만으로는 이를 수 없는 경계라 판단했다. 하여 무제에겐 현재를 뛰어넘고 자신의 비전을 지지해 줄 새로운 정치논리와 그 철학에 맞는 인재가 필요했던 것이다. 이때 무제의 마음을 흔들어 놓은 사람이 있었으니 그가 바로 대유학자 동중서董仲舒다. 동중서는 무제에게 『천인삼책』天人三策을 올린다.

유학이 정착할 수 없는 형세

두태후가 세상을 떠난 이듬해인 원광 1년, 한무제는 인재추천제도인 현량천거로 유학자인 동중서와 공손홍을 발탁했다. 무제는 이번에도 유학자였다. 앞서 보았듯 무제가 처음 즉위하여 뽑은 인재들은 유학자였다. 그러나 무제 2년에 뽑은 조관·왕장 등의 유학자들은 두태후의 황로정치를 넘어서지 못하고 전원 침몰한 바 있었다. 당시 유학은 왜 황로정치를 넘어서지 못했던 것일까?

사유는 형세에 의존한다. 아무리 훌륭한 사유라 하더라도 그사유가 형성될 수 있는 조건이 마련되지 않으면 뿌리내릴 수 없다. 한나라의 초기는 그러한 사유와 형세의 관계를 잘 보여 준다. 한고조는 통일 이후에도 여전히 제후국 및 흉노와 끊임없는 전쟁에 시달려 유학을 일으킬 여력이 없었고, 혜제와 여태후 시절에는 당시 정국을 주도했던 공신들이 모두 한고조를 도와 무력으로 일어난 인물들로 유학과는 거리가 멀었다. 게다가 태평성대를 일군 문제는 법가法家의 학설을 좋아했으며, 그의 부인 두태후는 황로술을 숭상해 아들 경제 치세의 대부분과 손자 무제 섭정 6년간을 황로의 무위정치로 다스렸다. 한나라 초기에는 이렇듯 자의든 타의든 유학이 안착할 수 없는 형세였다. 그 덕분에 백성들은 쉬면서, 오랜 전란으로 피폐해진 심신을 회복할 수 있었다. 그러나 동중서가 보기에 지금은 달랐다. 오랜 안정은 성장의 욕망을 부추기고, 풍요는 사치를 낳는 법이다. 백성들은 점점 공검恭儉을 잊고 사치의 욕망을 내비쳤다. 바야흐로 황로의 정치가 작동할 수 없는 조건이 아래로부터 만들어지고 있었던 것이다.

동중서가 본 황로의 무위정치는 백성들을 쉬게 할 수는 있었으나, 인재 양성에는 적합하지 않았다. 당시 한나라는 '오초칠국의 난' 이후 제후를 견제하기 위해서, 승상뿐 아니라 2천 석급의 관리들을 모두 중앙에서 뽑아 지방에 파견해야 했기에 유례없이 많은 인재가 필요했다. 그러나 여전히 지방에는 황제의 조서에 즉각 응대할 수 있는 관료가 없을 정도로 인재가 부족했고 제도를 정비할 여유는 더더욱 없었다. 게다가 그나마 뽑아 놓은 "소리小吏: 말단관리들은 학식이 얕아 그 뜻을 다 알지 못하기에"「유림전」, 『한서』 8, 217쪽 황제의 명령을 온전히 이행할 수 없었다. 그 결과 황제의 명령이 곳곳에서 단절되어 지방의 백성에게까지 제대로 전달되지 않는 실정이었다.

또한 동중서는 백성들을 교화시켜야 하는 주체인 태수와 현령의 자격과 자질 역시 문제 삼았다. 현재 태수나 현령으로 복무하고 있는 자들의 본업이 '장수'라는 것! 전장에서 최적화된 능력을 발휘해야 하는 장군이, 개국공신이라는 이유로 전혀 다른 전문성이 요구되는 관리직에 머물고 있는 현실을 지적한 것이다. 동중서가 보기에 장군 출신이 태수가 된다는 것은 '법을 집행하는 관리에게만 백성을 다스리게 위임한' 형국으로, 이 관료 배치는 결국 덕이 아닌 형벌에 의지하겠다는 의도와 다르지 않았다. 하여 동중서는 그들을 교육할 시스템도, 교육할 인재도 없는 상황을 문제 삼아 무제에게 지금이야말로 황로의 질서가 아닌 유학적 질서로 천하를 바로 세울 기회라고 간언한다. 무제 역시 이러한 황로정치의 한계를 직시하고 있었던 참이었다. 그런데 여기서 생기는 한 가지 의문. 무제는 왜 다른 사유가 아닌 오직 유학을 필요로 했던 것일까?

제국을 다스리는 수성의 정치학, 유학

유학자 숙손통叔孫通이 한고조에게 "유생은 앞으로 나아가 얻지는 못하지만 이룬 것을 함께 지킬 수 있습니다. 신이 노魯의 유생들을 데려다가 저의 제자들과 함께 조정의 의례를 제정하고자 합니다" 「숙손통전」, 『한서』 3, 141쪽라고 말한 사실에서 알 수 있듯, 유학은 천자를 중심으로 천하의 질서를 바로 세우는 수성의 정치학이다. 통일하는 힘과, 통일된 제국을 유지하는 힘은 전혀 다르다. 진나라가 최초의 전국통일이라는 대업을 완수했음에도 15년 만에 망한 이유는 전국을 통일한 바로 그 엄격한 법가의 힘으로 제국을 다스렸기 때문이다. 진나라는 '수성의 정치'로의 모드전환을 하지 못했다. 무제도 이 점을 알고 있었다. 한나라가 태평하다고는 하나 언제까지 황로정치만을 고수할 순 없는 노릇이었다. 그렇다면 유학의 무엇이 수성을 가능하게 하는 것일까?

　동중서가 "도道란 것은 정치에서 따라가야 할 바른길이니 인의예악仁義禮樂은 모두 그 도구입니다. 옛날의 성왕은 다 죽고 없지만 그 자손이 수백 세 걸쳐 오랫동안 편안할 수 있던 것은 예악과 교화의 결과입니다"「동중서전」,『한서』4, 362쪽라고 말한 사실에서 알 수 있듯, 유가에서 사용하는 수성의 도구는 인의예악이다. 유학은 인의예악을 통해 백성을 교화하고 질서를 바로 세우는 학문으로, 유학이 바로 세우고자 하는 질서는 군신의 질서, 부자의 질서, 부부의 질서, 친구의 질서, 장유의 질서와 같이 나라 구성원이 맺고 있는 모든 관계의 질서다. 유학은 무엇을 공부하기에 이런 질서를 바로 세울 수 있는 것일까?

유학자는 6경을 통해 인의예악을 공부한다. 『역경』易經은 우주 변화의 질서가, 『예경』禮經에는 인륜기강에 대한 질서가, 『서경』書經은 정치질서가, 『시경』詩經은 풍교질서가, 『악경』樂經은 화해의 질서가, 『춘추』春秋는 시비의 질서가 담겨 있다. 즉 6경은 사람이 관계 맺기에 필요한 질서를 공부하는 커리큘럼인 셈이다. 이러한 유학은 황로학과는 달리 시험을 통한 수준 가늠과 관찰을 통한 능력 검증이 가능했다. 오늘날의 상식으론 이해하긴 어렵지만, 당시에는 인의예악이 어떤 방식으로든 측정 가능한 도덕적 소양이었던 것으로 보인다. 그렇기 때문에 6경을 두루 섭렵하지 않고, 1개 커리큘럼의 전문성만 인정받아도 인재로 쓰일 수 있었다. 예의 전문가, 『시경』 전문가와 같이 말이다. 황로의 사유를 중심으로 『사기』를 썼던 사마천이 보기에도 유학은 현실정치를 위한 실질적 학문이었다. 무제는 이렇게 교육된 유학자들을 통해야만 비로소 사해 구석구석까지 자신의 선정을 전파할 수 있다고 보았다.

동중서의 유학, 무엇이 다른가

여기서 한 가지만 더 짚어 보자. 왜 무제는 다른 유자들의 유학이 아닌 동중서의 유학을 택한 것일까? 한나라의 시대는 바야흐로 음양론과 자연학이 상식으로 자리 잡고 있던 시대였다. 황로학이 위정자와 백성들에게 두루 전파될 수 있었던 이유도 백성들이 쉽게 이해할 수 있는 음양론과 자연의 논리로 어필했기 때문이다. 동중서의 유학은 시대의 흐름에 발을 맞추었다. 당시 유가에서 생소했던 음양의 이치, 즉 천인감응天人感應·동류상동同類相動 등의 개념을 가져와 유학의 질서에 접목한 것이다. 게다가 기존의 '유가'와 더불어 '도가' '법가'를 음양의 이치로 통합했고, 황제의 권력은 천명 즉 하늘로부터 부여받았다고 주장했다. 이는 당시에 무척 파격적인 사유였는데, 왜냐하면 동중서 이전에는 그 어떤 유자도 음양의 논리와 유가를, 천명과 황제를 연결하지 않았기 때문이다. 이것은 동중서의 새로운 유학이었다.

특히 이 질서하에서 황제는 하늘과 연결된 존재로, 기존의 황로와 유가에서 제시하는 황제의 역할과 그 권위가 달랐다. 동중서가 보기에 하늘은 인간 세상에 영향을 주는 '유위'有爲하는 존재이자, 황제에게 천명으로 권력을 일임하는 존재로, 유위하는 하늘로부터 권력을 부여받은 황제는 하늘과 마찬가지로 유위해야 하는 자였다. 당연히 정치에도 유위해야 한다. 동중서에게 황제는 보이지 않는 곳에서 무위로운 정치를 해야 하는 자가 아니라, 국정의 전면에 나서서 '힘써 배우고 노력하며, 바른 도를 행하려 애써야 하는' 적극적으로 유위해야 하는 자였던 것이다. 여기에 무제는 하나의 개념을 더 얹는다. 바로 무제의 마음을 사로잡은 동중서 이론의 핵심! 그것은 대일통 사유였다.

> 춘추의 대일통大一統이란, 천지의 근본이며 고금에 통하는 정의입니다. 지금 사부마다 도道가 달라 사람마다 이론이 다르며 백가의 처방이 다르고 주장이 같지 않기 때문에 위에서 하나로 통일된 뜻이 없어 법제가 자주 바뀌기에 아래에서는 지킬 바를 알지 못합니다. 신의 어리석은 생각이지만 육예의 과목과 공자의 학술 이외의 것은 모두 그 도를 단절시켜 같이 나가지 못하게 해야 합니다. 그릇되고 치우친 주장이 사라진 연후에야 기강이 하나가 되고 법도가 확실해져서 백성들은 따를 바를 알게 될 것입니다. 「동중서전」, 『한서』 4, 409쪽

무제는 동중서의 명성을 듣고 평소 궁금했던 것을 물었다. 그러자 동중서는 그에 대한 답으로 『천인삼책』이라는 그 유명한 대책문을 올린다. 이 『천인삼책』에 담긴 유학의 핵심은 백가를 배척하고, 오직 유학만을 숭상한다는 '파출백가罷黜百家 독존유술獨尊儒術', 즉 대일통 학설이다! 대일통은 만물이 하나의 도로 귀의한다는 의미로, 지방마다 흩어져 있는 도를 하나로 통합하고, 그 도를 중심으로 법제를 통일하겠다는 것이다. 그런데 이 대일통의 진정한 의미는 모든 제후가 천자에게 귀속되어, 지방에서 제후가 독자적인 정

치를 할 수 없다는 논리적 명분을 마련한 것에 있었다. 무제에겐 지방도 중앙의 확대에 다름 아니었다. 이것은 각각의 지방권력을 긍정했던 황로의 철학과는 다른 배치로, 절대 황권을 기획했던 무제의 비전에 가장 합당한 근거를 제시해 주었다. 모든 일에는 명분이 중요한 법이다. 무제는 동중서의 유학 덕분에 재상권력과 지방권력을 당당히 황제 중심으로 가져오는 마지막 퍼즐을 채울 수 있었다. 원광 1년, 무제의 절대 황권은 이렇게 만들어졌다.

2장 한무제, 흉노를 몰아내고 세계제국을 건설하다!

한나라의 여름을 있게 한 한무제 치세의 핵심은 '외부'에 있다. 여기서 외부란 사이四夷, 즉 한나라를 중심으로 사방에 위치한 오랑캐로 '인과 예'에 포획되지 않는 민족들이다. 주지하듯 경제 치세까지의 한나라는 집안만 단속하기에도 여력이 없었다. 여씨의 난, 오초칠국의 난과 같은 제후들의 반란이 전국에서 일어나 대외 진출은 꿈도 꿀 수 없는 상황. 그래서 경제 때까지 한나라의 시선은 늘 내부에 머물 수밖에 없었다. 내부에 안집하기 위해서가 아니라 힘의 형세가 그러했던 것이다. 이렇게 내부에 머물러 있던 한나라의 시선을 외부로 돌린 이가 무제다. 무제는 집안을 다진 후 밖으로 나선다. 이 사실은 한나라의 역사에서 무척 중요한데 왜냐하면 이 외부와의 마주침이야말로 무제 치세의 모든 공적을 낳게 한 힘이기 때문이다. 특히 흉노는 무제가 한나라의 응축된 힘과 자신의 모든 황권을 쏟아부은 대상이기에 흉노 없이 무제를 논할 수 없다.

예를 들면, 흉노와 충돌한 힘의 작용으로 사방의 영토가 개척되었고, 그 개척한 지역을 다스리기 위한 관리의 필요성으로 인재 양성 기관 태학太學이 섰다. 점점 영토가 넓어지자 천하의 주인이 되었음을 하늘에 보고하기 위해 '봉선封禪제도'를 세울 필요가 있었고, 어느 지역에서라도 적용될 수 있는 시간이 필요하여 '역법을 개정'하게 되었다. 독자적인 연호 제정 및 사용도 이와 맥을 같이한다. 이렇듯 무제의 치세는 외부와 분리할 수 없고 흉노와 분리할 수 없다. 해서, 무제가 이끈 한나라의 여름을 이해하기 위해서는 '외부', 그 중에서도 흉노와의 관계 맺기를 반드시 들여다보아야 한다. 무제가 흉노와 관계 맺는 방식이 곧 한나라의 여름이 되었기 때문이다.

흉노의 무엇이 두려운가?

흉노는 무제가 가장 진하게 접속한 외부다. 재위 기간 54년 중 무려 45년간이나 흉노와 싸웠는데, 두태후 섭정기 6년을 제외하면 사실상 무제는 평생을 흉노와 대결한 셈이다. 대체 흉노의 어떤 면모가 무제를 평생 전쟁으로 이끌었을까? 사실 무제 이전까지 한나라는 군사적으로 늘 흉노에 열세였다. 한고조만 해도 흉노의 선우單于 묵특冒頓에게 평성에서 패배한 후 가까스로 목숨을 건져 흉노와 형제의 연을 맺었으며, 문제는 흉노의 선우를 '북방의 태양'으로 칭하며 한나라와 대등한 나라임을 인정하여 흉노와 화친하길 주저하지 않았다. 그러나 무제는 달랐다. 흉노와의 화친을 거부하고 먼저 화친을 깼다. 화친에서 전쟁으로! 왜일까? 무제는 하늘 아래 2개의 태양을 용납할 수 없던 절대군주. 북방의 태양이라고 자처하는 흉노의 존재를 내심 인정할 수 없었을 것이다. 하지만 흉노와의 전쟁에는 그런 개인의 욕망을 훨씬 뛰어넘는 무엇이 있었으니 흉노를 치지 않고는 살아남을 수 없는, 반드시 흉노를 쳐야만 하는 현실적 조건이 있었다.

경제가 즉위하였다. 조왕인 유수는 은밀히 흉노에 사자를 보냈다. 오와 초 등이 반기를 들자 흉노는 조와 모의한 뒤 국경 진입을 꾀했다. 한이 조를 포위하고 격파하자 흉노는 침입을 중지했다. 이후에 경제는 흉노와 다시 화친하였고 관시와 시장을 열어 주었고 선우에게 물자를 보냈으며 예전 약속대로 옹주를 보내 주었다. 경제의 재위기간에 가끔 소소한 침범이 있었으나 대규모 침입은 없었다.「흉노전」,『한서』 9, 58쪽

당시 흉노는 한고조 유방을 평성에서 무릎 꿇린 이래로 문제 치세까지 누란, 오손, 호게를 비롯한 북방의 26개국을 복속한 상황이라, 군사적 물리력만 놓고 보자면 한나라가 결코 만만히 볼 수 없는 상태였다. 그러나 무제가 보기에 흉노의 진정한 위협은 다른 곳에 있었다. 그것은 대국, 운중군, 안문군, 삭방군과 같은 흉노에 인

접한 제후국들이었다. 왜 무제는 한나라의 제후들이 지키고 있는 이 땅이, 한나라의 위협이 될 거라 판단했던 것일까?

역사적으로 흉노와 국경을 맞대고 있는 이 땅들은 누구의 독점도 허락지 않던 땅으로, 그 소속이 수시로 변해 왔기에 이 땅의 제후를 자처하는 자들의 충성도는 늘 낮은 편이었다. 조왕 유수가 흉노와 연합하려 한 사건도 그러했고 한고조와 천하대업을 이룬 한왕韓王 신信이 대국을 분봉받은 뒤 흉노에 투항한 사건도 그러했다. 이 땅들의 주인은 적절한 조건과 기회가 만들어지면 언제든 흉노와 손을 잡아 한나라를 위협하는 존재로 돌변하곤 했던 것이다. 팽팽했던 힘의 균형이 깨지는 건 특별한 것에 있지 않다. 흉노와 국경을 맞대고 있는 제후들 중 한 곳만 돌아서도 힘의 균형은 무너지고 만다. 무제는 이러한 잠재적 위협요소가 실제 위협으로 드러나기 전에 흉노를 정벌하여 북방을 안정시킬 필요가 있었다.

게다가 이 시기는 흉노의 소소한 침범이 도를 넘어섰던 시점이었다. 당시 무제의 신임을 받고 있던 대행령大行令 왕회王恢는 "지금 변경이 자주 소란하고 사졸이 죽고 다치며 중원에 관을 실은 수레가 꼬리를 무는 것에 인인仁人은 마음을 아파하고 있습니다"「한안국전」, 『한서』 4, 152쪽라고 말하며, "지금 한나라가 흉노보다 만 배나 융성하니" 흉노를 토벌해야 할 때라고 주청했다. 안정되었던 변경 민심이 더 흉흉해지기 전에 흉노를 쳐야 한다는 것이다. 무제의 흉노 정벌엔 이런 배경이 있었다.

유목군대와 싸운다는 것

원광 1년, 흉노가 화친을 청해 왔다. 화친을 맺을 것인가? 전쟁을 할 것인가? 무제는 이 문제를 주제로 신하들에게 의견을 구한다. 신하들은 즉각 둘로 나뉘었다. 전쟁을 하자는 왕회파와 화친을 하자는 한안국韓安國파. 한안국은 무제에게 다음과 같이 말한다.

> 천리를 가서 싸울 경우 승리하기 어렵습니다. 지금 흉노는 전마戰馬
> 가 많은 것을 믿으며 금수와 같은 마음을 품고, 이동하며 생활하다
> 가도 새떼처럼 모여들기에 제압하기가 어렵습니다. 그들 땅을 차지
> 했다 하여 넓어진 것이 아니고 그 무리를 얻어도 나라가 강해졌다
> 할 수 없으며 예로부터 굴복시키지 못했습니다. 우리가 수천 리를
> 나가 싸울 경우 인마가 모두 지치지만 흉노는 전 부족을 동원하여
> 지친 우리를 제압할 것이니 형세가 틀림없이 위태로울 것입니다. 신
> 은 이러한 이유로 화친이 낫다고 생각합니다. 같은 책, 148쪽

흉노는 한 곳에 정착하여 살아가는 한나라와 달리, 삶의 중심을 목축과 이동에 두는 유목국가다. 초원과 사막이라는 삶의 조건이 그러한 삶의 스타일을 발명하게 했을 것이다. 제아무리 정착 전문가라도 초원과 사막에 정착할 순 없다. 초원과 사막에서 정주한다는 것은 그 자체로 죽음이기 때문이다. 초원과 사막이 정주할 수 없는 땅이란 걸 너무나 잘 알고 있던 한안국은 무제에게 "그 땅을

차지했다 하여 넓어진 것이 아니"라고 말한다. 왜냐하면 정주국가
에게 있어서 영토의 확장은 땅의 쓸모와 연결되는데, 초원과 사막
에서는 농사를 지을 수 없기 때문이다. 하여 한안국은 그런 땅을 얻
기 위해 백성을 힘들게 하기보다 차라리 흉노와 화친을 맺는 것이
더 낫다고 말한다. 한안국은 흉노의 본질이 유목성에 있음을 알고
있었던 것이다. 결국 출정 토론은 한안국의 의견을 지지하는 신하
들이 더 많아 화친 안이 가결되었다.

그러나 그 이듬해인 원광 2년, 왕회를 통해 '재물로 흉노를 유
인해 복병으로 습격하자'는 마읍馬邑 사람 섭옹일聶翁壹(섭일)이 낸
흉노 유인 계책을 듣게 된 무제는 스스로 명분을 만들어 토벌의 욕
망을 드러낸다.

> 짐은 그동안 옹주를 딸처럼 꾸며 선우에게 출가시키고 재물이나 비
> 단, 면직물 등을 많이 보냈었다. 선우는 우리 명령을 더 무시하면서
> 노략질을 그치지 않고 변경을 침입하기에 짐은 이를 매우 걱정하고
> 있다. 이번에 거병하여 토벌하는 것이 어떻겠는가?「한안국전」, 『한서』 4,
> 149쪽

사실 흉노의 노략질은 어제오늘 일이 아니었다. 경제 치세 때
만 해도 '대규모 침입'은 없었지만 흉노의 '소소한 침범'은 늘 있어
왔다. 그러나 이것을 문제 삼지 않았던 이유는 소소한 침범을 허락
함으로써 대규모 침입을 막아 내는 효과가 있었기 때문이었다. 그

러나 무제는 더 이상 이러한 소소한 침범을 묵과할 수 없었다. 이때 다시 한 번 왕회와 한안국이 토론에서 맞붙는데, 이번 토론의 승패는 논리와는 상관없이 이미 그 결과가 정해져 있었다. 무제의 뜻에 부합하는 왕회의 승리로 말이다.

왕회는 30만 대군을 이끌고 승리를 장담하며 출정했다. 이전에 동월東越을 토벌한 경험이 그를 더욱더 기세등등하게 했으리라. 계획대로 왕회는 섭일을 만나 30만 대군을 마읍현 옆 계곡에 매복시켜 두고 흉노를 기다렸는데, 정작 이 작전은 사전에 기밀이 노출되어 시작도 하기 전에 실패하고 만다. 어찌된 일일까?

> 한漢은 복병 30여만을 마읍 주변에 배치하였고 어사대부 한안국은 호군장군으로 4명의 장군을 데리고 선우를 기다렸다. 선우가 한의 영역에 들어와 마읍 100여 리 지점에 왔는데 들에 가축이 널려 있지만 돌보는 사람이 없는 것을 이상히 여겨 근처 마을의 정소亭所: 역참, 여인숙를 수색케 했다. 그때 안문군의 위사衛士: 군의 무관가 순찰을 돌다가 흉노를 만나게 되자 정亭에 들어와 숨어 있다가 선우에게 잡혔고 선우는 위사를 죽이려 했다. 위사는 한의 모의를 알고 있었기에 투항하며 모든 것을 말했다. 선우는 크게 놀라며 "나도 정말 의심쩍었다"라고 말했다. 이어 군사를 인솔하고 돌아갔다.「흉노전」, 『한서』 9, 60쪽

유목민에게 동물의 중요성은 절대적이다. 사막과 초원이라는

공간은 인간의 오감만으로는 생존할 수 없는 곳, 반드시 인간의 오감을 확장해 주는 감각이 필요한데, 그 감각의 지평을 넓혀 주는 존재가 바로 동물이다. 동물의 감각을 인간의 감각으로 삼아야만 생존 가능한 곳이 유목의 공간성인 것이다. 그런 유목의 공간에서 동물을 풀어놓고 관리하지 않는 유목민은 찾아보기 힘들다. 그러나 정주민인 왕회는 동물의 중요성을 알지 못했다. 매복을 위해 마읍현의 사람들을 숨긴 것까지는 좋았으나, 그들이 키우는 가축은 전부 들판에 내버려 두는 실수를 범한 것이다. 흉노의 선우는 이 광경이 무척 낯설게 다가왔을 터. 왕회의 눈엔 보이지 않던 가축이 선우의 눈에는 보인 것이다. 유목세계와 정주세계가 가축을 바라보는 감각은 이렇게나 다르다.

흉노의 선우는 곧 이상함을 감지하고 군대를 멈춘 채, 주변을 살피려 수색대를 급파한다. 이 과정에서 순찰을 나왔던 한나라의 무관이 흉노의 군사에게 붙잡히게 되었는데, 선우는 이 포로로부터 들판에 가축만 널려 있는 것의 이유를 듣고 곧장 퇴각한다. 유목민의 감각이 아니었다면 분명 벗어날 수 없었을 것이다. 왕회는 흉노가 돌아갔다는 소식을 듣자, 자신들의 기동성으로 그들을 따라잡을 수 없다고 판단하여 군사를 모두 철수시켰다. 결국 한나라의 30만 대군은 아무런 소득 없이 회군하게 되었다.

비록 전면전은 없었지만, 무제는 자신이 상대해야 하는 흉노가 얼마나 기민한 감각의 군대인지를 알게 되었을 것이다. 왕회를 사형에 처한 무제는 흉노 정벌을 위해 흉노보다 더 기민한 동물적 감각으로 움직일 수 있는 인재를 발탁한다. 기존에 왕회로 대변되는 한나라 군대체제를 확 바꾸겠다는 뜻이다. 이때 무제가 뽑은 인재들이 흉노를 서역으로 몰아내며 전한시대를 풍미한 이광李廣, 위청衛靑, 곽거병霍去病, 이광리李廣利, 이릉李陵, 곽광霍光과 같은 장수들이다.

유목군대보다 더 유목스런 무제의 장수들

앞서 말했듯 경제 치세까지 한나라의 군대는 수적 우세에도 불구하고 흉노를 당해 낼 수 없었다. 왜 한나라는 번번이 흉노에게 패할 수밖에 없었을까?

> 어린아이도 양을 타며 활로 새나 들쥐를 사냥하고 좀 자라면 여우나 토끼를 사냥하여 고기를 먹었고, 장사가 되어 만궁을 당길 수 있으면 모두 기병이 되었다. 그 풍속에 여유가 있으면 목축과 짐승 사냥으로 살아가지만 위기에 처하면 모두가 전투를 익혀 남을 침략하는 것이 그들의 습성이었다. 그들의 주된 무기는 활과 화살이지만 근접해서는 칼과 창을 사용했다. 우세하면 진격하고 불리하면 후퇴하였는데 도주를 부끄러워하지 않았다.「흉노전」,『한서』9, 14쪽

흉노의 군사는 어렸을 때부터 활시위를 당겨 활쏘기에 능했고, 농경이 아닌 짐승 사냥으로 식량을 삼기에 그들의 활쏘기는 언

제나 실전이었다. 그런데 무엇보다 흉노의 활이 위협적인 것은 그들이 말 위에서 활을 쏜다는 사실에 있다. 말의 속도에 활의 속도가 더해지니 '활시위 당기는 소리가 나면 이미 적은 쓰러져 있는 것'이다. 흉노는 이렇듯 활을 잘 쏘고, 말을 잘 타는 것을 장점으로 재빠르게 치고 빠지는 게릴라전이 강점이었다.

게릴라전의 핵심은 변칙성에 있다. 기동성이 좋은 흉노 전사의 이동과 활시위는 한나라의 군사들이 전혀 예상할 수 없는 경로로 등장해 날아왔고, 짧은 공격으로 큰 타격을 입힌 후, 도주로를 파악할 수 없을 정도로 재빠르게 퇴각했다. 한나라의 군대는 흉노의 이러한 변칙적인 전략 전술에 의해 늘 고전을 면치 못했다.

게다가 흉노는 공격도 잘했지만 후퇴도 잘했다. 후퇴를 잘했다니?『한서』에 등장하는 한나라 장수들은 대부분 후퇴를 모른다. 후퇴는 곧 죽음이라 여겼기 때문이다. 사실 무제는 후퇴하여 패배한 장수에게는 거의 예외 없이 죄를 물었으므로, 한나라의 군사들에게 후퇴는 진짜 죽음이기도 했다. 이릉만 하더라도 물러서는 법을 모르는 장수로, 자기 부대의 50만 개의 활이 다 떨어지고, 휘하의 부하 병사가 아무도 없을 때까지 싸우다 끝내 포로가 되었지만 후퇴하지 않았다. 허나 흉노는 후퇴에 대한 감각이 달랐다. 반고의 표현대로 '후퇴를 부끄러워하지 않은 것'이다. 그들에게 후퇴는 유목의 이동처럼 그냥 다른 곳으로 이동한 것일 뿐, 결코 후퇴와 패배를 연결짓지 않았다. 그래서 흉노는 언제든 후일을 도모할 수 있었다.

흉노 군대의 특성을 파악한 무제는 유목군대보다 더 유목스런 군대를 갖추기 시작한다. 무제는 흉노의 활이 위협적이니 흉노보다 더 활을 잘 쏘는 장수를 뽑아 그로 하여금 흉노에 대항하게 했다. 대표적으로 이광은 화살이 바위도 뚫을 만큼 활을 잘 쏘는 명장이었다. 또한 무제는 흉노의 기동성이 위협적이니 흉노보다 더 기동성이 뛰어난 기마병을 양성하기 위해, 흉노의 말보다 더 좋은 말을 구해 오기에 이른다. 대표적으로 대원大宛의 한혈마汗血馬는 '붉은 땀을 흘리는 말'로 하루에 천 리를 가는 명마다. 무제는 이 한혈마로 흉노의 기동성을 압도한다. 이렇듯 더 나은 활쏘기 실력과 더 좋은 말로 군대를 양성하니, 남은 것은 이것을 잘 활용할 전술과 전법이다.

무제는 흉노의 게릴라전보다 더 게릴라스러운, 더 변칙적인 전술을 구사할 수 있는 장수를 뽑는다. 그 대표 장수가 노예 출신 '위청'이었다. 노예라도 실력만 있으면 인재로 쓴다는 무제의 인재관은 그 자체가 이미 변칙적이기도 하다. 어제까지 노예였던 자가, 오늘은 수십만 대군을 이끄는 장군이라니. 이 얼마나 변칙적인 인사인가! 여기에 한 가지 더. 무제는 흉노엔 없는 보병을 강군으로 키워 내 기병을 보완한다. 앞서 보았던 이릉의 경우 보병 5천 기로 흉노의 3만 대군과 호각으로 싸울 정도였으니 한나라 보병의 강성함이 어떠했는지 그 수준을 짐작할 만하다. 그렇다면 이런 군대가 실전에서는 어떻게 싸웠을까?

한에서는 위청을 보내 6명의 장군과 10여만의 군사를 거느리고 삭방군 고궐에서 출병하게 하였다. 흉노 우현왕은 한의 군사가 올 수 없을 것이라 생각하고 밤에 술을 마셔 취했다. 한군은 국경 6, 7백 리를 나가 밤에 우현왕의 군사를 포위하였다. 우현왕은 크게 놀라 몸을 빼내 도주하였고 그 정병들도 가끔 뒤를 따랐다. 한 장수들은 우현왕의 무리 남녀 1만 5천 명과 하급 군리 비소왕 10여 명을 죽이고 1천여 명을 잡아갔다.「흉노전」,『한서』 9, 65쪽

세계 최강군대라 불리는 칭기즈칸의 군대가 하루에 이동한 거리가 평균 100~150킬로미터라고 하는데, 이는 논외로 하더라도 당시에 하루 행군 거리에 대한 상식은 누구나 있었을 것이다. 흉노의 우현왕이 한나라의 군대를 코앞에 두고 술판을 벌인 것도 사실 그러한 행군 속도에 대한 상식 때문이었다. 10만 대군이 하루 만에 7백 리를 행군할 수 없을 것이라는 상식. 그런데 위청의 군대는 그런 우현왕의 예상을 비웃듯, 하루에 6~7백 리를 이동했다. 킬로미터로 환산하면 무려 250킬로미터 정도다. 와우! 저 수치가 정확한지 여부는 알 수 없으나, 적어도 당시 위청과 그의 부하 장수들이 냈던 행군 속도는 흉노가 예상했던 속도에 대한 상식을 깨 버리는 속도였음에는 분명하다. 적이 예상하지 못한 속도에, 예상할 수 없었던 포위 공격! 한나라 군대는 진정 유목의 리듬을 자신의 리듬으로 삼고 있었던 것이다.

실크로드를 장악한 반전의 사내, 장건

흉노의 강점은 하드웨어적인 것에만 있는 것이 아니었다. 흉노는 당시 실크로드, 즉 비단길의 무역을 통해 막대한 이익을 올리고 있었는데, 이보다 더 중요한 실크로드의 가치는 이 길을 통해 유영하는 전 세계의 정보들이었다. 각 나라의 경제동향, 정치동향, 자연현상 등의 온갖 정보들이 이 실크로드 위에서 입에서 입으로, 걸음에서 걸음으로 모이고 흩어졌다. 오늘날 스마트폰을 중심으로 전 세계의 지식과 정보가 이합집산되듯, 당시 실크로드는 그런 정보의 교통로였다. 무제는 흉노가 보유하고 있던 실크로드에 대한 패권을 가져오고 싶었다. 그러나 이는 쉬운 일이 아니었다. 나가 본 사람이 없으니 지도도 없었을 터, 무제 곁에는 무척 많은 인재가 있었지만 정작 중국 밖을 나가 본 신하가 없었던 것이다. 이런 무제의 고민은 예기치 못했던 곳에서 해결되는데, 그 고민을 해결해 준 사람이 바로 서역을 개척한 장건張騫이다.

이야기는 두태후 섭정기인 건원建元 연간으로 거슬러 올라간다. 당시 무제는 흉노에 대항하기 위해 서역의 여러 나라들과 동맹을 맺을 필요가 있어 사신단을 모집한다. 이름하야 서역원정대! 그런데 이 서역원정대 앞에는 시작 자체를 어렵게 하는 중요한 문제가 한 가지 있었다. 그 문제는 서역으로 가는 길에 반드시 통과할 수밖에 없는 흉노의 영토였다. 실크로드 패권자인 흉노가 한나라의 사신단에게 그 길을 순순히 내어 줄 리 없을 터. 게다가 서역으로 향하는 그 목적이 자신들(흉노)에게 대항하기 위해 동맹을 맺으러 가는 길이라는 것을 알면 더더욱 길을 열지 않을 것이다. 하여, 무제가 뽑고자 했던 사신단은 단순 외교사절 수준의 사신이 아니라, 흉노의 영토에서 유연하게 대처할 수 있는 지혜와 담력 그리고 무예를 두루 갖춘 인재여야 했다. 장건은 바로 이러한 사신단 모집에 스스로 지원했고, 무제는 장건의 사람됨이 '힘이 강하고 관대하며 신용이 있어 만이蠻夷들이 좋아할 만한 인물'이라는 것을 알아보고 낭관으로 발탁한다.

낭관이 된 장건은 월지국月氏, 月支과 동맹을 맺기 위해 떠났다. 그러나 장건 일행은 무제의 기대가 무색할 정도로 시작부터 황당한 처지에 놓이게 되었다. 서역 땅도 밟기 전에 흉노에 붙잡혀 포로가 된 것이다. 그것도 무려 10년씩이나. 그런데 여기에 또 한 번의 반전이 있다. 10년이나 포로생활을 하던 장건은 억류된 와중에 흉노 여인을 부인으로 얻고 아이도 낳으며 흉노에서의 삶을 이어 나갔으면서도 끝내 무제의 명을 잊지 않았다는 점이다. 무려 10년이나 황제의 명을 가슴에 품고 다닌 사내라니. 탈출의 기회를 엿보던 장건은 흉노의 느슨한 감시망을 틈타 10년 만에 탈출한다. 그리고 곧장 무제의 임무를 완수하기 위해 대원을 거쳐 대월지로 향했다.

대월지에 도착한 장건. 과연 동맹을 이끌어 냈을까? 10년 동안 억류되어 절치부심했을 장건을 생각하니 '동맹'이라는 임무 완수는 마치 따 놓은 당상일 것만 같다. 상상만으로 얼마나 많은 시뮬레이션을 돌렸겠는가. 그러나 10년이면 강산도 변하는 법이다. 장건이 흉노에 발이 묶인 사이에 국제 정세는 몰라보게 변해 있었다. 10년이란 시간은 흉노에 대한 대월지의 복수심을 약화시켰고, 무엇보다 대월지는 현재 이주한 땅에서 너무나 만족스러운 생활을 하고 있었다. 결국 장건은 대월지와의 동맹이라는 무제의 임무를 완수하지는 못하고 귀국길에 오른다. 귀국길은 순탄했을까? 그렇지 않았다. 강거康居를 지나던 장건은 또다시 흉노에 붙잡히고 만다. 이럴 수가! '쇼생크 탈출'에도 이 정도의 반전은 없다. 장건은 정말이지 삶 자체가 반전이다. 그러나 이번 포로생활은 짧았다. 흉노의 군신선우軍臣單于가 죽으면서 몰고 온 혼란을 틈타 1년도 안 되어 탈출에 성공한 것이다. 이쯤 되면 가히 '탈출의 장인'이라 부를 만하다.

장건은 한나라를 떠난 지 도합 13년 만에 무제 앞에 서게 되었다. 13년 만에 마주한 무제와 장건. 장건은 무제에게 임무의 진행상황에 대해 보고했고 실패했음을 고백한다. 주지하듯 무제에게 신하들의 실적 없음은 곧 죄다. 장건도 어떤 벌을 받아야 했음이 분명해 보였다. 그런데 여기서 다시 한 번 장건의 반전이 있다. 장건은 대월지와 동맹을 이끌어 내진 못했지만, 13년간 억류되고 여행하면서 보고 들은 경험이 있었다. 북방의 흉노를 비롯하여 서역 50여 개국의 지도와 그들의 풍습, 인구수, 특징 등이 장건의 머릿속에 가득했던 것이다. 생전 듣도 보도 못한 기이한 이야기를 쏟아 내는 장건의 말이 얼마나 흥미로웠던지, 무제는 기회가 있을 때마다 장건을 불러다가 서역에 대해 물었다. 손에 잡히지 않던 '외부'에 대한 갈증을 장건을 통해 해소한 것이다. 무제가 흉노를 몰아내고 실크로드를 장악한 배경에는, 중국 밖의 사해에 대한 그림을 그릴 수 있게 된 배경에는, 이렇게 13년 동안 무제의 비전을 잊지 않고 명을 수행한 장건이 있었기에 가능한 일이었다.

무제의 후회! 「윤대죄기조」를 반포하다

무제의 정복전쟁은 이런 식으로 무려 45년 동안이나 계속되었다. 그 결과 흉노를 서역으로 몰아내고, 동월과 민월閩越을 정복하고, 한사군漢四郡을 설치해 한나라 역사상 가장 넓은 영토를 확보한 군주가 되었다. 그러나 전쟁은 늘 힘든 것이다. 흉노와의 전쟁은 시간이 길어지자 결국 일진일퇴의 공방전이 되고 말았다.

> 한의 위청, 곽거병 두 장군이 선우를 크게 포위하여 죽이거나 생포한 자가 8, 9만 명이었는데, 한의 군사로 죽은 자 역시 수만 명이었고 말 10여만 필이 죽었다. 흉노가 비록 병약해져 멀리 도주하였지만 한에서도 말이 부족하여 더 추격할 수도 없었다. 「흉노전」, 『한서』 9, 73쪽

흉노와 한나라의 전쟁은 점령한 영토의 크기로만 보면 한나라의 압승이었다. 그러나 내실을 들여다보면 결코 이겼다고 볼 수 없었다. 아군의 손실도 만만치 않았기 때문이었다. 흉노를 병약해진 상태로 만들 때까지 전쟁을 한 무제의 집념도 놀랍지만, 더 놀라운 건 그들을 끝내 멸하지 못한 이유가 아군에 말이 부족했기 때문이

라는 사실에 있다. 말이 없을 정도로 싸웠다니. 아마도 무제는 말만 더 있었으면 아군의 피해 따위는 신경 쓰지 않고 계속 싸웠을 것이다. 어쨌든 한나라의 상황도 이렇게나 좋지 않았다. 이것을 진정한 승리로 볼 수 있는 것일까. 무제도 이와 같은 현실을 직시하고 있었는지 죽기 2년 전, 돌연 대외정벌을 중단하고 내실을 보충하라는 「윤대죄기조」輪臺罪己詔를 반포한다.

윤대輪臺는 현재의 신장웨이우얼新疆維吾爾 자치구에 해당하는 곳으로, 장안에서는 수천 리나 떨어진 곳에 위치해 있는 곳이다. 이는 한나라의 영토가 장안에서 수천 리에 이르는 거리까지 확장되었다는 것을 의미한다. 「윤대죄기조」는 정복한 변방을 안정시키고, 한나라의 지위를 공고히 하고자 윤대에 둔전을 세우자는 신하들의 건의를 만류코자 무제가 내린 조서다. 무제는 왜 윤대의 둔전을 만류한 것일까? 무제의 서역 원정은 군사적 측면에서는 성공적이었다. 서역에서 그 어떤 나라도 한나라의 군대를 막을 순 없었다. 그러나 거기까지였다. 무제의 군사들은 전혀 예상하지 못했던 문제에 봉착하는데, 그것은 장안에서 너무도 먼 원정거리였다.

대외원정에 가장 중요한 것은 군량미다. 한고조가 평성에서 흉노에 포위당해 30만 대군이 7일 동안 쫄쫄 굶었던 이야기를 통해 알 수 있듯, 제아무리 30만 대군이라도 군량미가 없어 굶으면 그 군사의 수는 0이다. 그런데 무제의 군사들은 이것과는 사뭇 다른 이유로 곤경에 처한다. 전쟁에서 승리한 군사들이 서역에서 돌아오는 길에, 그 승리의 길 위에서 굶어 죽는 사태가 벌어진 것이다.

무제도 이것은 예상하지 못했다. 설마 승리한 군사들이 길 위에서 굶어 죽을 줄이야.

　무제의 군사들은 전투를 수행하러 가는 수천 리 길의 군량미는 맞춰 갔으나, 돌아오는 수천 리 길에 대한 변수는 고려하지 못했다. 서역 수천 리는 그렇게나 먼 거리였던 것이다. 이런 문제를 알게 된 무제는 군대가 성을 격파하고 돌아오는 길에는 군사들이 스스로 자기의 식량을 운반토록 해 이러한 굶주림을 막아 보려 했으나, 스스로 운반하는 군량미로는 돌아오는 수천 리 길의 허기를 채우기에는 충분치 않았다. 한나라의 군사는 보급대에 의존했기에 자기 식량을 스스로 보급한 일도, 보급한 적도 없었다. 그들에겐 전투보다 보급이 더 어려운 일이었던 것이다. 이러한 이유로 서역에서 낙오하는 이가 늘어나자 무제는 친히 서역 실크로드의 관문인 옥문관玉門關까지 식량을 싣고 군사들을 마중했지만 낙오자를 줄이지는 못했다.

　사실 이것을 진작부터 예상했던 한안국은 흉노와의 화친을 주청하며 "천 리를 가기도 전에 군졸과 말은 군량이 부족해질 것입니다"라고 간언한 바 있었다. 허나 무제는 한안국의 의견을 귀담아들을 귀가 없었다. 길 위에는 길 위의 의식주가 필요하다. 흉노처럼 이동을 삶의 중심에 두는 유목민의 경우 길 위에서 굶어 죽진 않는다. 『사기』 어느 곳에서도, 『한서』 어느 곳에서도 유목민이 이동하다 길 위에서 굶어 죽었다는 언급은 없다. 왜냐하면 그들에겐 이동이 곧 삶이었기 때문이다. 정주민이 정착해서 그들의 의식주를 해결하는 것이 자연스러운 일이듯, 길 위에서의 의식주는 유목민에게 너무나 자연스러운 일이었다. 그러나 무제의 군사들은 길 위의 생존법을 몰랐다. 전투는 유목스럽게 했을지 몰라도, 그들은 어디까지나 농경과 정착을 중심에 둔 정주국가의 군사들. 그들은 보급대에 의존했을 뿐, 길 위에서의 생존법은 배우지 못한 것이다.

무제는 죽기 2년 전이 되어서야 군사들의 죽음이 눈에 들어왔다. 수십만의 군사들이 죽어도 눈 하나 꿈쩍하지 않던 무제가 그제야 비로소 그들의 죽음이 눈에 들어온 것이다. 무제는 「윤대죄기조」를 통해 자신의 대외정벌이 실패했음을 천명한다. 그리고 더 이상 전쟁을 하지 않겠다고 선언하며, 남은 시간 동안 '백성을 휴식케 하며 백성을 부유하게 양생하겠다는 뜻'을 밝힌다. 백성들은 박수를 치며 좋아했다. 사방만리의 영토보다 전쟁 없는 하루가 백성에겐 더 절실했던 것이다.

반고는 사마천이 주목하지 않은 바로 이 부분에 주목했다. 황제의 자리는 자신의 실수를 인정하기 쉽지 않은 위치다. 게다가 나이 든 황제라면 더더욱 자신의 실수를 인정하기 쉽지 않을 것이다. 자신의 잘못을 인정하지 않고 끝내 고집을 부려 백성들을 사지로 몰아넣어 망국으로 치달은 사례가 얼마나 많던가. 그러나 노년의 무제는 달랐다. 무제는 자신의 잘못을 솔직히 인정하고, 자신의 모든 것을 걸고 추진해 왔던 45년간의 정치행로를 바꾼 것이다. 무제의 위대함은 바로 여기에 있었다. 끝끝내 변하지 못한 것이 아니라, 끝내 변할 수 있었기에 위대함으로 남은 것이다.

3장 한무제, 제국은 어떻게 여름을 맞이했는가

인재 만발, '운빨' 최고의 한나라

지금까지 한의 최전성기를 이루어 낸 무제를 만나 보았다. 그의 통치 기간은 무려 54년으로 그 기간 동안 사상, 문화 등 다양한 방면에서 제국의 꽃은 피고 있었다. 반고 논찬에 의하면 "한은 역대의 모든 적폐를 물려받았지만 고조는 혼란을 안정시켜 정도를 확립하였고, 문제와 경제는 양민養民에 노력하였으나 고대 예악이나 문물제도를 갖추려는 노력은 많이 부족하였다"「무제기」, 『한서』 1, 385쪽고 기록하고 있다. 문경제 시대가 태평성대였다 해서 그 시대가 완성을 뜻하는 건 아니다. 물이 흘러가듯, 아무리 완벽한 시대도 때가 변하면 새로운 걸 요청하기 마련이다. 한나라는 이제 여름을 맞이한 만큼 고대예악과 문물제도가 필요해졌다. 때마침 그걸 해낼 수 있는 무제가 등장했으니, 한나라는 '운빨' 최고의 나라라 할 수 있다. 창업에 맞는 군주 고조, 그다음 지친 백성을 다독이는 문제와 경제, 그리고 예악과 문물제도를 갖출 수 있는 무제의 등장까지.

무제는 앞서 보았듯 해를 품은 예지몽에 걸맞게 한나라의 잠재력을 사방팔방 확산하는 능력을 가진 자였고, 한나라는 봄을 지나 여름을 향하고 있었다. 무제가 시의적절하게 출현하여 시절과 능력이 딱 맞아떨어진 것이다. 해를 품은 군주 무제의 비전은 광대했고 그 의지 또한 강했다. 그러나 아무리 뛰어난 황제도 혼자서는 아무것도 할 수 없는 법. 무제는 그걸 아는 현명한 군주였다.

아! 어떻게 하면 그렇게 될 수 있을까! 지금 짐은 종묘를 지키고 받들면서 일찍 일어나 추구하고 저녁에도 생각해 보지만 깊은 물을 어떻게 건너가야 할지 알지 못하겠노라. 아름답고도 위대하도다! 어떻게 하면 선제의 공업과 미덕을 널리 알리고 위로는 요순과 같고 그다음 삼왕과 같아지겠는가! 짐이 불민하여 먼 곳까지 덕을 펴지도 못하니, 이는 그대들이 보는 대로니 고금 왕도정치의 요체를 잘 아는 현량한 인재들은 짐의 책문을 받아 살펴 모두를 문서로 답하되 죽간에 지어 올린다면 짐이 친히 열람할 것이다.같은 책, 297쪽

한무제는 요순시대를 재현할 꿈을 꾸었고 그것을 위해 인재를 등용하는 데 주력한다. 고조 때와는 상황이 다르다. 그때는 인재들이 자신의 재능을 펼칠 수 있는 리더를 선택했다. 이제 상황은 역전되었다. 무제 시기에는 천하는 안정되었고 주도권은 신하가 아니

라 무제에게 넘어왔다. 선택권을 가진 무제는 신분 고하를 막론하고 인재를 과감하게 등용했다.

많은 선비들이 황제를 흠모하여 모여드니 이인異人이 한꺼번에 출현하였다. 양을 치던 복식을, 상인인 상홍양을, 노비인 위청을, 투항한 포로 김일제, 흙일 하던 부열, 소를 기르던 영척과 같은 명철함이 있었다. 한의 인재 영입은 성하였으니 고아한 유생인 공손홍·동중서·예관이 있고, 덕행이 뛰어난 인재를 잘 천거한 한안국과 정당시가 있었으며, 법령을 잘 정비한 조우와 장탕이 있고, 문장에는 사마천과 사마상여, 골계에는 동방삭과 매고가 있고, 응대에 뛰어난 엄조와 주매신, 그리고 역수에는 당도와 하낙굉이 유명하였고, 협률協律에는 이연년, 운주에는 상홍양, 사신에는 장건과 소무, 장수로는 위청, 곽거병, 유조를 잘 따른 곽광과 김일제가 있으니 그 밖의 인재는 이루 다 기록할 수가 없다. 이로써 큰 공적을 쌓고 창조하였으며 제도 장비와 문물을 후세에 전하였으니 후세에도 이러한 성대가 없었다.「엄주오구주보서엄종왕가전(상)」,『한서』5, 327쪽

어떤가. 반고가 읊어 내는 꼬리에 꼬리를 무는 인재 리스트! 인재가 많아 이루 다 기록할 수가 없다 하지 않는가. 디킨스가 쓴『영국사 산책』에 의하면 엘리자베스 여왕의 이름이 빛난 것은 위대한 탐험가, 학자, 문학가 등 걸출한 인물들이 그 시대에 배출된 덕이다. 사실 영국사에서 보면 엘리자베스 여왕의 자질은 그저 그렇다.

그 시대와 걸출한 인물들이 그녀를 기억하게 만들었다는 게 디킨스의 주장이다. 반고도 마찬가지이다. 분명 무제의 시대가 한나라 전성기일 수 있는 건 다 기록할 수 없을 정도로 인재들이 만발했기 때문이라는 거다. 엘리자베스 시대와 다른 게 있다면 한나라의 무제는 엘리자베스 여왕과는 달리 탁월한 능력의 소유자였다는 것. 이렇게 한나라의 여름이 될 조건은 충분했다. 신분제 시대에 옥리였다 밀려나 돼지를 키우던 자를 재상으로 발탁할 수 있는 황제의 안목! 동시에 곳곳에 숨은 인재가 자랄 토양!

한무제, 신하와 제후들을 장악하다

당시 공신들은 왕권을 간섭할 정도로 실권이 상당했다. 소하, 진평, 주발 등 승상들을 떠올려 보라. 그들은 고후와 대적했고 한나라를 지켜 냈으니 그들의 발언권이 얼마나 컸겠는가. 그러나 공신들도 나이가 듦에 따라 점점 시야에서 사라져 갔다. 무제는 이 기회를 기막히게 포착했고, 곧바로 실천에 옮겼다. 겉으로는 신분 고하를 막론하고 인재를 등용한다는 '현량과'가 시행된다. 돼지를 키우던 공손홍이 재상이 된 것은 인재 등용 정책의 성과지만 동시에 재상권 약화를 의미했다. 강력한 군주 집권제가 시작된 것이다. 왕을 견제할 공신들이 사라지자 신하들은 자기 목소리를 내기보다는 업적을 통해 무제에게 인정받는 데 급급했다.

　무제는 신하들을 자기 손에 넣게 되자 '중앙집권화'를 강화하기 위해 지방 제후 제거에 나선다. 제후의 힘이 강하면 강력한 군주제가 불가능하기 때문이다. 무제의 속내를 눈치챈 주보언은 무제의 니즈에 맞게 정책을 제안했는데, 그것이 추은령推恩令이다. '추은', 은혜를 베풀어 다른 사람에게 미치게 한다는 뜻이다. 뜻은 온화한 정책이지만 목적은 따로 있었다. 제후가 적자에게만 땅을 세속하지 말고 그 이외의 자손에게도 땅을 분할하는 정책이다. 이 정책의 파급 효과는 확실했다. 적자가 아닌 자제들은 땅을 분배받고자 했고, 가랑비에 옷이 젖어들듯 땅이 분할되면서 제후 세력이 자연스럽게 해체되기 시작했다. 이제 무제는 제후들과 대립각을 세울 필요가 없었다. 추은령이 시행되는 한 시간은 무제 편이기 때문이다. 이 얼마나 놀라운 정책인가. 인심도 얻고 제후들의 권력도 해체되고. 무제는 이 계책을 낸 주보언을 늦게 만난 것을 탄식할 정도로 신임했고, 1년에 4번이나 진급시켰다. 이처럼 무제는 중앙집권화를 위해 온 힘을 기울였고, 주보언처럼 실적이 좋은 자를 과감하게 발탁하여 성과 의지를 분명히 했다.

무제에게 강력한 중앙집권화는 절실한 문제였다. 오초칠국의 난이 발생한 이유를 기억해 보라. 조조가 경제에게 영지 삭감 정책을 제안했고 그것이 씨앗이 되어 제후국들이 반란을 일으키지 않았는가. 경제가 진압해서 주도권을 잡긴 했으나 그 불씨는 남아 있었다. 추은령의 시행으로 더 이상 오초칠국의 트라우마를 걱정할 필요가 없어졌지만, 무제는 여기서 그치지 않는다. 제후가 사라진 후 지방관을 파견했으나 지방관이 주도권을 잡지 못하면 도적들이 발호하기도 하고 감독의 주체인 지방관이 비리를 저지르기도 했다. 추은령 시행 후 문제가 생길 때마다 승상은 임기응변식으로 자신에게 속한 관리를 파견하여 문제를 수습하는 정도였다. 무제는 중앙집권화를 위해 좀 더 치밀한 관리체계를 기획한다. 그는 평상시에도 지방관과 지방 호족을 감독하기 위해 '자사부'刺史部를 설치했다. 문무대신들은 이 정책을 별로 달가워하지 않았다. 지방에서 상주하면서 근무를 해야 하니 유배나 다름없다고 여겼던 것. 이런 조건을 간파한 무제가 자사에 알맞은 인재 등용을 하기 위해 직접 나섰다.

> 대개 비상지공非常之功을 세우려면 꼭 비상지인非常之人이 있어야 하니 말은 내달리거나 뒷발로 차지만 천 리를 갈 수 있고, 사인士人은 세속의 낡은 규율을 넘을 때 공명을 이룰 수 있다. 물론 수레를 뒤엎는 말이나 방자한 인재가 있다지만 다만 통제하기 나름이다. 각 주군에 명하여 관리나 백성 중에 뛰어난 수재나 등급을 초월하여 장상이 될 수 있거나 먼 이국에 사신으로 보낼 만한 자가 있는지 살펴보도록 하라.「무제기」,『한서』1, 358쪽

'비상한 공'을 세우려면 '비상한 사람'이 필요하다! 말이 천 리를 가기 위해 내달리거나 뒷발로 차야 하듯이, 기존의 규율에 안주하지 말고 낡은 규율을 넘어야 공명을 얻을 수 있다고 황제가 부추기니 얼마나 많은 인재들이 흔들렸겠는가. 지방으로 갈 꺼렸던 인재들은 비상한 공명을 얻기 위해 기꺼이 비상한 관리가 되어 떠

나기 시작한다. 결국 무제는 전국을 13개의 감찰구역으로 나누었고 각 부에 인재를 배치하는 데 성공했다(원봉 5년: 기원전 106년). 중앙집권이 가능한 제도가 거미줄처럼 만들어진 것이다. 무제의 화려한 여름은 저절로 온 게 아니다. 겉이 화려하려면 그만큼 탄탄한 내부가 받쳐 주어야 한다. 무제는 그 원리를 온몸으로 터득한 존재였다. 추은령을 통해 제후의 세력을 해체하고 자사부를 만들어 지방관과 지방 호족들을 관리할 정도로 치밀함을 발휘했기 때문에 제국의 뜨겁고 화려한 여름은 지속될 수 있었다.

황로학의 힘, 도덕적 자기 수양

앞서 보았듯 무제가 강력한 중앙집권을 위해 유자들을 대거 등용하자 무위지치를 강조했던 황로학이 뒤로 밀려나고 유학이 득세한다. 무제는 문·경제와 달리 부국강병을 위한 욕망이 강했고 진나라의 전철을 밟을 위험성도 동시에 커졌다. 이때 무제의 숙부이자 회남의 왕, 유안은 이 위험성을 감지하고 무제에게 무위정치를 상기시키기 위한 노력을 기울인다. 그 첫번째 노력으로 유안은 빈객들을 모아 황로학을 집대성한다. 그 결과 나온 저술이 『회남자』이다.

　유안은 황로학의 비전으로 충만한 저술 『회남자』를 바쳤지만 무제의 제국 팽창을 위한 욕망은 가라앉지 않았다. 그럼에도 유안은 포기하지 않고 전쟁을 막는 상소를 계속 올리면서 정치의 방향을 무위로 틀고자 했다. 유안이 우려했던 유가의 위험성은 무엇인

가. 유가는 '인의'仁義를 강조했다. 하지만 왕의 자질에 따라 영토 확장의 욕망으로 변질되기 쉬웠다. 황로학은 유가처럼 백성을 위해 (인위적으로) 일하는 성군이 되기 전에 '도道와 하나가 돼라'고 요청한다. 현명한 통치자는 세속적인 이익을 넘어 '세상의 근원'을 보아야 한다는 것이다.

매우 이상적으로 보이는 황로학이 현실에서 적용될까 싶지만 한나라 문제와 경제는 무위지치가 가능함을 멋지게 증명해 보였다. 비법은 다른 게 아니라 왕의 '도덕적 수양'에 있었다. '자애로움, 검소함, 천하를 위해 나서지 않음' 이것을 문제와 경제는 철저하게 실천했다.

> 문제는 검은 비단옷을 입었으며 총애하는 신부인의 옷도 땅에 끌리지 않았고, 휘장에 수를 놓지도 않아 돈후질박한 생활로 천하에 솔선하였다. 패릉을 조성하면서도 질그릇을 사용하였고, 금은 또는 구리나 주석으로 장식하지 않았으며, 산의 형세에 따랐고 봉분을 만들지도 않았다.「문제기」,『한서』1, 252쪽

이처럼 문제는 황제 즉위 후 저고리 하나를 계속 기워 20년간 입었고, 형벌과 조세를 가볍게 고쳤다. 그렇게 30년이 지나자 백성들은 안정되었고 풍속이 바뀌었다고 『한서』는 기록하고 있다. 문제는 무위의 정치가 생명을 살리는 정치임을 '왕의 수행'을 통해 몸소 보여 주었다. 예컨대 사람은 재물 때문에 죽는다. 이익은 일신의 재

앙이다. 부는 집안을 윤택하게 하고 덕은 자신을 윤택하게 한다. 이 것은 당위가 아니었다. 자연의 이치를 사무치게 깨닫는 과정, 도덕 적 수양을 통해야 실천이 가능하다. 그렇지 않은 왕은 백성을 위한 다는 명분으로 영토 확장에 열을 올릴 가능성이 높았다.

유안은 흉노 정벌을 적극 말렸다. 제국도 다양성을 포용하는 제국이어야 한다고 여겼기 때문이다. 아무리 이질적인 것들이라 해도 도의 측면에서 보면 하나에서 분화된 것이기 때문이다. 제후 국의 수장인 유안 입장에서 보면 생존의 문제이기도 했다. 군주가 다양성을 인정하지 않고 영토 확장을 계속할 경우 제후국은 없어 져야 하고, 백성들은 전쟁에 시달려야 하기 때문이다.

무위정치를 상기시켰던 유안은 끝내 모반을 일으켰고, 그로 인해 자살했다. 유안은 왜 모반을 해야 했을까. 무제가 황로의 길을 가지 않으니 자신이 직접 나설 수밖에 없다고 생각한 걸까. 제후국 의 소멸이 불가피한 상황에서 모반으로 돌파구를 마련하려고 했던 걸까. 여러 가지 이유가 있겠지만 유안이 모반을 한 건 부정할 수 없는 사실이다. 그럼에도 유안의 공은 인정해야 한다고 생각한다. 적어도 무제가 진시황의 전철을 밟지 않은 데는 유안의 공이 컸다 고 생각하기 때문이다.

한나라를 지속적으로 통치하기 위해서는 '저항과 해체'의 힘 이 반드시 필요하다. 쉽게 말해 음식을 먹으면 그것을 소화시켜서 비워야 하는 것처럼. 제국이 커질수록 영토 확장의 욕망도 덩달아 커지는 시대에 황로학의 비전은 음식을 더 많이 먹기보다는 비우는 데 초점을 맞춘 통치학이다. 무엇을 열심히 하기보다는 휴식을, 속도를 내기보다는 느림을, 능력 중시보다는 각자의 고유성의 발현을, 성공보다는 몸의 생명력을 기르는 것에 초점이 맞추어진 통치술. 노자 7장 "스스로 살려고 하지 않기 때문에 영원히 살 수 있다"는 천지의 영원성에 대해 말한 대목이 생각난다. 왕이 자신을 칭할 때 과인寡人이라 낮추는데 허물이 많은 자라는 뜻이다. 왕이 사는 곳을 칭하는 '대궐'의 '궐闕'자도 흠이 있다는 뜻으로 겸손함을 담고 있다. 최고 권력자가 자신을 낮추기 위해 명칭 하나에도 세심한 배려를 하고 있다. 14년 만에 멸망한 진시황의 경험을 통해 아무리 대단한 권력도 지속될 수 없다는 걸 알았기 때문이다. 자연의 원리에 비추어 보면 최고 단계에 이르는 순간 이제 몰락의 수순을 밟아야 한다는 자각. 겸손함이야말로 모든 흐름과 동조할 수 있는 최선의 태도라는 깨달음이 있었다. 하여 황로학에서 천자는 천하를 소유하는 자가 아니라 천하와 소통하는 자가 되기 위해 부단히 노력했던 것이다.

치국과 치신을 모두 아우르던 황로학의 비전은 시간이 흐르면서 치국보다는 치신으로 이동했다. "후기 황로학은 양생 사상이 발전하였다는 특징을 지닌다. 황로학 사상의 양대 기둥은 일반적으로 치국과 치신이라고 말하는데, 전기 황로학의 관심이 주로 치국 방면에 집중되었다고 한다면 후기 황로학에서는 주로 치신, 즉 양생 방면에 대한 관심이 깊었다. 황로학은 한대 초기 약 70년간 통일된 한제국의 통치 이념으로 득세하였으나 한무제가 집권하면서 유학에 그 지위를 물려주어야 했다."이석명, 『노자와 황로학』, 소와당, 2010, 17쪽 황로학의 관심이 치국에서 치신으로 변화한 것은 한이 번성하면서 제도화되었고, 그것을 관리하기 위해 유학자를 등용했기 때문이다. 우리는 보통 유학이 득세하면 황로학은 소멸될 거라 생각한다. 유학과 황로학은 대립 관계가 아니었다. 황로학은 유학이 제대로 역할을 하도록 치신으로 숨은 조력자 역할을 했음을 알 수 있다.

*덧달기, 몸과 우주에 대한 탐구 대폭발의 시대와 황로학

황로학은 몸과 우주의 원리가 하나임을 강조한다. 그것이 가능했던 것은 당시 폭발적으로 자연철학이 발전했기 때문이다. 자연철학의 발전은 '방사方士의 출현'과 관계가 깊다. 방사들은 지금으로 치면 과학자 그룹인데 노장老莊과 결합하면서 신선술로 발전하게 되었다. 우리에게 방사의 이미지는 그리 좋은 편은 아니다. 그들이 부정적으로 기술되는 것은 사마천이나 반고 등 역사 기록자가 유자이기 때문이다. 그 당시 유자들도 방술에 관심이 많았다. 그중 유자에게 곱지 않은 시선을 받은 방사는 권력에 기생하는 자들이었다. 지금도 권력이나 재벌에 기생하는 술사들을 떠올리면 이해가 바로 될 것이다.

원래 방사의 기본 목표는 '인간의 자기완성'에 있었다. 그 당시 마음과 몸이 연결되어 있음을 알고 있었고, 몸과 우주가 합일되기 위한 실험들이 시행되었다. 방사의 대표 활동인 신선술은 심신훈련법, 도인導引: 정좌, 마찰, 호흡 등으로 병을 물리치는 양생법과 내단內丹: 정精·기氣·신神을 탐구하는 수련법 등으로 정교하게 발전했다. 이런 발전이 가능했던 것은 자연철학이 받쳐 주었기 때문이다. 인류 최고의 심리, 생리, 윤리가 결합된 의학텍스트『황제내경』黃帝內經도 제자백가의 등장과 자연과학을 통한 신선술이 결합하는 이런 분위기 속에서 탄생할 수 있었다. 자연철학의 폭발적인 발전은 수양의 필요성을 검증해 주었고, 한나라 시대의 왕들은 확신을 가지고 심신을 단련했던 것이다.

이 시대 과학기술의 성과는 놀랍다. 기원전 165년에 최초의 태양 흑점 관측 기록이 있고, 기원전 28년부터 정사에 일시가 정확히 기록되기 시작했다. 지도 제작에 바둑판식 배치가 도입되어 위치와 거리를 정확히 계산하는 방법이 2세기부터 시작되었다. 나침판이 발명되었고『한비자』와『귀곡자』에 자석 기술이 언급된다.『황제내경』에 이은『상한론』傷寒論,『사기』중「천관서」등도 출현했다. 동중서가 공맹의 초기 유학이 아닌 유학에 자연학을 결합한 것도 이런 시대적 움직임이 있었기 때문에 가능했던 것이다.

우리 시대에도 에너지를 중심으로 과학이 설명되듯 한나라 때는 '기'氣에 대한 관찰이 모든 분야를 꿸 수 있는 입구를 열어 주었다. 의학, 정치, 군사, 천문, 지리, 인사 등에 이르기까지 기의 메커니즘에 의해 설명이 가능해졌다. 몸과 우주의 정치경제학인 황로학은 이렇게 자연철학의 발전에 힘입어 발생한 통치학이다. 정리하자면 황로학의 무위정치는 생리와 심리의 이해를 통한 자기완성을 통해 문경지치 같은 태평성대가 가능함을 보여 주었다. 국가 또한 대우주이자 큰 몸이므로 정치 군사에서 천문 현상까지 아우르면서 인간과 자연 그리고 우주의 감응 관계를 기본으로 한 양생, 일상, 정치, 경제 등 인간 전반에 걸쳐 생명의 길을 열고자 했던 것이다.

무제가 강력한 중앙집권체제를 위해 유가를 채택함에 따라 "황로학은 더이상 황로학의 이전 성격을 유지하지 못하고 그 질적 변화를 모색하게 된다. 즉 동한 이후의 후기 황로학은 초기의 경세 위주의 관심사에서 벗어나 점차 치신 또는 양생 방면으로 그 초점을 옮겨 가는 경향을 보인다"는 것이다. 이석명,『노자와 황로학』, 21쪽

4장 혹리를 만드는 사회

무제의 신하 중, 장탕張湯이란 인물이 있다. 하급관리에서 시작해 어사대부까지 오른 인물로, 청렴과 엄정한 법 적용의 대명사다. 무제의 신임이 어찌나 대단했던지 '천하사개결탕'天下事皆決湯! '천하의 모든 정치가 오직 장탕의 손에서 결정되었다'라는 말이 회자될 정도였다. 그러나 반고의 평가는 무제와 다르다. 반고는 장탕을 혹리라 칭했다. 왜일까?

성과주의가 만든 혹리

우리는 보통 인재를 널리 등용하면 나라가 잘 다스려질 것이라 믿는다. 무제 역시 그렇게 생각하여 많은 유생들을 발탁했다. 그러나 결과적으로 나라는 더 혼란해졌다. 수많은 백성들이 가난에 내몰리고, 가혹한 자가 고관이 되며, 재물 있는 자가 우대받는 세상은 아무리 봐도 태평성세와는 거리가 멀었다. 실력 있는 인재를 두루 뽑아 천하의 유생들이 다 모였는데 왜 이런 문제가 생기는 걸까?

> 무제가 천하를 통치하면서 현인을 등용하고 유생을 채용하며 나라의 영역을 수천 리 넓히면서 공을 세운 자는 위세를 부리며 마음대로 행동하였고, 나라의 재용이 부족해지자 모든 것이 변하여 범법자라도 납속하면 용서를 받고 곡식 바친 자를 관리에 임용하였는데, 이로써 천하는 더욱 사치하고 나라는 어지러워지고 백성은 가난해졌으며 도적이 봉기하고 도망치는 백성이 많아졌습니다.「공우전」, 『한서』6, 321쪽

무제의 비전은 천하의 천자! 가장 광대한 영토를 다스리는 주인이었다. 당연히 그의 비전에는 많은 재물과 인재가 필요했다. 광대한 영토는 정복전쟁 없이 얻을 수 없고, 전쟁은 재물과 인재 없이 해낼 수 없기 때문이다. 문제는 전쟁이 불러오게 될 효과다. 전쟁은 영토는 넓힐지 모르나 재물을 쓰는 일. 재화가 부족해지면 당연히 가진 자를 우대할 수밖에 없다. 실제로 무제는 계속되는 전쟁으로 곳간이 비자, 돈으로 관리가 될 수 있는 길을 열어 관리의 질을 떨어트렸고, 돈으로 속죄할 수 있는 길을 열어 백성들의 풍속을 어지럽혔다. 한마디로 재물을 중시하는 기풍을 만든 것이다.

게다가 전쟁은 전공戰功을 포상하는 일. 군주가 공을 세운 자를 총애하면 당연히 많은 인재들의 마음이 출세를 향할 수밖에 없다.

문제는 출세가 인생 최대의 목표가 되면 대부분의 일상이 공을 위한 수단으로 전락한다는 점에 있다. 이 시대에 학문이 출세의 수단으로 전락하게 된 것도, 무제가 노비와 상인은 물론 심지어 범법자라도 개의치 않고 등용한 것도 이런 맥락에서다. 능력이 있고, 공을 세울 수 있다면 그걸로 족한 것이다.

이렇듯 무제가 재물과 성과 중심으로 다스림의 형세를 만들자, 성과 내기에 지나치게 몰두한 자들이 혹리酷吏라는 이름으로 등장해 위세를 떨쳤다. 일례로 왕온서王溫舒는 처형한 자의 피가 10여 리나 흐르게 했을 정도로 잔혹했고, 의종義縱은 정양 태수로 부임했을 때 하루에 400여 명을 판결하여 사형시켰을 정도로 각박했지만, 오히려 무제로부턴 인정받았다. 혹리들은 가혹함을 성과와 능력으로 봐주는 무제 덕에 위세를 부릴 수 있었던 것이다. 그중에서도 지금부터 살펴볼 장탕의 삶은 혹리가 어떻게 만들어지는가를 잘 보여 준다.

법대로! 가혹하게!

장탕은 어려서 법률을 공부했다. 아들의 법률 재능을 알아본 부친의 뜻이었다. 대체 법률 재능이 무엇이기에? 어느 날, 집에 있던 장탕은 쥐가 고기를 훔쳐 간 일로 부친에게 혼난 일이 있었다. 억울했던 것일까. 장탕은 모든 쥐구멍을 샅샅이 파내어 범인 쥐를 색출하고 고기마저 찾아내기에 이른다. 이때, 부친의 눈에는 하나의 놀라운 장면이 들어온다. 어린 장탕이 쥐를 문초한 후 심문한 내용을 판결문의 양식을 갖춰 되찾은 고기와 함께 자신에게 올린 뒤, 그 쥐를 책형磔刑에 처하는 게 아닌가. 현령의 보좌관이었던 부친은 단번에 아들의 재능을 알아보고 그날로 법 공부를 시킨다. 이것이 장탕이 법 공부에 접속한 계기다.

실제로 장탕은 부친의 바람대로 유능하게 성장했다. 주어진 업무에 막힘이 없었고, 각박하게 법을 따졌지만 일의 빈틈이 없었으며, 무엇보다 윗사람들이 무엇을 좋아하는지 정확히 캐치했다. 일례로 무제가 유학을 좋아하자 자신의 판결에 유가의 학설을 녹여 내기 위해 한 번도 공부한 적 없던 『상서』와 『춘추』를 공부할 정도였다. 청년 장탕이 상관 영성甯成의 추천으로 무릉 내부공사를 감독하는 무릉위武陵尉로 발탁되기도 하고, 승상 전분田蚡에 의해 시어사侍御史에 천거되며 두루 쓰일 수 있었던 건, 이렇듯 장탕의 출세 지향적 성향과 재능이 크게 작용했다.

별다른 두각 없이 지내던 장탕에게 드디어 하나의 인생사건이 찾아온다. 이름하야 진황후 무고사건! 사건의 대강은 이렇다. 무제의 아내 진황후陳皇后: 진아교(陳阿嬌)는 무제가 총애한 위자부衛子夫의 임신 소식에 격분하여 무당 '초복'을 불러 저주술을 행했다. 죄명은 무고죄. 여기서 말하는 '무고'는 오늘날의 근거 없는 고소를 말하는 무고誣告가 아니라, 보이지 않는 곳에서 상대방을 해코지하는 저주로서의 무고巫蠱다. 시어사였던 장탕은 이 사건을 배당받아 조사에 나선다. 참고로 시어사는 감찰직으로, 법을 위반한 관리들을 적발하여 탄핵하는 것이 주된 임무다.

당초 진황후의 권세에 휘둘려 '눈치 보기'가 예상된 수사였지만 장탕은 조금의 흔들림 없이 수사를 진두지휘하여 사건의 전말을 낱낱이 밝혀낸다. 그렇게 수사하여 처형한 자만 무려 3백여 명. 누가 봐도 가혹한 판결이었지만 오히려 무제는 엄정한 판결이었다며 장탕을 칭찬하여 태중대부에 임명한다. 이 일을 계기로 장탕은 일약 조정의 스타가 되어 무제 곁에서 큰일을 도맡는 중신이 된다.

여담이지만 사실 이 판결은 어떤 면에선 무제가 원한 바이기도 했을 것이다. 무제와 진황후가 정략결혼한 사이라는 것은 논외로 하더라도 둘 사이에는 10년 동안 자식이 없었을 정도로 부부 사이가 원만치 않았다. 게다가 무제는 평소 진황후의 교만함과 후궁에 대한 핍박을 탐탁지 않게 여기고 있었다. 이런 상황에서 드러난 진황후의 무고를 어찌 그냥 넘어갈 수 있었겠는가. 무제가 장탕의 판결을 추켜세운 데에는 이런 속사정이 있었다.

대외정벌이 계속될수록 복속하는 나라들이 늘어났지만 정작 무제는 빈민은 물론 투항하는 자들마저 거두지 못하는 형편이었다. 재정이 바닥났기 때문이다. 무제는 재원 마련이 시급했다. 그러나 어느 시대든 증세를 반길 백성은 없다. 이때 구원투수로 등판하여 무제의 근심을 덜어 준 이가 장탕이다. "무제가 처벌할 의도가 있다면 속관 중에서 각박한 사람에게 사건을 배정하였고 만약 무제가 용서할 뜻이 있으면 가볍게 평결하는 자에게 맡기었다"「장탕전」, 『한서』 5, 18쪽 할 정도로 장탕의 법은 무제를 위해 교묘히 쓰였다. 상인, 수공업자, 고리대금업자에게 세금을 걷는 산민전算緡錢, 이들의 숨긴 재산을 고발하는 자에게 포상금을 주는 고민령告緡令, 국가 주도의 화폐 주조와 염철 전매 등이 모두 장탕의 작품이었다. 무제는 이런 장탕을 총애하지 않을 수 없었다.

가혹함이 지나치면 적을 만든다

그런데 과연 총애가 좋기만 할까? 언뜻 총애 받는 사람의 입장에선 총애가 좋을 것 같지만, 총애 받는 사람을 더욱 공에 집착하게 만들고, 총애 받지 못한 이들의 질투심과도 싸우게 만든다. 신하들이 서로에게 가혹해지는 건 바로 이 지점이다. 총애를 다투고 자리를 다투는 경쟁구도 안에선 서로에게 가혹해질 수밖에 없는 것이다.

　어느 날 장탕은 회남왕 모반사건을 맡았다. 사건의 핵심은 '엄조'嚴助였다. 당시 엄조는 무제가 가장 총애한 신하 중 하나였는데, 그런 엄조가 모반죄에 연루된 것이다. 무제는 죄의 경중을 떠나 엄조를 살려 주고 싶었다. 하지만 장탕의 판결은 사형이었다. 장탕에 따르면 엄조가 직접적으로 모반을 꾀한 건 아니라 해도, 제후와 사적으로 만나 많은 재물을 받은 것은 사실이었고, 그것은 권세를 잡기 위한 의도가 전혀 없다고 말할 수 없다. 게다가『예기』「왕제」에도 "비리를 따라 윤택해졌다면 듣지 않고 주살한다"는 법이 있으니, 사적으로 얻은 재물만 놓고 보더라도 엄조에게 합당한 형벌은 사형이라는 게 장탕의 진단이었다. 무제는 장탕의 손을 들어 준다.

엄조가 처형되자 장탕의 가혹함에 비난이 쏟아졌다. 장탕이 엄조를 모함해서 배척했다는 것이다. 이에 대해 반고는 "엄조는 궁궐에 출입하면서 권세를 잡으려 했으니 처형될 만하였는데 어찌 배척당하고 모함받았다고 한탄하겠는가!"「엄주오구주보서엄종왕가전(상)」, 『한서』 5, 397쪽라고 논찬하며, 가혹한 것이 아니라 가혹할 만했다고 말한다. 허나 많은 신하들은 여전히 장탕의 판결에 수긍할 수 없었다. 특히 주매신·적산과 같은 신하들은 장탕의 법 판결에 조금도 승복하지 않았다. 그들이 보기에 장탕은 법을 이용해 사심을 채우는 자에 불과했기 때문이다. 황제를 위해서라면 없는 법도 만들어 내고, 판결을 통해 교묘하게 대신들을 타격하여 자신의 공적으로 삼는 일은 그야말로 법의 사적 이용 아닌가. 이 일을 계기로 조정에선 장탕에게 원한을 품은 자들이 늘어나는데 결국 그들이 만든 모함으로 장탕은 죽음에 이른다. 사연은 이렇다.

장사長史인 주매신朱買臣은 평소에 장탕에 원한이 있었는데 이는 그의 전傳에 실려 있다. 왕조王朝는 제나라 사람인데 유학으로 우내사右內史에 승진했었다. 변통邊通은 종횡가의 학술을 배웠는데 억세고 포악한 사람으로 제남국의 상相이었다. 예전에 두 사람은 장탕보다 상관이었으나 관직에서 밀려났다가 장리의 서리로 장탕 아래에 몸을 굽히고 있었다. 장탕은 승상과 업무를 같이하면서 이 장사 3인(주매신, 왕조, 변통)이 평소에 거만하다는 것을 알고 늘 꺾어 무시했었다. 그래서 장사 세 사람이 같이 모의하기를 (······) 장탕이 무제에게 주청하려는 일을 전신田信 등이 미리 알아서 중간에 물자를 챙겨 돈을 번 뒤에 장탕에게 나누어 주었다고 하였다.「장탕전」, 『한서』 5, 28쪽

　장탕의 처세에는 분명 문제가 있었다. 거만과 무시가 관계를 형성하는 좋은 방법일 리 없지 않은가. 허나 장사 3인 역시 장탕의 상관이었을 시절을 보면 장탕과 크게 다르지 않다. 누구의 처세가 더 나쁘고 덜 나쁘고의 문제는 아닌 것이다. 해서 이 사건의 해석을 장탕의 처세가 못마땅했던 장사 3인의 단순 모함사건으로 보기엔 뭔가 석연치 않은 점이 있다. 그렇다면 무얼까? 이를 이해하기 위해선 당시 관료제의 권력구도를 살펴볼 필요가 있다. 가혹함의 씨앗은 바로 그 구도에서 만들어지기 때문이다. 우선 『한서』 「주매신전」은 주매신이 엄조와 막역지우莫逆之友였다는 점을 논외로 하더라도 결코 장탕과 가까울 수 없는 관계라는 걸 잘 보여 준다. 이것은 왕조와 변통에게도 그대로 적용된다.
　엄조와 주매신의 관직은 황제를 근거리에서 보필하는 시중으로 황제의 직속자문기관이다. 무제는 자주 엄조와 주매신에게 자신의 정책에 반대하는 자들을 상대로 변론케 하였는데, 어찌나 변론이 탁월했던지 삭방군 설치와 관련한 토론에서 승상 공손홍이 한마디도 꺼내지 못할 정도였다. 공손홍이 누구인가? 돼지를 키우다 문장 하나로 승상에 오른 인물이 아닌가. 그런 공손홍을 침묵하게 했던 이들이 당시 시중이었다. 그들은 변론과 책문에 능해 황제의 총애를 받기에 유리한 직책이었다.

반면 장탕은 시어사, 즉 감찰직 출신으로 모든 대소신료가 눈치를 보는 자리에 있었다. 무제에게 이 둘은 모두 필요한 관리들이지만 권력의 형세로 봤을 땐 시어사와 시중의 대립은 피할 수 없다. 게다가 장탕은 시중보다 더 근거리에서 무제의 총애를 원했던 인물 아니었던가. 장탕 입장에선 권력 견제 측면에서라도 엄조를 살려 둘 수 없었을 것이다. 장탕이 모반자의 처단이라는 명분으로 그토록 가혹한 판결을 내린 것은 이러한 맥락과 무관하지 않다.

평소 장탕을 신뢰하던 무제였지만, 장사 3인의 집요한 모함에 신뢰는 흔들렸다. 무제는 장탕이 장사꾼 전신과 결탁해 중간에서 돈을 챙겼다는 사실을 참을 수 없었던 것이다. 장탕은 곧 심문을 받게 되었다. 그러나 무엇 하나 인정하지 않았다. 아니 인정할 수 없었다. 그러한 일을 하지 않은 건 사실이기 때문이다. 허나 이를 알지 못했던 무제는 오히려 장탕의 처세가 구차하고 뻔뻔하다 여겨 더욱더 대노했다. 이에 무제는 장탕의 자백을 받아 낼 수 있을 법한 조우趙禹에게 재심을 맡긴다.

조우는 장탕과 호형호제하던 사이로, 함께 율령을 제정하고 법을 엄격하게 고치는 데 앞장섰던 혹리다. 무제는 장탕의 실토를 받아 내기 위해선 장탕에 버금가는 혹리가 필요하다고 생각했던 모양이다. 무제의 의중을 파악한 조우는 심문하기 전 장탕에게 비난 섞인 어조로 말한다. "지금 사람들이 모두 당신이 죄가 있다고 말했고, 천자께서도 당신의 죄를 거듭 지적하며 스스로 일을 끝내게 하려는데 어찌 그렇게 대꾸하는가?"같은 책, 29쪽 장탕은 이 말을 듣고 깨닫는다. 중요한 것은 죄의 유무가 아니라, 황제의 의중이 자신을 벌주려 한 것에 있었다는 사실을. 결국 장탕은 자살한다. 무제가 처벌할 의도가 있다면 죄가 없어도 법을 만들어 벌을 주던 자신이 만든 덫, 바로 그 덫에 걸린 것이다.

훗날 무제는 장탕의 죽음이 모함이었다는 사실을 알고 뒤늦게 모함을 주도한 장사 3인을 처형한다. 그러나 그 결과 무제 곁엔 아이러니하게도 자신이 그토록 아꼈던 장탕도 엄조도 주매신도 없었다. 왜 무제는 자신이 그토록 신뢰했던 신하들을 잃은 걸까? 혹 이것이야말로 성과주의의 한계는 아닐까. 총애를 다투고 자리를 다투어야만 하는 경쟁구도하에선 승패 너머의 다른 대안이 없기 때문이다.

성과주의로부터 자유로운 자, 예관

여기 성과를 중시한 시대에 성과주의에 포획되지 않고 자기를 지켜 낸 관리가 있다. 그는 순리의 대명사 예관으로 군주의 뜻에 영합하지 않고 자기 소신과 능력으로 복무해 종사에서 시작하여 어사대부까지 오른 입지전적인 인물이다.

예관이 조세를 징수하면서 풍흉에 따라 납부시기를 조절하며 백성끼리 서로 대여케 하였는데 그 때문에 조세가 많이 납부되지 않았다. 뒤에 군량 징발이 있어 좌내사가 조세 미납이 많아 최하등급을 받았고 면직되어야만 했다. 백성들은 예관이 면직된다는 말을 듣고 예관이 떠날 것을 걱정하여 부자들은 우차牛車로, 가난한 집에서는 등짐으로 조세를 운반하여 밧줄처럼 이어졌고 다시 평가하여 최상급을 받았다.「공손홍복식예관전」,『한서』4, 578쪽

법은 누군가를 죽이기도 하지만 어떻게 사용하느냐에 따라서 누군가를 살리기도 한다. 그런 면에서 예관의 법은 生의 법이다. 생의 법은 무엇일까? 관건은 법의 양이 아니라 법을 어떤 마음으로 쓰느냐에 달려 있다. 예관은 법을 적용하기 이전에 백성들이 놓여 있는 삶의 조건들을 이해하려 애썼다. 계절을 살피고, 강수를 살피고, 풍흉을 살폈다. 그런 후 이러한 조건들을 근거 삼아 법을 재해석하여 적용했다.

어떤 점에선 불공평하다는 불만이 나올 만도 하다. 분명 예관의 법은 누구에게나 공평한 법은 아니었기 때문이다. 그러나 백성들은 누구 하나 불공평하다며 그를 비난하지 않았다. 오히려 기계적이지 않은 예관의 법 적용을 가장 공평하고 공정하다 여겼다. 누군가를 살리는 법이란 바로 이런 게 아닐까. 쓰면서도 원망을 만들지 않는 법! 원리원칙이 아니라 삶의 조건에 따라 다른 원리와 다른 원칙을 적용해야 하는 법! 예관에겐 이것이 바로 법이었다.

법은 공부하면 되지만 공감은 공부만으로 되는 것이 아니다. 더구나 지나친 성과주의는 주체를 모든 관계로부터 소외시키기에 더더욱 공감할 수 없는 신체로 만든다. 그렇다면 어떻게 해야 할

까? 반고에 따르면 예관은 '청렴으로 자신을 지킬 줄 아는 자'였다. 청렴이 자신을 지키는 삶의 기술이 된다는 건, 단순히 부정한 돈을 받지 않는 수준이 아니라 높은 자리를 위해 명성을 추구하지 않고, 높은 자리에 있으면서도 아랫사람에게 몸을 낮출 줄 아는 일상을 구성할 수 있을 때라야 비로소 가능한 일이었다. 예관이 최하등급의 관리평가를 받을 줄 알면서도 그것에 휘둘리지 않고 소신껏 일할 수 있던 이유가 여기 있고, 황제의 칭찬을 받을 정도의 재능이 있었음에도 적을 만들지 않고 모든 백성과 관리들로부터 존경을 받을 수 있었던 이유가 여기에 있다. 관리에게 공감은 성과에 집착하지 않을 때 발휘되는 능력인 것이다.

여기서 한 가지 의문! 장탕 역시 재산이 겨우 500전에 불과했을 정도로 청렴했고, 인재 천거에는 사심이 없어 당파를 만들지도 않았다. 참고로 예관을 추천한 인물도 바로 장탕이다. 게다가 그의 가혹함은 부호와 세력가들에게 주로 작동했을 뿐, 백성들에게는 어느 정도 여유가 있었다. 그런데 왜 혹리인가? 흔히 청렴하면 선할 것이라 생각하지만 오히려 지나친 청렴은 가혹함을 낳는 명분이 된다. 청렴에 대한 자신의 기준을 타인에게 적용하기 때문이다. 게다가 장탕에게 청렴은 청정한 삶이 아니라 군주로부터 인정받기 위한 수단으로서의 청렴이었다. 장탕이 고관들에게 그토록 가혹할 수 있었던 이유도, 겉과 속이 다른 인물이라 평가받는 이유도 이러한 맥락에서다. 청렴에도 중화中和가 필요한 것이다.

공감이 없는 재능은 위험하고, 개발된 재능이 출세를 향할 땐 더 위험하다. 더군다나 그 재능이 법을 적용하는 일이라면 더욱더 그렇다. 아무리 법적 근거가 명확한 판결이라 해도 타인의 맥락과 고통에 공감하지 못하고 내린 판결은 늘 원망을 남기기 때문이다. 해서 중요한 건 재능과 공감의 균형임에도 능력과 성과에 경도된 이들은 이 부분을 간과한다. 장탕은 그런 면에서 혹리였고 모함을 피할 수 없었다.

흥미로운 건 반고의 평가다. 장탕을 「혹리열전」에 수록한 사마천과는 달리, 반고는 장탕을 혹리라 칭했으면서도 단독 열전으로 입전했다. 이유가 뭘까? "장탕은 주군의 뜻에 영합할 줄 알아 상하가 한마음으로 시무를 처리하였는데 뒷날 나라가 그 덕을 보았다. (……) 장탕의 경우 그 자손이 크게 번성하였기에 별도로 입전하였다."「혹리전」, 『한서』 8, 399쪽 장탕의 평가를 당대의 행적만으로 판단할 수밖에 없던 사마천과 다르게, 반고는 장탕에 대한 평가를 자손들의 삶까지 고려하여 평했다. 몇 대에 걸친 자손들의 번성이 부친의 덕과 무관하지 않다고 본 것이다. 가혹했지만 그렇다고 혹리라 딱 잘라 말할 수 없는 면모가 장탕에겐 있었던 것이다.

예관은 공검恭儉을 택한 대가로 장탕과 같은 권세를 누리진 못했다. 그러나 모함의 함정에는 빠지지 않아 평생 관직을 지키며 천수를 누렸으니, 이 또한 얻은 바가 있었다. 모두가 성과와 능력에 경도된 시대, 무엇으로 자기를 지켜 낼 것인가? 반고가 「혹리전」을 통해 전달하고자 한 메시지는 바로 이것이 아니었을까.

5장 왕자들의 '버닝썬', 그들은 왜?—경제 후손들의 이야기

버닝썬, 21세기 신종 아귀들

몇 해 전 '버닝썬' 사건이 터졌다. 버닝썬이라는 클럽에서 일어난 폭력사건이 시작이었다. 폭력사건의 가해자로 억울하게 몰린 이가 버닝썬의 그 끔찍하고 음침한 진실을 폭로한 것이다. 아이돌의 어마어마한 성공과 문어발식 사업 확장과 화려하고 스웩 넘치는 사생활! 그 뒤에 감추어진 술, 마약, 폭력, 강간, 성접대, 횡령, 돈세탁! 그리고 또 다른 아이돌들의 강간 동영상! 물론 돈과 권력의 유착도 빠지지 않았다.

미투, 빚투, CEO들의 갑질 사건, 버닝썬의 대환장 대환락 난장 파티로 인해 대한민국은 연일 충격의 도가니였다. 사건들이 줄지어 터지고, 그 강도가 날로 더 세지는 바람에 경악을 넘어 사고 정지 상태에 이른 듯 멍할 뿐이었다. 도대체 우리는 어떤 세상에서 살고 있는 것인가? 아니 도대체 우리는 왜 이렇게 살고 있는 것일까?

이 사건들은 모두의 상상을 뛰어넘었다. 그러나 이 사건들에는 하나의 공통점이 있었다. 돈과 성공을 향해 불타오르다, 돈과 성공을 거머쥐고는 술과 마약과 성이라는 쾌락을 향해 불타오르고, 여기에 더해 다른 이의 고통을 즐기는 과정을 거친다는 것. 쾌락을 위해 더 강력하고 더 강렬한 자극을 찾아 헤매는 인간들의 모습은 굶주림에 시달리는 아귀와 다를 바가 없다. 아귀는 탐욕이 심한 자가 사후에 다시 태어난 존재로, 먹으려 하면 그 먹을 것이 불타고 말아 영원히 굶주림의 고통에서 벗어나지 못한다. 소름 끼치게 비슷하지 않은가. 자극적 쾌락은 불타오르는 즉시 사라진다. 채워도 채워도 채워지지 않는 쾌락의 불을 찾아 헤매는 신종 아귀들! 그러다 자신까지 불사르고마는, 그야말로 버닝썬의 생명체! 21세기 버닝썬의 생명체들처럼 저 너머 지옥계의 아귀들도 배를 채우지 못하는 고통을 오히려 쾌락이라고 착각하지 않았을까?

이런 사건이 터지기 전, 하나라 걸임금이나 은나라 주임금의 잔혹한 정치와 주지육림酒池肉林 따위의 방탕한 행각은 야만 시대의 산물이라 여겼다. 무소불위의 권력을 휘두르는 전제군주 시대에나 해당되는 이야기라 치부했던 것이다. 사실 특별한 시대, 특정 기질의 인간이 벌이는 행각으로 조금은 과장된 먼나먼 옛날이야기에 불과할 뿐이라고 대수롭지 않게 넘겼던 것이다.

그런데 역사책에 등장하는 이 이상한, 황음무도荒淫無道하고 끔찍한 행위들이 지금-여기 내 옆에서 자행되고 있지 않은가? 사실 말하자면, 지금이야말로 예전보다 더한 주지육림의 시대 아닌가? 차이라면, 이 탐욕과 폭행이 일인 전제군주가 아니라 다수에 의해 벌어진다는 것! 그러나 오늘의 사건으로 역사책의 그 끔찍한 사건들이 진실이었음을 확인하는 게 무슨 의미가 있겠는가? 중요한 건, 이런 일이 왜 벌어지는가이다. 무엇이 우리를 이토록 극도의 쾌락으로 휘몰아치는가 따져 볼 일이다.

한나라의 왕자들, 환락을 향한 질주

『한서』를 읽다가 현대판 버닝썬과 같은 사건을 만났다. 최근 사건들의 종합판 같은 이야기를 『한서』에서 읽게 된 것이다. 하드코어 중의 하드코어요 19금의 이야기들. 엽기적 인간들의 비행으로 점철되어 있는 경제의 아들 열네 명과 그 후손들의 열전! 한나라 무제의 아버지 경제는 아들을 열네 명 두었다. 무제는 경제의 열한번째 아들로 황제에 올랐고, 나머지 열세 명의 아들들은 제후왕으로 봉해졌다. 이들은 모두 태어나 보니 왕자로 조금의 부족함도 없는 상태였다. 제후왕들은 나라를 다스리는 권한은 부여받지 못했지만 대신 넓은 영토와 재산을 하사받았다. 제후왕들은 나라를 다스릴 걱정도, 먹고살 걱정도 할 필요가 없었다. 더구나 문제, 경제, 무제 시기의 한나라는 최고의 번영을 구가했으므로, 제후왕들의 삶도 그 어느 때보다 풍요롭고 안락했다고 할 수 있다. 스스로 문제를 일으키지 않는 한 이들은 일생을 평안하게 지낼 수 있었다.

경제의 넷째아들 노공왕魯共王 유여劉餘는 별다른 일 없이 취미생활에 치중했다. 궁궐과 정원을 꾸미고, 사냥개와 말을 기르고, 음악을 향유하며 일생을 보냈던 것이다. 그 아들 노안왕魯安王 유광劉光도 마찬가지였다. 수레와 말을 모으거나 음악을 즐기는 취미에 치중했는데, 말년에는 재물이 부족할까 걱정하여 절약을 외치며 인색하게 살다가 갔다고 한다. 우리와 비슷하지 않은가? 재산이 풍족하면 집 늘리고 꾸미고, 값비싼 자동차 사들여 전시하고. 그러면서 돈 없다고 인색하게 굴고. 향락과 소비, 아니면 인색한 삶! 그래도 유여는 천만다행(?) 취미생활을 즐기는 것 이상의 욕심을 부리지 않았다. 더구나 2대인 유광에 이르러는 재물이 줄어들어 그 이상의 향락과 사치를 부리지 못해 큰 죄를 짓지 않을 수 있었다. 그런 조건이 만들어지지 않아 천수를 누렸으니, 천운을 타고났음에 틀림없다.

경제의 다섯번째 아들 강도역왕江都易王 유비劉非에서부터 정도를 넘어서기 시작한다. 유비는 오초칠국의 난을 평정하는 데 공이 있었다. 유비는 힘쓰기를 좋아하여 흉노 정벌에 나서겠다고 스스로를 천거했지만, 동생인 무제는 허락하지 않았다. 넘쳐나는 힘을 쓸 데가 없었던 유비는 궁궐을 크게 짓고, 사방의 호걸을 불러들이며, 교만과 사치를 심하게 부렸다. 시간과 힘과 재물이 넘쳐나는 리치맨들의 에너지장은 그 방향이 비슷한 것 같다. 집 짓고 넓히고 고치고. 그리고 사교에 치중하기. 안일과 교만, 사치와 방탕은 늘 연대한다.

그러나 경제 후손들의 사치와 방탕은 이 정도에서 멈추지 않았다. 강도역왕 유비의 아들 유건劉建은 쾌락의 끝을 향해 달렸다. 유건이 바로 한나라판 '버닝썬'의 주인공이다. 유건은 태자 시절에 이미 아버지 역왕에게 바칠 여인을 먼저 차지한 뒤 그 여인의 아버지가 고발할까 두려워 죽여 버리기까지 하는 포악무도한 행위를 서슴지 않았다. 역왕이 죽어 장례도 치르기 전에 아버지가 사랑했던 여인들 10여 명과 간음하고, 여동생과의 근친상간을 자행하는 등 한계를 모르는 인간이었다. 금지된 선을 넘는 것에서 더 큰 쾌락을 느끼는 엽기적인 인간이었던 것이다.

유건의 엽기적 행각은 그칠 줄 몰랐다. 스너프 필름을 찍고 그것을 돌려 보는 인간들의 심리와 마찬가지로 다른 사람의 죽어 가는 고통을 즐겼으며 죄의식이라곤 느끼지 않았다. 여인 네 명을 태우고 뱃놀이를 하면서 배를 밟아 이 여인들을 호수에 빠뜨리는데 이 중 두 여인은 익사한다. 또 바람이 몹시 불어 물살이 거센 날, 낭관 두 사람에게 조그만 배를 저어 물 가운데로 가게 했다. 이 두 사람은 물에 빠지고 마는데, 살기 위해 배를 잡고 나타났다 사라졌다를 여러 차례 반복했다. 유건은 이들을 보며 크게 웃었고, 두 사람은 끝내 물에 빠져 죽고 만다.

흉측하지만, 유건의 하드코어 엽기 행각은 아직 끝나지 않았다. 궁인이나 후궁이 잘못을 하면 바로 벌거벗겨 북을 치게 하였고 가끔은 나무에 올라가게 했는데 오래 벗겨 둔 여인은 한 달이 지나야 옷을 입게 했다. 때로는 머리를 깎은 다음 목에 쇠테를 두른 뒤, 납 절굿공이로 방아를 찧게 하였는데, 규정에 안 따르면 바로 매질을 하거나 혹은 늑대를 풀어 물어뜯게 하고서, 유건은 구경을 하며 크게 웃거나 혹은 가두고 굶겨 죽이는 경우도 있었다. 이렇게 무고한 사람을 죽인 것이 모두 35명이었다. 또한 사람이 짐승과 교접하여 새끼를 낳게 하려고 궁녀를 벌거벗겨 손발로 기어 다니게 하여 숫양이나 개와 교접하게 하였다.

온갖 변태적이고 가학적인 행위의 극한에서 쾌락을 느끼는 유건은 구제불능의 싸이코임에 틀림없다. 쾌락의 고리에 갇힌 유건은 폭력과 살인 충동밖에 없는 인간이 되어 버렸던 것이다. 참으로 아이러니한 건, 다른 사람들을 그토록 잔혹하게 학대하고 죽인 자도 자신이 죽게 될까 봐 너무나 두려워한다는 사실이다. 유건은 죽지 않기 위해 황제를 저주하는 굿판을 벌이기까지 한다. 그러고는 불안한 마음에 반란을 일으키고, 결국에는 저자에서 처형당하는 최후를 맞이한다. 탐욕에 갇힌 이 어리석은 인간은 처형당할까 불안에 떨면서도 자신의 행위를 돌아볼 줄 몰랐다. 죄인 줄 알면서도 죄를 멈추지 못하는 인간! 기가 막히지만, 이 질주의 끝은 죽음밖에 없다.

살인마 광천왕과 그 왕후, 소유욕이 빚어낸 대참사

이번에는 경제의 열번째 아들 광천혜왕廣川惠王 유월劉越의 손자 유거劉去를 이야기할 차례다. 유월의 아들 유제劉齊가 병으로 죽자 광천국을 없애기로 했다가 무제는 형 유월을 생각하여 손자 유거를 광천왕으로 봉한다. 그런데 이 유거가 후궁 양성소신陽成昭信을 총애하면서부터 상상을 초월하는 일들이 벌어진다. 후궁 양성소신은 유거가 병이 났을 때 정성을 다해 시중을 들어 유거의 총애를 한 몸에 받게 된다. 그러나 왕의 사랑은 변하는 법. 양성소신은 유거의 총애를 독점하려 했다. 유거가 다른 후궁을 총애하면 온갖 모함을 꾸며 그 후궁을 반드시 죽여 버렸다. 양성소신의 모함도 문제지만, 양성소신의 말에 따라 후궁을 잔인하게 죽이는 유거도 문제였다. 양성소신은 왕후에 오른 뒤에도 모함과 살인을 멈추지 않았다. 유거와 양성소신의 행각은 읽기만 해도 스릴러물 이상으로 소름 끼치게 무섭다.

유거와 양성소신이 사람을 죽이는 방법은 너무나 잔혹했다. 옷을 벗겨 돌아가면서 때리게 하고, 불에 달군 쇠꼬챙이로 온몸을 지졌다. 고통을 못 이겨 우물에 뛰어들어 죽으면, 시체를 끄집어 내어 음부에 말뚝을 박고 코와 입술을 자르고 혀를 잘라 내었다. 이도 모자라 사지를 찢어서 큰 가마솥에 넣은 다음에 복숭아나무를 태운 재와 독약을 넣고 삶으면서 여러 궁녀들을 불러 구경하게 했다. 시신을 완전히 문드러지게 해서 귀신으로 나타날 수조차 없게 하려는 것이었다. 이보다 앞서 양성소신에게 죽임을 당한 후궁이 꿈에 귀신으로 나타난 적이 있기 때문에 이렇게 처리했던 것이다. 물론 양성소신은 그 후궁의 시신을 파내어 모두 태워 버렸다. 유거와 양성소신이 죽인 사람은 14명에 달했다. 이보다 더 참혹한 죽음을 찾기 힘들 정도로, 유거와 양성소신은 극악하기 짝이 없었다.

양성소신은 그 많은 살인에도 후궁들을 용납하지 못했다. 유거의 사랑을 독차지하기 위해 후궁들을 궁에 가두고, 큰 잔치가 아니면 왕을 볼 수 없게 만들었다. 왕은 이들을 불쌍히 여겨 슬피 노래를 지어 부르면서도, 양성소신의 뜻대로 후궁들을 처소에 가두고 나오지 못하게 했다. 유거가 양성소신에게 미혹되어 그 말에 따랐지만 유거 또한 마찬가지로 막장 인간이기에 이런 끔찍한 일을 그치지 않았던 것이다.

유거는 열네다섯 살 때 『역경』을 배우면서 스승이 잘못을 바로잡아 주며 타일러도 듣지 않았고, 장성해서는 간언하는 스승과 그 아들까지 미워하여 노비를 시켜 죽인 전력이 있었다. 같은 종류의 막장 인간들이 만들어 낸 업장이라고밖에 달리 뭐라 말할 수 있겠는가. 유거나 양성소신이나 환락과 방탕과 소유욕에 눈이 먼 인간들이라는 점에서 한 치도 다르지 않았다.

선제 때에 이르러 유거와 양성소신이 저지른 악행의 전말이 드러나, 유거는 자살하고 양성소신은 저자에서 처형당하게 된다. 또 한 번 말해야 하리라. 이 무시무시한 충동 또한 죽음이 아니고는 끝나지 않는다는 사실을 말이다.

더 기막힌 건, 광천국의 이 황음무도한 행위 또한 이들에서 끝나지 않았다는 것이다. 선제가 유거의 형 유문劉文을 광천왕으로 책봉했으나 2년 만에 죽고, 아들 유해양劉海陽이 뒤를 이어 즉위하게 된다. 유해양에게 유건과 유거는 교훈이 되지 못했다. 유해양 또한 패망의 길을 걸었기 때문이다. 유해양은 천장에 남녀가 나체로 교접하는 그림을 그려 놓고 술자리에 친지들을 초대해 위를 쳐다보게 하고, 결혼한 여동생을 자신의 신하와 간음하게 하고, 일가 3인을 살인하는 등, 변태적이고 폭력적인 행태로 세상을 놀라게 했다. 그 결과 폐위되었고 나라는 없어져 버렸다.

이런 행위의 뒤끝은 뻔하지 않은가? 그럼에도 멈추지 못하는 건 쾌락에의 충동이 그만큼 강렬하기 때문인가? 들키지 않을 거란 자신감 때문인가? 아니면 인간으로 최소한의 심성조차 갖추지 못했기 때문에 이런 상상 초월의 일들을 벌인 것일까? 경제의 후손들은 뭐가 부족하여 이렇게 미쳐 돌아간 것일까?

악마는 풍요와 안정 속에 있다

예전에 노애공이 말했다는 '과인은 깊은 궁궐에서 태어나 부인들의 손에 자라면서 근심도 두려움도 알지 못했다'는 이 말은 정말 사실일 것이다. 위기를 당하거나 멸망을 바라지는 않지만 그렇게 될 수밖에 없다. 그래서 옛사람들은 연안宴安: 편안함을 짐새의 독이라 생각했으며 덕행도 없이 부귀한 것을 불행이라고 생각했다.

한이 흥기한 이후 평제 때까지 제후의 왕은 수백 명이었는데 많은 사람이 교만하고 음란하며 도덕을 따르지 못했다. 왜 그러했는가? 방자한 생활에 탐닉하였고 처한 상황이 그럴 수밖에 없었다. 보통 사람들도 일상생활에 젖어 타락하는데 하물며 노애공 같은 사람이야! 다만 높은 덕과 재주를 가지고 탁월하여 다른 사람과 달랐던 사람이라면 하간 헌왕(유덕劉德)만이 이에 가까웠을 것이다.「경십삼왕전」,

『한서』 4, 230쪽

역사가 반고는 즉문즉설로 시원하게 진단을 내려 준다. 경제의 후손들이 타락을 일삼아 멸망에 이른 이유는 편안했기 때문이며 덕행도 없이 부귀했기 때문이다. 춘추시대 노나라 애공의 고백에 의거하여 제후왕들의 문제를 짚어 낸 것이다. 많은 제후왕들이 교만하고 음란한 이유는 여인들에 둘러싸여 그들의 완벽한 보살핌을 받으며 구중궁궐 깊은 곳에서 근심도 두려움도 없이 부유하고 안온하게 살았기 때문이다.

반고는 제후왕들이 타락한 원인을 제후 한 사람의 문제로 돌리지 않았다. 궁실의 환경을 가장 큰 문제로 본 것이다. 경제와 무제 때 한나라는 성장의 최고치를 달리고 있었다. 작렬하는 태양이 만물을 성숙시키며 열매를 맺어 가는 시기, 그 혜택을 온전히 누렸던 왕자들은 오히려 삶이 너무나 평안하고 평화로워서 상상 불가의 역대급 사고를 치며 자기 명을 재촉했던 것이다. 한나라 초기, 선조들이 천하의 양생을 위해 실천했던 청정하고 검소하며 절제하는 삶의 비전은 성장과 풍요와 함께 후손들의 뇌리에서 사라지고 말았다. 반고의 진단에 의지하면, 가장 풍요롭고 평안한 생활을 구가하는 오늘날, 상상 불가의 사건들이 연달아 일어나는 이유 또한 이 안정을 견디지 못하기 때문일 것이다.

　반고의 말대로 제후왕들이 위기를 원하고 멸망을 원해서 그런 엽기적 행각을 벌인 것은 아닐 터. 무료하고 권태롭고 공허하기 때문이었다. 모든 것이 태어날 때부터 주어져 애쓸 필요도 없고, 보고 배운 것은 환관과 궁녀들의 습속뿐, 에너지를 어디로 전환해야 할지 알지 못했던 것이다. 궁궐 안에서 안전하고 안락하게 살았기 때문에 세상에 대한 비전과 이치를 깨칠 필요도, 의욕도 가지지 않았던 것이다.

　안전하고 안락하지만 권태롭고 무료한 생활. 모든 걸 다 가진 제후왕들은 한마디로 이 심심함을 견딜 수 없었다. 딱히 비전도 의욕도 일도 없을 때 제후왕들이 에너지를 쏟을 데는 감각적 쾌락과 성욕 말고 다른 것은 있지 않았다. 쾌락에 물든 신체는 더 큰 쾌락과 더 센 자극을 원했다. 그 자극이 위험한지 멸망에 이르는 것인지 두려움도 가지지 않았다. 궁궐에는 왕을 감싸고 돌보는 사람들뿐이므로 오만방자한 마음으로 사람들과 교감하지도 관심을 갖지도 않았다. 오직 자신의 환락에만 집중하여 닫힌 신체로 살았기에 끝내는 무엇이 잘못인지도 모른 채 죽었던 것이다. 이들은 최후의 순간에도 무지했다. 탐진치貪瞋癡의 고통에서 조금도 벗어날 수 없었다. 그러니 선현의 말씀대로 "편안함이 짐새의 독이요, 덕행 없는 부귀가 불행"인 것이다.

　현재의 우리들은 옛날 제후왕들이 누린 것보다 더한 풍요와 안락 속에 살고 있다. 그런 까닭에 제후왕들과 마찬가지로 생의 에너지를 어떻게 써야 하는지 몰라 길을 잃고 헤매는 중이다. 버닝썬의 그들처럼 우리들은, 재물과 미모와 명성을 있는 대로 다 가지려 욕심을 부리고, 그 채워지지 않는 헛헛함과 권태로움을 어찌하지 못해 온갖 자극적인 쾌락에 자기 전부를 던진 채 위태롭게 달려가고 있다. 온갖 엽기적인 사건의 그들처럼 우리들은, 사람을 한낱 장난감처럼 여기며 온갖 악행을 저질러도 그것이 위기인지 멸망인지조차 생각지 않는 마비된 신체와 영혼이 되어 좀비처럼 떠돌고 있다. 악마는 부족함과 결핍에 있지 않다. 악마는 풍요와 안락에 있다. 한나라 때도 그랬고, 지금도 그렇다. 관건은 생의 에너지를 어떻게 쓸 것인가이다. 그 방향을 찾아, 훈련하고 또 훈련할 뿐이다.

6장 일 없는 왕자들, 무엇을 할 것인가?

나는 하인이로소이다!

한나라 경제의 아들이요, 무제의 형제들에 대한 이야기를 더 해보려 한다. 역대로 사고뭉치 왕자들이 없던 적은 없지만, 그래도 경제의 아들들과 그 직계들은 유난히 사건도 많고 탈도 많다. 앞서 보았듯이 단순한 사건 사고가 아니라 해괴하고 망측한 대형 사건이자 사고였다. 풍요롭기는 넘치게 풍요로운데 딱히 에너지 쏟을 데가 없는 왕자들은 쾌락에 '버닝썬'하다가 패가망신을 자초했다.

경제의 아들들이 유독 무료했던 이유는 오초칠국의 난리 이후 제후국의 자치自治 권한이 박탈되고, 황제에게 모든 권력이 집중되었기 때문이다. 문제와 경제 때 황제 권력을 위협할 정도로 제후국의 힘이 막강했는데, 경제는 이 사태를 심각하게 여겨 영지를 삭감하는 정책을 펼쳤다. 오나라·초나라를 중심으로 모두 7개국의 제후들은 영지 삭감에 반대했을 뿐만 아니라 황제 권력에 대한 전복까지 시도했다.

그러나 제후들의 반란은 바로 진압되었고, 이로 인해 제후들에 대한 경계는 더욱 삼엄해질 따름이었다. 무제 때부터 2천 석 이상의 관리는 중앙조정에서 파견하여 제후국을 다스리게 했다. 제후왕은 황실의 왕자로서 혜택을 맘껏 누리지만, 나라 다스리는 일은 할 수 없게 된 것이다. 게다가 제후들의 모반을 사전에 예방하기 위해 중앙에서 감찰관까지 파견했다. 제후라는 직책은 일이 없어 자유로운 백수와는 완벽하게 달랐다. 제후왕은 가진 것과 누리는 것은 많은 만큼 자유롭지 않았다.

이런 환경에서 일부는 취미·오락·쾌락에 빠져 패가망신하기에 이른 것이다. 그러면 다른 왕자들은 무엇을 했을까? 무료하기 짝이 없는 인생을 쾌락에 탕진하는 파가 있다면 또 다른 측면에서 인생을 탕진하는 파가 있었으니, 경제의 일곱번째 아들인 조나라 경숙왕敬肅王 유팽조劉彭祖가 그 주인공이다. 인간의 행동 패턴은 참으로 각양각색이라는 걸 실감하게 해주는 인물이다. 유팽조는 사치나 쾌락과는 거리가 멀었다. 일하고 싶어 몸살을 앓는 인간 유형에 속했다. 부지런히 일하는 게 나쁜 건 아니지만, 유팽조가 일을 하는 방식은 바람직하지는 않았다.

유팽조는 중앙에서 파견되는 승상과 2천 석 관리가 한나라의 법도로 제후국을 다스리는 일에 불만이 많았다. 제후왕이 마음대로 다스릴 수 없으니, 조왕실의 입장에서는 손해가 이만저만 큰 것이 아니었다. 제후국이 중앙조정의 감시를 받는 환경에서, 유팽조는 황실의 간섭을 받지 않기 위해 묘책을 짜낸다. 이 묘책 아닌 묘책은 급수로 치면 최하였다.

그 묘책은 일명 하인-되기! 승상이나 2천 석 관리가 조나라에 부임하면 유팽조는 하인의 옷을 입고 나가서 영접하며 관사까지 손수 청소하였다. 유팽조는 명색이 왕으로서의 체통은 던져 버리고, 지나치게 겸손하게 굴었다. 반전은 이것이 진심에서 우러난 행동이 아니었다는 사실. 전적으로 중앙 관리들의 단점을 찾아내기 위한 책략이었다.

유팽조는 승상이나 관리들에게 어려운 일을 제기하거나 거짓으로 선동하면서, 이들이 실언을 하거나, 해서는 안 될 일을 하면 바로 기록해 두었다. 이들이 법대로 처리하려 하면 옛 기록을 가지고 협박하였고, 말을 듣지 않으면 상서하여 고발하거나 사욕을 채우려 나쁜 일을 했다고 덮어씌웠다.

겉으로는 굽실거리며 겸손한 척했지만, 뒤로는 중상모략을 일삼고 잔혹하게 굴었던 것이다. 유팽조는 중앙 관리들의 행정을 사사건건 간섭하고 트집 잡는 것을 왕의 직무로 삼았다. 제후의 일을 대신하는 중앙 관리들이 미워서 역으로 뒤에서 감시하고 흠집 내는 것으로 시간을 보내는 왕, 그것도 지나치게 굽실거리며 잘해 주는 척하다 뒤통수 치는 것을 일삼는 왕이라니, 이상해도 한참 이상하지 않은가?

무엇이 왕자다움인가?

사실 유팽조는 재능과 실력이 넘치는 편에 속했다. 부지런하고 법률을 잘 알았으며 이재에도 밝았다. 각 현에 상인을 파견하여 독점 판매로 거둬들인 수입이 조세보다 많았다고 한다. 재미있는 건, 유팽조는 궁궐을 꾸미고 귀신을 섬기는 등 돈 쓰는 일에는 전혀 관심이 없었다는 사실이다. 후궁과 자식이 많았는데, 돈을 모두 이들에게 주어 탕진해 버렸다. 유팽조가 관심을 보인 건, 오직 일이었다. 나라를 다스리는 일. 그런데 그것을 온전히 할 수 없자, 유팽조가 선택한 건, 하급 관리의 역할이었다. 도적을 잡겠다고 한나라 황실에 상서하고, 밤마다 군졸들과 함께 수도 한단의 성안을 순찰했다.

왕자의 신분으로 하급관리의 역할도 마다하지 않는다는 점에서 긍정적으로 볼 수도 있지만, 유팽조에게 일은 주로 다른 사람을 잡아넣으려는 음험한 횡포에 가까운 것이었다. 그래서 다른 나라의 사절이나 과객들이 조나라 수도인 한단에 머물려고 하지 않았다. 남의 흠집을 잡아내거나, 도적을 잡거나. 이 일맥상통한 행위에 열정을 다 바치는 왕 또한 버닝썬의 왕자들만큼 엽기적이다. 성의와 열정을 이런 일에 다 쏟았던 유팽조는 스스로에 대해 굉장한 자부심을 가지고 있었다.

경제의 7남 유팽조와 8남 유승의 대화는 그런 점에서 흥미롭다. 중산中山국의 정왕 유승劉勝은 술을 즐기고 여색을 좋아하여 자녀가 120여 명이나 되었다. 그런 유승이 일 좋아하는 유팽조를 비난하며 말했다. "형은 왕이 되어 겨우 관리가 할 일이나 대신하고 있다. 왕자라면 당연히 매일 음악을 듣고 가기佳妓나 미인을 거느려야 한다." 유팽조 또한 유승을 비난하며 말했다. "중산왕은 사치하고 음탕하며 천자를 도와 백성을 어루만져 주지도 못하니 어찌 번신藩臣이라 할 수 있겠나."「경십삼왕전」, 『한서』 4, 204~205쪽

유팽조와 유승의 대화는 코미디 같다. 서로를 왕자답지 못하다고 비난하는데, 우리 눈엔 둘 다 적절하지 않아 보인다. 누릴 수 있는 걸 다 누리는 게 왕자다운 삶이라고 말하는 유승이나 잘못을 찾아내어 벌을 내리는 게 왕자다운 삶이라고 말하는 유팽조나 오십보백보, 도긴개긴이다. 이들은 자신들이 무엇을 잘못하고 있는지 알지 못한다. 오히려 자긍심을 보이기까지 한다. 왕자로서 당연한 권리를 누리고, 왕자로서 마땅히 해야 할 일을 한다고 여긴다.

그러한 까닭에 이들은 사는 법이 달랐어도 불만과 고통받는 부분에서는 일치했다. 왕자들의 권한이 너무 제한되어 있으며, 황실이 왕자들을 너무 소홀히 한다는 것. 유승은 동생 무제에게 제후로 사는 괴로움을 상서한 바 있었다. 중앙 관리들이 붕당을 이뤄 서로 위하면서 종실을 능멸하는 현실에서 살기 어렵다고 하소연한 것이다. 이에 마음이 움직인 무제는 제후에 대한 예를 두터이 하고 제후에 관한 보고를 줄이고 더 가까이했지만, 전제 군주제 사회에서 제후왕들에 대한 권력 제한은 불가피했다.

체제가 바뀌지 않는 한 이 시대 황제는 한 사람, 나머지 왕자들은 이 구도 안에서 사는 법을 찾아야 했다. 사실 왕자들에게 권력이

주어져도 문제, 권력이 박탈되어도 문제는 일어났다. 넘쳐나는 혜택과 재물, 주체할 수 없는 시간에 휘둘리면 언제든 재앙이 생겨났다. 자신을 돌아보지 않고 사회 탓 남 탓만 한다면, 어떤 사회에 살아도 불만은 넘치게 많고 운신의 폭은 늘 협소할 뿐이다. 스스로 떳떳하고 당당하게 살면서 부당함에 항의하고 사는 건 기본이다. 그러나 왕자들은 기본에 충실하지 않고 자기 욕구만 채우려 하다 문제를 일으켰다. 그 결과 반란을 일으키거나, 사치와 쾌락에 빠지거나, 술수를 부리거나, 횡포를 부리거나, 이 함정에서 벗어나지 못했다. 왕자로 태어난 자들, 무엇을 해야 할 것인가?

나는 수행자로소이다!

반고는 경제의 아들 가운데 높은 덕과 재주를 가지고 탁월하여 다른 왕자들과 달랐던 인물로 둘째아들인 하간국河間國의 헌왕獻王 유덕劉德을 꼽았다. 유덕은 학문을 닦고 옛것을 좋아하여 실사구시를 추구했다. 유덕은 이름 그대로 학식과 덕망을 갖춘 유학자였다. 세상에 좋은 책을 얻으면 잘 필사하여 두고 진본을 넘겼는데, 금이나 비단을 주면서 책을 구했다. 이 때문에 학문을 하는 사람들이 사방에서 불원천리 찾아왔고, 또는 조상의 책을 가지고 유덕에게 증정하는 자가 많았다. 유덕이 소장한 책은 한나라 황실이 소장한 책과 맞먹었다.

　유덕은 고문으로 된 선진先秦시대의 옛 책을 구했다. 회남왕淮南

王 유안劉安도 학문에 있어 유덕 못지않았는데, 반고는 유안이 구한 책들은 부화浮華하다고 평가한다. 부화하다는 것은 허황하기만 하고 실질이 없다는 말이다. 유안은 황로학의 대가로 도가류의 책뿐만 아니라 불로장생의 방술이나 술수에 관한 책들에도 관심이 많았기 때문에 이렇게 평가한 것이다. 유덕은 유안과 다르게『주관』周官,『상서』尙書,『시』,『예기』,『맹자』,『노자』, 공자 70 제자들의 책을 중시했다. 그리고 유학의 법도를 지켰다. 유덕은 실력만 쌓은 게 아니라 배운 그만큼 자신을 연마해 나간 유학자의 전형이었다. 이 때문에 유덕은 안일하지 않았고, 음란하지 않았으며, 잔인하지 않았고, 음모나 술수를 부리는 일도 하지 않았다.

그리고 유덕은 치국의 근본을 대책문에 담아 무제에게 올렸다. 유덕은 직접 나라를 다스릴 수 없는 환경이지만 나라 다스리는 방법을 건의함으로써 왕자의 역할을 수행했다. 반고는 유덕에게서 왕자들의 삶의 좌표를 찾아내었다. 왕자들이 유덕처럼 견실하게 예법을 지키며 자신을 다스리고 세상을 근심한다면, 적어도 재앙의 구덩이에 빠져 허우적대지 않을 수 있다.

반고가 보기에 종실로 산다는 것은 만만치 않은 일이다. 그 화려함과 풍요로움이 부러울 수 있지만, 여기에만 안주하면 인생은 위태롭다. 한 번에 탕진하고 끝나는 인생, 그 뒤끝이 좋을 리 없다. 탐욕이 자신을 해치고 다른 사람을 해친다. 그래서 반고는 왕자들의 삶을 일별하면서 자신을 먼저 다스린 제후왕을 주목했던 것이다.

경제 아들 중에는 유덕이 탁월한 삶의 방향성을 보여 줬지만, 덕이 충만한 종실 집안이 또 있었다. 고조 유방의 이복동생인 초나라 원왕元王 유교劉交의 작은아들 집안이 그러했다. 유교의 작은아들은 유후(유부劉富)로, 그 직계는 유벽강劉辟強 – 유덕劉德 – 유향劉向 – 유흠劉歆으로 이어진다. 초원왕 유교가 글을 좋아하고 재주가 많아 시경을 전공한 학자들을 따라 배우면서 예를 다해 대접했다. 이런 유교의 태도는 작은아들 유후에게로 이어졌다.

유후의 아들 유벽강은 『시경』을 즐겨 공부했고 글을 잘 지었다. 무제 때 종실 자제로 2천 석 관리에 쓸 만한 사람으로는 유벽강이 으뜸이었다. 그러나 청정하고 욕심이 없어서 학문을 즐길 뿐 벼슬은 하려 하지 않았다. 무제의 뒤를 이어 소제昭帝가 황제로 즉위하면서 외척들의 발호를 막기 위해 종실 유벽강을 등용했는데, 이때 나이가 80세였다.

왕자로 태어나도 그 세대가 내려가면, 황제와의 관계는 소원해지고 종실로 누리는 은택도 사라지고 만다. 매 순간 정신줄을 놓지 않기 위해 청정하게 살 뿐이다. 그렇게 하는 데는 공부가 특효약이다. 물론 공부가 모든 것을 보장하지는 않는다. 지식과 정보를 흡수하는 데 치중한다면, 그 공부 또한 화근이 될 수 있다. 그러나 공부한 대로 일상을 지켰던 이들은 적어도 자신을 망치지 않았다. 자신을 다스리는 동시에 세상을 고요하게 했다.

유벽강의 아들인 유덕 또한 일생을 고귀하고 탁월하게 살았다. 경제의 2남 유덕과 이름이 같다. 그래서인지 유벽강의 아들 유덕 또한 품성과 행실이 역시 덕스러웠다. 유벽강은 젊어 황로의 사상을 배웠고, 지략이 뛰어나 무제는 천리를 달리는 망아지, 천리구千里駒라 칭찬했다고 한다. 또 노자의 지족知足을 배워 실천하여 어떤 상황이든 그 순간의 삶에 만족했다. 어린 소제를 대신하여 섭정했던 곽광이 유덕에게 자기 딸을 아내로 주려 했으나 곽광의 권세가 너무 큰 것을 걱정하여 장가들지 않았다. 한때 탄핵과 비방을 당해 서인으로 강등되었으나, 산촌에 은거하여 고요하고 평화롭게 살았다.

사람의 품격은 결국에는 알아보는 때가 있는 법. 곽광이 나중에 후회하여 유벽강에게 청주자사 서리를 제수했고, 선제 옹립에 참여하여 관내후 작위를 받았다. 관내후로 백성을 다스릴 때도 후덕했고 죄수를 바르게 재판했다. 가산이 백만금을 넘었으나 사치하지도 방탕하지도 않았다. '부유하면 백성들의 원성을 듣는다'는 말을 철칙으로 삼아, 재물을 형제들이나 빈객들을 구제하는 데 사용했다. 만족을 아는 사람은 재물에 욕심내지 않는다. 유벽강은 노자의 지족을 알고 실천했다. 이만한 수행이 어디 있으랴. 수행하는 자, 스스로의 삶도 평안하지만 주변도 평안하다.

유덕의 아들이 『열녀전』列女傳을 지은 그 유명한 학자 유향이고, 유향의 아들이 모든 책을 분류해서 정리한 『칠략』七略의 저자 유흠이다. 한나라가 멸망할 때까지 유후의 직계들은 공부로 수행하며, 넘치지 않게 살았다. 자신을 돌아보며, 동시에 주변도 돌보았다. 적어도 쾌락과 탐착에 빠지지 않으면, 삶은 평화롭게 계속된다. 반고는 왕자들의 열전을 통해 인생은 거창한 게 아님을 대변한다. 자신을 다스릴 방법을 찾고 실천하면서 다른 이들과 어울리는 것. 이런 삶 말고, 더 무엇을 바랄 것이 있겠는가.

7장 무제, 한나라의 화려한 여름은 간다

원하는 것은 다 가졌지만 불안한 무제

진나라는 14년 만에 멸망했지만 한나라가 100년의 시간을 버티면서 지속 가능했던 것은 앞서 말했지만 '황로학'이 정신적인 축을 잡아 주었기 때문이다. 하지만 아무리 황로학이 받쳐 준다 해도 흥망성쇠를 피할 수는 없는 법. 한무제가 파워풀한 힘으로 열었던 여름의 뜨거운 열기도 점점 식어 가고 있었다. 무제는 한나라를 강력한 국가로 만드는 데 힘을 쏟았기 때문에 도덕적 수양 면에서는 부족할 수밖에 없었다. 이것이 유위법의 한계이다. 많은 것을 이루면 그것에 대한 집착은 더욱 커질 뿐 만족하기란 참으로 어려운 것이다!

무제는 정말 유능한 황제였다. 총명하고 재능 있는 무제는 나라도 크게 키웠고 권력도 막강해졌으며 아들도 여섯 명이나 낳는 등 뭐 하나 부족함이 없었다. 그러나 천하의 무제도 나이를 이길 수는 없었다. 기력이 쇠해졌으나 그는 여전히 모든 것을 장악하려 했고 마음대로 되지 않으면 짜증을 냈으며 의심이 심해졌다. 특히 공손홍 이후 3명의 승상은 과중한 업무에 시달렸고 조금만 문제가 생겨도 문책을 한 탓에 모두 자살로 생을 마감해야 했다. 이제 승상의 지위는 무제의 욕받이 지위일 뿐 아니라 목숨을 건 위태로운 자리가 되었다. 그러니 누가 승상이 되고 싶었겠는가.

이런 상황에서 위황후의 언니를 부인으로 둔 공손하公孫賀가 승상으로 낙점되자, 눈물을 철철 흘리면서 사양한다. 속사정을 모르면 겸양의 모습으로 보일 수 있으나, 실상은 제발 자기를 살려 달라는 애원의 눈물이었던 것이다. 즉, 승상이 되면 죽을 게 뻔하니 제발 승상을 시키지 말아 달라는 몸부림. 무제는 공손하의 말을 무시하고 자리를 떴기 때문에 그는 승상 자리를 수락할 수밖에 없었다. 무제는 능력 제일주의자로 사람보다 업적을 중시했다. 정치란 예상치 못한 일의 연속이니 원하는 결과가 나오기는 쉽지가 않다. 그럼에도 결과 중심으로 문책이 가해지면 일을 해결하기보다는 책임을 회피하는 데 급급해져서 관료 사회는 불신 풍조가 만연해졌다. 이런 분위기 속에서 신하들은 무제 눈치를 보는 데 급급했고 무제는 나이가 들어 마음의 여유까지 없어지자 자신의 권력으로 신하들의 목숨을 더더욱 쥐락펴락했다. 말년의 무제는 점점 불통의 군주가 되어 가고 있었다.

무고의 화와 태자의 죽음, 강충과 무제의 합작품

이때 한나라 왕실을 뒤흔든 사건이 발생한다. 무고의 화! 사극에서 보면 인형을 만들어 바늘로 찌르고 주문을 외워서 저주하는 장면이 나온다. 인형을 땅속에 묻고 수명 단축을 위한 주술행위를 했는데 이것을 '무고'巫蠱라고 한다. 마지못해 승상을 한 공손하는 간신히 10년을 버텼지만 무제를 무고했다는 의심을 받아 형장의 이슬로 사라져야 했다. 무고는 공손하의 목숨을 앗아갔을 뿐 아니라 태자의 죽음까지 초래했다.

당시 강충江充이라는 문제적 인물이 있었다. 그의 원래 이름은 강제江齊로 조나라 경숙왕의 상객이었다. 조왕의 태자는 강충이 자신의 음란한 사생활을 무제에게 밀고할까 두려워 그를 잡아 죽이려고 했다. 강충은 그 기미를 재빨리 눈치채고 도망쳐서 무제에게 고발했다. 신하들은 강충이 요긴한 정보를 주긴 했으나 개인의 원한이지, 공적으로 일을 처리하는 인물은 아니라며 무제에게 알렸다. 그러나 무제는 강충의 장대한 용모와 특이한 의상에 마음이 끌린다. 신분도 불분명한 채 왕실에 굴러온 강충은 무제의 신임을 받게 된다. 그는 귀족들과 신하의 사치를 적발했고, 그들은 이 사실이 무제에게 알려지는 게 두려워서 강충에게 뇌물을 바쳤다. 이런 사실을 모르는 무제는 귀족들의 문제를 적발하는 강충을 더욱 신임했고 강충의 위세는 태자가 눈치를 봐야 할 정도에까지 이른다.

한번은 태자의 하인이 천자 전용 도로에서 수레를 타다가 강충에게 딱 걸렸다. 태자는 측근을 관리하지 못했다는 말이 무제에게 들어갈까 봐 못 본 척해 달라고 강충에게 애원했지만 강충은 즉시 무제에게 고해바쳤다. 무제는 신하라면 태자의 잘못이라도 밝혀야 한다며 강충을 더욱 크게 신임했고 그의 위세는 장안을 진동시킬 정도였다. 이 사건을 계기로 태자와 강충 사이는 급격히 나빠졌고, 무제가 병이 나자 강충은 더럭 겁이 났다. 만약 무제가 죽고 태자가 황제가 된다면 자신은 바로 사형될 수 있다는 두려움. 생각이 거기에 미치자 강충은 무제에게 그가 아픈 것은 누군가 무고를 했기 때문이라고 속삭인다. 심신이 약해진 무제는 그 말을 그대로 믿었고 강충에게 무고한 자를 찾으라고 명한다.

강충은 흉노[胡시] 무당을 시켜 땅을 파서 인형[偶시]을 찾아내었고 무고한 사람을 잡고 밤에 굿을 하여 도깨비와 굿을 한 자리도 찾아내었는데 그때마다 사람을 잡아 조사하면서 달군 쇠와 형구로 고문하고 불로 지지며 강제로 자백하게 하였다. 백성들은 서로 무고했다며 거짓으로 고발하며 관리들은 그때마다 대역무도한 죄로 다스리니 연좌되어 죽은 자가 사건 전후로 수만 명이었다. 이때 무제는 나이가 많아 측근들이 모두 무고로 저주한다고 의심하였고 의심을 받거나 안 받거나 감히 원통하다고 하소연할 자가 없었다. 강충은 황제의 뜻을 알아 궁중에 무고의 기운이 있다면서 먼저 후궁이나 황제의 총애를 바라는 부인을 치죄하고 이후 황후까지 미치게 되어 마침내 태자의 궁궐에서 무고를 찾는다 하여 오동나무로 만든 인형을 파내었다. 태자는 너무 두려워 변명조차 하지 못하고 강충을 잡아다 직접 처형하려고 하였다.「괴오강식부전」, 『한서』 3, 249쪽

강충이 태자를 제거하기 위해 모함한 거지만 그를 잡기 위해 수만 명이 무고로 죽어야 했다. 강충은 비열한 놈이다. 하지만 그만을 나쁘다고 할 수 있을까. 아무리 강충이 나쁜 놈이라 해도 무제가 호응하지 않았다면 무고의 화가 일어날 수 있었을까. 이 사건은 강충의 욕망과 무제의 욕망이 만나 만들어진 비극이라 할 수 있다. 달리 말하면 강충은 무제의 의심과 두려움을 건드렸고, 무제는 그 덫에 걸려들었던 것이다. 『한서』에서는 당시 무제의 상태를 다음과 같이 기록한다.

> 이때 무제는 고령으로 마음속에 의심이 많았고 좌우에서 무고에 의해 저주를 한다고 생각하면서 끝까지 캐려고 하였다. 승상인 공손하 부자와 양석陽石 공주와 제읍諸邑 공주와 위청의 아들인 장평후長平侯 위항衛伉 등이 모두 주살되었다.「무오자전」, 『한서』 5, 212쪽

『한서』를 읽다 보면 선과 악을 구별하기가 쉽지 않다. 어느 누구도 일방적으로 악을 행한 자도, 그것을 당한 자도 없기 때문이다. 많은 사람의 욕망과 한나라의 저물어 가는 여름 기운이 얽히고설키어 만들어 내는 변화가 사건으로 드러날 뿐이다! 이런 상황에서 태자가 진실을 말한들 무제가 태자의 말을 들었을까. 무고의 범인

을 잡으려는 그때, 무제는 병으로 인해 감천궁에 피서 중이었다. 궁지에 몰린 태자는 사부에게 의논을 했고 강충이 두려웠던 사부는 강충을 먼저 죽인 후 황제에게 알리자고 제안한다. 태자는 사부의 말대로 강충을 죽이긴 했으나 강충의 측근이 황제에게 태자가 반란을 일으켰다고 전하면서 일이 커지고 말았다. 결국 아버지의 군대와 아들의 군대가 대립하게 되었고 결국 무제가 반란을 진압하면서 태자는 도망쳤고 숨어 있다가 체포 위기에 처하자 자살로 생을 마감하게 되었다.

한무제의 태자가 이런 죽음을 맞이할 줄 누가 알았겠는가. 이 모든 일이 1년 동안 일어났다. 공손하가 죽은 해가 정화 2년으로 무제 나이 66세가 되던 해이다. 그 해 여름에 무고의 화가 있었고, 그리고 7월에 태자가 강충을 죽였으며, 8월에 태자가 호현에서 자살했다. 무제가 강충을 들인 후 이 모든 일이 일어나면서 황실은 휘청거리기 시작했다. 이제 무제의 운이, 그리고 한나라의 운이 끝나려는 것일까.

3부

한나라의 가을
:
소제부터 선제까지

어린 소제를 대신하여 섭정을 펼친 대장군 곽광
무제는 죽기 직전 곽광, 김일제, 상홍양, 차천추 네 명의 대신에게 어린 황제를 보필하라
는 유조를 남긴다. 곽광은 소제를 훌륭하게 보필했고, 소제는 곽광의 정치를 믿고 따랐다.
소제와 곽광은 주나라 때의 성왕과 주공에 비유된다.

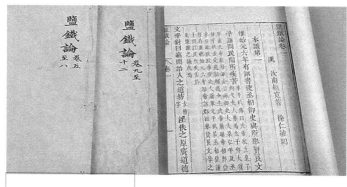

무제에게 소금과 철의 전매를 건의했던 상홍양(아래)과 선제 때의 관리 환관이 정리·편찬한 『염철론』(위)

무제 때 흉노를 비롯한 이민족과의 오랜 전쟁으로 국고가 부족하게 되자, 상홍양은 국고를 채우기 위해 소금과 철의 생산과 판매를 국가가 주도하는 전매법을 고안한다. 기원전 81년 소제와 곽광은 상홍양과 차천추 등의 대신들과 60명의 신진관리들을 조정에 불러들여 소금과 철과 술의 전매에 대해 토론하게 하였다. 대신들은 전매법의 유지를 주장했고, 신진관리들은 전매법 폐지를 주장했다. 소제와 곽광이 무제 때의 폐단을 일신하기 위해 시국대토론회를 벌인 것인데, 이 토론의 내용을 환관이 『염철론』이란 책으로 정리하여 남긴 것이다.

한나라 최단기 황제의 탄생과 몰락

폐제 창읍왕 유하. 한나라의 유교적 예법에 따르면, 황제는 국상기간에 슬픔과 예(禮)를
다해, 술과 고기를 멀리하고, 모든 향락을 금해야 한다. 하지만 유하는 황제가 어떤 자리
인지, 황제는 국상 중에 어떤 마음으로 무엇을 해야 하는지 숙고하지 못했다. 술과 고기는
물론, 전임 황제의 영전 앞에서 콘서트를 열고, 심지어 소제가 생전에 아꼈던 후궁과 음란
한 짓을 벌이기까지 한다. 그야말로 광란의 환락파티다. 창읍왕 시절에는 그래도 충간하
는 신하들의 눈치라도 봤는데, 이제는 황제라서 눈치조차 보지 않는다. 그의 관심사는 오
직 오늘 하루 '버닝썬'뿐이었다. 유하에게 황제란 그저 자기 쾌락의 범위를 지방에서 전국
으로 넓혀 준 수단에 지나지 않았다.

漢宣帝像

선제 유병이, 구사일생으로 목숨을 건지고 황제에 오르다

반고가 주목한 병길(丙吉)의 위대함, 그것은 누구나 할 수 있지만, 누구도 쉽게 할 수 없는
'일생불넘은'(一生不念恩)에 있었다. 우리는 흔히 조금의 선행도 미담으로 회자되길 원하
고, 그것을 어떤 형태로든 인정받고 싶어 한다. 그러나 병길은 큰 은혜를 베풀었으면서도
일생 동안 자신의 공적을 드러내지 않았다. 울고 있는 황증손 유병이를 보고 연민을 느껴
도와주었을 뿐, 처음부터 그 어떤 계산과 기대가 없었기 때문이었다. 사심 없는 용기와 생
색 없는 마음. 병길이 자신의 목숨을 돌보지 않으면서까지 유병이를 살릴 수 있었던 건 바
로 이 마음에 있었다. 몰락한 황족의 후손으로 18년간 평민으로 지내다 천운으로 황제에
오른 선제 유병이. 그는 정치와 권력의 중심으로부터 가장 멀리 있었지만, 막상 황위에 오
르자 기다렸다는 듯이 선정을 펼쳐, 한나라의 중흥기를 열었다.

1장 말년에 뉘우친 무제, 가을의 문을 열다

한무제의 다른 듯 비슷한 역사적 평가

태자의 난이 발생한 때는 기원전 91년으로 무제는 66세의 나이로 천하를 호령했던 기세도 서서히 꺾이고 있었다.『한서』는 반고 논찬에서 무제의 탁월한 재주와 웅대한 계략, 뛰어난 혜안으로 이룬 업적은 인정했지만 '공검恭儉의 아쉬움'을 토로하고 있다. 안으로 백성을 챙기기보다 외적 확장에 힘쓴 무제가 말년에 화를 자초한 흑역사를 반고는 공검의 아쉬움으로 표현한 것이다. 문제와 경제는 공검의 아이콘이었다. 앞서 보았듯 그들은 영토 확장에 열을 올리기보다는 수행을 통해 공손함과 검소함을 우선시했다. 반고는 이것이 무제가 문제와 경제에 비해 부족한 부분이라고 여겼던 것이다. 그럼에도 불구하고 무제는 진시황의 길을 가지는 않았다. 그 이유는 은산철벽 같은 상황에서 전혀 다른 선택을 했기 때문이다.

송나라 사마광司馬光이 지은 『자치통감』資治通鑑에는 무제의 말년 변화에 대해 언급하는 대목이 나온다.

효무제는 아주 사치하고 지극한 욕심을 가지고 있어서 번거로운 형벌을 사용하였고, 세렴을 무겁게 거두었습니다. 그리하여 안으로는 궁실을 사치스럽게 꾸몄고, 밖으로는 사방의 이적夷狄들을 정벌하였으며, 신神의 괴이함을 믿고 현혹되어 절도 없이 순유巡遊를 하였습니다. 백성들을 피폐하게 하여 도적이 일어났으니, 그런 것은 진시황과 거의 다를 바가 없었습니다. 그러나 진나라가 이러한 일 때문에 망하고 한나라는 이러한 일 때문에 흥했던 것은, 그래도 효무제는 먼저 돌아가신 왕의 도를 존중하였고, 통제하고 지킬 바를 알았으며, 충직한 사람의 말을 받아들이고, 다른 사람이 속이고 감추는 것을 싫어하였으며, 현명한 사람을 좋아하는 데 게으르지 않았기 때문입니다. 또한 죽이거나 상 주는 것을 엄정하게 밝혔으며, 만년에는 잘못을 고쳐 후사를 돌봐 줄 사람을 찾아냈습니다. 이것이 바로 그가 망한 진나라와 같은 실수를 저질렀지만, 망한 진나라 같은 화는 면할 수 있었던 이유입니다. 사마광, 『자치통감』 2, 권중달 옮김, 푸른역사, 2002, 245쪽

진시황과 한무제는 통일제국을 이룬 터라 늘 비교되어 왔다. 둘 다 능력이 뛰어나고 호색과 사치를 좋아한 것은 공통적이다. 무제가 욕을 먹는 이유는 계속된 대외정벌로 인해 백성들을 힘들게

했기 때문이다. 하지만 무제는 진시황제에 비해 문장을 좋아했고 끝내는 간언을 받아들여 자신의 문제를 고칠 줄 아는 군주였다는 것이 사마광의 평가다.

당시 무제의 가장 큰 업적은 영토 확장이다. 하지만 영토 확장 후 하늘과 백성에게 인증받기 위해 무제는 진시황과 마찬가지로 전국을 다니면서 순유巡遊했다. 그 여정은 엄청났다. 진시황보다 긴 것은 말할 것도 없고 그 여정이 1만 8천 리에 이르렀다고 한다. 황제의 이동은 엄청난 인력과 재력이 소모되는 일이다. 『사기』에서 무제가 불로장생, 방술, 제사에 목숨을 건 황제로 그려지는 것도 백성의 원망이 담긴 시선인 것이다. 무제는 황로학의 비전을 품고 치신에 주력했던 문제·경제와 달리 자신의 욕심을 움켜쥔 채 신선의 도마저 얻기 위해 온갖 명산대천을 찾아 제사지냈던 것이다. 권력과 불로장생을 모두 소유하고 싶은 탐욕의 극치! 그랬던 무제가 나이 듦, 병듦, 그리고 아들의 죽음 앞에서 무상성을 느끼면서 무위정치로 전환한다. 영토 확장에 올인했던 무제가 자신의 업적을 모두 무화시키고 무위정치로 방향을 튼다는 것은 쉬운 일은 아니었다. 하지만 그 어려운 일을 무제는 해내고야 말았다.

황제도 함부로 할 수 없는 은사의 힘

태자가 반란을 일으켜 무제의 분노가 하늘을 찌를 때 신하들은 아무도 나설 수가 없었다. 앞서 보았듯이 승상조차 입을 잘못 놀리면 죽는 상황에서 누가 함부로 말을 할 수 있었겠는가. 그때 홀연히 등장한 자가 있었으니, 그들은 관료가 아닌 은사隱士로 칭해지는 은둔자 그룹이었다. 은사? 생소하지만 제갈량도 은사였다면 감이 올 것이다. 은사들은 속세에 모습을 드러내지 않았지만 국가가 위태로울 때 결정적인 언행으로 국가 전체에 영향을 미쳤다.

그 전에도 은사의 활약이 있었다. 한고조 유방이 척부인이 낳은 자식을 태자로 세우려 하자 여태후는 자신의 아들 유영을 지키기 위해 장량에게 의논했었다. 유방은 당시 척부인에게 마음이 기울어져 아무도 그 마음을 돌릴 수가 없었다. 그때 장량은 상산商山에 사는 네 명의 노인에게 도움을 요청하게 된다. 이 노인은 도가 높은 자들로 고조가 불러도 꿈쩍하지 않았었다. 그런데 이들이 등장해서 발언을 하니 황제라도 무조건 따라야 했다. 은사의 말을 듣지 않는다는 소문이 퍼지는 순간 민심은 바로 돌아서기 때문이다. 은사의 영향력이 막강했던 이유는 백성들에게 사심 없이 국가를 살린다는 믿음이 있었기 때문이다. 당시 무제가 마음을 돌린 것도 호관현의 세 노인 중 한 명인 '영호무'令狐茂가 상서를 올렸기 때문이다. 『한서』에는 그가 올린 문장이 고스란히 남아 있다.

신이 알기로, 아비는 하늘과 같고 어미는 땅과 같으며 자식은 만물과 같다고 하였습니다. 그래서 천지가 평안하면 음양이 조화되고 만물이 무성하게 자라며, 부모가 자애하면 집안의 자식도 효도하고 순종합니다. 음양이 분화하면 만물이 일찍 죽고, 부자가 불화한다면 집안이 망하게 됩니다. 그리하여 아비가 아비답지 못하면 자식이 자식답지 않고, 주군이 주군 노릇을 못하면 신하가 신하 노릇을 못하니 비록 곡식이 있다 한들 어찌 먹을 수 있겠습니까. 옛날에 순임금은 대단한 효자였으나 아버지의 마음에 들지 못했으며, 효기는 비방을 당했고 백기는 방축되었는데 골육지친임에도 부자가 서로 의심하였습니다. 왜 그러했겠습니까. 훼방이 누적되었기 때문이었습니다. 이를 본다면 불효하는 자식은 없지만 부모는 다 살피지 못할 수 있습니다.「무오자전」, 『한서』 5, 217쪽

여기서 보니 은사라고 해서 도사처럼 주문을 외거나 신통술을 부리는 건 아니었다. 우리 머릿속에는 산신령 같은 백발노인이 떠오르는 것도 사실이다. 은사는 원래 자연철학자로 노자와 장자와 결합하면서 신선술로 발전하면서 신비로운 이미지가 생겼다. 이미지는 이미지일 뿐, 그들이 자연을 탐구한다는 것에는 변함이 없다. 무제 앞에 나타난 은사 또한 자연철학자로 천지와 자연의 이치를 연결하면서 사건의 본질을 꿰뚫는 논리적인 언어로 무제를 설득하고 있다. (보통 역사서는 유학자가 기록하기 때문에 은사의 문장을 만나기가 쉽지 않다. 모처럼 만난 귀한 문장이니 길어도 인내심을 가지고 읽어 볼 만하다.)

지금 황태자는 한 황실의 적통이며 만세지업을 계승해야 하니 몸은 조종지중祖宗之重이며 피붙이로는 황제의 종자입니다. 강충은 백성

으로 시골 천한 신하일 뿐이나 폐하께서 특별히 등용하여 지존의 황명을 받았다고 황태자를 압박하였으며 간사한 흉계를 꾸몄으며 모든 작술을 다 써서 친척 간의 통로를 막아 불통하게 하였습니다. 태자가 들어와서는 주상을 뵐 수 없고 물러나면 산신들에게 곤란을 당하니 홀로 억울하여 알릴 데도 없어 분분한 마음을 참지 못하고 기병하여 강충을 죽이고서 두려워 도주하였는데 이는 자식이 아비의 군사를 훔쳐 난관을 돌파하여 살려 한 것으로 그 어떤 사심도 없었다고 신은 생각합니다.

『시경』에 "앵앵거리는 파리가 울타리에 앉았네. 화락한 군자시여 참언을 믿지 마소서. 참언은 바른 법이 아니니 온 나라를 흔든다오"라고 하였습니다. 지난날 강충은 참소하여 조태자를 죽게 하였고 이를 천하에 모르는 사람이 없고 그 죄는 확실합니다. 폐하께서는 그러한 강충을 깊이 살피지 않았고 태자를 과도하게 책망하고 화를 내시면서 대병을 동원하시며 삼공이 직접 군사를 거느리게 하시니 지자라도 감히 말할 수 없고 변사라도 설득할 수 없으니 신은 이를 가슴 아프게 생각합니다. (……) 폐하께서는 너그러이 마음을 푸시고 친족을 그만 사찰하시고 태자의 잘못을 걱정하지 마시면서 빨리 군사를 해산시켜 태자로 하여금 죽지 않게 하십시오. 신은 충성을 다하여 하루뿐인 목숨을 걸고 건장궐문 아래서 죄를 받겠습니다. 같은 책, 219쪽

태자는 불충한 마음이 전혀 없었고, 강충으로 인해 부자지간

에 틈이 벌어졌다는 것이다. 산 속에 있는 노인네라 속세의 일에 무심할 것 같은데 황태자와 강충에 대해 모조리 알 뿐만 아니라 태자가 반란을 일으킨 전후좌우 상황을 모두 파악하고 있다. 은사는 속세에 무심한 자가 아니다. 세속에서 일어나는 모든 일을 알고 있는 자, 거리를 두고 세상을 관찰하는 자인 것이다. 이것이 은사의 힘이다. 모든 것을 알고 있으나 절대 나서지 않다가 비상사태가 벌어지면 등장해서 혼란을 바로잡는 자. 진심을 다해 살리는 해법을 내기 때문에 그 말의 힘은 실로 파워풀하다. 무제는 영호무의 상서를 받고 크게 깨달았지만 이미 태자의 목숨을 구하기에는 너무 늦어 버렸다.

외로운 무제, 시골 노인네를 승상으로!

그때 한고조 묘를 지키는 낭관 차천추車千秋가 태자의 원한을 풀어 주라며 등장한다. 꿈에 머리가 흰 노인이 나타나서 황제에게 상서를 올리라고 했다는 것이다. 슬픔에 찬 무제는 키가 8척이 넘고 몸이 장대한 차천추를 보고 "부자지간의 일은 남이 이야기하기 어려운데 공 혼자만이 옳지 않았다고 확실하게 말했다. 이는 고조 묘당의 신령이 공을 시켜 나에게 일러 준 것이려니 공은 응당 나를 보좌하여야 할 것이다."「공손유전왕양채진정전」, 『한서』 5, 473쪽 무제는 차천추를 승상으로 임명하는 파격적인 인사를 단행했다.

무제는 차천추로 인해 호현에 태자를 위한 사자궁思子宮을 지어 넋을 기릴 수 있었음을 고마워했다. 아들을 위한 아버지의 미안함을 풀 수 있었기 때문이다. 무제가 차천추에게 고마움을 느낀 것은 이해가 간다. 그렇다고 곧바로 승상을 시킨 것은 매우 과해 보인다. 반고도 "차천추가 별다른 재능이나 학식, 또는 문벌이나 공로도 없이 다만 말 한마디로 주상을 깨우쳐 준 것뿐이었고 몇 달 만에 승상이 되고 제후가 되었으니 이런 경우는 여태껏 없는 일"이라며 탐탁지 않아 한다.

이 소문은 흉노까지 퍼져 흉노의 수장 선우가 "정말 그러하다면 한에서 승상을 임명하면서 현인을 등용하지 않은 것이니 누구나 되는대로 상서하면 차지하는 자리일 것이다"고 비아냥거릴 정도로 무제의 판단력에 문제를 제기하기도 했다. 다행히 차천추는 지혜롭고 돈후한 자였지만 그에 대한 반고의 평가는 인색하다. 그가 지혜로운 것은 인정하지만 차천추는 시골 노인네에 불과하다는 것. 배우고 본 것이 적으니 승상 역할을 제대로 하기가 쉽지 않다는 평가다. 하지만 무제가 과도하게 그를 신뢰한 것을 보면 무제 주변에 사람이 없는 게 아닐까 싶다. 황제라는 지위가 무색할 정도로 말년의 무제는 외로워 보인다.

그럼에도 무제는 운이 참 좋은 황제이다. 많은 일을 겪었지만 굽이굽이 결정적인 순간마다 귀인이 등장했고, 그 말을 귀담아들었으니 말이다. 만약 은사가 등장하지 않았고, 차천추가 강충과 같은 자였다면 무제는 파국으로 치달았을 것이다. 무제가 결국은 뉘우쳤기 때문에 은사가 조언하고 차천추가 등장했는지도 모른다.

이렇듯 『한서』를 읽다 보면 주체가 모호해진다. 선과 후, 주체와 객체가 구분되지 않는 흐름만이 있을 뿐이다. 그리고 그것은 만남을 통해 전변되어 흘러간다. 반고가 주목한 점도 누구를 만나고 누구에게 귀를 열고 있는가이다. 무제가 과한 의욕으로 인해 궤도에서 이탈한 것은 맞지만 그의 초심은 분명 요순시대의 재현에서 출발했다. 백성을 위한 해를 품은 군주의 비전! 이것이 무제의 초심이었던 것이다.

말년에 변한 정치, 가을로 가는 문을 열다

무고의 화가 일어난 후 2년이 지났다. 이익에 밝은 상인 출신 상홍양桑弘羊은 무제에게 흉노를 방비하기 위해 신강성 윤대현輪臺縣에 초소를 세우자고 건의했다. 하지만 무제는 다음과 같은 조서를 내린다.

> (……) 지난번에 이사 장군이 패전하며 군사는 죽거나 포로로 잡혀가고 흩어졌으니 비통한 마음이 늘 짐에게 있었다. 이제 먼 곳 윤대에서의 둔전을 주청하며 초소를 세우고 길을 내자고 하는데, 이 또한 천하 백성을 고생시키는 것이며 백성을 걱정하며 돕는 길이 아닐 것이다. 지금으로서는 짐이 수락할 수 없도다. 대홍려大鴻臚 등이 또 의논하기로는 죄수를 모아 흉노로 가는 사신을 호송케 하자는데, 이는 작위를 하사하는 기준을 분명히 하여 백성의 원한을 보상하자는

뜻이나 이는 오패 시절에도 실행하기 어려운 일이었다.「서성전」하, 『한
서』 9, 378쪽

이것은 「윤대죄기조」輪臺罪己詔라는 조서로, 무제 자신이 지금
까지 영토 확장을 위해 얼마나 가혹한 짓을 했는가를 조목조목 짚
으면서 반성하는 내용이 담겨져 있다. 참회하는 황제! 참으로 놀라
운 능력이다. 사마광 말대로 진나라와 한나라가 통일을 했으나 다
른 운명의 길을 가는 결정적인 지점! 이 조서 이후 무제는 군대를
다시 출병시키지 않았다고 『한서』는 기록하고 있다. 백성에게 못할
짓을 했다는 자각이 일어났고, 지금부터라도 백성을 고생시키는
일을 멈추겠다고 무제는 선언한 것이다.

그리고 승상 차천추는 부민후富民侯에 봉해진다. 부민후란 한
자 그대로 '백성을 풍족하게 한다'는 뜻이다. 차천추에게 내리는 이
름이지만 무제의 새로운 통치 방향이 반영된 이름이기도 하다. 차
천추는 아랫사람들이 무제를 두려워하는 것을 보고 황제의 마음
을 여유 있게 하고 백성을 위로해야겠다고 생각해서 많은 해법을
내놓았다. 은혜를 베풀고 형벌을 완화하고 음악을 들으면서 마음
을 화평하게 해서 천하를 즐기라고 무제에게 조언했다. 무제는 이
제 과거의 그가 아니었다. 자신이 한 일에 대해 뉘우치면서 자신의
부덕함으로 무고의 화가 사대부까지 흘러갔다면서 식사를 한 끼로
줄였고, 신하들에게도 자신을 위해 축수하지 말고 백성들을 위해
일해 줄 것을 당부하는 군주로 변모했다.

뜨겁고 화려한 여름으로 막을 내릴 뻔한 한나라는 무제의 변화로 인해 가을로 진입할 수 있는 길이 열리고 있었다. 여름은 끝이 아니다. 여름이 끝나면 결실의 계절, 가을이 오는 법. 하지만 그 문은 모두에게 열려 있는 건 아니다. 밖으로의 확장을 멈추고 힘을 안으로 전환할 수 있는 자! 무제는 번영한 한나라의 그림자를 읽어내기 시작하면서 뉘우침으로 국면을 전환하는 데 성공했다. 이제 무제는 다음 황제에게 한나라의 바통을 넘기게 되었고, 한의 가을 문은 서서히 열리고 있었다.

Tip. 『동의보감』에 등장하는 한무제 에피소드

최고의 의학서 『동의보감』에 한무제가 등장한다. 권력자 한무제가 의학서이자 양생서인 『동의보감』에 왜 등장하는 걸까. 의학서라 겁먹지 말고, 옛이야기처럼 재미가 있으니 우선 읽어 보기로 하자.

"옛날 태산泰山 아래 한 노인이 살았는데 그 이름은 알 수 없다. 한漢나라 무제武帝가 동쪽 지방을 순행하다가 길옆에서 김을 매는 한 노인을 보았는데 등에 두어 자 되는 흰 광채가 솟았다. 무제가 이상하게 여겨서 그에게 도술을 쓰는 것이 아닌지 물었다. 이에 노인이 대답하기를 '신이 일찍이 85세 되던 때 노쇠하여 죽을 지경으로 머리는 세고 이는 빠졌습니다. 그때 어떤 도사가 신에게 대추를 먹고 물을 마시면서 음식을 끊으라고 하는 한편 신침神枕을 만드는 법을 가르쳐 주었습니다. 그 베갯속에는 32가지 약을 넣었는데 그 중 24가지 약은 좋은 것으로 24절기에 맞는 것이고 나머지 8가지는 독성이 있는 것으로 팔풍八風에 응한다고 하였습니다. 신이 그 방법대로 했더니

도로 젊어져서 흰머리가 검어지고 빠진 이가 다시 나왔으며 하루에 300리 길을 걸을 수 있게 되었습니다. 신은 금년 180세인데 속세를 떠나 산속으로 들어가지 못하고 자손들이 그리워 속세에서 곡식을 먹은 지 이미 20여 년이 되었는데도 아직 신침의 효력으로 늙지 않았습니다'라고 하였다. 무제가 그 노인의 얼굴을 보니 한 50세쯤 된 사람같이 보이므로 동네사람들에게 물어보니 모두 진실로 그렇다고 말했다. 이에 무제가 그 방법대로 베개를 만들어 베었으나 곡식을 끊고 물만 마시는 일은 하지 못했다."「내경편」,『동의보감』, 법인문화사, 227쪽

천하를 쥐락펴락하는 황제가 시골 노인네에게 양생에 대해 배우고 있다. 무소불위의 권력을 가졌다 해도 생로병사의 문제는 풀 수가 없는 법. 180세 노인네가 50세처럼 생기로울 수 있는 비밀을 무제는 알고 싶어 한다. 그가 처음에는 도술인가 싶어 비결을 알고자 했지만, 비법이 따로 있는 게 아니라 자연의 순리대로 소박하게 김매며 사는 게 양생의 요체임을 알게 된다.

처음에『동의보감』에서 이 이야기를 만났을 때는 재미난 이야기 정도로 스쳐 지나갔다. 하지만『한서』를 읽은 후 생각이 달라졌다. 무제의 말년 변화를『동의보감』버전으로 그린 게 아닌가 싶다.『동의보감』에 등장한 무제와『한서』의 무제는 묘하게 겹쳐진다. 황제면서 신선이 되고 싶은 자, 아니 화려한 황제의 능력도 신선을 향한 구도의 능력도 모두 발휘했던 자. 우리 안에 있는 팽창의 욕망과 구도의 힘이 공존함을 알게 하는 자. 무제는 성聖과 속俗을 넘나들면서 결국 인간이 어떻게 살아야 하는가에 대해 많은 영감을 주고 있다.

하지만 달리 보면 그는 탐욕의 아이콘이기도 하다. 황제도 신선도 모두 되고 싶었던 자. 사마천『사기』는 이 점에 주목하여 황제의 지위를 움켜쥐고도 불로장생의 욕망을 탐하는 무제의 모습을 적나라하게 그리고 있다.

2장 가을녘의 한제국을 지키는 법, 오직 믿음뿐─소제 유불릉

황혼 무렵, 무제의 결단

무제 시기 한나라는 최고로 팽창했다. 무제의 재위 기간은 장장 54년(기원전 141~기원전 87). 반세기 넘는 동안 무제는 땅 넓은 줄 모르고 사방을 정복했으며 동시에 사방의 인재들을 여한 없이 기용했다. 무제 시대, 한나라는 부지런히 뻗어나갔고 바쁘게 움직였으며 화려하고 눈부시게 꽃을 피우고 열매를 맺었다. 그러나 이 성장과 팽창이 계속 갈 수는 없었다. 절정은 곧 쇠락의 시작이다. 오르면 내려가야 하고 차면 기우는 것. 이는 천지자연의 법칙이자 만고불변의 진리다. 반고는 팽창에 여념이 없었던 무제 때에 쇠락의 기미를 포착했다. 제국의 표면은 크고 번화하고 사치했지만, 국고는 비었고 백성들은 절반으로 줄었다. 더 이상의 확장은 불가능했다. 수습하고 마무리해야 했다.

팽창과 성장의 욕심을 접고 내실을 다지고 마무리해야 할 즈음, 무제 개인에게도 황혼이 찾아왔다. 태양을 삼키고 태어난 무제, 그 개인의 생애도 저물고 있었던 것이다. 황혼의 시기 무제는 혼암한 상태였다. 66세, 무제는 큰아들을 잃었다. 군대를 일으켜 강충의 무고를 진압했지만, 멈추지 못하고 진격하여 끝내 황실의 군대와 대결했던 맏아들 위태자가 자살로 생을 마감했던 것이다. 그후 둘째아들 제나라 왕 유굉劉閎도 죽었다. 셋째아들 연나라 왕 유단劉旦은 너무 앞서 나갔다. 둘째 형이 죽자 유단은 자신이 즉위할 차례라 생각하고, 아버지 무제에게 입궁하여 숙위하겠다고 상서를 올린다. 유단은 황제가 되기에는 처신이 너무 가벼웠고 신중하지 못했다. 무제는 화가 나서 상서를 가지고 온 사신을 오히려 가둬 버린다. 넷째 광릉왕 유서劉胥와 다섯째 창읍왕 유박劉髆이 있었지만 무제는 이들에게 황제 자리를 넘겨주지 않았다.

죽기 직전 무제는 뉘우친다. 인의 장막에 가리어지고, 성장과 사치 그리고 불로장생과 환락의 욕망으로 혼암해진 자신을 돌아본 것이다. 생애 마지막 1년 무제는 병들었고, 죽기 전날 유조를 내렸다. 구익鉤弋부인의 막내아들 유불릉劉弗陵을 태자로 정하고 대장군 곽광, 거기장군 김일제, 좌장군 상관걸, 어사대부 상홍양, 승상 차천추에게 어린 황제를 보필하라는 유조를 남기고 다음 날 붕어했다. 이때 유불릉의 나이 여덟 살, 이 어린 황제가 무제의 대권을 계승한 소제昭帝다.

무제는 장성한 아들들을 다 물리치고 겨우 여덟 살짜리 아들에게 자리를 물려주었다. 정치를 직접 돌보지 못할 것을 뻔히 알면서도 이 어린 아들에게 자리를 물려준 이유는 무엇일까? 무제는 자신의 아들들보다 자신을 보좌했던 신하들을 믿었다. 자신이 벌여 놓은 일을 수습하고 마무리하여 나라를 지켜야 할 시기, 무제는 여섯 아들 중 이 일을 감당할 만한 인물은 없다고 판단했던 것 같다. 무제가 보기에 한나라의 앞날은 곽광, 김일제, 상홍양, 차천추 이 네 명의 신하에게 달려 있었다. 유씨의 한나라가 유지되기 위한 최선의 방책은 이 대신들에게 정치를 맡기는 것.

무제는 결단을 내린다. 장성한 아들들은 고분고분 대신들의 말을 듣기 어려울 터, 대신들이 섭정할 수 있도록 여덟 살의 막내아들을 황제로 앉힌 것이다. 무제는 과감하게 모험을 감행했다. 자신의 죽음 이후 어린 황제가 어떻게 될지, 대신들이 배신할지 그건 예측 불가. 이럴 때 무제는 장고長考, 심사숙고深思熟考! 자신의 판단을 믿고 대신들을 믿을 뿐. 그리고 어린 황제가 대신들을 믿으리라고 믿을 뿐. 적어도 막내아들 유불릉에게 옳은 것을 믿고 따를 수 있는 판단력이 있다고 믿을 따름이었다.

어린 황제의 믿음, 흔들리지 않으리!

여덟 살의 소제가 등극하면서 대장군 곽광霍光이 내치를 담당하고 승상 차천추가 지방을 관할하였다. 과연, 무제의 판단은 옳았다. 소제의 재위 기간(재위 기원전 87~기원전 74) 13년 동안 나라는 안정되었다. 곽광은 어린 소제를 대신하여 충심으로 나라를 다스렸다. 곽광을 받쳐 주며 각자의 역할에 전력했던 김일제金日磾, 차천추 또한 변함이 없었다. 대신들은 다른 마음 없이 소제를 보좌했다. 대신들의 충심이 한나라의 가을을 지켜 주었음에 틀림없다.

그러나 소제 시대, 한나라를 지켜 낸 공은 무엇보다 소제 자신에게 있었다. 소제의 판단과 믿음이 한나라를 위기에서 구해 낸 것이다. 나이가 어려도 판단은 명석할 수 있다. 무제가 소제의 그런 점을 눈 밝게 보았던 것인지, 소제는 아버지의 믿음을 저버리지 않았다. 아버지가 믿었던 곽광을 한결같이 믿었다. 여러 사람의 참소에도 곽광의 충심을 의심하지 않았다. 소제 시대의 안정을 있게 한건, 이 흔들리지 않는 믿음이다.

늘상 그렇지만 상황도 변하고, 마음도 변한다. 한마음 한뜻을 변함없이 지켜 내기란 여간 힘든 일이 아니다. 무제가 보필을 부탁한 대신들의 사이도 시간이 지나면서 금이 가기 시작한다. 내치를 전담한 곽광에게 불만을 갖는 세력들이 생겨난 것이다. 소제의 형 연왕 유단劉旦, 소제의 누이 개장蓋長공주, 상관걸上官桀 부자, 상홍양. 이들은 모두 곽광을 표적으로 삼았다. 이들은 모두 사사로운 욕심 때문에 곽광에게 분노를 폭발시켰다.

무제의 셋째아들 연왕 유단은 평소 황제로 뽑히지 못한 것에 불만이 많았다. 당연히 어린 황제를 대신해 섭정하는 곽광에게 좋은 마음을 가질 수 없을 터, 주변 사람들이 유단을 자극했다. 어린 황제가 유씨가 아닐 것이라고 의심하며, 서열로 보아 유단이 황제가 되어야 마땅하다고 부추긴 것이다. 유단은 중산국 애왕의 아들 유장劉長, 제나라 효왕의 손자 유택劉澤 등과 모의하며 무기를 정비하고 비상사태에 대비했다. 그러나 거사가 일어나기도 전에 발각되어 유택은 처형당하지만 유단은 용서받는다. 그럼에도 불구하고, 유단의 황실에 대한 원한은 사라지지 않았으며, 권력에의 의지는 더욱 불타오른다. 유단은 호시탐탐 소제와 곽광을 노렸다.

개장공주는 총애하는 내연남 정외인丁外人을 제후로 책봉하고자 상관걸 부자를 움직였으나, 곽광이 이를 불허했다. 개장공주의 자존심에 금이 갔다. 이로 인한 원한은 깊디깊었다. 곽광의 장녀와 상관걸의 아들 상관안上官安은 결혼하여 둘 사이에 딸이 있었다. 상관걸은 개장공주를 통해 손녀를 소제의 후궁으로 넣었고 몇 달 뒤 황후가 되게 하였다. 그런 까닭에 상관걸 부자는 개장공주를 위해 정외인을 여러 차례 추천한다. 곽광은 이런 사감에 휩쓸리지 않았다. 이 말도 안 되는 청탁을 단호히 거절한다. 상관걸 부자는 부끄러움으로 인해 곽광을 미워하게 된다. 더구나 상관걸은 무제 때 곽광보다 지위가 높았는데, 소제 때 이르러 곽광이 내치를 전담하면서 권력을 다투었으니 곽광에 대한 미움이 더 클 수밖에 없었다. 상홍양은 술, 소금, 철의 전매로 나라 살림을 이롭게 한 공적을 내세워 아들의 관직을 얻으려 했다. 그러나 뜻대로 할 수 없게 되자 곽광에 대한 원망을 쌓게 된다.

결국 소제가 14세 되던 해, 개장공주와 상관걸 부자, 그리고 상홍양은 곽광을 내치기 위해 모의를 한다. 이들은 연왕 유단을 움직였다. 유단의 이름으로 곽광의 죄를 고발하는 상서를 올린 것이다. 곽광이 제멋대로 낭관을 검열하면서 길을 치우게 하고 음식을 차리게 했으며, 마음대로 막부의 교위를 늘렸다는 내용이었다. 말인즉슨, 곽광의 전횡을 문제 삼은 것이다.

소제는 이들의 요구를 불허했다. 놀랍게도 소제는 이들이 올린 내용이 거짓임을 알았던 것이다. 소제는 곽광의 행적을 훤히 꿰고 있었다. 곽광이 검열한 일은 며칠 안 되었고, 교위를 선임한 것도 열흘이 안 되었는데, 멀리 있는 연왕이 이 일을 어찌 이리 빨리 알 수 있는지, 터무니없는 모함임을 간파했던 것이다. 소제는 허수아비 황제가 아니었다. 이후에도 이들은 곽광을 참소하기를 그치지 않았는데 소제는 결국 화를 내며 특단의 조치를 취한다. 곽광을 헐뜯는 말이 계속된다면 법으로 다스리겠노라고. 상관걸 무리들은 다시 참소할 수 없었다.

그렇지만 권력에의 욕망은 가라앉지 않는 법. 개장공주와 상관걸 무리들은 포기하지 않았다. 급기야는 곽광을 죽이고 소제도 폐위시키고 연왕 유단을 황제로 세울 거사를 계획한다. 권력을 농단하고 싶은 마음이 모여 반란을 꾀하게 된 것이다. 이 끈질긴 붕괴작전에 소제도 곽광도 말려들지 않았다. 소제가 곽광을 믿었기에 이 반란도 바로 진압되었다. 연왕과 개장공주는 자살, 나머지 사람들은 모두 처형된다.

소제와 곽광의 콜라보, 나라를 살리다!

소제는 진실하게 믿었고, 곽광은 사심 없이 황제를 보좌했다. 반고는 소제와 곽광을 주나라 때의 성왕成王과 주공周公에 비견했다. 무왕이 주나라를 건국하고 얼마 안 되어 붕어하자, 어린 아들 성왕이 즉위했다. 어린 성왕을 대신하여 주나라를 섭정한 이가 무왕의 동생 주공이다. 주공 또한 곽광처럼 참소를 많이 받았다. 주공이 성왕의 자리를 노린다는 참소가 들끓었던 것. 성왕은 삼촌 주공을 믿었다. 이 때문에 주공은 초창기 주나라 안팎을 안정시키고, 장구히 뻗어 나갈 국가의 기틀을 세웠다. 그리고 주공은 성왕이 장성한 뒤 섭정의 자리에서 내려왔다.

반고는 소제와 곽광의 관계를 성왕과 주공에 비견하면서도, 곽광에 대해서는 주나라의 주공이나 은나라의 이윤伊尹도 이보다 더할 수는 없었다고 평가한다. 황제의 스승이자 보호자로 큰 절개를 지켜 나라를 바로잡고 위태로운 사직을 안정시킨 공이 그 누구보다 뛰어났기 때문이다.

곽광은 황제에게 스승이자 보호자 역할을 하면서도, 황제를 위해 또 다른 스승이자 보호자가 될 인물을 승상으로 기용한다. 소제에게 『시경』을 가르쳤던 채의蔡義를 승상으로 발탁한 것이다. 소제는 채의에게 『시경』을 전수받고 매우 기뻐하며 벼슬을 내린 바 있었다. 채의는 급사중, 어사대부를 거쳐 나이 80세에 승상이 되었다. 작은 체구에 수염과 눈썹도 없어 모습이 할머니와 비슷했으며 걸을 때 허리가 구부러져 늘 양쪽에 관리가 부축해야만 걸을 수 있었다. 호사가들은 채의의 겉모습만 보고 곽광이 현명한 사람을 고르지 않고 부리기 좋은 사람을 되는대로 골랐다고 비난했다. 그럼에도 곽광은 세상 사람들에게 채의가 황제의 스승임을 알리지 않았다. 곽광은 채의와 같은 스승을 통해 어린 황제의 절차탁마를 도왔다. 황제와 곽광의 신뢰는 이런 바탕 위에서 쌓인 것이다.

한나라의 가을은 소제와 곽광 덕분에 계속 이어졌다. 소제와 곽광은 서로를 신뢰하며 한나라 가을녘, 열매가 익을 수 있도록 나라 안팎을 다독거렸다. 성인이 되었을 때도 소제는 곽광에게 정사를 일임했다. 소제는 21세에 생을 마감했다. 아들을 남기지 못해 권력의 공백이 걱정되었지만, 그 공백을 곽광 이하 대신들이 메꾸었다. 무제의 믿음은 이렇게 증명되었다. 그 아버지에 그 아들, 그 군주에 그 신하. 무제의 결단이 아니었다면, 그리고 그 아버지의 믿음에 아들과 신하가 부응하지 않았다면, 한나라의 안정이 다시 오기 힘들었을 것이다. 가을녘의 한나라를 지킨 건, 오직 믿음뿐! 반고는 소제 시기를 이렇게 평가했다.

성왕이 주공을 의심하지 않았듯이 효소제도 곽광에게 위임하면서 성왕과 효소제는 모두 명성을 남겼으니 위대하도다. 효소제는 효무제의 사치와 여러 작폐, 용병의 뒤처리를 물려받아 국력이 바닥났고, 호구는 절반으로 줄었는데 곽광은 시무의 요체를 알아 요역과 부세를 가벼이 하며 백성과 함께 휴식을 취했다. 시원과 원봉 연간에는 흉노와 화친하여 백성의 살림도 충실해졌다. 현량 문학賢良文學을 등용하며 백성의 고통을 위로하였으며 소금과 철 그리고 술의 전매에 대한 논의를 하였으니 그 존호를 소昭:밝다라 한 것이 참으로 합당하도다.「소제기」, 『한서』 1, 415쪽

곽광은 승상 차천추와 협력하여 백성들이 고통을 겪는 원인을 전국에 물었다. 술과 소금과 철의 전매가 문제의 핵심이었다. 그리하여 각지에서 올라온 60여 명의 준걸들이 조정의 뜰에 모여 치국의 근원을 논의하고 술과 소금과 철의 전매에 대한 논쟁을 대대적으로 벌였다. 이 논쟁이 벌어진 때는 기원전 81년. 백성의 고통을 해결할 방법을 대대적으로 물었던 소제와 곽광. 소제 시대 나라를 살린 또 다른 한 방이 바로 이것!

이런 노력 끝에 소제와 곽광은 무제 이전의 정치 비전으로 돌아갔다. 무위와 휴식! 흉노 정벌로 국고가 바닥나고 백성이 절반으로 줄어든 때, 곽광은 오히려 부세를 가볍게 하고, 백성들을 쉬게 했다. 그 결과 백성의 살림은 충실해졌다.

3장 기원전 81년의 시국대토론회, '소금·철·술' 전매 논쟁

수구세력과 신진세력의 대격돌

기원전 81년! 대신들과 60여 명의 신진 관리들이 장안의 궁궐로 호출되었다. 어린 소제가 등극한 지 6년, 조정에서는 각 제후국에 조서를 내려 덕행이 뛰어난 선비[賢良]들과 학문이 뛰어난 선비[文學]들을 천거케 했다. 말하자면 각 지역의 숨은 인재들을 추천받은 것이다. 추천받은 인재 중 60여 명을 선발하여 조정으로 불러들였다. 그러고는 이들 신진 관리들과 대신들을 한자리에 모아 놓고 시국대토론회를 벌였다. 주제는 백성들이 고통을 겪는 이유와 그 해결 방안이었다. 중국 역사상 유례가 없는 시국대토론회! 분명 전무후무한 아주 특별한 사건이었다.

　이것이 그 유명한 '염철鹽鐵 논쟁' 즉 '소금과 철의 전매에 관한 논쟁'이다. 그러니까 소금과 철, 덧붙여 술을 국가가 전매하는 것이

타당한 것인지의 여부를 따지는 논쟁! 곽광과 두연년杜延年 그리고 각 지역에서 추천받아 기용된 선비 60여 명은 소금과 철과 술의 전매가 백성을 고통으로 몰아넣는 주범이라 판단했다. 이들의 반대편에 선 승상 차천추와 승상부의 보좌들, 어사대부 상홍양과 어사부의 어사들은 소금과 철과 술의 전매만이 국가와 백성을 살리는 최선의 방책이라고 주장했다.

무제 때 부국강병을 꾀하며 흉노 원정에 주력했던 한나라 조정은 자금이 많이 필요했다. 변방의 성채를 수리하고 봉화대를 설치하며 군대를 주둔시켜 방비하는 데 드는 비용이 어마어마해 한정된 국고로는 감당이 되지 않았다. 국방비를 조달하기 위해 한나라 조정은 세금을 늘리고, 국가 주도로 장사를 하지 않을 수 없었다. 무제는 상홍양 등이 고안한 소금과 철과 술의 전매를 시행했고, 균수법과 평준법을 시행했다. 전매법은 종전에 소금·철·술을 생산하던 민간인들을 관리로 기용하고 국가가 그 생산과 판매를 독점하여 국고를 채우는 방법이다. 균수법은 국가가 일종의 무역 중개를 하는 것으로 각 지방의 특산물을 세금으로 거두어 다른 지역에 수송하여 균일 가격에 판매하는 것이다. 평준법은 물건을 저렴할 때 사들였다가 가격이 오르면 되팔아 그 차액을 국고로 충당하는 방법이다. 이뿐만이 아니었다. 사형수에게 돈을 받고 처형을 면죄해 주는 속전법 등 국가 재정을 늘리기 위한 온갖 방법이 고안되었다. 이렇게 했음에도 무제 말년 국가 재정은 바닥났고 호구는 반으로 줄었다.

무제의 뒤를 이은 소제, 그리고 소제를 대신해 국정을 다스렸던 곽광은 고민이 깊을 수밖에 없었다. 온갖 세금 갹출과 국가 독점 산업에 열을 올려도 국가 재정은 나아지지 않고 백성은 고통스러웠다. 곽광은 어디서부터 손을 대야 할지 난감했다. 그러나 무제 때의 정책을 개혁하지 않고 이 문제를 해결할 수 없다는 사실만은 명확하게 알고 있었다. 백성들을 고통에서 벗어나게 하기 위해 이전 시대의 적폐 청산은 필수라는 것!

그러나 소제를 함께 보좌하는 집권 세력 차천추, 상관걸, 상홍양 등의 의견을 무시하고 단독으로 개혁을 감행하기에는 위험 부담이 만만치 않았다. 술·소금·철의 국가 전매는 어사대부 상홍양이 자랑하는 정책이었고, 상관걸 등의 집권 세력이 동조하는 바였기에 함부로 폐지를 거론하기는 어려웠던 것이다. 그리하여, 대장군 곽광은 온건 중도파인 승상 차천추를 내세워 현 시국에 대한 대대적인 토론회를 통해 문제를 공개적으로 드러내고 점검하는 방법을 택한다. 곽광에게 시급한 일은 현 시국의 근본적인 문제를 해결하는 것이었고, 정치의 근원을 되돌아보는 것이었다. 곽광을 주축으로 한 개혁파들과 상홍양을 중심으로 한 수구파들은 첨예하게 대립하며 각자의 입장을 개진했다. 이른바, 의기가 하늘을 찌르는 신진 관리들과 노회한 수구 대신들의 대격돌, 무엇이 문제였는가?

부국강병이 살길?

요즈음은 새삼 이런 질문을 자주 하게 된다. 나라가 부유하면 국민은 다 잘살고 정말 행복한가? 군대가 강성하면 국민은 정말 안전한가? 이 문제를 개인으로 가져와도 마찬가지 의문이 든다. 돈이 많으면 행복한가? 힘이 세면 무조건 나를 지킬 수 있는 건가? 물론 국제 질서, 지정학적 위치 등등 고려해야 할 사항이 한두 가지가 아니니, 이런 단순한 질문이 어이없을 수도 있다. 그럼에도 부국강병과 성장만이 최선인 것처럼 여기는 우리의 변치 않는 믿음에 반발심이 생기는 건, 어느 만큼이 성장인지, 어느 만큼 있어야 부자인지, 어느 만큼 무장해야 힘이 센 건지 가늠하기 어렵기 때문이다.

상관걸, 상홍양 등의 수구 집권세력이 부국강병을 주장하며 앞세운 바는 흉노의 침략이다. 무제 때와 마찬가지로 흉노는 여전히 교활하고 엉큼하고 약삭빨라 변방에 제멋대로 들어와 침략을 하기 때문에 군대를 철수할 수 없고, 북벌을 포기할 수 없다는 것이다. 그리고 그다음 논리는 나라를 지키기 위해서는 군비가 확보되어야 하므로 소금과 철과 술의 전매와 균수법 등을 폐지해서는 안 된다는 것이다.

사실 부국강병의 논리는 늘 전쟁과 연결된다. 흉노로부터 나라와 백성을 지키기 위해서 군대를 기르는 것이고, 나라의 재정을 넉넉하게 하는 것이라는 논리. 수구세력들은 백성들이 과도한 세금과 전쟁으로 인해 받는 고통보다 흉노의 침략으로 받는 고통이 더 크다고 여겼다. 이들에겐 이익 논리밖에 없었다. 흉노를 정벌하여 영토를 확장하면 한나라가 안정되며, 그와 함께 변방 근처의 여러 나라들과 교역함으로써 한나라는 부유하게 된다는 것.

이미 무제 말년 흉노 정벌을 통해 영토확장을 하면 할수록 세금과 부역으로 백성들의 삶 또한 피폐해지는 것이 명약관화했음에도 수구세력들은 멈추지 않았다. 이들은 흉노를 핑계 삼았지만 사실 전매와 교역을 통해 얻는 막대한 수익금을 포기할 수 없었던 것이다. 처음에는 흉노의 침략을 막기 위해 군대를 키우고 국방비를 필요로 했다면, 종국에는 막대한 이익을 보장받기 위해 흉노를 적군이자 약탈자로 이용하는 격이었다. 국가의 이익과 관리들의 영달을 위해 오히려 전쟁을 부추기고 상시화하는 것 같았다.

여 땅이나 한 땅의 금이나 섬세한 마포의 공물은 오랑캐와 강족羌族과 교역하여 그들의 보물을 취하기 위한 것이다. 대저 중국의 명주 1단이면 흉노에 쌓여 있는 금으로 바꿀 수 있으며, 이는 적국인 흉노의 재물을 줄이는 것이다.

이렇게 균수법으로 모은 재물이 이웃나라들의 재물로 바뀌어 노새와 당나귀와 낙타에 실려 꼬리를 물고 창고로 들어오고, 뛰어난 야생마와 절따말들이 모두 우리의 가축이 되는 것이다. 담비가죽, 여우가죽, 무늬 있는 털방석과 문채·문양 있는 모직물이 나라의 창고에 가득하고 벽옥과 산호와 유리도 모두 국가의 보배가 되는 것이다.

균수법으로 외국의 물자가 국내로 들어오고 이익은 밖으로 새나가지 않았다. 천하 각지의 묘한 물건들이 국내로 들어오면 나라의 문물이 풍요로워지고, 이익이 나라 밖으로 새나가지 않게 되면 백성들의 사용은 넉넉해지는 것이다.환관, 『소금, 쇠, 술』, 임덕화 편역, 자유문고, 2016, 28쪽

수구세력들은 강해지고 부유해지는 일밖에 몰랐다. "부유한 것은 숫자를 잘 헤아리는 술수에 있는 것이지 자신을 수고롭게 하는 데 있지 않고, 이익은 형세를 만들고 따르는 데 있지 힘써 땅을 경작하는 데 있지 않은 것이다."환관, 『소금, 쇠, 술』, 32쪽 특정 개인이 이익을 독점함으로써 포악스럽고 탐욕스러워지는 것을 막겠다는 취지에서 국가 주도로 시장경제를 드라이브했지만, 이들이 중시하는 것은 이득이었기 때문에 결국에는 사치와 소비를 조장하는 쪽으로 갈 수밖에 없었다.

수구세력이 전매의 필요성과 정당함을 강하게 주장했음에도 신진세력들은 믿지 않았다. 수구세력들은 손쉬운 수익 창출과 귀한 소비재의 개발에 더 관심이 많았기 때문이다. 결국 백성을 안정시키겠다는 애초의 취지는 사라지고, 국가와 결탁한 사람들만이 이 이윤 배분의 잔치에 초대된다는 것! 이 불 보듯 뻔한 진실에 신진세력은 동조할 수 없었다.

문제는 이익이 아니야!

수구세력에 대결하는 신진세력들의 입장은 간결했다. 전쟁을 멈추고, 국가 재정 확보에만 올인하는 독점 정책을 폐지하는 것! "자주 전쟁을 하게 되면 백성들은 피로해지고 오래도록 병사를 사용하면 병사들은 피폐해지는 것입니다. 이것이 백성들이 고통스럽게 여기는 바이며, 융통성 없는 선비들의 걱정이기도 한 것입니다."같은 책, 57

쪽 전쟁을 통한 영토의 확장과 국부의 축적은 황실에는 사치를 조장하면서, 대다수 백성들에겐 궁핍과 고통만을 안겨 준다.

> 백성들이 미식을 좋아하여, 새끼를 밴 짐승이나 알을 품은 짐승들을 죽여 만드는 음식을 좋아한다면 물고기나 짐승의 고기도 부족해집니다. 모직물과 담요와 귤과 유자가 없어지는 것을 근심하는 것이 아니라 나중에 좁은 집에서나마 거친 겨와 술지게미마저 없을까봐 걱정하는 것입니다.같은 책, 9쪽

신진세력이 보기에 이익은 억지로 고르게 한다고 고르게 되는 것이 아니다. 국가가 나서서 특정 개인의 부를 억제하고 부족한 곳에 부를 배분한다고 빈부격차가 사라지는 것은 아니다. "한 해에 오얏이나 매실의 열매가 많으면 다음 해에는 반드시 수확이 적어지고, 햇곡식이 익으면 지난해에 비축한 곡식을 먼저 줄여야 하는 것입니다. 하늘과 땅은 무엇으로도 가득 차게 할 수 없는데 하물며 사람의 일이겠습니까?"같은 책, 60쪽 넘칠 때도 있고 모자랄 때도 있는 것이 자연의 법칙이다. 그러므로 강제로 모두에게 이익을 배분하는 것도 가능하지 않다. 이익을 강조하는 건 욕망만을 부추겨 존재를 이롭게 하기는커녕 종국에는 생명을 해친다.

> 이로운 것을 쌓아도 원망이 쌓이게 되고, 땅이 서하까지 넓어도 재앙에 얽히게 된다면 땅이 넓은 것이 백성들을 고통스럽지 않게 하는

데 어떤 상관이 있다고 하겠습니까?환관, 『소금, 쇠, 술』, 61쪽

그렇다면 어떻게 할 것인가? "옛날에 벼슬하는 자는 농사를 짓지 않았고, 밤에 야간경비를 하는 자들조차 모두가 떳떳한 녹봉이 있어서 이익을 위해 두 가지 일을 겸해 사사로이 재물을 증가시키는 것을 허락하지 않았다."같은 책, 42쪽 이러면 어리석은 자나 지혜 있는 자나 공로가 동일하게 되고 형편이 서로 기울어지지 않는다.

혈기방장하고 의협심 넘치는 신진관리들은 균등한 분배의 정의를 말하지 않는다. 이득의 배분이 똑같다는 건, 환상이거나 기만이다. 누구는 좀 더 많이 누구는 좀 더 적게 가질 수 있다. 그러나 혼자 재물을 다 가져서는 안 되는 법, "저 버려진 볏단. 저 버려진 이삭. 저 불쌍한 과부의 몫이로다"라는 『시경』「소아」 '대전'편의 뜻을 새기고 실천할 뿐이다. 개인도 재물을 독점할 수 없는데, 국가가 나서서 부를 독점하며 이익을 챙겨서야 되겠는가? 이렇게 신진세력은 수구세력의 맹렬한 이익추구의 욕망을 문제 삼았다. 국가도 개인도 이익의 독점에 매달려서는 안 된다. 이익이 눈앞에 보인다고 싹쓸이하지만 않는다면, 너도 살고 나도 산다. 똑같이 배분해서 다 같이 풍요와 사치를 똑같이 누리는 게 잘사는 건, 결코 아니다.

자신들이 노력하여 만들면 저들에게 빼앗기니 그들의 사치스러운 것만 부러워하고 서로 본받으며 위로 올라 그들처럼 살려는 노력이 멈추지 않는 것입니다.같은 책, 77쪽

서로 경쟁하고 다투며, 갑질과 을질을 번갈아 하고, 금수저는 안 내려가려고 안간힘 쓰고 흙수저는 어떻게든 금수저가 되려고 발버둥 친다. 수구세력이 지향하는 이득추구와 강성불패의 신화는 시기와 증오를 키울 뿐이다. 신진세력들이 의견을 개진하면 할수록 수구세력들의 얼굴은 붉어지고 말문은 막힌다. 수구세력들이 신진세력에게 말만 앞서고 실행력은 떨어진다고 발끈했지만, 수구세력에겐 경제 논리밖에 없었다.

　　재화가 부족해도 하고 싶은 것을 맘껏 펼치는 사회, 소박하게 살아도 박탈감에 시달리지 않는 사회, 신진세력이 바란 것은 이뿐이었다. 아니 이렇게 심오했다. 그리고 시국대토론회의 승리는 신진세력에게 돌아갔다. 소제는 소금과 철과 술의 전매를 폐지하자는 신진세력의 손을 들어 주었다. 그리고 술의 전매는 폐지되었다. 아쉽지만 소금과 철의 전매는 폐지되지 않았다. 그러나 선제宣帝(기원전 74~기원전 49 재위) 때, 환관桓寬이라는 관리가 이 '시국대토론회'를 기록함으로써 수구파와 개혁파의 한판 설전을 통한 또 다른 정치의 가능성을 보여 주었다. 『염철론』! 정치담론이 생성·전파되는 현장에 관한 기록. 이 책을 통해 상상할 수 없는, 새로운 정치 양식을 고민해 볼 수 있지 않을까?

4장 창읍왕 유하, 한나라 최단기 황제의 탄생과 몰락

느닷없이 오른 황제

드넓은 중국 대륙에서 황제가 될 확률은 얼마나 될까. 대충 봐도 사막에서 바늘 찾기다. 그렇다면 이런 확률은 어떨. 황제에 올랐다가 폐위될 확률은? 믿기 어렵겠지만, 한나라의 역사에는 실제로 엄청난 확률로 황제가 되었다가 무려 27일 만에 폐위가 된 황손이 있었다. 그는 창읍왕昌邑王 유하劉賀다. 소제의 뒤를 이어 황위에 올랐으나 「본기」에 이름조차 올리지 못한 황제 유하. 그는 어떻게 한나라 최단기 황제라는 불명예를 얻게 된 것일까?

소제는 21세, 재위 13년 만에 갑작스런 건강 악화로 후사 없이 붕어한다. 누가 뒤를 이어야 할까? 곽광은 이를 고민한다. 허나 시간적 여유가 없다. 주지하듯 황제는 한시도 비워 둘 수 없는 자리, 서둘러 후사를 정하지 않는다면 나라는 혼란에 빠질 것이다. 황족과 제후들이 가만있진 않을 것이기 때문이다. 곽광은 서둘러야 했다.

후사의 전제는 단연 무제의 혈육이다. 그런데 당시 무제의 아들 중 유일하게 살아 있던 인물은 단 한 명, 6남 광릉왕 유서뿐이었다. 해서 후사를 논의했던 대부분의 신하들은 광릉왕을 황제로 추대하길 원했다. 하지만 곽광은 유서가 평소 놀기 좋아하고 행동에 절도가 없어, 무제가 생전에 후사에서 제외시킨 아들이란 사실을 알고 있었다. 유서는 제외! 선택은 무제의 손자 항렬로 넘어갔다.

공을 손자 항렬로 넘기자 의외로 결론은 쉽게 나왔다. 찾아보니 조건에 맞는 손자는 무제의 5남 창읍왕 유박의 아들인 19세의 유하가 거의 유일했기 때문이다. 물론 당시 무제의 장남 여태자의 손자 유병이(훗날 선제)가 살아 있었지만, 곽광은 '무고의 화'로 멸족된 황손인 유병이를 전혀 생각하지 못했다. 후보는 유하 단독! 이제 검증만 하면 된다. 헌데 정말 황위에 오르려 했는지, 무제를 20년 동안 보필하며 단 한 번의 실수조차 없던 곽광이 유하와 관련된 가짜뉴스를 진짜뉴스로 오해하는 실수를 범한다. 팩트체크에 실패한 것이다. 결국 곽광의 판단 미스로 유하는 황위에 오른다. 과연 곽광의 선택은 어땠을까?

환락의 파티, 27일간의 천하

곽광의 기대와는 달리, 유하의 인물됨은 '버닝썬 환락파티'를 즐겼던 경제의 아들들과 크게 다르지 않았다. 음란하고 무도했으며, 주변의 충언에 귀 기울이지 않는 전형적인 왕의 아들이었다. 뭐 피하려다, 뭐 만난다더니 곽광이 딱 그러했다. 만일 이런 왕이 황제가 된다면 어떤 모습일까?

참최 상복을 입고도 슬퍼하는 마음이 없었으며 예의를 지키지 않고 장안에 오는 동안에도 검식을 하지 않고 시종관을 시켜 여자를 약취하여 의거에 태워 가지고 머무는 전거에 들여보내게 하였습니다. 처음 황태후를 알현하고 황태자로 책립된 뒤에도 여전히 몰래 닭과 돼지고기를 사다가 먹었습니다. (……) 시종관이 부절을 가지고 가서 창읍국에서 시종과 마부와 관노 등 2백여 명을 데려와서 늘 궁궐 안에 머물게 하며 장난을 치며 놀게 했습니다. (……) 소제의 영가가 전전前殿에 있는데도 악부樂府의 악기樂器를 가져오게 하여 창읍의 악인樂人을 불러들여 장단을 맞추며 노래하고 연기하게 시켰습니다. (……) 천자의 법거를 타고 가며 피헌皮軒과 난기鸞旗를 북궁과 계궁까지 달리게 하고 멧돼지와 호랑이 싸움을 즐겼습니다. (……) 효소황후의 궁인인 몽蒙 등과 음란한 짓을 하고 액정령掖庭令을 불러 감히 발설하면 허리를 잘라 죽이겠다고 하였습니다. 「곽광전」, 『한서』 6, 35쪽

이렇게나 앞뒤 분간이 되지 않는 막장 황제라니. 역시는 역시였다. 한나라의 유교적 예법에 따르면, 황제는 국상기간에 슬픔과 예禮를 다해, 술과 고기를 멀리하고, 모든 향락을 금해야 한다. 하지

만 유하는 황제가 어떤 자리인지, 황제는 국상 중에 어떤 마음으로 무엇을 해야 하는지 숙고하지 못했다. 술과 고기는 물론, 전임황제의 영전 앞에서 콘서트를 열고, 심지어 소제가 생전에 아꼈던 후궁과 음란한 짓을 벌이기까지 한다. 그야말로 광란의 환락파티다. 창읍왕 시절에는 그래도 충간하는 신하들의 눈치라도 봤는데, 이제는 황제라서 눈치조차 보지 않는다. 그의 관심사는 오직 오늘 하루 버닝썬뿐이었다. 유하에게 황제란 그저 자기 쾌락의 범위를 지방에서 전국으로 넓혀 준 수단에 지나지 않았다.

혹 그래도 나름 황제였는데 뭔가 황제로서의 활동을 하진 않았을까? 있긴 하다. 바로 자기 사람 챙기기! 이것이 유하의 유일한 황제 활동이었다. 유하는 기존의 신하들을 제쳐 두고, 창읍국에서 자신을 따라온 신하들 위주로 포상과 관직을 수여했다. 자신의 권력을 공고히 하기 위한 정치 행위였을까? 아니다. 만약 권력욕이 있었다면 처음부터 잘하려 노력했을 터, 국상이라는 시기에 망나니짓을 할 리 없다. 그렇다면 유하의 자기 사람 챙기기는 과연 무엇일까? 사실 유하의 포상 명분은 거창한 데 있지 않았다. 그저 자신과 즐겁게 놀 수 있는 아첨꾼들에게 내린 상일 뿐이었다. 쾌락만 있고 눈치는 없는 진정 저세상 텐션의 황제 유하. 이제 곽광은 어찌해야 하는 걸까?

곽광과 신하들의 민첩한 폐위작전

곽광은 자신의 선택을 후회하며 자책했다. 허나 자책만 하고 있을 순 없었다. 빨리 유하를 끌어내야 나라가 안정된다고 생각한 곽광은 유하를 폐위하기로 결심한다. 그런데 주지하듯 폐위의 도모는 역모 중의 역모다. 언급 자체가 대역죄에 해당하는데, 곽광은 역성혁명이라도 일으키려는 것이었을까?

우리가 흔히 아는 폐위는 이전 왕조와의 단절, 새 왕조의 탄생과 연결된다. 어느 시대, 어느 왕조의 역사를 보더라도 폐위는 늘 이런 방식이었다. 그러나 곽광이 폐위를 대하는 방식은 다르다. 곽광에게 폐위는 자신이 더 많은 권력을 갖기 위해서도 아니었고 더 많은 호사를 누리기 위해서도 아니었다. 오직 한나라의 비전을 유지하기 위한 수단으로서의 폐위였다. 곽광에겐 사심이 없었다. 하지만 유하가 황제로 있었기에 폐위는 폐위였다. 결심을 했다고 함부로 실행할 순 없는 노릇이었다.

곽광은 이 고민을 자신의 부하 전연년田延年에게 털어놓는다. 전연년이 말하길, "선제先帝께서 장군에게 어린 황제를 부탁하신 것은 천하를 장군에게 맡긴 것으로 장군의 충성심과 지혜로 능히 유씨를 안정시킬 수 있다 생각하신 것입니다. 지금 천하는 솥의 물이 끓는 듯하고 사직이 곧 기울 듯합니다. 그리고 한의 시법에 모두 '효'가 들어가는 것은 오래도록 천하를 다스리어 종묘제사를 받게 하려는 것입니다. 만일 한의 제사가 끊어진다면 장군은 죽더라도 무슨 면목으로 지하에서 선제를 뵙겠습니까? 오늘의 이 의논은 빨리 결정해야 합니다. 군신 중 나중에야 호응하겠다는 자는 제가 칼로 베고자 합니다".「곽광전」,『한서』 6, 35쪽

　　전연년이 보기에 무제가 곽광을 임명해 어린 황제를 맡긴 이유는, 나라가 위태로워질 경우, 한나라의 종묘사직을 보존하고, 천하를 안정시킬 수 있는 유일한 인물임을 알았기 때문이었다. 해서 곽광에게 중요한 건 당장의 역모에 대한 두려움이 아니라 무제의 유지와 대의를 어떻게 지켜 나갈 것인가에 있었다. 전연년이 곽광에게 목숨을 주저하며 망설일 시간이 없다고 말하자, 이에 곽광은 유하가 황제로 추대된 지 27일, 마침내 거사를 도모한다.

　　곽광의 주도하에 신하들은 일사불란하게 움직였다. 그리고 '창읍왕은 종묘사직을 계승할 수 없다'는 뜻을 황태후에게 전한다. 황태후 역시 바로 호응, 곧장 폐위를 실행에 옮기라 명한다. 속전속결! 유하를 미앙궁으로 불러오라는 황태후의 명이 유하에게 전해졌다. 영문도 모르고 놀고 있던 유하는 별다른 의심 없이 태후를 뵙기 위해 온실전으로 들어선다. 궁궐 문을 통과하는 순간, 영화처럼 궐문이 '쿵' 닫혔고, 궐 안으로 들어가지 못한 유하의 신하 200여 명은 그곳에서 대기하던 거기장군 장안세張安世의 기병에 의해 순식간에 제압되어 하옥되었다. "나의 예전 신하들이 관직에서 무슨 죄를 지었다고 대장군이 모두를 잡아 두는가? 무슨 죄를 지었다고 나를 소환하는가!"같은 책, 31쪽 유하는 당황하여 소리쳤지만, 소용없었다.

　　곧 황태후가 나오고, 모든 대소신료와 군사들이 좌우측에 사

열하는 가운데, 유하는 그 앞에 끌려 나와 무릎이 꿇려졌다. 그리고 곧 곽광과 신하들이 유하 자신에게 보내는 상주문을 듣게 된다. 상주문에는 앞서 말한 그간의 모든 죄상이 세세히 담겨 있었다. 한 문장으로 정리하면 "황음하고 미혹하여 제왕의 예를 잃고 한漢의 여러 법도를 어지럽힌 죄"「곽광전」, 『한서』 6, 38쪽였다. 상주문 낭독이 끝나고 유하는 황태후령으로 즉시 폐위되었다. 그리고 창읍국의 신하 200여 명은 왕을 제대로 보필하지 못한 죄로 공수龔遂와 왕길王吉, 왕식王式을 제외한 전원이 주살되었다.

　　유하는 눈물 흘리며 후회했다. 그러나 이미 늦었다. 유하는 자신을 추대한 사람이 누군지를 몰랐다. 그저 황제가 된 사실에만 흥겨워했을 뿐, 자신을 추대한 신하들과 어떤 관계를 맺어야 할지 고민하지 않았다. 유하를 추대한 곽광이 누구인가? 정치와 군사권을 양손에 꽉 쥔 실력자로, 소제의 정실부인인 황태후가 자신의 외손녀인 인물 아닌가. 유하는 곽광이 누군가를 선택하면 황제가 될 수 있고, 마음만 먹으면 폐위시킬 수 있는 힘을 가진 신하란 사실을 읽어 내지 못했다. 유하는 그저 오늘 하루 즐기기에 여념이 없던 철부지였던 것이다.

천운을 날린 유하

폐위는 비운일까? 사실 유하에게 비운은 황제에서 폐출된 것에 있는 것이 아니라, 비극을 피할 수 있었음에도 피하지 못한 그의 안일함에 있었다. 예컨대 유하가 폐위되기 10일 전, 곽광을 중심으로 폐위의 의론이 형성될 때, 하후승夏侯勝은 유하에게 다음과 같이 말한다.

> 창읍왕이 제위를 계승하였는데 자주 출유하였다. 하후승은 수레 앞을 가로막고 간언을 하였다. "하늘이 오랫동안 흐리나 비를 내리지 않으니 신하로서 윗자리를 모의하는 자가 있을 것인데 폐하는 어디를 가시려 합니까?" 창읍왕은 노하여 하후승이 요사한 말을 한다며 관리에게 묶어 두라고 하였다. 「하후승전」, 『한서』 6, 481쪽

하후승은 경학과 천지운기에 밝은 자로, 음양의 기가 정체되어 있는 하늘의 상태를 통해, 필시 불경한 일이 생길 조짐을 읽었다. 한마디로 곽광과 신하들의 마음 상태를 읽은 것이다. 그러나 유하는 하후승의 재능과 충언엔 관심이 없었다. 오직 자신의 쾌락로드를 방해하는 신하로 여겨, 하후승을 하옥하는 우를 범한다. 사실 이런 조짐의 해석과 충언은 하후승만 한 것이 아니었다. 신하 공수는 유하가 창읍국에 있을 때, 큰 새들이 날아와 궁중에 모여들고, 왕의 자리가 피로 얼룩진 것이 재앙의 징조라며, 유하에게 삼가고 근신하라 말한다. 그리고 장안에 올라가면 반드시 창읍국의 신하들을 멀리하고, 곽광의 신하들을 곁에 두라 상소했다. 물론 유하는 듣지 않았다. 또한 왕길이란 신하는 유하가 황제가 되어 신나서 올라가는 날, 유하를 붙잡고 다음과 같이 말한다.

신이 알기로, 은殷 고종高宗은 상중에 3년을 말하지 않았습니다. 지금 상사 때문에 대왕을 부른 것이니 응당 주야로 통곡하고 슬퍼하시면 되니 삼가 아무것도 하지 마십시오. 어찌 상사뿐이겠습니까마는 모든 남면의 군주가 무슨 말을 하겠습니까? (……) 신은 대왕께서 대장군을 공경하여 정사를 일임하고 팔짱을 끼고 남면하시길 바랄 뿐입니다. 이를 늘 유의하시기 바랍니다. 「왕길전」, 『한서』 6, 286쪽

왕길은 유하에게 아무것도 하지 말라 이른다. 국상 중이니 그저 제사에 더 집중하고, 모든 정사는 앞서 소제가 했던 것처럼 전부 곽광에게 일임하라 당부한다. 왕길이 보기에 지금의 조정은 황제의 역할이 중요하지 않았다. 오직 곽광을 믿고, 그에 의지해서 국정을 이끌어 가야 하는 형세였다. 그러나 유하는 왕길의 천운과도 같은 충간 역시 듣지 않았다. 참고 삼아 말하자면 하후승과 공수 그리고 왕길은 모두 선제 때의 명신으로 활약한다. 이렇게 훌륭한 신하들을 곁에 두고도 이토록 말을 듣지 않을 수 있다니. 유하에겐 황제에게 가장 필요한 '잘 듣는 귀'가 없었다. 천운의 조건을 모두 갖추고도, 유하가 27일 만에 폐위된 이유에는 이러한 사정이 있었던 것이다.

폐위 후, 다시 한 번 공석이 된 황제의 자리. 과연 누가 소제의 뒤를 이어 이 혼란을 잠재우고 한나라의 가을을 이어 갈까?

5장 선제 유병이, 구사일생으로 목숨을 건지고 황제에 오르다

현대인은 자기 현존에 대한 불행을 상처에서 찾는 것에 익숙하다. 부모에게 받지 못한 애정결핍을 시작으로 이별에, 재수에, 취업 실패까지, 이 상처로 아프고, 저 상처로 아프다. 정말 삶의 불행이 상처에 기인하는 것일까? 그렇다면 이런 상처는 어떨까? 천애고아에, 한때는 고귀한 황족이었으나 자신의 의지와는 상관없이 역적의 자손이 되어 밑바닥으로 떨어진 삶. 오늘날 현대인의 상처와 견주어 보아도 결코 부족함이 없는 불행한 삶의 조건이다. 그런데 이 상처의 주인공은 훗날 유하의 뒤를 이어 황제에 올라, 위대한 군주에게만 붙는 시호 선宣을 부여받는다. 바로 선제 유병이劉病已(재위 기원전 74~기원전 49)다. 이것이 과연 삶의 조건만으로 설명이 가능한 삶일까? 우리는 마치 모든 것을 다 갖춰야 불행하지 않을 거라 생각하지만, 모든 좋은 조건을 다 갖추고도 폐위가 된 유하와, 아무것도 없는 상태에서 황위에 올라 성군이 된 유병이를 보면, 행과 불행이 결코 주어진 조건에 있지 않음을 알 수 있다. 중요한 건 주어진 조건이 아니라 그 조건과 내가 어떻게 관계 맺고 있는가다. 과연 유병이는 자신의 운명과 어떻게 관계 맺었기에 평민에서 일어설 수 있었던 것일까?

병길, 유병이의 목숨을 살리다

황증손 유병이는 태어남과 동시에 죽음에 놓인 운명이었다. 시간은 무제 치세, '무고의 화'가 한창인 때로 거슬러 올라간다. 유병이는 대외적으론 무제의 증손자이자 여태자 유거의 손자, 그리고 여태자의 장남인 유진을 아버지로 둔 명실상부 무제의 적장자 라인이다. 별탈이 없었으면 풍요로운 어린 시절은 물론 차기 황권까지도 노려 볼 만한 위치였다. 허나 주지하듯 여태자는 '무고의 화'에 연루되어 자살로 생을 마감했고, 가문은 멸족되었다. 그렇게 해서 죽은 이들이 약 200~300여 명. 이 해에 태어난 유병이 역시 죽음을 피해 갈 순 없을 듯 보였다. 그러나 유병이는 이 화마에서 홀로 살아남는다.

강보에 싸인 아기 유병이가 무고와 관련된 자들을 조사하던 치옥사자 병길丙吉을 만난 건 그야말로 천운이었다. 아기의 힘이었을까? 병길은 울고 있는 유병이에게 차마 법을 적용할 수 없었다. 연민의 마음이 생겼던 까닭이리라. '아이가 무슨 죄가 있겠는가!'

병길은 유병이를 감옥에서 몰래 키우기로 결심한다. 후덕한 여자 죄수를 골라 그녀들의 형구를 풀어 주어 젖을 물리고, 자신의 사비로 옷과 음식을 마련하여 황증손이 깨끗한 곳에 머물 수 있도록 배려했다. 그러던 어느 날, 유병이에게 위기가 찾아온다.

> 무고 사건은 몇 년이 지나도 해결되지 않았다. 후원 2년에 이르러 무제는 노환으로 장양궁과 오작궁에 머물렀는데 망기자望氣者가 장안의 옥중에 '천자의 기운'이 있다고 보고하자, 무제는 사자를 보내 중도관을 나눠서 감옥에 있는 자의 죄의 경중을 막론하고 모두 죽이라고 하였다.「선제기」,『한서』1, 419쪽

상상하면 무척 손에 땀을 쥐게 하는 장면이다. 기氣를 보고 동정을 살피는 관리 망기자는, 옥중에 천자의 기운을 감지한 후 무제에게 보고한다. 보고를 받은 무제는 그야말로 대노한다. 천자가 버젓이 살아 있는데, 천자의 기운이라니! 게다가 그 기운의 출처가 감옥이라니! 무고 사건이 아직 해결되지 않았고, 계속해서 반란의 기운이 생기는 것에 불안함을 느낀 무제는, 내자령內者令 곽양郭穰에게 죄의 경중을 가리지 말고 모두 죽이라 명한다. 곽양은 군대를 이끌고 한달음에 출군하여, 장안의 감옥에 당도한다. 옥문을 열고 들어가려는 그때, 병길은 단신으로 곽양과 그의 군대를 막아선다.

"황증손이 계시다. 무고한 다른 사람이 죽는 것도 불가한데 하물며

친증손을 죽일 수 있는가!" 서로 맞서며 날이 밝을 때까지 들어가지 못하자, 곽양이 돌아가 보고하며 병길을 고발하였다. 무제 또한 뉘우치며 말했다. "하늘이 시킨 일이로다." 그러고서는 천하에 사면령을 내렸다. 군 관사의 옥에 갇혀 있던 자들만 병길 때문에 살 수 있었으니 그 은혜는 사해에 두루 미친 셈이었다. 황증손이 병이 들어 거의 살지 못할 것 같았던 일도 여러 번 있었다. 병길은 자주 유모에게 의약을 보내 주고 잘 돌보라고 타이르면서 특별히 은혜를 베풀며 사재로 의식을 공급해 주었다. 「병길전」, 『한서』 6, 455쪽

관료제가 공고했던 한무제 시절, 일개 치옥사자가 황제 직속 내자령과 그의 군대를 막아서는 일은 감히 상상조차 할 수 없는 일이다. 그러나 병길은 그 모든 직급을 무시하고, 치옥사자의 원칙으로 곽양의 군대에 맞서 옥문을 열어 주지 않았다. 율령에 이르길, 아무리 죄인이라 하더라도 나라에서 정한 그 이상의 형벌은 불가했기 때문이다. 병길이 보기에 무제의 명령은 무고한 사람을 죽이는 일과 같았다. 게다가 황증손은 죄가 없었다. 아기여서도 죄가 없지만 앞서 무제가 차천추의 상소로 여태자의 무죄를 선고한 후였기 때문에, 연좌될 죄 역시 없었던 것이다. 결국 병길이 끝까지 옥문을 열어 주지 않은 덕분에, 유병이는 구사일생으로 살아난다. 뿐만 아니라 유병이와 같은 곳에 갇혀 있던 죄인들을 살리고, 증손자를 자신의 손으로 죽일 뻔했던 무제마저 살렸다.

생명을 살리기 위한 마음씨는, 시대를 넘어서 감동을 준다. 『한

서』역시, 이런 병길의 행위를 '사해에 두루 미친 은혜'라며 극찬했다. 그런데 『한서』에서 반고가 짚어 낸 병길의 위대함은 하나가 더 있다. 그것은 무엇일까?

반고가 주목한 병길의 위대함, 그것은 누구나 할 수 있지만, 누구도 쉽게 할 수 없는 '일생불념은'一生不念恩에 있었다. 우리는 흔히 조금의 선행도 미담으로 회자되길 원하고, 그것을 어떤 형태로든 인정받고 싶어 한다. 그러나 병길은 큰 은혜를 베풀었으면서도 일생 동안 자신의 공적을 드러내지 않았다. 울고 있는 황증손을 보고 연민을 느껴 도와주었을 뿐, 처음부터 그 어떤 계산과 기대가 없었기 때문이었다. 사심 없는 용기와 생색 없는 마음. 병길이 자신의 목숨을 돌보지 않으면서까지 유병이를 살릴 수 있었던 건 바로 이 마음에 있었다.

부모 역할을 자처한 장하

혹리 장탕의 아들이자, 무제가 총애했던 신하 장안세의 형인 장하 張賀는 젊은 날 여태자를 섬겼다. 그러나 인생사 한 치 앞도 내다볼 수 없다더니, 여태자가 '무고의 화'에 얽히면서 태자를 섬겼던 모든 이들이 사형에 처해지고, 장하 역시 내일을 기약할 수 없었다. 죽을 날만 기다리고 있던 그때, 장하는 천운으로 살아남는다. 당시 무제에게 신임받고 있던 동생 장안세가, 형 장하를 위해 '사형만은 면하게 해 달라'는 상소를 올렸기 때문이다. 해서 장하는 사형 대신 부형(궁형)을 받아, 극적으로 죽음만은 면한다.

형 집행 후, 장하는 액정(후궁의 거처)을 관리하는 액정령으로 근무하게 되었다. 그런데 얼마 뒤, 인연이었는지 운명처럼 유병이가 장하 앞에 놓인다. 병길의 도움으로 사면받은 유병이가, 옥이 아닌 액정에서 자랄 수 있도록 황제가 윤허했기 때문이었다. 장하는 평소 여태자가 무고하게 죽은 것을 가슴 아파하였던바, 옛 은정을 생각하여 홀로 남겨진 유병이를 물심양면으로 보살피며, 부모 역할을 자처했다. 장하 자신의 사비로 먹여 주고 입혀 줌은 물론 유년기의 유병이를 공부시키며 그의 역량을 키워 주었다. 그런 유병이 역시 장하의 뜻을 알았는지, 학문에 정진하며 조금의 엇나감도 없었다.

흔히 공부는 시키면 누구나 할 것 같지만, 사실 공부는 시킨다고 되는 것이 아니다. 현실을 보자. 창읍왕 유하만 하더라도 공수, 왕길, 왕식과 같은 역대급 브레인들이 '스카이 캐슬'을 이루어 공부를 시키고자 했건만 죽어라 도망만 다니지 않았던가. 그러나 유병이는 공부를 했다. 누가 시켜서가 아닌, 미래를 위해서가 아닌, 오직 좌천된 황손으로서 지금 할 수 있는 유일한 일이 공부임을 알았던 것이다. 하여 유병이는 열심히 『시』를 외우고 『서경』을 읽고 『효경』을 암송했다. 그렇다고 유병이가 공부만 하는 샌님은 아니었다. 말타기와 활쏘기에도 능했고, 평민들 사이에서 성장하였기에 현실 감각도 뛰어났으며, 무엇보다 겸손했다.

정말 큰 인물이 갖춰야 할 모든 조건을 다 갖춘 듯한 유병이.

장하는 유병이를 자신의 손주 사위로 삼고 싶어 했다. 그가 황손이어서가 아니라, 가르쳐 보고 겪어 보니 괜찮은 청년이라 생각했기 때문이다. 장하는 그런 자신의 뜻을 동생 장안세에게 전한다. 그러나 안세는 극력 반대한다. 왜일까?

장안세, 억누르고 반대하여 유병이를 살리다

유병이는 상서로운 기운을 몰고 다니는 아이였다. 일례로 옥 안에 갇혔을 때, 천자의 기운이 감옥을 뒤덮은 사건이나, '온몸과 발에도 털이 많았고 누워 있을 때는 몸에서 빛이 났다. 증손이 떡을 사면 떡장수는 그날따라 많이 팔았는데 증손도 이를 이상하다고 생각하였다'「선제기」,『한서』1, 421쪽라는 일화. 이 밖에도 유병이가 아직 어릴 때, 민가에서 큰 돌이 저절로 일어서고, 그 돌 주위로 흰 새 수천 마리가 주변에 모여들었으며, 창읍의 말라 죽은 사목이 다시 살아나는가 하면, 상림원의 큰 버드나무가 잘려 쓰러져 있었는데 저절로 일어나 살아났고, 벌레가 파먹은 나뭇잎에는 공손병이립公孫病已立(공손 병이가 즉위한다)이라는 글자가 새겨져 있었다는 일화. 유병이는 결코 평범한 아이가 아니었던 것이다.

이런 신기한 일들을 보게 되면 주변에 이야기하고 싶은 것이 사람의 마음이다. 유병이를 가르쳤던 장하는 자주 들뜬 마음으로 이런 유병이와 얽힌 여러 상서로운 일화와 자질들을 안세에게 전했는데, 안세는 그때마다 어린 황제 소제가 재위했으니 절대로 증손의 이야기를 입 밖에 내서는 안 된다며 형의 들뜬 마음을 눌렀다. 일례로 당시 수홍眭弘이란 자는 『춘추』의 뜻을 근거로 "지금 큰 돌이 저절로 일어서고, 쓰러졌던 버드나무가 다시 일어선 것은 필시 인력이 아니니 이는 필부에서 천자가 되는 사람이 있다는 뜻이다"「수양하후경익이전」, 『한서』 6, 478쪽라는 해석을 했다가 대장군 곽광이 처형한 바 있었으니, 장안세의 근신에는 이유가 있었던 것이다. 형 장하와 가문을 살리고 유병이를 살리는 길은 오직 하나였다. 유병이가 주목받는 인물로 성장하지 않는 것! 이런 안세의 판단은 매우 적확해서, 훗날 유병이는 선제로 즉위했을 때, 장안세에게 '액정령(장하)이 살아 있을 때, 내 이야기를 하면 장군이 못 하게 한 것은 옳은 일이었소'라며 감사를 표한 바 있다.

장안세가 유병이와의 결혼을 반대한 건 바로 이 때문이다. 당시 장안세는 곽광과 함께 소제를 근거리에서 보필하는 위치였다. 그런 안세의 집안에서 혼례가 있다고 생각해 보라! 결혼 상대자가 누구인지, 어떤 권력자의 자제인지, 어떤 사연을 갖고 있는 인물인지에 대한 소문이 얼마나 빠르겠는가. 게다가 소문이 나면 권신들 사이에서의 이간질은 불 보듯 훤하다. 안세는 자신의 집안과 유병이가 엮인다면 서로에게 좋지 않을 것을 예상했던 것이다. 이러한 이유로, 결국 장하는 유병이와의 혼사를 단념한다.

그렇다고 장하가 유병이의 혼례를 포기한 것은 아니었다. 어떻게 해서든 유병이를 결혼시키려 혼처 자리를 계속해서 알아본다. 때마침 장하는 같이 액정에서 근무하는 허광한許廣漢에게 딸이 있다는 소문을 듣고 허광한에게 유병이를 사위 삼도록 제안한다. 이에 허광한은 장하의 술 한 잔에 흔쾌히 수락한다. 그런데 왜 장하는 허광한에게 중매를 놓은 것일까? 그 이유가 자못 흥미롭다.

허광한은 참 운이 없던 인물이었다. 얼마나 운이 없었냐 하면 낭관으로 무제를 따라 감천궁에 갔을 때 다른 낭관의 말안장을 자신의 말안장에 얹었다가 발각되었는데, 이 사소한 실수로 궁형을 받는다. 게다가 얼마 뒤 상관걸 모반사건 때, 허광한은 상관걸의 사무실을 압수수색 했다가 별 소득 없이 나온 일이 있었다. 그런데 문제는 그다음이었다. 함께 들어갔던 관리 중 한 명이, 상관걸의 사무실에서 증거를 찾아 나온 것이 아닌가. 이 일로 허광한은 업무 부실이라는 죄명으로 궁중의 땔나무를 하는 노역을 하게 되고, 뒤에 액정에 보내졌다가 나중에서 폭실(직물 염색하는 곳)의 색부(하급관리, 잡부)가 되었다. 좌천에 좌천! 형벌에 형벌! 이런 사람이 바로 선제의 장인이었던 것이다.

장하가 허광한처럼 별 볼 일 없는 사람과 유병이를 연결해 준이유는 동생 장안세의 조언을 따랐기 때문이다. 소제가 황제로 있는 한, 소제보다 더 똑똑한 무제의 후손이 살아 있다는 소문이 돌면, 곽광이 유병이를 가만둘 리 있겠는가. 장하가 보기에 허광한은 그런 의미에서 적임자였다. 권력의 변두리에 위치한 인물이자 중앙권력에 별 위협이 되지 않는 인물. 허광한과 사돈을 맺은 덕에 권력의 시야에서 완전히 벗어난 유병이는 목숨을 보존할 수 있었으니, 어떤 때에는 별 볼 일 없는 조건이 어떤 때에는 천운의 조건으로 작용한다는 것은 바로 이를 두고 하는 말일 것이다.

인연과 더불어 만들어진 천운

항상 기회는 예상하지 못한 곳에서 출현한다. 유병이가 허평군許平
君과 혼인을 한 후, 훗날 원제가 되는 유석劉奭을 출산했을 무렵, 창
읍왕 유하는 황위에 오른 지 27일 만에 음란한 행위를 이유로 폐위
되었다. 조정은 곽광을 중심으로 다시 황제를 찾아 나섰다. 과연 누
가 소제의 뒤를 이어야 할 것인가? 곽광은 두 번의 실수는 없다는
마음가짐으로 더욱더 철저하게 인사검증을 진행했다. 그러나 회의
를 거듭해도 황제를 정할 수 없었다. 이에 병길은 곽광에게 글을 올
려 유병이를 추천한다.

> 삼가 많은 사람의 의견을 따르고 말의 사실을 살펴보더라도 제후 종
> 실로 그 반열에 있는 분이 궁궐 밖 민간에 있다는 말은 못 들었을 것
> 입니다. 그러나 [무제의] 유조遺詔에 의거 무제의 증손으로 이름은 유
> 병이인데 궁중 비빈의 거처에 살다가 궁 밖 민간에 사시며 제가 전
> 에 군의 관사에 있을 때 돌보았는데 지금 나이 18, 9세가 되었으며
> 경학에 밝고 준수한 체구에 행실이 안온하고 지조가 있고 온화한 분
> 입니다. 바라옵건대, 장군께서는 상세히 의논하시고 점괘도 참고하
> 시되 만약 그 분을 기리고 널리 드러내겠다면 우선 모셔다가 입시
> 하게 한 다음에 천하에 알리고 큰 방책을 결정하신다면 백성에게 큰

복이 될 것입니다!「병길전」, 『한서』 6, 457쪽

　　훌륭한 군주의 자질은 무엇일까? 군주의 덕목은 시대와 함께 간다. 진나라 말기처럼, 왕조를 무너뜨리고 일어설 때는 용맹하면서도 신하들을 포용할 수 있는 한고조의 리더십이 필요하고, 막 전란이 끝나 백성들의 살림이 회복되어야 할 시기에는, 문제와 경제처럼 무위의 리더십이 필요하다. 병길이 보기에 지금은 한나라의 가을이었다. 가을은 기운을 내부로 수렴하는 계절이기에 다른 어느 계절보다 내실을 채우고 겸손해야 하는 시기였다. 지금의 한나라에는 이런 군주가 필요했다. 겸손하고 안온하여, 공검할 수 있는 군주 말이다. 병길이 보기에 그런 인물은 현재 한 명뿐이었다. 바로 유병이다. 그리고 우리가 익히 알듯 그는 곽광에 의해 한나라 10대 황제로 추대된다.

　　유병이의 유년시절부터 황제가 되기까지의 삶을 보면 '천운'에 대해 생각해 보게 한다. 죽을 자리에서 목숨을 건지고, 낮은 곳에서 일어나 황제가 된 유병이의 삶은 그야말로 천운 아닌가. 우연히 나타나 목숨을 구해 준 사람, 우연히 나타나 공부를 시켜 준 사람, 우연히 나타나 자신의 딸을 내어 준 사람, 우연히 나타나 자신을 감춰 준 사람, 우연히 나타나 자신을 황제로 추천해 준 사람 등. 자신의 의지와는 상관없이 등장하여 조금의 사심 없이 도움을 준 알 수 없는 인연들. 이러한 인연들을 천운이 아니라면 대체 무엇으로 설명할 수 있을까. 천운이란 곧 사람인 것이다. 그런데 이렇게만 보면 뭔가 석연치 않은 부분이 있다. 천운이 사람이라면, 폐황제 유하의 삶은 대체 어떻게 해석해야 하는가. 주지하듯 유하는 천운이란 천운은 다 가진 자 아니었던가! 그럼에도 유하에겐 그 인연들이 천운으로 작동하지 않았다. 왜일까?

　오는 인연도 중요하지만 그것을 받아들이는 사람의 마음가짐이 더 중요한 건, 천운은 그저 주어지는 것이 아니라 만들어 가는 것에 핵심이 있기 때문이다. 그런 의미에서 유하는 그 인연을 자신의 천운으로 만들려는 의지와 노력이 없었다. 오직 자기 쾌락만 있었을 뿐! 그러나 유병이는 달랐다. 유병이는 자신에게 주어진 상황이 유리하든 불리하든, 그런 상황에 연연하지 않고 주어진 인연들을 믿으며 그들과 진솔한 관계를 평담하게 이어 갔다. 아무런 사심 없이 관계를 이어 갔던 바로 이 힘이, 병길로 하여금 유병이를 추천하게 하고 결국 황제에 이르게 한 것이다. 인연과 더불어 관계 속에서 노력해야 만들어지는 것. 그것이 바로 천운이다.

힘이 없는 군주가 살아남는 법

몰락한 황족의 후손으로 18년간 평민으로 지내다 천운으로 황제에 오른 선제 유병이. 그는 정치와 권력의 중심으로부터 가장 멀리 있었지만, 막상 황위에 오르자 기다렸다는 듯이 선정을 펼쳐, 한나라의 중흥기를 열었다. 선제의 무엇이 이것을 가능하게 했을까? 이 부분을 이해하기 위해서는 우선 선제의 25년간의 재위 기간 중 초기 8년간의 행적, 그 중에서도 선제와 곽광의 8년간의 힘 관계를 살펴볼 필요가 있다. 왜냐하면 아무것도 없이 재위에 오른 선제가 곽광의 권력을 해체하고, 조정의 헤게모니를 장악하는 데 걸린 시간이 무려 8년이기 때문이다. 지금부터 그 이야기를 해보려 한다.

선제 초기 8년은 곽광의 시대였다. 곽광이 누구인가? 앞서 보았듯 곽광은 어린 황제 소제를 보필하여 나라를 안정시키고, 한나라의 사직을 보존키 위해 음란한 유하를 폐위했으며, 사심 없이 선제를 옹립한 충신 중의 충신이다. 반고 역시 그런 곽광을 "주공과 이윤이라도 이보다 더하지는 못했을 것"이라며 극찬했다. 그런데 이 부분에서 한 가지 문제가 생긴다. 소제가 후사 없이 붕어하면서 생긴 힘의 공백이, 곽광의 힘을 크게 만든 것이다. 그 힘이 어찌나 대단했던지 황제를 넘어설 정도였다. 황제를 옹립하고 폐위할 권한을 쥐었으니 왜 그렇지 않겠는가. 이러한 힘의 배치에서는 군신 간 힘의 불균형은 피할 수 없다. 힘이 없는 황제와 힘이 과한 신하!

> 선제가 처음 즉위하여 고묘에 알현할 때, 대장군 곽광이 따라 참승하였는데 선제는 마음속으로 곽광이 두려워 등에 가시가 찔리는 것 같았다. 뒤에 거기장군 장안세가 곽광을 대신하여 참승하자 천자는 마음과 몸이 모두 너그러워 매우 편안하였다.「곽광전」, 『한서』 6, 69쪽

곽광의 참승 동행은 선제를 힘으로 겁박하기 위함이 아닌 그저 '신하의 예'였을 뿐, 다른 의도가 없었을 것이다. 허나 선제는 곽

광의 존재만으로도 두려움을 느꼈다. 곽광이 나쁜 신하여서가 아니라, '황제의 스승이자 보호자'인 곽광이 황제에게 행할 수 있는 실질적인 힘! 바로 '옹립과 폐위'의 권한이 선제를 두렵게 만든 것이다. 만약 곽광의 눈에 잘못 들기라도 하면 선제 자신도 유하처럼 내쳐지지 말란 법이 없다. 하여 선제는 재위 초부터, 곽광과 관계 맺는 법에 대해 고민하기 시작했다.

선제 옹립 후, 곽광은 선제에게 정사를 돌려주려 했다. 그런데 어쩐 일인지 선제는 곽광의 제안을 거절하고, 모든 것을 곽광에게 일임한다. 왜일까? 기억을 더듬어 왕길이 폐황제 유하에게 했던 제언을 떠올려 보자. 왕길은 황제로 추대되어 올라가는 유하를 붙잡고 "대장군 곽광에게 모든 것을 일임하고 아무것도 하지 말라" 간언한 바 있다. 당시 조정은 곽광을 중심으로 질서가 만들어진 형세여서 갓 임명된 황제가 할 일이란 거의 없었기 때문이었다. 그러나 유하는 이 조언을 따르지 않아 폐위의 수모를 겪었다.

반면 선제가 곽광과 관계 맺는 법은 달랐다. 선제는 모든 신하가 보는 앞에서 곽광을 스승처럼 대했다. 만나면 낯빛을 바로 하고 예를 다해 겸양했다. 선제가 보기에 한나라의 형세는 그 누가 황제가 되더라도 곽광에게 위임하는 것이 모두에게 이로운 자리였기에 나서고 싶더라도 지금은 나설 때가 아니었다. 게다가 황제의 자리란 쉬운 자리가 아니다. 50년 이상 재위한 무제에게도 황제는 어려운 일이었는데, 선제의 경우 어제까진 평민이었다가 갑작스레 황위에 오른 군주였으니 무엇을 할 줄 알았겠는가. 선제는 치국에 대해 배워야 할 것이 너무 많았다. 그렇다면 누구에게 배워야 할 것인가? 곽광은 두려운 신하였으나 무제가 탕진했던 한나라의 살림을 회복하고, 신하들의 마음을 하나로 모은 리더십만 보더라도, 황제의 스승이 될 만한 자격이 충분한 자였다. 이러한 이유로 선제는 곽광을 스승처럼 대하며, 모든 정사를 곽광에게 일임했던 것이다. 배우는 자의 자세로, 모든 마음을 비우고.

조용히 자기 목소리를 내다

충심으로 황제를 보좌했던 곽광에게도 약한 고리가 있었다. 그것은 집안 문제였다. 문제의 시작은 곽광의 아내 현부인의 욕망이었다. 현부인은 선제가 황위에 오르자 자신의 막내딸 곽성군을 황후로 만들고 싶어 했다. 남편이 무소불위의 권력을 갖고 있던 데다, 곽광의 눈치를 보던 신하들이 황후 책봉 의론이 나올 때마다 곽광의 딸을 추천했기에 일은 순조로운 듯 보였다. 허나 선제는 이 상황을 꿰뚫었는지, 황후 책봉문제가 거론되자 "미천할 때 쓰던 칼을 찾는다"는 의외의 조서를 반포한다. 여기서 말한 '미천할 때 쓰던 칼'은 진짜 칼이 아니라 얼마 전까지 함께 지냈던 허광한의 딸 허평군을 말한다.

　황후 책봉문제는 간단한 문제가 아니다. 황후와 연결된 외척을 자신의 세력으로 삼아 기존의 권력층을 견제하려는 의도도 있기 때문에 황후 책봉엔 많은 계산이 오고 간다. 그러나 당시 곽광의 세력을 견제할 수 있는 가문은 없었다. 그러한즉, 선제가 곽성군과 결혼한다면 그것은 곽광의 세력을 견제하기는커녕 오히려 곽광의 세력을 더 크게 해주는 결과를 초래할 게 뻔했다. 선제는 이런 상황을 만들고 싶지 않았다. 게다가 선제는 작은 인연도 소중히 여기던 인물이었기에, 자신이 살기 위해 조강지처와의 의리도 저버릴 수 없었다. 선제는 조강지처와 의리를 지키고, 곽광의 세력을 견제하기 위해서라도 황후 책봉만큼은 자신의 목소리를 내야 했다.

그런데 문제는 선제가 이런 말을 대놓고 할 수 없다는 것에 있었다. 왜냐하면 군신 간의 힘 배치도 그러했거니와, 조정에서는 이미 곽광의 딸을 황후로 책봉해야 한다는 그들만의 여론이 형성되어 있었기 때문이다. 선제에겐 자신의 의견을 관철시키면서, 동시에 그들이 거절할 수 없는 명분이 필요했다. "미천할 때 쓰던 칼을 찾는다"는 선제의 조서는 바로 이런 명분을 모두 갖춘 자구책이었던 것이다. 직접적으로 자신의 뜻을 드러내지 않으면서도, 은근히 자신의 뜻을 드러내어 신하들의 여론을 뒤흔들 자구책! 선제에겐 도박이었지만, 결과적으로 이 조서로 인해 신하들의 여론은 흔들렸다. 무엇보다 허평군을 황후로 책봉하려는 선제의 마음이 한나라가 표방하는 유교적 비전과도 맞기까지 했다.

운이 좋았는지 눈치 빠른 신하 중 한 명이 선제의 조서를 이해하여, 허평군을 민가에서 데려와 황후로 책봉하자는 상서를 올린다. 그리고 얼마 뒤, 허평군은 황후에 오른다. 무척 소극적으로 보였던 선제의 행동이 실은 자신이 놓여 있던 상황 속에서 할 수 있는 매우 적극적인 행동이었던 것이다.

곽씨 가문의 만행, 힘의 중심이 선제에게로!

허평군이 황후로 책봉되자 격분한 현부인은 허황후를 죽이기로 결심한다. 고귀한 자신의 딸이 미천한 평민의 여인에게 밀렸다는 사실도 참을 수 없었지만, 무엇보다 막내딸을 황후로 만들고 싶었던 자신의 욕망이 참을 수 없이 컸던 것이다. 얼마 후, 현부인은 여의女醫 순우연淳于衍을 꾀어 허황후 독살을 사주한다. 때마침 허황후가 출산을 앞두고 있어 기회까지 좋았다. 순우연은 일이 성사되면 남편의 진급을 보장하겠다는 현부인의 제안을 수락하여 황후의 약에 독을 풀기로 한다. 일이 성사되려 했는지 순우연이 제조한 독약은 태의太醫에게 걸리지 않고 다른 약들과 섞여 한 번의 실수 없이 허황후의 입으로 들어갔다.

약을 먹은 허황후는 머리가 깨질 듯하여 곁에 있던 순우연에게 물었다. 혹시 자신이 먹은 약에 독이 들어가 있는 건 아니냐고. 당연한 말이지만 순우연의 입에선 아니라는 말밖엔 나올 게 없었다. 그렇게 순우연의 아니라는 답을 들은 것을 끝으로 허황후는 죽었다. 황후로 책립된 지 꼭 3년 만이다.

황후가 죽고 얼마 후, 황후의 병을 치료했어도 효과가 없었던 일을 조사해야 한다는 상서가 올라왔다. 이에 선제는 치료 관련자들을 소환하여 곽광에게 사건의 진실을 규명할 것을 명한다. 이 소식을 들은 현부인은 당황했다. 출산 직후의 죽음이라 별다른 의심 없이 지나갈 줄 알았는데 진상규명이라니. 무엇보다 옥리들이 순우연을 심하게 문책하여 발설하기라도 한다면 큰일이었다. 이에 현부인은 곽광에게 사실을 털어놓으며, 순우연을 심하게 조사하지 말 것을 부탁했다. 곽광은 경악했다. 그러나 거기까지였다. 오랜 시간 공명정대하게 정사를 돌본 곽광이었지만 차마 부인에게까지 공적인 잣대를 적용할 수 없었던 것이다. 곽광은 자신의 힘으로 순우연이 죄가 없다는 거짓 진술서를 황제에게 올리고 순우연을 풀어준다. 그리고 얼마 뒤, 곽광은 자신의 딸을 황후에 앉힌다. 명실상부 한나라 최고 권력 가문이 탄생한 것이다.

한 번 양하면 한 번 음한 것이 자연의 법칙이다. 별다른 부침 없이 가장 높은 자리를 지켜 왔던 곽광은 막내딸이 황후가 된 지 3년 만에 최고의 자리에서 융숭한 대접을 받으며 죽음을 맞이한다. 무덤의 크기는 물론 부장품까지 모든 것이 황제의 예에 준했다. 여기에 후손들의 부세 또한 평생 면제해 주고 작위도 보장해 주었으니 이는 개국공신 못지않은 파격이었다. 선제는 왜 이런 혜택을 베푼 것일까?

곽광의 공은 물론 컸다. 선제 역시 그의 공적을 잊지 않고, 고마움을 드러낸 측면도 없지 않았다. 그러나 선제에겐 곽광이 죽은 후, 곽씨 가문이 갖게 될 불안도 해결해야 했다. 여전히 대부분의 권력을 갖고 있던 그들이었기에 이들을 안심시킬 필요가 있었던 것이다. 그런데 이때 선제는 알고 있었을까. 이러한 자신의 호의가 훗날 곽씨 가문의 방종으로 이어져 힘의 무게추가 결국 자신에게로 향하게 될 것이란 사실을.

실제로 곽씨 가문은 이때부터 분에 넘치게 사치스러워졌다. 자기 집안의 건재함을 보여 주고 싶었던 것인지 현부인은 남편의 무덤을 황제의 무덤보다 더 크고 더 화려하게 꾸몄고, 아들인 곽우霍禹와 조카 곽산霍山 역시 자신의 집을 더욱 크게 늘렸다. 게다가 황제도 하지 않는 집안에서 가마 타기와 황후의 침소 시도 때도 없이 드나들기 및 황제 사냥터의 프리패스까지. 곽씨 가문의 참월 행위는 점점 도를 넘고 있었다.

선제, 드디어 칼을 뽑다

이 무렵 선제에겐 조금씩 정치 참여의 명분이 조성되고 있었다. 정권을 쥐고 있던 곽씨 가문이 정사를 소홀히 하자 조정에선 곽씨 가문의 권력을 제한해야 한다는 상서가 밀려들기 시작한 것이다. 특히 어사대부 위상魏相이 곽씨 가문을 중심으로 운영되는 국정의 문제를 신랄하게 비판하며 여론을 주도한 것이 컸다. 황실이 아닌 실권을 쥔 재상에 의해 독점되고 있는 인사권 문제와 그런 재상의 처자식의 무례와 방종, 그리고 황제에게 직언의 기회를 가로막는 기존의 상서제를 폐지하고 봉사封事제를 실시해야 한다고 간언한 것이다. 여기서 말하는 봉사封事는 곽씨 가문의 권력을 축소하기 위한 중요한 방책 중 하나로, 황제에게 직접 간언하기 위한 특수 제작 상주문을 의미한다. 곽광이 살아 있을 때의 상서上書는 원본과 부본을 같이 올려 상서尙書: 천자와 신하 사이에 왕래하는 문서를 맡아 보던 관직가 부본을 읽고 필요 없는 상주라 생각하면 올리지 않았는데, 이는 모든 정사가 곽광에 의해 진행되었음을 의미한다.

선제는 곧장 위상의 의견을 수렴하여 봉사제를 택한다. 이는 황제의 정치권을 되찾아오는 무척이나 상징적인 일인데 왜냐하면 모든 신하가 군주에게 봉사로 상주하는 일은 국정의 거의 모든 일에 군주가 개입하겠다는 선언과 다름없기 때문이다. 곽광이 살아 있을 때 겸양으로 침묵했던 선제가 이제 서서히 자신의 목소리를 내기 시작한 것이다.

이렇게 선제가 위상을 중심으로 정계 개편을 단행할 때쯤, 선제의 귀에는 하나의 놀라운 소문이 들려온다. 그것은 허황후 사건의 전말이었다. 선제는 가족의 비리 앞에 눈감았던 곽광과 현부인의 음모에 경악했다. 허나 선제는 자신의 감정을 드러낼 수 없었다. 왜냐하면 조정의 모든 실권은 여전히 곽씨 가문이 쥐고 있었기 때문이다. 하여 선제는 수개월간의 긴 호흡으로 곽씨 권력 해체 작업을 준비한다.

우선 선제의 칼은 곽광의 가장 먼 친척들을 향했다. 곽광의 자식들이 아니라 사위들이 갖고 있던 직위부터 칼을 댄 것이다. 선제는 그들의 직위를 낮추거나 타 지역으로 전출시켰다. 여기서 가장 중요한 건 군권이었는데, 군권이 있는 자들은 군권을 회수하여 이름만 남겨 주었고, 그렇게 획득한 병권을 선제 자신의 외척 허씨와 사씨에게 아주 천천히 조금씩 나누어 주었다. 워낙 긴 호흡으로 진행된 일이라 곽씨 가문에서 이를 눈치채긴 어려웠다. 그렇게 곽씨 가문의 먼 친척들의 직위와 실권을 모두 변경한 후, 마지막으로 선제는 곽광의 두 아들의 군권을 회수했다. 그러나 선제는 움직이지 않았다. 복수를 위해 공신 곽광의 집안을 멸족시켰다는 여론이 조성되면 곤란했기 때문이었다. 좀 더 확실한 명분이 필요했다. 선제는 기다렸다.

곽씨 가문은 자신들의 권력이 삭감되자 불만을 드러냈다. 부친의 무덤에 흙이 마르기도 전에 자신들을 밀어냈다며 원망한 것이다. 그들은 선제가 자신들에게 왜 이토록 박한지 알 수 없었다. 이에 현부인은 자식들에게 허황후 사건에 대한 진실을 말했다. 이 말을 듣자, 곽우와 곽산은 놀라서 입을 다물지 못했고, 그제야 선제의 행동을 이해하게 되었다. 이제 남은 길은 두 개뿐이다. 죄를 고하고 뉘우치거나 역모를 하거나. 곽씨 가문은 결국 역모를 택한다. 그것이 선제의 명분을 강화시켜 주는 일이란 걸 모르고서 말이다.

곽씨 가문의 역모는 생각보다 금방 발각되었다. 곽운霍雲의 외삼촌인 이경李竟은 평소에 장사張赦와 친하게 지냈는데, 장사는 곽운의 집안이 허둥거리자 이경에게 역모에 대한 가이드를 세워 준다. 정국을 주도하는 위상과 허광한을 먼저 죽이고, 황제를 폐위해야 한다고 말이다. 그러나 묘하게도 이 말은 새어 나와, 장안사람 장장張章의 귀에 들어갔고, 장사를 고발한 장장에 의해 집금오^{수도의}치안유지 담당는 손쉽게 장사 일당을 체포한다. 그러나 어찌된 일인지 선제는 그들을 체포하지 말라 명한다. 왜일까? 선제는 대외적으로 그들이 일신─新하기를 기대하고 용서한 것이지만, 사실 이번에 잡힌 장사와 같은 인물은 곽씨 가문과 친분만 있었을 뿐, 곽씨 가문이 아니었던 것이다. 선제는 그들을 풀어 주고 다시 기다렸다. 선제에게 필요한 건 곽씨 권력의 몸통, 곽우와 곽산의 확실한 역모였다.

체포해야 함에도 체포하지 않고 놓아주는 선제를 보자, 곽씨 가문은 당황했다. 물론 그들도 부친과의 의리를 생각한 선제가, 반성의 기회를 준 것이라 생각하고 있었다. 하지만 그들은 반성하지 않았고, 오히려 더 빠른 역모의 계기로 삼는 우를 범한다. 허황후 죽음의 진실을 알고 있는 선제가 자신들을 그냥 둘 리 없다고 판단한 것이다. 그러나 이들의 역모는 시작부터 손발이 맞지 않았다. 시작도 전에 이경이 체포되어 모든 역모를 실토한 것이다. 더욱 흥미로운 사실은 그런 역모를 다 듣고도, 다시 한 번 곽씨 가문에게 반성의 기회를 준 선제의 태도에 있다. 이 정도의 죄만으로도 사형감인데 선제는 더 이상의 죄를 문책하지 않고 면직 처리만으로 마무리한 것이다. 문책 받아야 마땅한데도 제대로 문책받지 못한 것에 대한 불안함 때문이었을까. 곽씨 가문의 두려움은 커져만 갔고, 선제의 선처에 신하들의 여론과 민심은 완전히 선제에게 기울었다. 이것이 선제의 큰 그림이었다.

마침내 곽우와 곽산 그리고 곽운은 이 상황을 견디지 못하고 역모를 서두른다. 선제가 그토록 기다렸던 권력의 중심이 움직인 것이다. 그러나 거사 실행 전, 어이없게도 곽산은 기밀서류를 필사하다 걸려 옥에 갇힌다. 이에 현부인은 재산으로 곽산의 죄를 속죄하겠다며 상서를 올렸지만, 상서가 선제에게 보고될 때쯤 곽우와 곽산의 역모가 완전히 드러나 손을 쓸 수 없었다. 선제는 더 이상 기다릴 필요가 없었다. 여론과 명분이 충분히 마련되었기 때문이었다. 곽씨 가문은 순식간에 체포되어 전원 멸족되었다. 곽광이 죽은 지 2년이 되지 않았을 무렵의 일로, 선제는 재위에 오른 지 8년 만에 황제의 목소리를 찾은 것이다.

공부, 나아가고 물러가고 말하고 침묵하는 힘

선제가 처음 황위에 올랐을 때, 곽광은 누구보다 신망이 높았다. 그의 사심 없음과 한나라에 대한 깊은 충심이 그러한 고귀함을 만든 것이다. 그러나 8년 뒤, 선제와 곽광의 운명은 바뀌었다. 선제는 신망받는 성군으로, 곽광은 대역죄인으로. 무엇이 이들의 운명을 바꾼 것일까? 곽광은 황제를 넘어서는 힘을 갖고도, 황제를 탐하지 않았고, 어린 황제들을 보필해 나라를 잘 이끌었다. 그러나 딱 한 가지! 곽광은 가족의 비리에 눈을 감았다. 한나라의 치국과 평천하를 위해 무수히 뽑아들었던 대의의 칼날을, 수신修身과 제가齊家 즉 자신과 가족에겐 뽑을 수 없었던 것이다. 이것이 곽광의 한계였다. 반고는 곽광의 이런 한계를 '학문과 경술 부족'에서 찾았다. 아내의 비리를 봐준 것에 불과했던 곽광의 합리화가 가문의 멸족으로 이어졌으니 수신의 문제는 진정 제가의 문제였던 것이다.

반면 선제는 어린 시절부터 『시』, 『서경』, 『효경』을 공부하며, 출처어묵을 배웠다. 여기서 말하는 출처어묵出處語黙이란, 나아가고 물러나고 말하고 침묵하는 것을 말하는데, 중요한 건 때의 형세를 파악하는 능력이다. 앞서 보았듯 선제는 늘 자신의 이익보다 형세를 파악해 자신의 거처를 정했다. 처음 황제가 되었을 때에는 곽광을 성심으로 믿고 따랐으며, 자기 목소리를 내야 할 때에는 상대가 기분 나빠하지 않을 정도로 강약을 조절할 줄 알았다. 또한 지금이 때가 아닐 경우에는 마음을 비워 기다릴 줄 알았으며, 과거에 공이 있는 신하라 해도 나라에 위협이 된다면 냉철하게 권력을 해체할 줄 알았다. 선제는 공부를 게을리하지 않았기에, 때에 맞는 처신을 할 수 있었던 것이다. 이것이 공부의 힘이다.

물론 공부를 했다고 누구나 변하는 것은 아니지만, 한 가지 확실한 건 공부하지 않으면 존재의 변화는 없다는 사실이다. 한편으론 겸양을, 다른 한편으론 매서운 칼을 뽑아 들며 전혀 다른 존재의 층위를 보여 준 선제. 선제 초기 8년은 이렇게 마무리되었다. 황제의 정치권을 되찾은 선제가 앞으로 어떤 정치로 중흥기를 열 것인가? 그 이야기는 다음 장에 계속된다.

6장 리더의 요건, 제가는 필수!

권력가와 가족의 사생활은 늘 문제다. 공적인 권력으로 사적인 특혜를 누리려는 가족이 그만큼 많은 것이다. 이럴 경우 권력가는 대체 어떻게 처신해야 할까? 흥미롭게도 『한서』에서는 가족 문제에 대한 처신이 달라, 가문의 흥망성쇠를 다르게 겪은 두 인물을 다룬다. 한무제가 말년에 가장 총애했던 신하, 곽광과 김일제가 그 주인공이다.

곽광은 흉노 정벌의 공신 곽거병의 이복동생으로, 무제·소제·선제 때 최고 권력을 누린 신하이자 훌륭한 정치가다. 무제의 유지를 이어받아 어린 소제를 중심으로 보필하여 한나라를 안정시켰고, 소제가 후사 없이 붕어해 새로운 황제를 추대해야 했을 때에는 그 과정에서 조금의 사심도 없이 새 황제를 옹립한 충신 중의 충신이었다. 소제에서 선제로 이어지는 한나라의 중흥기는 곽광의 이러한 충심이 없었다면 아마도 불가능했을 것이다. 그러나 앞서 보았듯, 곽광이 아내의 비리에 눈을 감은 것이 화근이 되어 가문은 멸족한다. 가족을 다스리지 못한 일이 이토록 무거운 결과를 가져온 것이다.

반면 이와는 대조적으로 가족을 다스린 사람이 있었으니, 바로 김일제다. 일제는 곽광에 버금가는 권력가였지만 자기를 지켜냄은 물론 가문 역시 5대에 걸쳐 황제를 모시는 집안으로 키워 냈다. 일제는 가족을 어떻게 다스렸기에 가족문제의 함정을 피해 갈 수 있었을까?

한눈팔지 않는다

김일제는 흉노의 왕자로, 부친이 휴저왕休屠王이다. 흉노의 귀족이 한나라 황제의 신하라니, 어찌된 영문일까? 이야기는 무제의 흉노 정벌 시기로 거슬러 올라간다. 곽거병이 흉노의 기연산을 공격하여 크게 이겼을 때, 흉노의 선우는 관할 지역을 지키지 못한 혼야왕昆邪王과 휴저왕에 책임을 물어 죽이려 했다. 이때 혼야양과 휴저왕은 선우의 손에 죽는 것보다 차라리 함께 한나라에 투항하는 게 어떠냐며 모의한다. 그런데 휴저왕은 투항을 앞두고 후회가 밀려와 마음이 편치 않았다. 이를 눈치챈 혼야왕은 머뭇거리는 휴저왕을 죽이고, 지체 없이 휴저왕의 모든 식솔을 데리고 한나라에 투항해 열후로 봉해진다. 반면 왕족이었던 김일제의 식솔은 모두 관노가 되었다. 부친이 투항하지 않고 살해되었기 때문이다. 열네 살의 김일제는 그렇게 노비가 되어, 황문에서 말을 기르는 일을 하게 되었다.

어느 날, 무제는 연회 중 후궁들과 함께 말 구경을 하게 되었다. 말을 끌던 대부분의 노예들은 후궁을 훔쳐보느라 정신없었는데, 이때 후궁들에 눈길 한 번 주지 않고, 앞만 보고 걷던 이가 무제의 눈에 들어온다. 바로 김일제다. 8척 2촌의 큰 키에, 노예답지 않은 위엄을 갖춘 용모, 게다가 잘 키운 말까지! 무제는 단번에 일제가 범상치 않은 인물임을 알아보고 그날로 특별 채용했다. 훗날 망하라莽何羅가 반역을 일으켜 무제의 침실을 습격했을 때, 망하라를 온몸으로 막아 무제의 목숨을 구한 게 일제였으니, 무제의 안목이 그저 놀라울 따름이다.

어쨌든, 일제는 무제의 눈에 들어 말을 기르는 노비에서, 마감馬監: 말을 기르는 책임자을 거쳐 시중, 부마도위, 광록대부에까지 오른다. 게다가 외출 시에는 무제를 참승하고, 들어와서는 무제를 최측근에서 보필하기까지 했으니 무제의 총애가 가히 하늘을 찔렀다. 그런데 황제가 한 신하를 지나치게 총애하면, 뭇 신하들의 시기 역시 하늘을 찌르게 마련이다. 일제는 별다른 공적도 없고, 이적 출신이었기에 더더욱 주위 신하들의 시기를 받았다. "폐하는 어쩌다가 흉노 애 하나를 데려다가 정말로 귀히 여긴다"「곽광·김일제전」, 『한서』 6, 72쪽라는 말이 나돌 정도였다. 허나 무제는 이러한 사실을 알면서도 아랑곳하지 않고 일제를 아꼈다. 왜일까?

무제가 인재를 뽑는 기준은 철저히 능력이었다. 능력만 있다면 출신 성분, 지위 고하를 가리지 않고 등용한 사실은 익히 유명하다. 그러나 무제가 곁에 두는 신하들은 달랐다. 능력은 물론이거니와 매사에 조심하고 근신할 수 있는 자질이 필요했다. 신하의 마음이란 건 황제의 총애를 받게 되면 자주 사심으로 흐르곤 했기 때문이었다. 황제의 측근에서 사심을 채우다 내쳐졌던 신하들이 얼마나 많았던가. 그러나 무제가 본 일제는 사심이 없었다. 게다가 수십 년간 황제를 보필하며 잘못 하나 없었다. 무제는 일제를 아끼지 않을 수 없었다.

위태로움의 싹을 자르다

일제의 두 아들 역시 무제의 사랑을 받았다. 그러나 장자가 말했듯 이로움과 해로움은 서로를 불러들이는 법, 황제의 사랑은 복이기도 하지만 한편으론 재앙이기도 하다.

> 김일제의 두 아들은 귀여워서 황제의 농아弄兒가 되었는데 늘 황제 곁에 있었다. 농아가 가끔은 뒤에서 무제의 목을 껴안기도 하였는데 김일제가 앞에 있다가 노한 눈길로 바라보면 농아가 달아나 울며 "아버지가 화났다"고 말했다. 무제가 일제에게 "왜 내 아들한테 화를 내는가?"라고 말했다. 그 뒤로 농아가 장대하여 조심하지 않고 전각 아래서 궁녀를 희롱했는데 마침 일제가 이를 보고서 음란한 짓을 할까 걱정이 되어 농아를 죽여 버렸다. 죽은 아이는 바로 김일제

의 장남이었다. 무제가 이를 알고 대노하자 김일제는 머리를 조아려 사죄하면서 농아를 죽여야만 할 상황을 모두 말했다. 무제는 매우 애통해하면서 눈물을 흘렸고 이후 마음속으로 김일제를 높이 평가했다. 「곽광·김일제전」, 『한서』6, 73쪽

가족의 비리 앞에서 공적인 잣대를 적용하기란 쉬운 일이 아니다. 특히 고위 관직자일 경우 더더욱 그렇다. 앞서 본, 곽광 역시 그러하지 않았는가. 그러나 일제의 처세는 달랐다. 많은 경우 부모는 자식이 총애를 받으면 이걸 발판 삼아 더 많은 부귀공명을 탐하는데, 일제는 아들이 받는 총애와는 무관하게 아들의 잘못을 보고 묵과하지 않았다. 왜일까? 황제에게 잘 보이기 위해서? 아니면 자신의 권력을 더욱더 공고히 하기 위해서? 둘 다 아니다.

『춘추』에 "은미한 것은 반드시 드러나고, 작은 것은 반드시 커진다"고 했던바, 일제는 아들의 후궁 희롱이, 다음엔 결코 희롱에서 끝나지 않을 것임을 내다보았다. 후궁이란 누구인가? 황제의 여인 아닌가. 황제가 출궁을 허락하지 않는 한 그 누구도 후궁을 함부로 탐해선 안 된다. 이것이 한나라 황실의 법도다. 그런데 만약 일개 농아가 후궁을 범한다면 어떻게 될까? 멸족! 일제는 아들의 후궁 희롱으로부터 멸족의 조짐을 읽어 낸 것이다. 게다가 농아의 예의 없는 행동을 그대로 방치하는 건, 무제가 정국을 이끌어 가는 데 불리하게 작용할 수 있음은 물론 나라를 혼란케 만드는 원인이 될 수도 있다. 일제가 지극히 사소할 수도 있는 일에서 아들을 죽인 건

바로 이 때문이었다. 사심을 위해서가 아니라 자기와 가문을 지키고, 나아가 무제와 나라마저 지킬 수 있는 최선의 처세였던 것이다.

수신 제가 치국 평천하!

흥미롭게도 반고는 충심으로 시작해 전혀 다른 삶의 마지막을 맞이한, 곽광과 김일제의 열전을 나란하게 구성했다. 권력의 특혜에 안주했던 곽광의 삶과 가문을 지켜 내기 위해 특혜에 안주하지 않았던 김일제의 삶을 대조적으로 배치한 것이다. 반고는 무엇을 말하기 위해 이런 방식의 글쓰기를 택했을까? 답은 논찬에 있다.

> 소제를 옹위하고 선제를 세울 때 곽광은 황제의 스승이며 보호자였으니 비록 주공과 이윤이라도 이보다 더하지는 못했었다. 그렇지만 곽광은 학문과 경술이 없어 대리大理에 어두웠고, 그래서 처의 사악한 음모를 숨겼고, 딸을 황후로 세우며 탐욕에 흠뻑 빠져 완전히 멸망하는 화를 키웠으니, 죽은 지 겨우 3년에 일족이 멸문 당하였으니 슬픈 일이로다! (……) 김일제는 이적으로 나라를 잃고 한漢에 포로로 잡힌 몸이었지만, 돈독한 신심과 공경으로 주군을 깨우쳤고, 충성과 신의를 스스로 지켰으며, 상장으로 공을 세워 후손에게 나라를 전해 대대로 충효로 이름을 날리면서 5세에 걸쳐 천자를 모셨으니 그 얼마나 융성했는가?「곽광·김일제전」,『한서』6, 89쪽

곽광은 아내의 비리를 눈감고, 막내딸을 황후로 앉힌 일이 어떤 결과를 불러오게 될지 알지 못했다. 반고가 곽광을 두고 "학문과 경술이 없어 대리大理에 어두웠다"고 말한 건 이 때문이다. 대리란 지혜로서 나의 선택과 행동이 나의 죽음으로 끝나는 것이 아니라, 이것이 또 다른 씨앗이 되어 후대에 영향을 줄 것이라는 연기緣起를 내다보는 안목이자, 길흉이 결코 다른 자리에 있지 않음을 아는 것, 나아가 자기의 욕망을 알고 이를 조절하는 능력이다. 당연한 이야기지만, 이 대리를 체득하는 방법은 오직 공부를 통한 자기 수양뿐이다.

반면 반고는 김일제 가문의 융성함을 '충성과 신의를 스스로 지킨' 일제의 엄격함에서 찾았다. 『대학』에선 치국治國을 논할 때 반드시 수신과 제가에서 출발한다. 수신이란 무엇인가? 그것은 학문을 통해 자신의 몸을 닦는 것으로, 단순히 열심히 독서하고 지식을 쌓는 것이 아니라, 일상에서의 실천적인 자기 수양을 의미한다. 이러한 자기 수양은 욕망을 조절하고 통제할 수 있는 힘을 기르는 수행이기에 권력의 한복판에서 자신을 지켜 내는 힘이기도 하다.

일례로 일제는 한평생 남을 똑바로 쳐다보지 않음은 물론, 황제가 궁녀를 하사해도 가까이하지 않았고, 심지어 무제가 일제 자신의 딸을 후궁으로 삼겠다는 명마저 거절했다. 남을 똑바로 쳐다보지 않은 것은 자신의 거만해질 태도를 경계함이요, 황제가 보낸 궁녀를 가까이하지 않고 자신의 딸을 후궁으로 보내지 않은 건, 권력에 도취될 자신의 욕망을 경계하고자 함이었다. 이것이야말로 자기를 닦아[修身], 자기를 지키는 일[守身] 아닌가. 곽광이 자신의 막내딸을 황후로 만든 것과는 무척이나 대조적이다.

『대학』에선 이 정도 소양은 갖춘 후에라야 제가齊家, 즉 가문을 다스릴 수 있다고 말한다. 김일제가 살아서는 높은 관직에 머물고, 죽어서는 충신 집안의 가장으로 남을 수 있던 배경에는 무엇보다 가문 차원에서 드러날 수 있는 이러저러한 욕망들을 사전에 다스린 것이 크다. 한나라 시기의 가家는 우리가 지금 생각하는 핵가족과는 그 범위가 다르다. 아내 자식을 넘어 친척은 물론 집안의 노비들마저 가家의 범위에 속했기에, 가장으로서 가문을 다스리는 건 그 자체로 하나의 작은 정치였다. 자기 가문을 잘 다스리지 못하는 사람은 치국을 할 수 없다는 게 『대학』의 가르침이자, 한나라 위정자들 사이의 상식이었던 것이다.

곽광의 삶을 보라. 한평생 충심으로 정치는 잘했을지 모르나, 제어하지 못한 가문의 욕망과 그것에 눈감아 버린 자신의 욕망이, 생전에는 황후를 죽게 하고 사후에는 가문이 역모를 일으켜 나라를 혼란케 했으니, 곽광의 수신과 제가의 문제는 진정 치국과 평천하의 문제였다. 반면 김일제의 삶은 누구보다 엄격했다. 아들의 후궁 희롱에 눈감지 않은 건 가혹하게 보이지만, 위험의 싹을 미연에 자른 것으로, 자기와 가문을 지켜 냄은 물론 나라의 혼란을 사전에 막은 일이었다. 일제의 결단은 자기에게 엄격해야 가문에 엄격할 수 있고, 가문의 도가 바로 서야 비로소 치국을 논할 수 있다는 사실을 잘 보여 준다.

일제의 이런 일상들을 보면, 무제가 곽광에게 소제를 부탁할 때 "신은 김일제만 못합니다"라는 곽광의 말은 결코 곽광의 겸사가 아니라 진심이었음을 알 수 있다. 곽광은 가도家道를 바로 세우고 자기 수양을 끊임없이 한다는 면에서 일제가 자신보다 나은 인물이란 걸 알고 있었던 것이다.

처음 질문으로 되돌아가 보자. 권력가는 어떻게 가족문제를 넘어설 수 있을까? 이에 김일제라면 다음과 같이 말하지 않았을까? 자기 수양을 통해 일상의 엄격함을 유지하라!

7장 한나라의 가을, 공정한 신상필벌이 필요한 시대—선제

황증손은 동해군의 복중옹澓中翁에게 『시』를 배웠는데 재능이 뛰어났고 호학하였으나 유협의 기질에 투계와 말타기를 좋아했으며 마을의 불량배와 관리들의 선악을 잘 알고 있었다. 능현을 둘러보았고 삼보 지역을 두루 돌아다녔으며 가끔 연작현의 염지鹽池에서 타인에게 시달림을 당하기도 했다. (……) 온몸과 발에도 털이 많았고 누워 있을 때는 몸에서 빛이 났다. 증손이 떡을 사면 떡장수는 그날따라 많이 팔았는데 증손도 이를 이상하다고 생각하였다.「선제기」, 『한서』 1, 420쪽

『한서』에 기록된 선제의 어린 시절이다. 선제는 문무에 뛰어났을 뿐만 아니라 불량배와 관리들의 선악을 분별하는 판단력을 타고난 자이다. 인용문에서 시달림을 당했다는 지점이 눈에 띈다. 보통 태

자로 태어나게 되면 늘 받는 것에 익숙하게 되고 시달림 같은 건 받을 필요가 없다. 한데 선제는 시달림을 받는 기회(?)를 얻었다. 즉, 약자 입장을 경험해 본 것이다. 이것이 선제를 금수저 황제와 다르게 만든 지점이라고 반고는 포착하고 있는 듯하다. 또한 『한서』는 선제의 몸에 털이 많은 것에 주목한다. 이건 단순하게 털이 많음을 의미하지 않는다. 『동의보감』에 의하면 털은 피부와 관련되고 폐장이 주관한다. 폐는 오행 중 금기金氣에 배속된다. 금기는 사계절 중 가을 기운으로 숙살지기肅殺之氣이다. 숙살지기란 무엇인가? 여름은 번성하고 무성한 계절이다. 아무리 화려한 여름도 가을이 오면 낙엽이 되어 모두 떨어지기 마련이다. 이것을 가을의 숙살지기라고 한다. 번영이란 계절로 보면 여름으로 발전도 있지만 부패도 함께 하기 마련이다. 선제는 한나라라는 가을의 때에 등장했고 타고난 금 기운으로 지금 해야 할 일, 즉 적폐청산을 온몸으로 감지한 왕으로 『한서』는 보고 있는 것이다.

앞서 보았듯, 선제 유병이의 운명은 드라마틱하다. 정상적이라면 태자의 손자로 태어났으니 자연스럽게 황제가 될 운명이었다. 그러나 할아버지는 무고의 화로 인해 억울하게 자살했고, 그 화가 손자인 자신의 목숨을 위협할 정도의 우여곡절을 겪어야만 했다. 아무리 굴곡 많은 운명을 타고났지만 황제가 될 운명은 피할 수 없었나 보다. 18년간 평민으로 추락했다가 다시 황제로 급상승. 생사를 오가는 롤러코스터에 정신을 차리기도 쉽지 않을 텐데 매 굽이굽이마다 참으로 잘 대처한다. 정치적 기반이 없을 때는 곽광의 도움을 받아 국정을 운영하다가 자립 시기가 되자 물 만난 고기처럼 정치를 주도적으로 펼쳐 나가는 선제!

솔직히 곽광이 주도할 때의 그는 너무 유순해서 리더십을 제대로 발휘할까 싶었다. 하지만 조강지처인 허황후와의 의리를 지키기 위해 목소리를 내는 강단 있는 모습에서 그의 내공을 느낄 수 있었다. 그럼에도 황실 교육을 제대로 받지 않았고, 평민 생활에 익숙한 그가 정치를 잘할 수 있을까 하는 우려를 거둘 수가 없었다. 그러나 그것은 기우일 뿐, 그는 무제에 이어 또 한 번의 중흥기를 펼쳐 보였다. 그의 정치는 독특한 색깔을 지닌다. 평민에서 왕이 된 경험과 타고난 금의 기질이 어울려서 한나라의 가을을 만든 것이다. 이제 본격적으로 금기운을 타고난 그가 펼친 가을의 정치를 만나 보기로 하자.

공정한 법의 핵심, 선량한 2천 석이 필요해

선제는 곽광이 죽은 후 모든 정사를 친히 챙길 정도로 정치적 능력이 탁월했다. 황제가 직접 정사를 챙기고 5일에 한 번씩 보고를 받으니 승상 이하 모든 신하가 자기 업무를 성실히 수행하는 분위기가 조성되었다. 선제는 인사도 일일이 챙겼다. 친히 만나서 경력을 물어보았고, 실무능력과 언행을 살펴서 석연치 않은 점이 있으면 반드시 밝히고 넘어갔다. 선제는 다음과 같이 말한다.

서민이 편히 농사지으며 슬퍼하거나 걱정하지 않는 것은 '정사와 송사가 공정'하기 때문이다. 나와 함께 이를 이룰 자는 아마 '오직 선량한 2천 석'일 것이다. 「순리전」, 『한서』 8, 293쪽

당시 한나라는 건국 초기가 아니다. 번성한 무제의 시대를 지나 완연한 가을로 접어들고 있었다. 국력이 커지고 번성한다는 것은 가을로 수렴해야 하는 운명을 내포하고 있다. 가을은 숙살지기이다. 그 기운은 여름의 무작위적으로 번성한 것을 차갑고 결단력 있는 엄정함으로 정리하는 기운이다. 차가운 날씨, 마르는 낙엽을 보라. 한여름의 더운 공기를 한순간에 차가운 시공간으로 전환해 버린다. 그래야 열매를 맺을 수 있다. 가을의 풍요로움이란 화려함을 절제하여 기운을 안으로 향할 때 가능해지는 법. 여기서 기운을 안으로 향한다 함은 백성의 민생 안정을 뜻한다. 그러니 가을에 가을답지 못한 것들에 대해 신상필벌信賞必罰을 엄격히 하는 것은 당연지사. 쉽게 말해 적폐청산이 필요한 시기라는 것이다.

앞의 인용문에서 선제가 중시한 것은 '정사와 송사의 공정성'과 '오직 선량한 2천 석'이다. 법이 공정하게 적용된다면 억울한 백성이 없어지고 편안하게 농사에 전념할 거라고 선제는 판단했다. 이런 정치를 위해 중시한 것은 좋은 관리였다. 아무리 공정한 법이 있어도 그것의 집행은 사람이 하는 게 아닌가. 선제는 관리 중에서도 백성과 가장 밀접한 태수 양성에 가장 많은 신경을 썼다. 이들의 녹봉이 2천 석이었는데 이것과 연결시켜 태수를 '선량한 2천 석'으

로 불렀다. 선제가 태수를 중시한 것은 평민 시절의 경험에서 나온 걸 거다. 군주와 재상이 아무리 잘한다 해도 백성과 밀착해서 실무를 하는 건 태수이기 때문이다. 태수는 단순 공무원이 아니었다. 당시 태수는 행정 관리인 동시에 백성의 스승으로 교화에 힘을 쓰는 자여야 했다.

선제는 태수가 자주 바뀌면 백성이 불안해할 거라 여겨 백성과 신뢰를 쌓으면서 오래 재임하게 했다. 그리고 태수가 청렴한 관리이자 백성의 귀감이 되게 하기 위해 지원을 아끼지 않았다. 2천 석 녹봉을 주는 것은 물론이고 국서를 내려 격려하고 녹봉을 늘려 주는 등 금전이나 작위를 하사했다. 이뿐만이 아니다. 태수가 역할을 잘해 내면 중앙 진출의 기회를 열어 주었다. 예컨대 중앙관리가 결원이면 표창을 받은 지방관리 중에서 선발하여 순차적으로 등용했다. 선제의 태수 중시 정책으로 인해 중앙관리와 지방관리의 차등이 없어졌다. 그러자 신하들은 중앙관료가 되려고 애쓰지 않았고, 오직 정성을 다해 백성을 돌보고 교육하는 데 전념하는 분위기가 만들어졌다.

선제의 백성을 살리는 마음은 좋은 관리 등용에만 국한되지 않았다. 흉년이 들면 백성 구제를 위해 궁실에 필요한 인력을 최소화하여 나머지 인력들은 고향으로 돌아가 농사를 짓게 했다. 부모나 부부가 죄를 지어서 사형에 처하게 되면 가족들은 숨길 수밖에 없었다. 그럴 경우 선제는 인륜관계를 헤아려 처벌하지 않도록 배려했다. 이뿐만이 아니다. 당시 천자의 이름 병이病己는 너무 흔한 글자였다. 황제 이름을 백성들이 잘 못 쓰게 되면 법에 걸려서 처벌을 받아야 했다. 그러자 선제는 자신의 이름을 순詢으로 바꿀 정도로 백성을 헤아리는 마음이 세심했다.

> 짐은 백성들이 생업을 잃고 가난한 것을 생각하여 사자를 지방에 파견하여 군국을 순행하면서 백성들의 고통을 알아보게 했다. 어떤 관리들은 사욕을 채우려고 백성을 괴롭히면서도 자신의 잘못을 돌아보지 않는다. 하니 짐은 이를 심히 안타까워한다. 금년에 많은 군국에서 수해를 당하여 빈민을 구제하고 있다. 그러나 소금과 백성의 양식 그 두 가지가 모두 비싸 백성의 고통을 가중시키고 있다. 천하의 소금 가격을 낮추도록 하라.「선제기」,『한서』1, 449쪽

선제는 늘 백성의 고통을 덜어 주기 위해 지방관리를 세심히 챙기고 소금 값이 비싸면 가격을 낮추는 등 백성의 삶 속에 깊숙이 개입한 정치를 펼쳤다. 그의 배려는 폭넓고 세심하여 옥중에 있는 죄인까지도 챙길 정도였다.

> 영갑令甲: 법령과 명령에 죽은 자는 다시 살아날 수 없고, 형으로 잘린 몸은 다시 자라지 않는다고 하였다. 이는 선제께서도 매우 걱정하셨으나 관리는 거기에 부응하지 못했다. 지금 갇혀 있는 백성이 고문을 당하거나 아니면 굶주림과 추위로 옥중에서 병사하는데도 마음 씀씀이가 어찌 이처럼 인도와 어긋날 수 있는가! 짐은 심히 '마음이

아프다.' 군국에 명령하여 갇혔던 죄수가 고문이나 태형 또는 옥중에서 1년간 몇 명이나 죽었으며 그 죽은 죄수와 연관된 관리의 이름, 현과 작위와 마을을 보고하게 하여 승상과 어사대부는 고과에 반영한 뒤에 짐에게 보고하라. 「선제기」, 『한서』 1, 450쪽

황제가 죄수의 굶주림과 추위로 인한 병사까지 챙기고 있다. '마음이 아프다'는 말에 유마 거사의 "중생이 아프니 나도 또한 아프다"는 말이 떠오른다. 이 문제를 해결하기 위해 선제는 구체적으로 명령한다. 어떤 벌로 몇 명이나 죽었는지, 관리가 누구인지 등. 백성을 힘들게 하거나 관리가 소홀한 지방관을 걸러 내기 위함일 것이다. 그는 늘 좋은 관리를 천거하도록 계속 조서를 내렸다.

관리나 백성 중에서 수신하여 행실이 바르고 경학에 박통하여 선왕의 통치술을 잘 알아 그 진의를 궁구한 자를 널리 추천받아 2명씩 짐에게 천거하고 중이천석中二千石 관리는 각 1명씩 천거하기 바란다. 같은 책, 453쪽

형옥刑獄은 만백성의 생명과 관계가 있으니 폭력과 사악을 금지하여 군생을 양육하려는 뜻이다. 산 자에게 원망을 듣지 않고, 죽은 자에게는 원한이 없어야만 법문을 잘 아는 사람이라 할 수 있다. 그러나 지금은 그러지 아니하니 법을 적용하면서 어떤 자는 교묘한 속셈으로 법조문을 다르게 해석하며, 형량이 달라 공평하지 못하고, 없

는 말을 보태거나 잘못을 지어내어 죄를 읽어 내기도 한다. 사실과 다르게 상주하면 짐도 알 길이 없도다. 이는 짐이 명철하지 못한 것이니 천하 백성은 어디를 쳐다보겠는가. 태수는 소속 관리를 잘 살피되 그런 자를 등용치 말라. 관원은 멋대로 요역을 부과하고 규정 이상으로 음식을 접대하거나 전사傳舍: 객사를 꾸며 지나는 사자의 환심을 사고 직분과 법을 어기면서 명예를 얻으려 하는데, 이를 비유하자면 얇은 얼음을 딛고서 한낮의 해를 기다리는 것과 같으니 어찌 위태롭지 않겠는가! 지금 온 천하에 역병이 크게 유행하여 짐은 심히 걱정스러울 뿐이다. 군국에 명령하여 재해를 심하게 당한 자에게는 금년의 조부租賦를 면제시켜라. 같은 책, 455~456쪽

형벌과 감옥은 단순히 죄에 벌을 주는 문제로 끝나지 않는다. 이것은 백성의 생명을 다루는 일이다. 잘 적용된 법 적용이란 산 자에게 원망을 듣지 않고, 죽은 자에게 원한이 없는 법 적용이어야 한다. 그러나 지금은 교묘한 속셈으로 인해 법조문을 다르게 해석하는 일이 벌어지고 있다. 법조문이 작성되고 나면 아무리 군주라도 무엇이 문제인지를 알 수가 없다고 선제는 지적한다. 법조문을 작성할 때 백성의 생명을 염두에 두지 않으면 백성들이 억울하게 죽는 것을 막을 수 없다. 이런 상황이 지속된다면 백성은 누구를 의지하겠는가라는 선제의 탄식이 진심으로 느껴진다. 사실 왕이란 백성의 삶을 책임지는 존재다. 그가 꺼내 든 비장의 카드는 좋은 태수였던 것이다. 태수는 이 문제를 바로잡을 수 있는 위치에 있기 때문

이다. 혹리에 대한 비유도 적절해 보인다. 혹리란 얇은 얼음을 밟은 채 한낮의 태양이 오는 것도 모르고 깨지지 않기를 바라는 자와 같다는 것. 얇은 얼음에서 벗어나야 살지만 욕심이 가려 위태로운지도 모르고 벗어나지 못하고 있다.

금의 기질을 타고난 선제는 가을의 신상필벌의 중요성을 누구보다 잘 아는 군주였다. 하지만 진시황처럼 법 그 자체보다는 '법을 쓰는 자'를 키우는 데 공을 들였고 결국 공정한 법 적용으로 인해 백성이 생업에 집중할 수 있게 했다. 이제 선제가 키운 좋은 관료는 누구이고 어떻게 정치를 했는지 만나 보기로 하자.

노온서, 옥리 개혁의 필요성을 외친 자

옥리 개혁을 가장 먼저 제안한 자는 노온서路溫舒이다. 그는 입지전적인 인물이다. 부친은 마을의 문지기였는데 아들 노온서에게 양을 키우게 했다. 그는 양 키우기에는 별 관심이 없었고, 연못의 풀을 꺾어서 작은 서첩을 만들어 글씨 쓰기를 멈추지 않았다. 점차 글을 잘 쓰게 되자 옥의 작은 관리가 되었고, 그 다음에 법을 익혀 옥리로 승진했다. 옥리 역할을 매우 잘해서 사람들이 현에서 의문나는 점은 모두 그에게 물어보았다. 태수가 그것을 보고 특별히 여겨 어떤 부서의 부책임자로 임명하였고, 『춘추』까지 배우게 하자 그는 큰 뜻을 깨쳤고, 그후 조정의 효렴孝廉* 천거를 통해 중앙관직 진출까지 하게 된다. 문지기의 아들이 양을 치다가 공부를 좋아하면 새로운 길이 열리는 과정이 놀랍다.

당시 노온서를 보면 신분제 사회가 무색해 보인다. 이것은 선제가 강조한 '선량한 2천 석'의 효과라 생각한다. 역시 일은 사람이 하는 거다. 선량한 2천 석이 연결고리 역할을 하지 않았다면 노온서가 아무리 좋은 자질을 타고났다 해도 양치기로 끝났을 것이다. 사심 없는 태수들이 인재를 눈여겨보았고 그들을 키워서 중앙 진출까지 연결시킨 것이다. 선제의 마음이 담긴 배치의 혜택을 한껏 받은 노온서는 중앙에 진출하여 상소문을 올린다. 옥리를 오래했던 그는 천하가 태평하지 못한 것은 형벌이 혼란하게 적용되기 때문이라고 지적한다. 이런 생각은 공정한 법만이 백성을 안정시킨다던 선제의 생각과 일치했다.

그는 강조한다. 형벌은 백성의 생명과 관계가 있으니 잘못 판결해서 죽으면 다시 살릴 수 없다고.『서경』에 '무고한 사람을 죽이느니 차라리 법도를 잃고 실패하겠다'는 말을 인용하면서 법 적용보다 '사람이 먼저'임을 강조했다. 노온서가 보기에 당시 옥리들은 실적을 내어 명성을 얻는 데 급급하여 각박하게 법 적용을 하고 있었다. 그 결과 형벌을 받거나 사형에 처해진 사람이 너무도 많았다.

---

* 무제(武帝)가 제정한 향거리선(鄕擧里選), 즉 지방관과 지방의 유력자가 관내의 우수한 인물을 추천하는 형식으로 진행했던 관리 임용법 과목 중 하나이다. 효렴은 효성스러움과 청렴함을 뜻하며, 가장 중요하게 다루어졌다.

법은 백성의 평안을 목적으로 해야 하는데 옥리들의 실적이 되면서 전도된 현실! 노온서의 주장을 직접 들어 보기로 하자.

> 인간의 감정이란 편안하면 사는 것이 즐겁고 고통을 받으면 죽고 싶습니다. 몽둥이로 때리는데 무엇을 얻지 못하겠습니까. 그래서 죄수는 아픔을 견디지 못하고 말을 지어내어 알리게 되고, 문초하는 관리는 그것이 편리하기 때문에 뜻대로 밝혀지게 되며, 상주하여 기각당하는 것을 걱정하여 잘 다듬고 꾸미고 주밀하게 맞춰 냅니다. 개개 상주할 것이 다 갖추어지면 옛날 구요皋繇: 요순시대에 공정한 법을 집행한 관리가 듣는다 해도 사형에 처하고도 여죄가 남을 것입니다. 이는 왜 그렇겠습니까? 꾸며대는 것이 그만큼 많고 법조문으로 얽은 죄가 확실하기 때문입니다. 이로써 옥리들은 오로지 모질고도 각박한 처리에 힘쓰기에 잔인한 살육이 끝이 없거나 아니면 적당히 처리하여 나라의 환난을 생각지도 않으니 이들이 바로 세상의 큰 도적입니다. 그래서 속어에 '땅에 줄을 그어 감옥이라 하여도 들어가선 안 되고 나무를 세워 옥리라 해도 쳐다보지 말라' 하였습니다. 이 모두가 옥리들을 질시하는 풍조이며 비통한 말입니다. 그래서 천하의 걱정거리는 감옥보다 더한 것이 없고, 나쁜 법은 정도를 어지럽히며 친족을 흩어지게 하고, 정도를 막기로는 옥리보다 더 심한 것이 없습니다.「가추매노전」,『한서』4, 98쪽

법은 그 자체로 공정해 보이지만 법 적용은 사람이 하는 일이

다. 법을 다루는 사람이 실적에 매이면 사람 목숨을 파리 목숨 취급을 하게 된다. 선제는 노온서의 상소를 적극 반영하여 공평한 법 판결이 되도록 힘을 썼다. 녹봉 6백 석을 받는 정위평 네 명을 뽑았는데 당시 우정국과 황패 등 덕이 높은 관리들에게 일을 맡겼다. 매해 가을에 옥사를 논하게 되는데 그때 선제는 몸을 재계하고 일을 처리할 정도로 공정한 판결이 되도록 온 정성을 기울였다. 이렇게 노온서로 인해 옥리개혁은 시작되었고, 선제의 의도대로 움직여 줄 인재들이 등장하기 시작했다.

황패, 공감을 통해 법을 적용하는 자

선제는 백성들의 고생을 잘 아는 터라 관리들에게 은택을 베풀라는 조서를 수시로 내렸다. 관리들은 선제의 마음을 헤아리지 못했다. 하지만 황패黃霸는 달랐다. 우량한 관리를 선발하고 부서를 만들어 백성들에게 왕의 뜻을 적극적으로 알렸고, 백성을 섬세하게 챙겼다. 과부나 홀아비 등 어려운 자를 돕기 위해 닭이나 돼지를 키워 제사를 지낼 수 있게 도움을 주었고 향촌의 규칙을 정해서 선행을 장려했다. 백성의 자립을 위해 농사와 길쌈을 장려하고 과일 나무를 심게 하고 가축을 기르게 하고 말에게 곡식을 먹이지 않게 하는 등 백성들의 가렵고 힘든 부분들을 구체적으로 파악하여 그것을 해결하기 위해 온 정성을 다했다.

　황패는 백성은 물론이고 하급 관리들도 세밀하게 챙겼다. 사찰을 해야 할 때는 나이가 많고 청렴한 관리를 내보냈다. 현승이란 나이 든 관리가 있었다. 사람들은 그가 늙고 귀가 먹었다고 축출하려고 하자 황패는 다음과 같이 말한다.

"허현의 현승은 청렴한 관리이니 비록 늙었다지만 일상에 불편이 없고 좀 듣지 못한다고 무엇이 나쁜가? 잘 도와주어서 현명한 사람은 실망시키지 않도록 하라." 혹자가 그 까닭을 묻자 황패가 대답했다. "나이가 많은 관리를 자주 바꾸면 옛사람을 보내고 새사람을 맞이하는 비용이 들며 나쁜 관리가 장부를 조작하거나 재물을 도적질하여 공사 간에 지출이 많이 날 수 있는데, 이는 모두 백성들이 부담해야 하며 관리를 새로 임명하여도 꼭 똑똑하지도 않아 옛사람보다 못할 수 있으니 공연히 혼란만 부추길 것이다. 무릇 백성을 다스리는 길은 아주 심한 것만 없애면 될 것이다."「순리전」, 『한서』 8, 306쪽

관리가 늙었다고 해서 교체할 수 없다는 것. 일 처리가 느리니 불편할 수는 있지만 그것은 주변에서 도와주면 해결될 일이다. 자주 교체하면 비용이 더 들고 청렴한 관리가 아니라면 장부 조작 등 부정축재를 할 위험이 있다. 그 모든 것을 백성이 감당해야 하니 늙더라도 청렴한 관리가 일하는 게 훨씬 이익이라는 것이다. 황패는 상황을 정확하게 파악하여 주변 사람들을 설득할 줄 알았다. 나이 든 관리의 장점을 내세워 지켜 주었고, 백성에게 벌을 주기보다는 먼저 가르치고 나서야 형벌을 적용하였다.

황패가 관리들과 어떻게 소통했는가를 잘 보여 주는 에피소드가 있다. 한 관리가 급히 출장을 가다가 식사를 하려는데 까마귀가 손에 있는 고기를 낚아챘다. 지나는 사람이 그 모습을 보고 황패에게 전했다. 그 말을 들은 황패는 출장 갔다 온 관리에게 "고생이 많았구나. 길에서 식사를 하다가 까마귀한테 손에 쥔 고기도 빼앗겼다니!" 관리는 감격을 했고, 황패가 출장 중의 일을 훤히 알고 있다고 여겨 묻는 말에 숨기지 않고 보고하였다. 이렇듯 황패는 백성과 하급 관리의 움직임을 파악하는 데 촉수를 세웠고, 그것에 감동받은 관리들은 더 섬세하게 일을 했다. 황패는 관용과 온화한 태도로 다스린다는 명성을 얻게 되었다. 선제는 다음과 같이 칭찬한다.

> 영천군 태수 황패는 조령을 백성에게 널리 알리고 교화에 힘써 효자와 공손한 젊은이와 정숙한 부인과 온순한 젊은 사람이 날마다 많아졌으며, 농부는 밭두둑을 양보하고 백성은 길에 떨어진 물건을 주워 갖지 않았으며, 홀아비나 과부를 보살피고 가난한 백성을 구휼하였으며, 감옥에는 8년 동안 중죄를 지은 죄수가 없고 관리들은 교화에 힘쓰고 바른 행실을 권장하였으니 가히 현인군자라 할 수 있다.같은 책, 308쪽

황패는 고을을 완전히 다른 분위기로 만들었다. 이것이야말로 선제가 원했던 좋은 관리의 표본이 아닌가 싶다. 이런 황패의 힘은 어디서 나왔을까. 그를 잘 보여 주는 하후승과의 에피소드가 있다.

하후승은 학문이 높고 질박하고 정직하여 왕에게 직언을 서슴지 않는 자였다. 당시 선제는 증조할아버지인 무제를 높이는 의식을 치르고 싶어 했다. 이런 황제의 의중을 알아차린 대부분의 신하들은 찬성을 했다. 하지만 하후승만이 반대하고 나섰다. 이유인즉 무제는 땅은 넓혔지만 병사를 죽게 하고 백성들의 재력을 고갈시켰으니 높임을 받을 자격이 없다는 이유였다. 선제의 비위를 건드릴까 두려웠던 신하들은 하후승을 탄핵했고, 이때 황패는 하후승의 의견에 동조해 함께 감옥에 갇히게 되었다. 죽을 죄인이 되어 감옥에 갇힌 황패와 하후승. 죽을 날만을 기다리는 이때 놀랍게도 황패는 하후승에게 경전을 가르쳐 달라고 부탁한다. 하후승이 기가 막혀하며 죽음을 앞두고 무슨 공부냐며 거절하자 황패는 담담히 말한다. "아침에 도를 깨우쳤다면 저녁에 죽어도 좋다고 하였습니다"라고.

죽음을 앞두고 감옥에 갇혀서도 배움을 멈추지 않는 황패의 태도가 놀라웠다. 당시 학식 최고의 하후승도 감옥에서 공부할 생각을 하지 못했는데 황패가 이렇게 말하자 옳은 말이라 여겨 그 다음 해 겨울이 넘도록 강론을 게을리하지 않았다. 그후 재해가 일어나자 황제는 자신이 부덕한 탓이라 여겨 대사면령을 내렸고 그들도 출옥의 기회를 얻게 되었다. 죽음의 목전에 공부를 이어 가는 정신. 이것이 황패를 관용과 온화의 아이콘으로 만든 게 아닐까. 이렇듯 황패는 한나라 대표 순리로 승승장구하여 승상까지 올라갔다. 이런 황패가 승상에 올랐으니 얼마나 정치를 잘할까. 하지만 『한서』는 우리의 예상을 뒤엎는 기록을 남기고 있다.

> 황패의 능력은 백성을 다스리는 데는 우수했으나 승상으로서 기강
> 을 잡고 호령하거나 풍채 면에서는 병길과 위상, 우정국에 미치지
> 못했으며 공적이나 명성은 군을 다스릴 때만 못했다.「순리전」,『한서』6,
> 311쪽

황패가 백성을 다스리는 능력은 탁월했으나 승상의 역할은 부족했다는 평가다. 밥상에 다양한 그릇이 필요하듯이 황패의 그릇은 태수의 역할에는 완벽했으나 승상으로 쓰기에는 용도가 맞지 않았던가 보다. 『한서』의 기록이 냉정해 보이지만, 태수 일을 잘한다고 다른 일도 잘하라는 법이 어디 있겠는가.

우정국, 아무도 원망하지 않는 판결의 대가

우정국은 스승을 모시고 『춘추』를 배웠는데 경전을 들고 수업을 받으며 북면하고 제자의 예를 다하였다. 사람됨이 청렴하고 공손하였는데 특히 유생을 우대하면서 비록 비천하여 걸어 다니는 하급 관리에게도 우정국은 대등한 예를 갖추었으며 은애공경을 다했기에 학사들도 모두 칭송하였다. 그의 의옥평결에 법 적용이 공평하였고 홀아비나 과부를 불쌍히 여겼고 죄상이 의심스러울 때는 가벼운 쪽을 따랐으며 특히 신중하게 처리하였다. 그래서 조정에서도 우정국을

칭송하였다. '장석지가 정위가 되니 천하에 억울한 백성이 없었고 우정국이 정위가 되니 백성은 원망하지 않았다.'「준소우설평팽전」, 『한서』 6, 246쪽

우정국于定國, 그의 결정은 늘 공평하여 누구도 그의 결정에 대해 원망하지 않았다. 군의 백성들은 우공이 아직 살아 있는데도 불구하고 그를 칭송하기 위해 사당을 세울 정도였다. 그의 법 적용이 어땠기에 백성들의 존경을 받은 것일까. 그가 사건을 대하는 태도를 잘 보여 주는 에피소드가 있다.

동해군에 며느리가 시어머니를 죽인 살인 사건이 발생했다. 시누이는 며느리가 죽였다고 고발했다. 며느리는 죽이지 않았다고 아무리 부인해도 옥리는 믿지 않았다. 옥리의 문초가 고통스러워서 며느리는 거짓 자백을 하고 말았다. 사형선고로 사건 마무리! 이 사건은 상부에 보고되었고, 우정국은 공평하게 처리됐는가를 점검하기 위해 조사를 하다가 며느리에 대한 주변 평가를 듣게 된다. 며느리는 10년 동안 지극정성으로 시어머니를 봉양해서 마을에 효부로 평판이 자자한 자였다. 우정국은 이런 효부 며느리가 시어머니를 죽일 이유가 없다고 판단하여 재조사에 들어간다. 그러자 이웃의 충격적인 증언을 듣게 된다.

착한 며느리가 나를 봉양하느라 고생이 많은데 자식도 없이 수절하는 것이 애처롭기만 하다. 나는 이미 늙어 젊은이만 오랫동안 고생

시켜야 하니 이를 어찌하겠나?_{같은 책, 243쪽}

시어머니는 며느리에게 자유를 주고 싶었던 것이다. 자신을 봉양하느라 발목이 묶여 젊은 인생을 수절하고 있으니 내가 죽으면 새로운 삶을 시작할 수 있을 거라 여겼던 것이다. 우정국은 태수에게 이 사실을 알렸지만 태수는 사형선고를 철회하지 않았다. 번복하는 순간 자신이 사건을 잘못 처리한 게 되기 때문이다. 우정국은 판결을 뒤집을 수가 없게 되자 사건의 문서를 끌어안고 통곡하면서 병을 핑계로 사직해 버린다. 결국 며느리는 처형되었고 이후 그 마을은 3년 동안 가뭄이 들었다. 계속되는 가뭄에 고을 백성들은 고통에 시달려야 했고, 후임 태수가 부임하여 가뭄이 든 이유를 알기 위해 점까지 치게 된다. 그때 우정국은 효부가 부당하게 죽어서라고 이유를 말해 준다. 후임 태수는 소를 잡고 직접 효부의 무덤에 가서 제사를 지내고 석비를 세우자 하늘에서 바로 큰비가 내렸고 그 해는 풍년까지 들게 되었다. 이 내용은 소문으로 퍼졌고, 백성들은 우정국을 더욱더 존경하게 되었다. 백성의 삶을 공감하는 법 적용! 거칠게 법을 적용하면 백성은 억울하게 죽는다. 통념에 갇힌 법 적용, 실적만을 내기 위한 법 적용은 법의 본래 목적을 잃는다. 법은 적용되었는데 백성들은 억울하고 원한만 생긴다면 법이 무슨 소용이 있겠는가.

선제의 정치 노하우, '참된 인재'가 먼저

이제 선제에 대한 반고의 평가로 마무리를 짓고자 한다.

> 효선제孝宣帝의 치국은 신상필벌信賞必罰이며 명분과 실질을 종합적
> 으로 고찰하여 정사나 문학과 법리의 인재를 막론하고 모두가 그 직
> 무에 정통하였으며 기술자나 산업분야에서도 원제나 성제 때 사람
> 이 따라갈 수 없을 정도였으니 모든 관리가 그 직무를 성실히 수행
> 했고 백성은 생업에 안주했음을 알 수 있다. 흉노의 분란을 만나 무
> 도한 자를 없애고 대도를 따르는 자를 지켜 주어서 한의 신의와 위
> 엄을 북방에 떨쳤으며 선우는 인의仁義를 흠모하여 고개를 숙이며
> 번신藩臣을 자청하였다. 탁월한 공적으로 조종祖宗의 공덕을 빛나게
> 했으며 대업을 마련하여 후사에게 물려주었으니 가히 중흥을 이루
> 었으며 그 은덕은 은의 고종, 서주의 선왕과 나란하다고 말할 수 있
> 다.「선제기」,『한서』1, 492쪽

한나라 전체를 통틀어 이런 평가를 받는 왕이 또 있을까. 그의
정치 키워드는 신상필벌! 관리들은 직책에 맞는 일을 하게 하고 백
성들은 각자의 직업에 편안하게 하고자 했던, 아니 그렇게 만든 황
제. 그리고 나라 밖 흉노에게까지 위엄을 떨친 황제. 선제는 안팎으
로 최고의 상태를 만들었다. 반고의 표현대로 은나라 고종과 주나
라 선왕과 비견할 만한 정치! 그의 노하우는 무엇인가? 그것은 다

름 아닌 '좋은 관리 양성'에 있었다. 선제는 자신의 죽음을 목전에 두고 다음과 같은 조서를 남긴다.

> 청렴한 관리를 천거하는 일을 할 때는 정말 참된 인재를 골라야 한다. 관리의 질록 6백 석은 대부의 자리인 만큼 죄가 있다면 먼저 주청하여야 하며, 질록은 그 성과에 따라 올라가야만 그 현명한 재능을 다 바칠 것이니 오늘 이후로는 6백 석 관리 중에서는 천거하지 말라.같은 책, 491쪽

선제는 죽는 순간까지 '참된 인재' 발굴만이 정치의 핵심임을 강조하고 있다. 이것이 선제가 한나라를 중흥기로 이끈 힘이 아닐까. 아무리 시스템과 제도가 잘 정비되어도 그것을 운영하는 것은 사람이다. 선제의 초심이 이처럼 흔들림이 없었기에 한나라의 가을은 알찬 결실을 맺을 수 있었던 것이다. 여기서 역사가 끝나면 좋으련만 열매의 완성은 곧 가을의 해체를 예고한다. 이제 가을은 저물고 겨울로 진입하는 시기가 다가오고 있는 것이다. 누구나 생로병사를 밟아야 하듯 삶의 모든 과정을 차곡차곡 밟아 가는 한나라. 이제 천하의 한나라도 병이 들기 시작한다. 그렇다고 애통해할 필요는 없다. 병도 생의 주기의 한 과정이 아니던가.

4부

한나라의 겨울

:

원제부터 왕망의 등장까지

흉노왕 호한야 선우에게 시집가는 왕소군

원제 때 흉노는 호한야 선우가 다스리는 동흉노와 질지 선우가 다스리는 서흉노로 분열한다. 호한야 선우는 한나라에 도움을 요청하여 서흉노를 멸한다. 호한야 선우는 화친을 위해 한나라의 사위가 되기를 자청했으나, 한나라는 공주를 보내지 않고 궁녀를 호한야 선우에게 시집보냈다. 이때 뽑힌 궁녀가 왕소군(王昭君)이다. 왕소군의 이야기는 『한서』에 전하지는 않지만, 원제 때의 가장 유명하고 비극적인 이야기이다. 여러 버전으로 각색되어 전해진다.

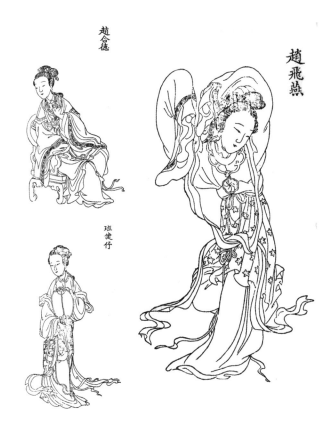

성제의 여인들―조비연(오른쪽), 조합덕(왼쪽 위), 반첩여(왼쪽 아래)

조비연은 성제의 손바닥 위에서 춤을 추었다는 장중무의 주인공으로 출신은 비천했으나, 성제를 혹하게 할 만한 미모와 춤사위, 그리고 교태를 갖춘 여인이었다. 허나 질투심이 많고 음험하여 허황후와 반첩여를 음모로 내쫓고, 성제의 총애를 독점키 위해 동생 조합덕과 부도덕한 일을 많이 저질러 내정을 흐렸다. 반첩여는 반고의 고모할머니로 중국 최초의 여성시인이다. 성제를 바른 길로 이끌려 자주 충간했지만, 조비연·합덕 자매의 술수로 인해 스스로 물러나는 길을 선택하여 몸을 보존한다. 「자상도부」, 「도소부」, 「원가행」이라는 시를 남겼다.

중국 명 말의 문인화가 진홍수(陳洪綬)가 그린 애제와 동현

동현이 애제의 소매를 베고 낮잠을 자는데 그것을 차마 깨울 수가 없어서 애제는 옷소매를 자른다. 얼마나 사랑스러웠으면 깨우지도 못할 정도였을까. 애제의 총애가 얼마나 지극했는지 조정을 뒤흔들 정도라고 『한서』는 기록하고 있다.

윤달의 운명을 타고난 자, 왕망

중국 전한 말의 정치가이며 '신'(新) 왕조(8~24)의 건국자. 갖가지 권모술수를 써서 선양
으로 황제권력을 찬탈하였다. 반고는 고대 악인의 아이콘이 걸주이듯 전한의 패망 원인
이 왕망 탓이라고 말한다. 그런데 반고는 왕망을 악인으로 비유하면서도 '윤달'로 읽어 낸
다. 그가 윤달로 비유되는 순간 왕망은 자연의 변화 과정으로 읽히면서 길흉이란 이분법
에서 벗어난다. 자연에서는 정식달만 있는 게 아니라 쪼가리 달 윤달도 당당하게 공존하
지 않는가!

1장 한나라의 쇠락, 어디에서 시작되었는가?— 원제 유석

아버지 선제의 탄식!

한나라의 중흥기를 이끌었던 선제가 붕어하고, 장자인 유석劉奭이 제위를 이어받았다. 이가 곧 11대 황제인 원제元帝(재위 기원전 48~기원전 33)다. 원제는 선제가 평민일 때 결혼한 허씨의 소생이다. 두 살 때 선제가 즉위하고 여덟 살 때 태자로 책봉되었다. 아버지 선제가 어머니 허씨를 황후로 삼지 않았다면 첫아들이어도 태자가 되기는 어려웠을 것이다. 의리를 지킨 선제 덕분에 태자가 되었지만, 아버지의 사랑은 오래가지 못했다. 아버지와 아들의 지향이 달랐기 때문이다.

성인이 된 태자 유석은 인자하고 유학을 좋아했다. 이에 반해 선제는 법가였다. 선제는 유생을 신뢰하지 않아 형리 위주로 신하를 기용하였고, 형명으로 신하들을 통제했다. 태자 유석은 법리에 올인하는 선제에게 브레이크를 걸었다. "폐하의 형벌 적용은 너무 각박하니, 유생을 기용하셔야 합니다." 이 말을 들은 선제는 분노했다.

태자의 행동은 용기 있고 정의롭게 보인다. 실상 법리적인 것에만 치우치면 사람을 고려하지 않고 죄의 유무만 따지게 된다. 자칫 사람을 살리기 위해서 법이 존재하는 게 아니라 잡아넣고 죽이기 위해 법이 존재하는 것으로 그 본질이 전도되기 쉽다. 『한서』에는 죄수를 잡는 데 혈안이 된 형리들이 많이 등장한다. 이들은 세상을 바로잡는 데 뜻을 두지 않고 단죄 자체가 목적인 듯 올가미를 씌운다. 죄를 증명하고 잡아들이면 만사형통이다. 일 잘하고 인정받는 형리일수록 각박하고 잔인했다. 법의 속성이 그런 것 같다. 그러므로 버릴 수도 없지만 전적으로 의지할 수만도 없는 게 법이다. 이런 점에서 태자의 염려는 옳다. 따라서 선제가 화를 낸 것이 권위적이고 부당하게 느껴지기도 한다.

그러나 선제는 태자가 자신을 비판했기 때문에 화가 난 것이 아니었다. 태자가 현실을 파악하지도 못하면서 섣부르게 원론만 내세웠기 때문에 분노한 것이다. 선제는 도적이 들끓고 문란한 때에 처하여 인정仁政만으로 나라를 다스리기 어렵다고 판단했다. 시의에 맞게 패도覇道와 왕도王道를 혼합 적용해야지, 유생들의 주장대로 왕도정치만 옳다고 한다면 명분과 실제가 어긋나 혼란을 자초할 거라 확신했다. 선제는 단호했다. 엄정할 때는 엄정해야지 무조건 어질고 너그러운 정치를 펴는 게 최선일 수는 없다. 정책은 때에 맞아야 한다.

이에 선제는 탄식했다. 단순한 입장 차이로 넘기기엔 심각한 문제라 여겼다. 태자가 현실에 너무 어두워 앞날이 걱정됐기 때문이다. 태자가 왕이 되면 나라를 혼란에 빠뜨릴 게 뻔했다. 이후 선제의 마음은 태자로부터 멀어졌다. 선제의 눈길은 장첩여張婕妤 소생의 둘째아들 회양왕에게로 옮겨 갔다. 회양왕이 똑똑하고 법을 좋아했기 때문이다. 부모의 자식 사랑이 어떻게 변하니? 외쳐 보지만, 역사책을 보면 부모의 사랑 또한 때에 따라 식고, 움직인다. 선제는 자기를 닮은 데다 자기 뜻을 따르는 둘째아들 회양왕을 신뢰했다. 총애하는 선에서 그치지 않았다. 나라를 지킬 만한 후계자로 회양왕을 점찍었던 것이다. 선제는 태자 유석을 폐위하고 회양왕을 태자로 세울 마음을 먹는다.

그러나 선제는 태자 폐위를 실행에 옮기지는 못했다. 막상 시도하려 하자 마음이 약해진 것이다. 허황후와 아들에 대한 의리 때문이었다. 선제는 민간에서 고생하던 시절 자신을 도와준 부인 허씨를 저버릴 수 없었다. 또한 미천한 신분으로 함께 고생했던 아들을 차마 내치기 어려웠다. 선제의 의리와 연민 덕분에 장자인 유석은 태자 자리에서 쫓겨나지 않았다. 그리고 황제로 등극했다.

이런 결과가 원제 개인의 입장으로 보면 다행이지만, 한나라 전체 운명에서 보면 좋은 선택이었다고 말하기는 어렵다. 결론부터 말하면 원제는 아버지가 다져 놓은 기반을 지키지 못했다. '나라를 혼란하게 만들리라'는 아버지 선제의 예측이 맞아떨어졌다. 원제 때로부터 한나라는 기우뚱거렸다. 『한서』를 쓴 반고도 원제의 통치기를 한나라가 쇠락하기 시작하는 때로 본다. 가을도 저물어 가고, 해도 기울어 가는 시기!

원제의 어떤 점이 나라를 기울게 했을까? 선제 말대로 유생을 기용했기 때문일까? 시의에 맞게 패도도 쓰고 왕도도 써야 하는데 왕도만 썼기 때문일까? 무엇이 문제였을까?

반성하는 황제, 그럼에도 연속되는 재해?

『한서』「원제기」를 보면, 원제의 재위 기간 내리 천재지변으로 얼룩져 있다. 원제 때는 마치 천재지변만 일어난 것처럼 보일 정도다. 해마다 홍수, 지진, 태풍 등의 재해로 백성들이 굶주리고 유랑하는 사태가 벌어졌다. 여기에 일식, 살별이 나타나는 등 편안한 날이 없었다. 「원제기」에는 그렇게 기록되어 있다. 연속된 자연재해는 그만큼 살기가 어려웠음을 방증하는 징표일 것이다. 그야말로 난세였다. 원제도 자기 시대를 난세라 여겼다.

> "지금 폐하께서 즉위하신 이후로 일월은 그 빛을 잃었고 성신이 역행하고, 산이 무너지고 불이 솟으며 지진이 일어나고 운석이 떨어지며, 여름에 서리가 내리고 겨울에 천둥이 치며 봄에 낙엽이 지고 가을에 꽃이 피며, 서리가 내려도 잎이 죽지 않고 수해와 가뭄과 황충의 피해가 겹쳐 백성이 기아와 질병에 시달리며, 도적은 잡지 못하

고 형벌 받은 사람은 거리에 가득하니 『춘추』에 기록된 재해가 모두 다 일어나고 있습니다. 폐하, 지금 이 시대가 치세입니까? 난세입니까?" 원제가 대답했다. "아주 난세이다." 「경방전」, 『한서』 6, 497쪽

이 시대 유생들은 통치자가 정치를 잘못하면 하늘이 재해를 내려 견책한다고 해석했다. 인간들이 뿜어내는 혼탁함과 원망의 기운이 하늘을 움직이게 한다. 하늘은 물리적 실체가 아니라 의식을 가진 존재이므로 음양의 조화를 어긋나게 함으로써 인간에게 경고를 보내고 책임을 물었다. 인간은 이 하늘의 경고를 알아차리고 하늘의 견책에 적극적으로 응답해야 한다. 특별히 통치자는 자신의 행동을 돌아보고 개선하며, 그 무엇보다 백성들의 삶을 살피고 돌봐야 한다. 무제 때의 역사철학자 동중서가 '천인감응설'을 이야기한 이래 한나라 유생들은 이 이론을 철석같이 신봉했다. 황제들 또한 이를 유념했다. 자신을 탓하고 백성을 돌보라!

원제는 즉위하면서 유생들을 불러 기용하고 정사를 위임하면서 어진 정치를 펼치고자 노력했다. 그렇기 때문에 잇따르는 자연재해에 무감할 수 없었다. 아니 매우 근신하고 전전긍긍했다. 음양과 재이에 밝은 자들을 천거받아 재앙을 불러온 이유를 숨김없이 말하게 하고 재해 대책을 세웠다. 인간의 반성에 따라 하늘이 분노를 거두어들인다고 믿는 통치자들은 겸허하고 너그럽지 않을 수 없었다. 원제는 어진 정치에 뜻을 두었기 때문에 더더욱 성실하게 이 원칙을 따랐다.

지금 짐은 고조의 위업을 이어받아 공후의 윗자리에 있지만 아침저녁으로 두려워하며 백성의 위급한 처지를 늘 생각하며 잊은 적이 없었다. 그러나 음양이 조화를 못 이루고 해와 달과 별은 빛을 잃었다. 백성은 갈 곳을 잃고 길에 나뒹굴었으며 곳곳에서 도적이 나타났다. 관리들은 나쁜 짓을 계속하고 백성을 돌보아야 하는 법도를 잃었다. 이는 모두 짐이 우매하여 천하를 다스릴 법도가 무너진 것이다. 허물이 이 지경에 이르렀기에 짐은 몹시 부끄러울 뿐이다. 백성의 부모된 자로 그렇게 백성에게 각박하니 백성에게 무슨 말을 하겠는가?「원제기」,『한서』1, 517쪽

계속되는 재해에 원제는 침통하고 또 침통하다. 이 모든 게 자기 탓이므로 부끄러워 백성을 볼 면목조차 없다. 자신의 우매함을 반성하며 백성들의 어려움과 억울함을 살필 뿐이다. 환과고독鰥寡孤獨 곧 홀아비·과부·고아·독거노인 등 궁색한 백성들에게 생필품을 하사하고, 조세를 면제하고, 죄수를 사면했으며, 공전公田과 동산을 빈민에게 대여하고, 연좌제를 폐지하고, 황실의 반찬 수와 말 등의 가축 수를 줄이고, 제사를 줄이고, 황제 능을 조성하기 위해 백성들을 이주시키는 일을 금지시켰다.

　재해에 대처하는 원제의 태도는 나무랄 데가 없다. 뛰어나게 겸손하고 어질다. 반고가 평가한바, "원제는 신하에게 관대하고 국량이 넓었으며 공경 검소하였으며 명령을 하더라도 부드럽고 고아하여 고인의 유풍이 있었다."같은 책, 537쪽

그런데 이쯤에서 드는 의문. 이 정도로 반성적이고 백성을 사랑하는 황제라면 하늘도 감동하여 재해를 멈춰야 하지 않는가? 재해가 불가항력인지라 이렇게 질문하는 것 자체가 우스운 일인지 모르겠다. 재해가 닥치면 신속하게 대처하여 백성을 구휼하는 게 관건이니, 원제의 대처방식은 훌륭하다고 평가해도 과언이 아니다. 설혹 재해가 온다 하더라도 황제가 이렇게 대응할진대, 재해 자체는 무서울 것이 없어 보인다. 그런데 반고는 원제 시대 전체를 천재지변으로 도배했다. 의도가 있는 게 아닌가? 한나라 시대 천인감응설의 믿음 안에서 따진다면, 원제 시기 내내 재해에 시달린 건 뭔가 잘못된 것이 아닐까? 혹여 원제 통치기에는 천재지변에 대응하는 일 말고 다른 업적은 없었기 때문인가? 재해를 연속적으로 사건화하는 것은 오히려 원제의 무능과 오판을 드러내기 위한 '미언대의'微言大義가 아닐까?

백성을 구휼하고 안정시키는 정책을 펼쳤음에도 여전히 백성들은 굶주리고 도적은 들끓고 관리들은 간악했다면, 원제의 정치에 더 근본적인 문제가 있으리란 '합리적 의심'을 하지 않을 수 없는 것이다. 반성 잘하고 백성을 아끼는 황제에게 재해가 연속적으로 문제가 되고 혼란이 사라지지 않는다면, 원제의 반성이 관례적이거나 반성의 핀트가 맞지 않은 것이리라. 선제가 염려했던 바대로 원제는 현실을 분석하고 문제의 핵심을 파악하는 능력이 부족했음에 틀림없다.

의존적이고 나태한 황제, 환관에게 빠지다

왕도정치를 추구했던 원제는 즉위하자 유생들을 기용했다. 『시경』·『서경』·『역경』·『예기』·『악기』·『춘추』의 육경에 해박하고, 음양과 재이의 해석에 뛰어나며, 질박質樸·돈후敦厚·손양遜讓·유행有行에 뛰어난 인재들을 불러들였다. 젊은 시절부터 지향했던 바를 황제가 되어 그대로 밀고 나간 것이다. 원제의 시작은 이렇게 창대했다.

그러나 원제는 통치에 있어서 무능하기 짝이 없었다. 안타깝게도 품성이 좋으나 능력이 없었다. 단적으로 인재를 보는 눈이 없었다. 원제는 '음양과 재이'에 통달한 유생을 특히 좋아했는데, 예언에 적중하고 그 원인을 잘 맞히는 자를 더욱 가까이하고 신뢰했다. 그렇지만 이들의 예측과 대책은 한계가 있었다. 황제의 실정과 황제 측근들의 전횡을 비판하면서 이를 바로잡기를 촉구했지만, 황제는 그 말을 듣는 정도에 만족했지 실행에 옮기지는 않았다. 하여, 재해의 대책은 주로 구휼에 초점이 맞춰졌다. 그야말로 관례적인 인정 정치에서 더 나아가기 어려웠다. 나라의 기강을 바로 세우고 기틀을 다잡는 정책, 백성들의 일상을 안정시키는 근본적인 대책에 이르지 못했다. 원제는 착하지만 어리석었다. 유생들의 경우, 전공지식은 갖췄지만 자신들의 앎을 실제 정치에 크게 활용하지 못했다. 또한 유생 스스로 실세가 되는 데 눈이 멀어 음모와 술수를 꺼리지 않았다. 원제는 이 음모와 술수를 간파할 지혜도, 단죄할 결단력도 없었다.

결정적으로 원제는 환관 석현石顯에게 휘둘렸다. 제국이 망하는 두 가지 원인이 있으니, 하나는 환관이요 하나는 외척이다. 원제 때 환관이 발호하고 외척정치가 시작되었으니 한나라의 쇠락은 명약관화했다. 원제는 아버지 선제의 신임을 받던 석현을 중서령으로 임명했다. 석현은 크고 작은 정사를 빈틈없이 처리하고 영특했으며, 황제의 속마음을 잘 간파하여 총애가 조정의 제일이었다. 원제는 환관은 처족妻族이 없어 욕심을 내지 않는다 여겨 정사를 믿고 맡겼다.

원제는 신하들을 단속하고 통제하지 않았다. 오히려 석현이 신하들을 통제했다. 석현은 자신과 알력이 생기면 누구든 모함하여 법으로 얽어매었다. 강직한 재상 소망지蕭望之를 모함하여 자결하게 만들었고, 자신들의 권력에 도전한 경방京房 또한 정치를 비방하고 천자를 헐뜯고 제후 회양왕을 나쁜 일에 끌어들였다고 고발하여 기시棄市: 처형당한 시체를 길에 버리는 형벌의 형을 받게 했다. 원제는 신하들의 의견을 존중했지만 자기 의견은 없었다. 결국 신하들에게 휘둘렸고, 환관 석현에게 의지했다. 판단력도 결단력도 행정력도 결여된, 유약하고 의존적인 황제였다.

기원전 38년 원제는 병이 들면서 정사를 귀찮게 여겨 석현에게 위임해 버리고, 자신은 음악에 빠져 살았다. 난간에서 구리구슬을 굴려 맞추면 장엄한 소리가 연주되는 작은 북 등 특별한 악기 연주에 재미를 붙이고 정사를 돌보지 않았다. 석현에 의지한 채, 나태하고 안일한 모습으로 황제의 자리를 지킬 뿐이었다. 그러다 재해가 이르면 자기 탓으로 돌리며 애통한 마음으로 백성들을 구휼하는 행정 명령을 내렸다. 원제가 젊은 시절 꿈꾸었던 인정 정치가 이런 모습이었을까? 폭군은 아니어서 그나마 다행이라 해야 하나?

석현은 정사를 마음대로 휘두르면서도 권력에서 밀려날 것을 두려워했다. 그래서 신하들의 비판을 막고 총애를 굳건히 하고자 일부러 일을 꾸미기도 했다. 한번은 다른 궁으로 업무를 보러 나갈 일이 있었는데, 원제에게 돌아오는 시간이 늦어 황제가 거처하는 궁의 문이 닫힐까 두렵다고 고하고 늦게 돌아오더라도 문을 열어 줄 것을 주청했다. 이에 원제가 허락을 했다. 이후 석현은 일부러 늦은 시간까지 기다렸다가 돌아오면서 공공연히 황제의 명을 들어 궁문을 열고 들어왔는데, 자신을 비판하는 상서를 올리도록 유도한 것이었다. 과연 사람들이 석현이 왕명을 사칭해 궁문을 드나든 일을 비판하는 상서를 올리자, 원제는 웃으며 이 상서를 석현에게 보여 주었다. 석현의 작전이 성공한 것. 미리 주청을 올리고 허락한 일을 가지고 괜한 모함을 한다고 생각했던 것이다. 이로써 석현에 대한 원제의 총애가 굳건하다는 것을 확인할 수 있었다. 석현은 눈물을 흘리며 다음과 같이 쐐기를 박는다. 황제의 마음을 빼앗는 아첨의 끝장을 보라.

폐하께서 소신을 너무 편애하시며 국사를 맡기셨기에 다른 신하들은 질투하며 저를 모함하지 않는 자가 없으며 이런 일은 한두 번이 아님을 오직 폐하께서는 알고 계십니다. 저는 미천하여 정말로 만

가지 국사를 제대로 처리하지 못하여 천하의 원망을 받고 있기에 저는 국사의 요직을 반납하고 후궁에 들어가 청소라도 할 수 있다면 죽어도 여한이 없습니다. 오직 폐하만이 저를 가엽게 여겨 소신을 살려 주신 것입니다.「영행전」,『한서』8, 498~499쪽

원제는 석현의 아첨을 충심이라 여긴다. 정성을 다하는 신하, 사심 없는 신하. 원제는 신하를 믿었으나, 사람을 알아보는 지혜는 갖지 못했다. 원제의 함정은 이것이었다. 너그러움과 겸손과 공손과 검소라는 유가의 미덕만으로는 통치가 불가능하다. 원제가 딱 그랬다. 꿈이 있었으나 펼칠 수 없었다. 통치의 비전과 지혜와 실행력과 지구력이 없었기 때문이다. 각박한 법리가 아니라 인의로운 유생을 구하는 데 뜻을 두었으나, 어리석고 무능하고 유약하고 의존적이고 안일한 탓에 권력을 탐내고 이득에 눈이 먼 신하들에 둘러싸이게 되었다. 착하기만 한 건 문제다. 원제로부터 또 하나를 깨닫는다. 반성과 동정과 연민만으로 나라를 다스리는 건 불가능하다.

2장 도긴개긴, 오십보백보들의 세상

황제 눈에 들면, 금시발복!

원제 때, 간대부諫大夫로 발탁된 공우貢禹를 이야기해 보자. 공우는 경학에 밝고 깨끗한 행실로 이름이 높았으나, 유생을 중시했던 원제를 만나 뒤늦게 발탁되었다. 간대부로 기용된 이후 81세가 된 공우는 황제에게 고향으로 돌아가게 해 달라는 상소를 올린다. 물론 원제는 사직시켜 달라는 공우의 간청을 물리치고 어사대부로 중용하여 삼공의 반열에 올려 주기까지 한다. 공우는 원제의 총애와 인정을 받을 만했다. 실력도 출중했지만 욕심 없이 국정의 비전을 제시했다. 원제 시대 공우만 한 인물을 찾기는 힘들다.

　　여기서 주목하는 바는 공우가 얼마나 훌륭한 신하였는지를 말하려는 게 아니다. 공우가 벼슬길에 들어서면서 받은 혜택이 어떤 정도였는지 이야기하려 한다. 간대부를 거쳐 광록대부에 오른 81

세의 공우는 고향으로 돌아가 여생을 마감하고 싶다는 간청을 올리면서, 황제에게 발탁된 이후의 삶이 어떻게 달라졌는지 진술했다. 황제의 은택을 넘치게 받은 황공함을 표현하기 위해 초야에서의 생활과 기용된 이후의 삶의 격차를 이렇게 표현했다.

신 공우는 늙고 빈궁하며 가산은 1만 전이 되지 않았고 처자는 거친 음식도 모자랐고 의복도 완전하지 못했습니다. 땅 130무가 있었는데 폐하께서 호의로 저를 부르시니 신은 땅 100무를 팔아 거마를 준비하였습니다. 장안에 와서 간대부를 제수받고 녹봉이 8백 석이라 매달 9,200전을 받았습니다. 태관이 공급해 주는 양식과 또 상으로 하사하는 사시四時의 여러 비단, 무명과 솜, 의복, 주육, 여러 과일 등 베푸신 은덕이 매우 많았습니다. 병이 나자 시의가 치료를 해주었으니 폐하의 신령에 힘입어 죽지 않고 살아왔습니다. 또 광록대부를 제수받아 질록이 2천 석이 되어 봉급이 매달 1만 2천 전이 되었습니다. 질록과 하사품이 더욱 많아 집은 날마다 부유해졌고, 일신은 날마다 존귀하여 실로 초야에서 살 때의 은택과는 달랐습니다.「공우전」, 『한서』 6, 312쪽

높은 벼슬에 오른 뒤 특별히 욕심을 부리지 않았어도 공우의 삶은 몰라보게 윤택해졌다. 발탁되기 전 가산이 1만 전도 되지 않던 공우는 간대부가 되자 매달 9,200전을 받았고 광록대부가 되어서는 매달 1만 2천 전을 봉급으로 받았다. 몇십 년을 살며 모은 돈

이 1만 전이었는데 황제의 눈에 들어 대신의 지위에 오르자 한 달에 1만 전 이상을 받게 되는 기적이 일어난 것이다. 이뿐만이 아니다. 황제의 초청으로 동궁에서 식사할 때 대접받은 그릇은 모두 금은으로 장식된 것이었다. 공우는 청렴하고 강직하고 욕심 없는 신하였다. 봉급과 하사품만으로도 이렇게 상상할 수 없는 권세와 부를 누렸다.

이렇듯 관리로 발탁되면 이전과는 완전히 다른 삶이 펼쳐지니, 유생들이 앞뒤 가리지 않고 인재가 되는 길로 전력질주하리라는 것은 명약관화明若觀火하다. 이런 상황에서 안빈낙도安貧樂道하며 실력을 연마하고 품행을 닦으면서 초연하게 사는 이가 얼마나 되겠는가?

그런데 당연한 말이지만 실력과 능력을 모두 갖춘 선비라도 반드시 기용되리라는 보장은 없다는 게 이 길의 함정이라면 함정이다. 황제에게 발탁된다는 건 천재일우의 기적에 가까운 일이다. 이런 행운이 누구에게나 오는 건 아니다. 모르는 바는 아니라 해도, 권세와 풍요가 열리는 마법의 문 앞에서 이 함정 때문에 머뭇거리는 이는 드물었다. 황제 눈에 들기 위해, 권세와 부를 잡기 위해 인정사정 볼 것 없이 안간힘을 썼다. 검사로 영전하면 어마어마한 전관예우가 기다리고 있는 한 무엇도 그 욕망을 막을 수 없는 작금의 현실처럼! 현명을 숭상하고 욕심낼 만한 것이 많아지면 다투게 되어 세상이 어지러워진다는 노자의 말은 한 치의 어긋남이 없었다.

도긴개긴들의 경합, 억울하면 출세해

무제는 천하를 통치하면서 현인을 등용하고 유생을 채용하여 나라의 영역을 수천 리나 넓히는 쾌거를 이뤘다. 공자의 도덕과 학술을 기준으로 세상을 다스리고자 행실과 품성이 뛰어난 자, 경학의 전문 지식을 탐구한 자, 글과 문서에 능숙한 자들이 널리 채용되었다. 또한 사방에 대치한 이적들로 인해 용맹한 장수들이 길러지고 발탁되었다. 무제, 소제, 선제 시대 가히 인재들이 차고 넘쳤다.

그러나 이 인재들에게 날개를 달아 주어 그들의 능력과 공적에 갈채를 보내고 그에 상응한 권력이 주어지면서부터 세태가 달라졌다. 언제나 그렇듯 개인의 도덕과 학식과 능력은 관리가 되기 위한, 높은 벼슬에 오르기 위한 스펙으로 변질되어 버린다. 행실과 지식이 도구가 되고, 전쟁이 돈벌이가 되고, 공로가 목적이 되는 그야말로 '성공과 출세'를 향한 질주가 시작된 것이다.

간대부 공우는 인재등용문이 넓어진 무제 이래로, 공을 세운 자는 위세를 부리며 마음대로 행동하고, 범법자라도 납속하면 용서를 받고, 곡식 바친 자를 관리에 임용하면서부터 문제가 심각해졌다고 진단한다. 이로 인해 천하는 더욱 사치하고, 나라는 어지러워지고, 백성은 가난해지고, 도적이 봉기하고, 도망치는 백성이 많아졌다고 한다. "사람이 서로 잡아먹는데 마구간의 말은 곡식을 먹어 너무 살이 찌고 기운이 너무 거칠어져 매일 걷게 시켜야 하는" 기막힌 상황에까지 이른 것이다. 결과만 좋으면, 이득만 차지하면 그만인 세상에서 가능하지 않은 일은 없었다.

하여 또 이 무질서를 잡기 위해 속전속결 가시적인 성과를 중시하기 시작했다. 원칙은 무너지고 기만과 편법은 필수! 완전히 전도된 상황이 꼬리에 꼬리를 물고 이어졌다. 그야말로 아비규환, 악순환이었다.

군국에서도 죄로 처형되는 것이 두려워 간교한 관리가 서류에 능숙한 자를 골라 상부에 거짓 보고를 잘하는 자를 승진시키고, 간악한 무리가 많아지자 사납게 백성을 모질도록 협박하거나 가혹한 폭정으로 백성을 복종시키는 자들이 높은 자리를 차지하게 되었습니다. 그리하여 바르지 않아도 재물이 있는 자가 행세하게 되고, 기만하거나 문서에 능숙한 자가 조정에서 우대받고, 패악하거나 흉포한 자가 고관이 되었습니다.

그러다 보니 세상 사람들은 "왜 효제를 행하는가? 재산이 많아야 영광이다. 왜 예의를 지키는가? 속리의 문서만 읽을 줄 알면 벼슬을 한다. 왜 행실을 조심해야 하는가? 흉포하면 관리가 된다"라고 말합니다.

그리하여 온갖 형벌을 받은 자라도 오히려 팔을 걷어붙이고 정사를 담당하였으며, 개나 돼지 같은 행실이라도 집안이 부자이거나 권세가 있으면 마음대로 아랫사람을 부려도 똑똑하다고 여겼습니다. 그리하여 벼슬하여 큰 부자가 되면 영웅호걸이 되고, 간교한 행동으로 이권을 얻는 자를 장사라 여기면서, 형은 아우에게 권하고 부친은 자식을 독려하기에 풍속의 문란이 이 지경에 이르게 되었습니다. 그 원인을 따져 본다면 모든 것이 죄를 짓고서도 속죄할 수 있기 때문이며 인재를 구하면서 진짜 현인을 등용하지 못하고 제후의 승상이나 태수가 재물을 숭상하며 형벌이 제대로 집행되지 못했기 때문입니다. 「공우전」, 『한서』 6, 321-324쪽

물론 어질고 훌륭한 관리가 없었다는 것이 아니다. 그렇지만 대다수의 관리들은 능력과 지식이 뛰어나더라도, 설혹 효제와 청렴을 지키더라도 올바르거나 정당하다고 말할 수 없었다. 공우가 말한바, 이 시대 난다 긴다 하는 벼슬아치들 중 잘못이 없는 사람은 없었다. 청렴으로 이름을 날리는 관리여도 지나치게 가혹하든가 불법을 다스리기 위해 불법을 저질렀다. 혹은 인자하고 너그러운 관리라면 그 이면에는 지나치게 사치하거나 지나치게 돈을 좋아하여 뇌물을 일상적으로 받는 식의 적폐를 저질렀다. 아랫사람을 잘 쓰고 업적이 뛰어난 관리로 칭송이 자자해도 들여다보면 아랫사람끼리 서로를 감시하며 고자질하게 만드는 술수를 부렸다. 걸면 걸리는, 찾으면 반드시 발견되는 결함과 잘못은 관리들의 전매특허였다.

검찰 개혁, 공직자 개혁은 지금 이 시대만의 구호는 아니다. 업적과 이권이 우선인 사회에서 시시때때로 터져 나오는 문제였다. 일단 출세하면 건드릴 수 없었다. 더 큰 세력의 모략이 아니라면, 출세한 자의 부정을 들추기 힘든 사회. 공우가 간절하게 관리 개혁

을 외쳤으나, 위아래 모두 자기 욕심에 혈안이 된 터라, 누가 누구를 개혁하는 건 불가능했다. 끼리끼리 편먹고서 깎아내리고 추켜세우느라 바빴다. 서로가 공과를 다퉜지만 그야말로 오십보백보, 도긴개긴들의 리그였다. 욕심 없이 담박하게 뜻을 지키며 조용히 원대하게 국정을 수행한 사람은 찾기 어려웠다.

　무제 이래 이런 관리들이 점점 늘어 갔고, 원제에 이르러 관리들의 속성이 되어 버렸다. 방법이나 과정이 어떻든 공을 세우면 인정받았다. 이러니 잘못이 드러나 탄핵되면 운이 나쁘고 억울하게 당한 것. 자의식도 자정 능력도 없었다. 그게 그거인 세상이었다.

승리하면 장땡?

여기 원제 때, 흉노를 소탕하고 흉노 왕의 목을 매달고 승전보를 울리고 개선가를 부르며 의기양양 돌아온 두 명의 장군이 있다. 감연수甘延壽와 진탕陳湯. 이 두 장군은 정말 용감하게 거침없이 잘 싸웠고, 아주 확실한 승리를 거머쥐었다. 이건 인정할 수밖에 없는 팩트다. 그런데 이들에게 박수갈채를 보내기엔 못내 찜찜하다.

　감연수는 투석과 높이뛰기에서 두각을 나타내 발탁되었다. 진탕은 독서를 좋아하여 널리 배우고 글을 잘 짓는 것으로 능력을 인정받았으나, 승진을 기다리느라 아버지의 부음을 듣고도 가지 않아 하옥되어 벌을 받고, 뒤에 다시 천거되어 여러 번 외국에 사절로 파견되었다. 이 두 사람은 함께 서역의 사절로 나가게 되면서 의기투합했다. 진탕은 배운 사람답게 침착하고 용감하고 생각이 깊고 책모를 잘 쓰고 기발한 일을 좋아했다. 또한 서역의 성읍이나 산천을 지날 때면 늘 높이 올라 주변을 살폈다.

감연수와 진탕이 서역의 사절로 갈 당시, 흉노는 선제 때 이미 쪼개어져 다섯 명의 선우가 서로 다투었는데 그중 호한야 선우와 질지 선우는 둘 다 아들을 한나라에 보내어 친교를 맺으면서 패권을 다투었다. 호한야 선우는 한나라에 직접 입조하여 흉노의 복속을 입증하면서 한나라를 등에 업고 질지 선우의 세력 약화를 꾀했다. 불안한 질지는 한나라에 조공하며 인질로 가 있는 아들을 귀환시켜 줄 것을 요청했다. 질지의 요청에 한나라 조정은 의견이 분분했다. 공우와 광형匡衡 등은 질지가 한나라와의 친교를 끊으려는 행위로 사신을 보내서는 안 된다고 주장했다. 반면 곡길谷吉은 별 이유 없이 관계를 단절하면 훗날의 원한을 심어 주는 것이므로 이로울 것이 없다고 주장했다. 원제는 곡길의 손을 들어 주었고, 곡길이 사신으로 흉노에 도착했으나 결국 질지는 곡길을 살해하고 강거국康居國으로 도주한다.

질지 선우는 강거국의 군사를 빌려 오손烏孫을 공격하고 그 서쪽 땅을 차지한 뒤 대국이라 자처하며 강거를 속국으로 취급했다. 질지 선우는 더욱 오만해져 강거의 귀족, 왕녀와 백성 수백 명을 죽이기도 하고 혹은 사지를 찢어 죽여 강에 던지기도 했다. 한나라는 질지에게 사신을 보내 곡길의 시신을 요구했으나, 오히려 사신을 가두는 등 만행을 그치지 않으면서 한편으론 한나라에 귀속한다는 메시지를 보내 방어를 꾀했다.

한나라로서는 질지 선우를 그냥 두기도 애매했지만 함부로 칠 수도 없는 상태였다. 질지 선우의 흉노가 너무 멀기에 원정을 감행하기는 어려웠다. 이러한 때 감연수와 진탕이 서역으로 파견된 것이었다. 진탕은 서역의 형세를 살피면서 질지 선우를 치고 공을 세울 수 있는 절호의 기회라 여겼다.

질지 선우가 지금은 멀리 있지만 그들에게는 튼튼한 성곽과 강력한 쇠뇌의 수비전술이 없기에 만약 우리가 둔전하는 군사를 동원하거나 오손의 많은 군사를 몰아 그들의 근거지를 바로 공격한다면 그들로서는 패하면 갈 곳이 없고 수비한다 하여 지킬 수가 없기에 영원히 기록될 큰 공적을 어느 날 갑자기 성취할 수 있을 것입니다.「진탕전」,『한서』 6, 180쪽

진탕은 천자와 공경에게 의견을 구하면 비범한 대책이라도 허락하지 않을 것이므로 단독으로 흉노를 치자고 감연수를 설득했다. 감연수는 진탕의 의견에 동의하지 않고 유보하던 중, 병에 걸리게 된다. 진탕은 이 틈을 타 황제의 명령을 사칭하고 군사를 징발했다. 눈앞에 뻔히 보이는 큰 공적을 놓칠 수 없었던 것이다. 감연수가 놀라 일어나 중지시키자 진탕은 칼을 빼어들고 감연수를 협박하여 부대를 편성하고 진영을 짰다. 둔전하는 한나라 군사도 있었고 질지를 치고자 하는 흉노 군사도 합류했다. 그러고는 황제에게

조명을 위조한 것을 자백하며 군대 편성을 진술하는 상소를 올렸다. 진탕은 자신만만했다. 승리만 하면 결코 죄가 되지 않을 것이라는, 모든 건 결과만 좋으면 된다는 생각에 사로잡혔기 때문이다.

진탕의 예감은 현실이 되었다. 질지의 폭압에 시달리던 강거국 귀족의 협조를 받아 진탕의 군대는 질지의 성으로 진격했다. 선우와 선우의 부인들까지 전투에 나서 화살을 쏘았으나 진탕의 군대를 이길 수 없었다. 선우의 부인들도 죽었고, 선우도 창에 찔려 죽었다. 선우의 목을 자르고, 한나라 사신의 부절 2개와 곡길 등이 작성한 서신을 찾아냈다.

진탕은 황제의 명령을 사칭했으나 큰 공적을 세웠기에 당당하게 장안으로 입성했다. 사실 골치 아프고 접근하기 어려운 흉노를 제압했으니 큰 공임에는 틀림없으나 지휘 체계로는 문제가 많았다. 완전히 원칙을 무너뜨린 처사였다. 질지를 정벌할 좋은 기회였지만 이때 반드시 질지를 정벌해야만 하는 급박한 이유는 없었던 것이다.

만약 전심전력 흉노를 물리치는 데 진탕의 뜻이 있었다면, 황제 명령을 사칭한 벌을 달게 받아야 한다. 공은 공대로 인정받되, 잘못에 대한 책임은 져야 마땅하지 않은가. 그러나 진탕은 승리하여 공적을 세우면 전혀 문제 될 것이 없다고 생각했다. 진탕은 공적을 세우는 데 급급했다. 공을 세워 명성을 날리고 부를 거머쥘 야심으로 가득 차 있었던 것이다. 황제의 조서를 위조한 죄로 장안에 도착한 군리들은 묶여 조사를 받았다. 이에 진탕은 상서를 올려 질지 선우를 정벌한 군사를 길에서 위로해 주지는 못할망정, 어찌 벌을 주냐고 항의했다. 진탕은 승리하면 장땡, 불법에 대한 자각 능력은 없었다. 결과만 좋으면 시작도 과정도 다 무시했다. 이런 욕심으로 인해 노획한 재물을 들여와 착복했는데, 이는 불법이었다.

따라서 진탕의 공적에 대해 논란이 일어날 수밖에 없었다. 그런데 진탕의 공적을 논하는 대신들도 공정하지는 않았다. 이들도 사심으로 움직였다. 승상과 어사대부는 지휘 체계를 무시한 것은 곧 자신들을 무시한 것이라고 간주하여 진탕을 증오했다. 막강한 권한을 휘두르던 중서령 석현石顯은 자신의 누나를 감연수에게 아내로 주려다 거절당한 전력이 있기 때문에 이들을 인정할 수 없었다. 모두 다 자신들의 입장과 감정이 우선이었다. 원제는 감연수와 진탕의 공적을 가상히 여겼지만, 광형과 석현의 뜻을 무시할 수 없어 갈팡질팡하다 유향劉向의 상소로 마음이 움직여 감연수와 진탕의 공적을 인정하고 작위와 식읍을 내렸다. 사감에 따라 움직이는 논공행상의 문제는 이래도 저래도 석연치 않았다. 진탕도, 석현도, 이리저리 휘둘리는 황제도 공정함은 없었다.

그리하여, 진탕에 대한 논란은 원제가 죽고 성제가 즉위한 이후까지 끝나지 않았다. 진탕을 벌하자는 입장과 진탕의 공적을 인정하자는 입장이 팽팽히 맞섰던 것이다. 이에 따라 진탕은 면직되었다가 다시 기용된다. 이 불투명한 논란을 종식시킨 것은 진탕 자신이었다. 욕심으로 일어난 자 욕심으로 무너진다.

진탕은 법령에 밝고 업무에 능숙하여 건의를 잘했는데, 돈을 받고 다른 사람의 상주문을 대신 작성하는 일까지 하였다. 진탕은 돈이 되면 움직였다. 한때 진탕은 해만년解萬年이란 관리와 친하게 지냈다. 원제 때부터 황제의 능을 마련한 곳에는 마을을 만들지 않았는데, 해만년과 진탕은 창릉에 성제의 능을 조성하고 성읍을 만들기로 도모한다. 장안에서 이사하여 창릉에 성읍 세우는 공을 세우면 전택을 하사받으리라는 계산이 앞섰던 것이다. 진탕은 관동의 부자들을 창릉으로 이주시켜 제후 세력을 약화시키고 중간층 이하 백성들의 재산도 불려 준다면 균형을 맞출 수 있으리라는 상소를 올렸고 황제의 허락을 받아 낸다.

그러나 3년을 기약한 성읍 공사는 마무리되지 못했다. 창릉의 지대가 낮아 수만 명을 동원하여 흙을 쌓아도 구릉이 만들어지지 않았기 때문이다. 공사는 진척이 없고, 창고는 비어 가고, 서민들의 고통은 늘어만 갔다. 하여 공사는 중단되었고, 창릉을 도모하기 전 10년 동안 터를 닦았던 옛 능으로 돌아가기로 결정되었다. 진탕은 해만년과 함께 백성을 현혹한 죄를 받아 돈황으로 이주한다.

얼마 뒤 돈황에서 사면되어 장안으로 돌아와 죽는다. 한때 진탕의 도움을 받았던 왕망이 진탕을 변호하여 돌아올 수 있었던 것이다. 진탕을 변호하는 자들의 논리는 누구나 잘못을 저지르는데, 진탕의 공은 그 잘못을 덮을 수 있을 정도이므로 봐주자는 것이다. 그랬다. 모두가 도긴개긴, 무엇을 중시하느냐에 따라 진탕의 운명은 좌지우지. 성공을 향해 질주하는 사회에서는 무엇이 공정한 것인지 판정 내리기 어려웠다. 모두가 투명하지 않기 때문이다.

반고는 진탕을 이렇게 평했다. 능력은 뛰어났으나 자신을 수렴할 줄 몰랐던 인간. 진탕은 단속할 줄 몰랐다. 그리고 반성이 없었다. 좋은 머리와 뛰어난 실력과 글솜씨를 수단 삼아 편법과 불법을 자행했다. 세상을 기만하면서 돈벌이를 향해 질주했다.

저물어 가는 늦가을의 한나라, 상벌은 명징하고 책임은 분명해야 했건만, 원제 때 그렇지 못했다. 불투명했고 공정하지 않았다. 한나라의 기둥은 이렇게 갈라지고 있었다.

3장 '환관'이 가니 '외척'이 오네—성제 유오

오! 비겁한 정의 : 끈 떨어진 권력 탄핵

기원전 33년 44세의 원제가 붕어했다. 원제는 요순시대의 정치를 꿈꾸며 아버지 선제의 철권통치를 넘어서고자 했으나, 한낱 꿈에 불과했다. 왕도를 실천하는 의지도, 조정을 장악하는 힘도 부족했던 원제는 병을 핑계로 국정을 환관 석현에게 맡긴 채 음악에 빠져 지내다 생을 마감했다. 원제의 뒤를 이어 장자 유오劉驁가 스무 살에 황제의 자리에 올랐다. 바야흐로 성제成帝(재위 기원전 32~기원전 7)의 시대가 시작되었다.

성제가 즉위하면서 환관 석현 일당을 탄핵하는 상소가 올라왔다. 석현은 성제 즉위 직후 좌천된 상태였다. 석현이 국정을 농단하던 때, 승상을 역임했던 위현성韋玄成과 광형匡衡은 석현을 두려워하여 그 뜻을 거스르지 못했고 원제에게 간언을 하지도 않았다. 광형은 뛰어난 유생으로 원제의 신임을 받으며 왕도정치의 이상을 충성스럽게 피력했으면서도 정작 현실정치의 최대 문제인 석현의 전횡에는 눈을 감았다. 실세 앞에서 몸을 사리며 일신의 안위만 추구하던 대신들이 정권이 바뀌자 발 빠르게 움직였다. 광형이 어사대부 견담堅鐔과 함께 석현의 탄핵을 성제에게 상주한 것이다. 살아 있는 권력 앞에서는 꽁꽁 숨겨 놨던 정의가 그 권력의 끈이 떨어지자 살아난 것이다. 그야말로 기회주의적이고 비겁한 정의감이라 하지 않을 수 없다.

끈 떨어진 권력의 말로는 뻔했다. 탄핵으로 석현과 그 일당들은 모두 파면된다. 그리고 석현과 처자식은 고향으로 돌아갔는데 울분이 쌓여 밥을 먹지 못하다가 길에서 병사하였다. 그러나 여기서 그치지 않았다. 석현을 탄핵한 광형과 견담도 탄핵의 대상이 된다. 권력을 농단한 것은 아니지만 광형과 견담 또한 대신의 자리에서 석현의 악행을 묵인했으니 책임을 면할 수는 없는 법. 사예교위인 왕준王駿이 성제에게 상소를 올린다.

광형과 견담은 대신의 지위에 있으면서 석현 등이 마음대로 권력을 휘두르고 위세를 부리며 천하에 해악을 끼치고 있는데도 제때에 벌해야 한다고 아뢰지 못하고 아부하고 굴종하며 아랫사람에 붙어 황상을 기만하였으니 대신으로서 보필하는 책임을 다하지 못했습니다. 이제야 석현 등을 탄핵하면서 자신이 불충한 죄를 진술하지 않고 선제先帝께서 나라를 뒤엎을 무리를 등용했다고 떠드는 것은 무

도한 대죄에 해당합니다.「광형전」,『한서』7, 373~374쪽

　탄핵이 상주되자 광형은 병을 핑계로 면직을 간청하고 승상의 인수를 반납한다. 성제는 석현 일당은 파면했으나 광형의 탄핵까지는 허용하지 않는다. 광형이 승상으로 예의를 지키며 국정을 수행했기 때문에 콕 집어 잘못했다고 판결하기 어려운 상황이었다. 게다가 아버지 원제가 아끼던 신하들을 다 내칠 수도 없는 노릇이었다. 성제는 오히려 광형의 건강을 챙기면서 가장 좋은 술과 소고기를 하사하고 승상의 직무를 계속 수행하기를 명령한다. 그럼에도 광형은 마음이 편치 않았다. 매번 수해나 한해가 있거나 풍우가 철에 맞지 않을 때마다 면직과 양위를 간청했다.

　성제의 옹호에도 불구하고 광형은 결국 스스로의 잘못 때문에 면직되어 서인으로 떨어진다. 원제 때 광형은 낙안후에 봉해지면서 식읍으로 토지를 하사받았다. 식읍받은 땅의 경계선을 잡으면서 실제보다 4백 경 이상 더 많은 땅이 책정되었는데, 이후 조정에서 이것을 바로잡을 때 광형은 오히려 법제를 위반하고 토지를 반환하지 않았다. 더구나 4백 경의 토지에서 나오는 세금 1천여 석까지 자신의 수입으로 거둬들였다. 광형은 떳떳하지 못한 행위에 또 눈을 감은 것이다. 욕심에 눈이 어두워 잘못인 줄 알면서도 동조 묵인하는 것이 광형의 습관이었다. 원제 때의 적폐 광형도 이렇게 조정에서 사라지고 말았다.

외척 왕씨 집안의 등장

원제 시대의 구악이라 지칭되는 석현을 비롯하여 비겁했던 대신들까지 파면되면서 성제 중심으로 국정을 드라이브할 수 있는 토대가 마련된 듯했다. 그러나 지는 해를 막을 수 없는 것처럼 기울어가는 한나라의 운명 또한 잡히지 않았다. 성제가 한나라의 쇠망을 더욱 재촉했다. 외척과 후궁의 득세로 한나라 조정에 긴 어둠이 찾아온 것이다. 먼저 외척들의 등장을 살펴보자.

성제의 어머니는 왕정군王政君이다. 왕정군이 황태후가 될지, 그리고 이 황태후가 84세까지 오래 살아 애제와 평제 때까지 권력의 중심으로 활약할지 그 누가 알 수 있었으랴. 외척정치의 발단, 왕정군 개인의 운은 매우 좋았다. 그러나 한나라 종실의 입장에서 보면 불행의 시작이었다. 한나라를 기울게 한 왕봉王鳳은 왕정군의 오빠였고 한나라를 사라지게 한 왕망은 왕정군의 조카였다. 이들을 기용한 장본인이 왕정군이었다.

왕정군의 아버지 왕금王禁은 법률을 공부하며 큰 뜻을 품었으나 품행이 바르지 않았고 주색을 좋아하며 후처를 많이 거느려 모두 4녀 8남을 두었다. 정군의 어머니 이씨는 정처로 아들 두 명을 더 낳았는데, 후처들에 대한 질투로 왕금과 헤어져 구빈苟賓에게 다시 시집을 갔다. 이 시대는 우리가 아는 것보다 여인들의 결혼과 이혼이 자유로웠다. 왕정군의 젊은 시절은 좀 기구했다. 정군과 처음 혼사를 약정한 사람이 있었으나 결혼 전에 그 상대가 죽은 것이다.

뒤에 동평왕이 정군을 희첩으로 간택하였으나 시집가기 전에 동평왕이 또 죽는다. 시집도 가기 전에 두 명의 정혼자를 잃었으니 평범한 팔자는 아니었다. 그래서인지 아버지 왕금은 열여덟 살이 된 정군을 황실에 들여보내 궁녀로 만든다.

멀리 내다보면 인생은 새옹지마. 이후의 운명은 왕정군 편이었다. 원제가 태자 시절, 사랑하는 희첩 사마양제司馬良娣가 병이 들어 죽었다. 사마양제는 자신의 죽음이 억울하다며 태자에게 호소했다. 태자의 여러 희첩들이 자신을 저주하여 죽게 된 것이라고. 태자는 사마양제가 죽자 슬픔과 분노를 이기지 못한다. 우울증에 걸려 다른 희첩들을 미워하며 가까이하지 않았다.

궁에서는 태자의 마음을 가라앉히기 위해 다섯 명의 후궁을 뽑아 선을 보였으나 태자는 특별히 끌리는 사람이 없었다. 그렇지만 황제와 황후의 걱정을 덜어 드리기 위해 태자는 거짓으로 끌리는 사람이 있다고 말한다. 태자에게 끌리는 여인이 없었으니, 시종들 또한 당연히 그 여인이 누구인지 알지 못했다. 그런데도 이들은 태자의 여인을 멋대로 낙점하여 대령한다. 태자 옆자리에 있고 혼자만 진홍색 가장자리를 댄 윗옷을 입어 눈에 띄는 왕정군을 태자의 그녀라 지목한 것이다. 왕정군은 이렇게 희첩으로 간택되었다.

왕정군은 단 한 번의 사랑을 받고 임신하여 성제를 낳는다. 아들을 낳은 뒤 왕정군의 운명은 180도로 바뀐다. 태자에게는 후궁이 수십 명이었고, 7~8년 사랑을 받은 여인도 있었으나 이때까지 자식이 없었다. 그리하여 성제는 훗날 태자에 오르게 된다. 왕정군은 아들을 낳은 이후 원제를 거의 만나지 못했지만, 태자의 어머니로서 황후로 승격하고, 왕정군의 아버지 왕금은 제후로 봉해진다.

왕황후와 태자 시절의 성제에게 위기도 있었다. 성제는 자라면서 너그럽고 박식하며 공손하고 신중했다. 할아버지 선제가 특별히 총애했고 원제도 태자에 대한 기대가 남달랐다. 그러나 이 기대가 오래가지 못했다. 할아버지 선제가 아들 원제에게 실망한 것처럼 원제도 아들 성제에게 실망한다. 성제가 술을 즐기고 노는 것을 좋아했기 때문이다. 태자 시절 이미 노란 싹이 드러났던 것이다. 원제는 태자가 탐탁지 않았다. 공교롭게도 아버지들의 예감은 틀리지 않는다. 자신들의 자질은 몰라도 아들의 자질은 정확하게 알아보았다. 원제도 성제도 통치자로서 역할을 제대로 수행하지 못했다.

그 뒤로 원제는 부소의傅昭儀와의 사이에서 낳은 둘째아들 정도공왕定陶恭王을 총애했다. 원제는 자기를 닮아 음악적 재능까지 뛰어난 둘째아들에게 마음이 움직였다. 게다가 숙부의 장례 때 말 없이 웃기만 하는 태자를 보고 원제는 절망했다. 아끼는 막내동생을 잃고 애통해하던 원제에게 태자의 태도는 도저히 용서할 수 없는 것이었다. 원제는 태자에 대해 회의적이었다. 가까운 이의 죽음도 애도하지 못하는데 백성의 부모가 될 수 없을 터, 급기야 성제를 폐위하려고 했다.

그래도 태자에게는 충성스런 신하가 있었다. 사단史丹이란 신하가 태자를 옹위한 덕에 폐위되지 않고 무사히 대권을 잇게 된다.

태자가 황제가 된 덕에 왕씨 집안은 모두 최고의 자리에 오른다. 어머니 왕황후는 태후에 올랐고, 왕태후의 동모형同母兄인 왕봉王鳳은 제후에 대사마에 대장군으로 영상서사가 되었고 식읍 5천 호를 추가로 하사받았다. 그리고 왕태후의 동모제同母弟인 왕숭王崇은 안성후로 식읍 1만 호를 받았다. 이로부터 왕씨들은 황실의 중심이 되었다.

황제 위에 외삼촌, 왕봉의 국정농단

왕씨들이 부상하면서 여론 또한 술렁거렸다. 친척일지라도 아무런 공적 없이 제후가 되는 건 무리수였다. 마침 이 해 여름 누런 안개가 종일 사방을 뒤덮었다. 신하들은 자연의 이변을 빌미로 상소를 올렸다. 외척을 제후로 봉한 행위는 공신이 아니면 제후가 될 수 없다는 고조의 유지를 어긴 것. 신하들은 이변이 이 때문에 일어났으니, 외척에 대한 대우를 재고하라고 간청했다.

신하들의 상소를 전해 듣고 눈치 빠른 왕봉은 사죄하며 사직을 요청한다. 성제가 자신을 내치지 않으리란 확신이 있었기에 발빠르게 움직인 것이다. 성제가 어려서부터 외삼촌 왕봉에게 의지했기 때문에 함부로 할 수 없다는 사실을 간파했기 때문이다. 과연 성제는 신하들의 상소를 물리치고 왕봉을 유임시킨다. 성제는 "짐이 미치지 못하는 바를 보필하되 의심하지 말지어다"라는 격려의 말까지 내리며 왕봉에 대해 전격적인 신임을 표했다.

이후로 왕씨 집안은 세력을 확장하는 데 거리낌이 없었다. 왕태후 또한 황제의 권력을 등에 업고 자기 집안 사람들을 챙겼다. 태후의 동생 왕숭의 죽음을 계기로 왕씨들의 위상은 더욱 높아졌다. 왕태후를 위로한다는 명목으로 외숙 5명을 한날에 제후로 봉해 주었다. 이 이상 더 올려 줄 수 없는 경지였다. 매우 이례적인 사건이라 사람들은 이들을 5후라 부르며 쑤군거렸다.

왕태후의 집안 사랑은 여기서 그치지 않았다. 아버지와 이혼한 뒤 재혼한 태후의 친모는 아들 구참苟參을 낳고 과부로 지내고 있었다. 태후는 홀로 사는 친모를 불쌍히 여겨 궁으로 불러들였고, 그 아들 구참을 제후로 봉하려고 했다. 이는 전례에 맞지 않는 일이라 구참을 시중으로 기용하는 선에서 마무리되었지만, 태후의 행동은 이미 정도를 넘어서고 있었다. 왕씨의 자제들에게 모두 경이나 대부의 작위를 내려 세력 있는 부서에 배치하니, 조정은 그야말로 왕씨들의 세상이 되어 버렸다.

왕씨들이 조정을 장악하면서, 왕봉은 황제의 권력을 넘어서기 시작한다. 신하들은 황제가 아니라 대장군 왕봉의 재가를 우선시했다. 성제가 시부에 능한 유흠劉歆을 임명하고 의관을 하사하려 할 때, 좌우 대신들은 '대장군에게 보고하지 않았다'며 황제의 임명을 보류시켰다. 성제는 신하들의 월권을 불쾌하게 여기며 왕봉에게 말했지만, 왕봉은 불허했다. 성제는 더 이상 밀고 나가지 못했다. 외삼촌이 어렵고 두려웠기 때문이다. 황제 위에 왕봉! 외삼촌이 무소불위의 권력을 휘두르는 순간이었다.

성제는 즉위 후 수년 동안 후사가 없고 몸도 늘 편치 않아 죽음을 걱정하고 있었다. 하여 동생 정도공왕이 입조하자 봉국으로 돌아가는 것을 만류하며 오래 머물면서 도와 달라고 부탁할 정도였다. 성제가 건강이 점차 좋아졌는데도 공왕을 돌려보내지 않자, 왕봉은 이에 불안을 느껴 황제를 움직였다. 이때 마침 기상이변인 일식이 일어났으므로 이를 핑계 삼아 공왕을 봉국으로 귀환시키기를 촉구했다. 성제는 왕봉을 거스를 수 없어 수락한다. 동생 공왕과는 눈물을 흘리며 헤어졌다. 이렇게 성제는 유명무실한 통치자였다. 모든 명령과 재가는 왕봉에게서 나왔다.

물론 왕봉에 대한 성제의 반격이 없었던 것은 아니다. 왕봉의 국정농단을 비판하는 강직한 신하들이 성제에게 힘을 실어 주었다. 경조윤 왕장王章은 왕봉의 국정농단을 조목조목 비판했다. 왕봉이 제멋대로 왕상王商을 파면하고, 공왕을 돌려보내고, 한 번 출가하여 지존의 짝이 될 수 없는 장미인을 왕봉 소첩의 여동생이라는 이유로 후궁에 간택한 것. 이 세 가지 사건만으로도 큰 죄이므로 왕봉을 파면하기를 간청했다. 성제도 권력 위의 권력인 왕봉이 편치않아 왕장의 의견에 동의했다. 그리고 왕장이 천거한 풍야왕馮野王을 대장군에 임명하는 데 동의한다.

그러나 조정은 왕씨가 장악한 지 오래. 왕태후의 사촌동생 왕음王音이 성제와 왕장의 대화를 엿듣고 왕봉에게 고자질했다. 왕봉은 밀고 당기기의 선수인지라 병을 핑계로 칩거하고는 납작 엎드려 사죄했다. 그러고는 병과 죽음을 앞세우며 사직을 요청했다. 왕봉은 자신을 병마와 싸우는 매우 불쌍한 사람으로 만들며 간절히 호소했다. 어머니 태후는 오라버니 왕봉이 애처로워 눈물을 흘리며 식음을 전폐했다. 마음 약한 성제의 케이오패. 또 해임하지 못했다. 성제를 도왔던 왕장이 오히려 반역죄에 몰려 옥중에서 죽는 적반하장의 상황이 연출된다.

성제에게 어머니와 외삼촌은 아킬레스건이었다. 이들의 전횡을 알면서도 성제는 막지도 물리치지도 못했다. 성제가 단호하게 선을 그을 수 있었다면, 외척의 국정농단은 싹을 틔우지 못했을 것이다. 사방 왕씨가 장악한 세상에서 성제는 힘을 쓰지 못했다. 외척의 말을 고분고분 따르는, 무능한 황제로 한나라를 말아먹고 있었다. 왕봉과 그 일가들에게 한나라와 백성들의 운명은 관심 밖이었다. 이들은 분수를 몰랐고 한계가 없었다.

이로부터 공경들은 왕봉을 곁눈질로 보았는데 군국의 태수나 왕상, 자사들이 모두 그 문하에서 나왔다. 또 시중이며 태복인 왕음은 어사대부가 되어 삼공의 반열에 올랐다. 오후五侯*인 왕태후의 여러 동생들이 사치 경쟁을 벌이니 뇌물로 보내오는 진기한 보물들이 사방에서 들어왔다. 뒤채의 미희나 소첩이 각각 수십 명이었고, 하인이나 노비는 1천 명이거나 아니면 수백 명이었고, 각종 악기를 차려

---

* 같은 날에 봉해진 다섯 왕씨. 평아후(平阿侯) 왕담(王譚), 성도후(成都侯) 왕상(王商), 홍양후(紅陽侯) 왕입(王立), 곡양후(曲陽侯) 왕근(王根), 고평후(高平侯) 왕봉시(王逢時)를 지칭한다.

놓고 미녀가 춤을 추고 광대가 연기를 하였으며 사냥개나 말을 몰았다. 저택을 크게 짓고 인공 산을 만들었으며 호수 안에 누각을 짓고 큰 대문에 높은 누각과 복도가 멀리까지 이어졌다.

이에 백성들이 노래로 불렀다.

"오후가 흥기하니 곡양후 왕근이 제일 독하네. 고도수를 끌어 외두까지 통했네. 산을 만들고 수중 누각을 지으니 서쪽 백호전을 닮았네."「원후전」, 『한서』 9, 34~35쪽

왕봉은 총 11년간 국정을 좌지우지했다. 병으로 생을 마감하면서 왕봉의 정치도 끝이 났다. 그러나 왕봉의 죽음은 또 다른 왕씨 국정농단의 시작이었다. 왕봉은 죽으면서 자신의 후계자를 성제에게 유언으로 남겼다. 후계자는 부모를 모시듯 왕봉을 받들었던, 성제와 왕장의 대화를 엿듣고 고자질했던 그 왕음! 성제는 왕봉의 유지를 받들었다. 왕음을 왕봉의 후임으로 대사마 거기장군에 임명했다. 왕봉은 죽었으나 왕씨들의 권력은 죽지 않고 살아 올랐다. 이에 따라 유씨의 한나라는 죽음을 향해 달려가고 있었다.

4장 성제 유오, 아무것도 할 수 없는 군주

『한서』에서 성제가 차지하는 비중은 무제에 버금간다. 그런데 이 점이 꽤나 의외다. 성제는 한고조 유방과 같은 넓은 포용력을 갖춘 것도, 문제와 같은 훌륭한 인성의 소유자도 아니었다. 게다가 무제, 선제와 같은 카리스마 넘치는 국정 장악 능력이 있는 것은 더더욱 아니었다. 그럼에도 반고는 『한서』에 적지 않은 분량을 성제 치세에 할애했다. 왜일까? 그건 한나라의 겨울, 그 몰락의 중심에 서 있던 군주가 성제였기 때문이다.

그 중에서도 반고가 주목한 건, 외척의 득세가 만들어 내는 황권과 외척 간의 커다란 힘의 불균형이다. 반고는 바로 이 불균등한 힘의 배치 속에서, 성제와 신하들이 관계 맺는 방식을 통해 몰락의 징후를 읽어 내려 했다. 한 왕조가 흥기할 때 형성되는 조건들을 보여 주었듯, 한 왕조가 몰락할 때 드러나는 조건들 역시 보여 주고자 했던 것이다. 과연 나라를 망국으로 이끄는 군주와 신하들은 어떻게 관계 맺으며 처세할까? 우선 성제 치세 내내 핵심세력으로 등장하는 왕씨 가문부터 정리하며 이야기해 보자.

왕씨 천하, 세습되는 최고권력

한나라에서 관직 '대사마大司馬 거기장군車騎將軍'의 위상은 대체불가다. 정치와 군사권을 양손에 쥐고 국정을 리드하는 중책으로, 충심은 물론 신하들을 아우르는 포용력과 리더십이 요구되는 중임 중에 중임이기 때문이다. 해서 다른 모든 벼슬도 그러하겠지만, 특히 대사마 거기장군에게 필요한 역량은 업무 능력은 물론, 끊임없는 자기 수양과 더불어 사심을 통제할 수 있는 자기 관리능력이다. 만약 왕봉이 한나라의 미래를 진정 걱정했다면 적어도 이런 수준의 역량을 고려하여 후사를 뽑아야 하지 않았을까.

외척의 거두 왕봉의 뒤를 이어 대사마 거기장군에 오른 이는 왕음이다. 죽음을 앞둔 왕봉은 성제에게 자신의 동생들인 왕담, 왕숭, 왕상, 왕립, 왕근, 왕봉시 등은 절대로 자기 후임이 되어선 안 된다고 말한다. 일단 능력도 없을뿐더러, 그 행실이 대부분 사치스러워 백성의 모범이 될 만하지 않았기 때문이다. 왕봉은 자신의 능력은 몰랐어도, 동생들의 자질만큼은 정확히 알아보았다. 그러나 거기까지였다. 사심을 배제하고 능력 위주의 후사를 선발할 줄 알았던 왕봉은 왕씨 천하의 근간을 뒤흔들 인사를 하지 않고 오히려 왕태후의 숙부 왕홍의 아들 왕음을 추천함으로써 결과적으로 왕씨 세습을 더욱더 공고히 만들었다.

　왕봉의 왕음 천거 이유는 그야말로 사적이었다. 왕음이 "왕봉 모시기를 마치 자식이 부모 섬기듯 하였기에 왕봉이 천거"^{『원후전』,} ^{『한서』 10, 37쪽}한 것이기 때문이다. 게다가 왕음은 일전에 왕장과 성제의 대화를 엿듣고 파직 위기에 처한 자신을 구해 준 은인이기도 했다. 공적인 잣대를 적용해야 할 후임 선출에, 사적인 친분을 앞세운 왕봉! 대사마 거기장군이 될 만한 자질로는 한없이 부족해 보이는 왕음이었지만, 왕봉의 추천인데 어찌하랴! 성제는 외삼촌의 뜻을 받들어 왕음을 임명한다.

　왕봉이 잘 찍었던 것일까. 대사마 거기장군에 오른 왕음은 의외로 국정을 살뜰히 챙기며, 매사 조심스레 정사를 처리해 나갔다. 『한서』에는 이런 왕음을 "왕씨들의 작위는 날로 극성하였는데 오직 왕음만이 행실이 바르고 자주 바른말을 올렸으며 충절을 지켰다"^{같은 책, 42쪽}고 전한다. 그러나 왕음의 약진도 여기까지였다. 계속되는 왕씨 가문의 참월 행위를 일일이 단속하진 못했다. 어느 날, 외숙들의 참월 행위를 알고 더 이상 참을 수 없던 성제는 왕음을 불러다가 문책한다.

　"성도후 왕상이 제멋대로 제도의 성곽을 허물어 풍수를 집안으로 끌어들였으며, 곡양후 왕근의 사치가 황제를 뛰어넘어 붉은 흙을 뜰에 깔고 기둥에 청동 장식을 했으며, 홍양후 왕립 부자가 도망친 범죄자를 숨겨 주고 그 빈객들이 떼를 지어 도둑질을 하여도 사예교위와 경조윤은 아부하면서 이를 상주하거나 기강을 바로 세우지 않았도다."(……) "외가가 어찌 이리 멋대로 재앙과 패망을 부르고 스스로 묵형이나 코를 베는 자해행위를 태후 앞에서 한다면서 자모의 마음을 아프게 하고 나라를 위기에 빠트리는가? 외가의 일족이 강대하고 나 혼자 쇠약한 지가 오래거늘 지금 이를 내보이고 있도다. 장군은 제후들을 소집하여 장군의 관부 앞에서 조서를 받들도록 하라."(……) 왕음은 거적자리를 깔고 죄를 받겠다고 자청했고, 왕상·왕립·왕근은 모두 도끼와 도끼 받침을 들고 사죄하였다. 성제는 차마 죽일 수 없었고 그런 뒤에 끝이었다. 「원후전」, 『한서』 10, 40쪽

성제는 외숙들의 참월 행위에 분노했다. 허나 화만 낼 뿐, 그 참월에 대해 어떠한 조치도 취하지 않았다. 왜일까? 성제 개인의 타고난 기질적 허약함도 문제지만, 무엇보다 비대해진 외척의 권세를 누르기엔 성제의 권세가 너무나 약했다. 인재 한 명을 등용하고 싶어도 일일이 대사마 거기장군인 왕씨 가문에 허락을 받아야 하는 마당에, 다른 일들이야 두말할 나위가 없다. 게다가 모친 왕태후를 앞에 두고 외숙들을 벌주기란 쉽지 않은 일이었다. 그야말로 아무것도 할 수 없던 형세 속에, 어느 하나 할 수 없던 성제였다. 그런데 여기서 한 가지 흥미로운 건, 그렇게 엄청난 권세를 가진 왕씨 가문이, 황제에게 잘못이 적발되었을 때에는, 그 누구보다 재빨리 무릎을 꿇어 죄를 청한다는 점이다. 외숙들의 이러한 처세는 대체 어떻게 해석해야 할까?

잘못을 신속히 뉘우치는 외숙들의 모습은 언뜻 황제의 권위를 두려워하는 것처럼 보인다. 허나 이 두려움은 황제에 대한 진정한 두려움이라기보다는 여론을 잠재우기 위한 연출된 두려움에 가깝다. 당시 성제 치세에 외척의 기승은 길 가는 백성들도 다 아는 사실이었다. 그런데 만약 황제의 분노에 외숙들이 아무렇지 않아 하거나 혹은 더 분노하여 황제를 억눌렀다는 소문이 나면 어떨까? 이는 민란의 명분이 되어 자신들의 권력 유지에 전혀 도움이 되지 않는다. 안으로는 자신들의 권력을 강화하면서도, 밖으로는 충직한 신하의 모습 역시 놓치지 않는 것! 이것이야말로 당시 외척들의 생존기술이었다.

그런데 문제는 왕음이 죽고 난 이후 성제의 이해할 수 없는 행보다. 성제는 외척을 벗어나고자 했으나 중요한 사안마다 외척을 끊어 내는 결단을 하지 못하고 오히려 대사마 거기장군직을 그들에게 차례로 내어 준다. 왕봉의 뒤를 이어 왕음, 왕상, 왕근, 왕망으로 이어지는 인사가 이루어진 것만 봐도 그렇다. 능력과 인품을 중시했던 무제, 선제의 인사정책과 비교했을 때 성제의 인사는 어딘지 모르게 석연치 않다. 사실 성제에겐 인사 기준이라고 할 만한 것이 없었다. 기준이라고 할 만한 것이 있다면 그건 오로지 어머니인 태후 왕정군의 무한한 형제애였을 것이다.

이것이 성제 치세를 주무른 왕씨가家의 국정농단의 대략이다. 이 사실을 기본으로 성제 치세를 차근차근 짚어가 보자.

왕씨 너머 인재 기용, 그 밥에 그 나물

'주색잡기의 황제'라 불리는 성제였지만, 젊은 시절엔 나름 학문에 뜻을 두고 스승을 존경하는 인군의 풍모가 있었다. 문제의 인품에, 무제의 비전을 꿈꾼 성제. 그런 성제를 태자 시절부터 이끌어 준 이는 장우張禹다. 장우는 일찍이 『역경』과 『논어』를 배워 그 학식이 선제의 귀에까지 들어갈 정도였는데, 선제 때에는 등용되지 않았지만, 원제는 장우를 박사 정관중鄭寬中의 추천으로 등용하여 태자의 스승으로 삼는다. 이후 장우는 성제의 총애를 듬뿍 받아 관내후의 작위는 물론 제리광록대부諸吏光祿大夫, 급사중給事中으로 임명되어 승승장구한다.

그런 장우의 삶에 작은 삐걱거림이 생긴 건, 영상서사領尙書事를 맡게 되면서부터다. 영상서사는 상서를 감독하는 직책으로, 소제 때 곽광이 상서를 먼저 읽은 후 올려야 될 만한 것들을 추려 소제에게 상주한 장면을 떠올리면 이해가 쉽겠다. 그런데 문제는 이 직무를 함께 수행해야 하는 파트너가 하필 한나라 최고 권력가 왕봉이라는 점이었다. 왜 성제는 자신의 스승을 험지로 보낸 것일까? 성제가 어떤 이유로 장우를 영상서사에 임명했는지에 대해선 『한서』에 나온 바는 없다. 다만 비대해진 외척 권력을 견제해야 할 필요성이 있었기에 그 역할을 스승 장우가 해주길 바라는 성제의 바람이 작용한 인사는 아니었을지 추측해 볼 따름이다. 이유야 어떻든, 이후 장우의 행보는 성제의 기대에 크게 미치지 못했다. 직무를 잘 수행할 줄 알았던 장우가 자주 병을 핑계로 면직을 청했기 때문이다. 이에 성제는 답답한 마음을 담아 장우를 견책한다. 자신은 어린 나이에 집정하여 정사를 잘못 처리할까 걱정인데 황제의 스승된 자가 조정의 산적한 일들을 외면하고 떠나서야 되겠느냐는 것!

국정을 잘 이끌어 보려는 성제의 결기는 다른 여느 군주 못지않아 보인다. 허나 성제는 사람을 볼 줄 몰랐고 무엇보다 장우의 면직 신청이 스승으로서의 겸사가 아니라 왕봉에 대한 두려움 때문이란 걸 전혀 알지 못했다. 장우는 왕봉을 만날 때면 늘 흡사 호랑이를 만난 듯 무서워하고 두려워했는데 이를 알지 못했던 성제는 다른 인재를 구하기보단 오히려 장우를 붙잡아 두기 위해 마음을 쓴다. 더 높은 직위를 주고 더 많은 재물을 하사하며 장우의 청을 다 들어준다.

일례로 장우의 막내아들이 관직이 없는 것을 알고 단번에 급사중에 임명하고, 장우가 시집보낸 딸을 가까이에 두고 싶다고 하자, 딸의 남편인 장액태수 소함蕭咸을 홍농 태수로 발령한다. 심지어 장우 자신이 묻힐 무덤과 사당 터를 위해 평릉 비우정 근처의 땅을 요청하자, 성제는 별 고민 없이 그 땅을 내어 준다. 이에 대해 외척 왕근은 평릉 비우정 터는 소제의 능으로 장우가 요청한 땅은 소제의 의관이 지나가는 길이라 말하며 극력 반대했지만, 성제는 무슨 용기가 나서인지 왕근의 말이 옳다는 걸 알면서도 자신의 뜻을 굽히지 않았다.

이런 성제의 예우에 장우는 어떻게 보답했을까? 아쉽게도 장우는 스승의 자격이 없던 자였다. 하는 일 없이 사치스러웠으며 자신과 가문의 안위에만 골몰할 뿐이었다. 이런 일이 있었다. 영시永始와 원연元延 사이*, 일식과 지진이 자주 일어났는데 많은 백성들은 재이의 원인을 두고 정사를 마음대로 주무르는 왕씨 가문에서 찾았다. 성제도 재이가 너무 빈번하자 두려웠던지, 장우를 찾아가 잦은 재이가 정말 왕씨 때문인지 물었다. 허나 장우에겐 나라를 위한 대의 따윈 없었다. 장우는 왕씨에게 미움을 사게 될까 두려워, 천재지변은 왕씨 때문이 아니라 젊은 유생들의 그릇된 해석이라 답한다. 장우에겐 위험한 줄 알면서도 옳은 길을 모색하고, 실패할 줄 알면서도 '그럼에도 불구하고 시도해 보려는' 공자의 도道가 없었다. 『논어』만 달달 외웠을 뿐, 『논어』의 대의를 실천하진 못했던 것이다. 결국 장우를 믿었던 성제는 그 뒤로 재이와 왕씨 일가를 연결하지 않아 국정을 바로잡을 시기를 놓치고, 뒤에서 보겠지만 자주 엉뚱한 곳에서 헛다리를 짚는다.

이후에도 장우에 대한 성제의 의존적 관계 맺기는 계속되었다. 장우는 성제가 붕어한 후 다음 황제인 애제 때까지 황제의 스승으로 호의호식을 누리며 천수를 누린다. 한나라 차원에서는 장우와 같은 이들의 승승장구가 안타까운 현실이지만, 어찌할 것인가! 황제의 눈을 가리고 귀를 막는 자들이 영광을 누리는 시절인 것을.

---

* 성제 때의 연호로 영시는 기원전 16년(성제 17년)이고, 원연은 기원전 12년(성제 21년)이다.

돌직구 신하가 살아 있다, 그럼에도!

여기 또 한 명의 유학자가 있다. 젊은 시절 힘이 세어 자주 협객들과 어울렸던 이 사람은 나이 마흔에 불현듯 공부에 뜻을 두어 박사 백자우白子友에게 『역』易을 전수받고, 소망지에게 『논어』를 배운다. 대범하고 대의를 숭상하였기에 당시 사람들의 존경을 한몸에 받은 사람, 바로 주운朱雲이다. 주운은 능력이 있음에도 워낙 솔직한 인품 탓에 원제 때에는 쓰이지 못했다. 그런 주운에게도 한 번의 기회가 찾아왔으니 성제와의 만남이 그것이다.

> "지금 조정 대신들은 위로는 주군을 바로 보필하지도 못하고, 아래로는 백성에 도움이 되지도 못하니 모두 시위소찬尸位素餐하는 사람들이며 공자가 말한 '비부鄙夫와 함께 사군事君할 수 없고' 또 '자리를 잃을까 걱정하여 하지 못하는 짓이 없는 자들'입니다. 신은 상방에서 말을 베는 칼을 얻어서 아부하는 신하 한 사람을 죽여 나머지를 권면코자 합니다."
>
> 성제가 누구냐고 묻자, 주운은 "안창후安昌侯 장우입니다"라고 대답했다. 성제가 대노하며 말했다. "소신이 아래에서 윗사람이나 비난하고 조정에서 사부를 모욕하였으니 사형에 처하되 용서할 수 없도다." 어사의 속리가 주운을 데려가려 하자 주운이 궁전의 난간에 매달리자 난간이 부러졌다. 「주운전」, 『한서』 5, 540쪽

주운이 보기에, 성제의 대소신료들은 전부 시위소찬한 비부, 즉 하는 일 없이 녹봉만 축내는 비루한 자들이었다. 왕씨 가문의 눈치만 보며 자리 보존에 급급한 신하들! 왕씨 가문의 탐욕도 문제였지만, 오히려 왕씨의 참월에 침묵함으로써 왕씨의 권력을 강화하는 데 일조하는 이런 신하들이 더 문제였다. 그 중에서도 주운이 진단한 이 시대에 가장 문제적 인물은 성제의 스승 장우였다. 진실을 왜곡하고, 거짓된 충심으로 수천만 전이나 챙기는 자가 어찌 한 나라의 스승일 수 있겠느냐고 주운은 묻는 것이다. 해서 주운은 가장 먼저 장우를 베어야 한다고 간언한다. 황제와 첫 대면이라는 말이 무색할 정도로, 묵직한 돌직구를 던진 주운. 이에 성제는 대노하여 즉시 주운에게 사형을 명한다.

주운은 끌려 나가는 와중에도 의로웠다. 두려운 기색 하나 없이 "신은 죽어 지하에 가서 관용봉이나 비간을 따라 놀면 됩니다! 그러나 나라의 장래는 어떻게 되겠습니까?"「주운전」, 『한서』 5, 540쪽라고 되받아친다. 주운은 나라의 위태로움을 알면서도 권력이 두려워 눈치 보는 자가 아니었다. 오히려 자신의 안위보단 사직과 대의를 위해 끝내 해야 할 말은 해야 직성이 풀리는 소신 있는 자였다. 이것이 바로 유학자의 도 아닐까. 주운은 조정의 모든 대소신료들이 보는 앞에서 무엇이 신하다움인지 보여 주었다. 이때 좌장군 신경기辛慶忌가 나서 관과 인수를 풀어 놓고 전각 아래에서 성제에게 고한다.

"저 사람은 평소에도 너무 곧바르다고 세상에 알려진 사람입니다. 그 말이 옳다면 죽일 수 없으며, 그의 말이 틀렸다 하여도 한 번은 용서해야 합니다. 그래서 신은 죽기를 작정하고 간쟁하겠습니다." 신경기는 머리를 땅에 부딪쳐 피가 흘렀다. 성제가 뜻을 받아들이자 그만 멈추었다. 후에 그 난간을 보수하려 하자 성제가 말했다. "고치지 말라! 지금 그대로 두고 보며 직언하는 신하를 기리고자 한다." 같은 책, 541쪽

평소 생활이 공경 검소하며 의를 중시하고 성품이 돈후했던 신경기는, 주운의 이 말이 결코 빈말로 들리지 않았다. 대부분의 관료들이 왕씨 가문의 눈치를 보며 말을 아끼던 때였으니, 더더욱 그렇지 않겠는가. 신경기가 보기에 지금 조정에는 주운과 같은 인재가 절실했다. 성제 역시 난간이 부서져라 매달리며 직언을 한 주운과 피가 나도록 머리를 조아리며 선처를 호소한 신경기를 보고 느낀 바가 있었는지, 신하들에게 부서진 난간을 보수하지 말라 명한다. 이 부서진 난간을 반면교사 삼아 모든 신하의 직언에 귀 기울이는 군주가 되겠노라 마음먹은 것이다.

그런데 여기서 한 가지 흥미로운 사실은, 누가 봐도 주운을 등용했어야 할 것 같은 상황임에도 불구하고 그저 그를 용서했을 뿐 등용하지 않은 성제의 행보다. 스승 장우를 지켜 내고 자신이 옳다는 걸 관철하기 위함이었을까. 아니면 외숙들의 권세에 굴복한 것일까. 어쨌든 주운은 등용되지 않았고, 주운 자신도 이 일을 계기로

더 이상 출사하지 않았다. 죄다 적폐일 뿐인 조정에서, 한 명의 돌직구로 거스를 수 있는 대세가 아니란 걸 주운은 깨달았던 것이다.

이후 성제는 자신의 공약대로 전국에서 현량한 인재들을 모아, 그들의 의견을 듣는다. 어떻게 국정을 이끌어야 하며, 외척과 어떤 방식으로 관계 맺을지에 대해 끊임없이 묻고, 또 듣는다. 허나 딱 여기까지였다. 성제는 마치 성군 흉내만 내려는 듯 오직 듣기만 할 뿐, 결과적으로 무엇도 결단하지 않고, 어느 하나 실행하지 않았다. 뭔가를 하는 것도 아니고, 그렇다고 하지 않는 것도 아니고! 성제는 진정 애매모호한 군주였다. 게다가 설상가상으로 집권 중반인 홍가鴻嘉 연간 이후, 풀리지 않는 정국을 더 얼려 버리는 여인마저 등장해 한나라의 겨울을 부추긴다. 우유부단한 황제를 더 우유부단하게 만들어 쥐고 흔드는 여인! 바로 후궁 조비연이 등장한 것이다.

조비연, 성제를 유혹하다!

태자 시절부터 호색으로 유명했던 성제, 황제에 올랐다 하여 그 성품이 어디 갈 리 없다. 즉위 초, 잠잠했던 성제의 주색잡기 본능은 외척에 의해 번번이 뜻이 좌절되는 시기와 맞물려 마침내 본색을 드러냈다. 특히 홍가 연간에 미행微行: 황제의 비공개 외출에서 만난 노비 출신 기녀 조비연趙飛燕은 그런 성제의 욕망에 한껏 기름을 부었다. 성제의 손바닥 위에서 춤을 추었다는 장중무掌中舞의 주인공이 바로 이 조비연이다. 훗날 조비연은 '황후'에, 그녀의 동생 조합덕趙合德은 제1후궁 '소의'에 오른다.

여기서 주목해야 할 건, 조씨 자매가 어떻게 총애를 독점했는가가 아니라, 성제 치세의 어떤 힘들이 미천한 출신의 기녀를 가장 고귀한 신분으로 만들었는가에 있다. 왜냐하면 황후가 된다는 건, 모든 종친과 대소신료들의 동의가 필요한 일이기에, 한 여인의 매력과 야심만으로 이루어 낼 수 있는 수준의 일이 아니기 때문이다. 반고가 『한서』에서 나란히 황후와 소의에 오른 조씨 자매에 주목한 이유가 바로 여기에 있다.

성제는 실권 없는 군주였다. 성제 개인의 우유부단한 성품도 그러했거니와, 위로는 황태후와 외척들에 눌리고, 아래로는 대소신료들에게 치일 수밖에 없는 힘의 배치가 더더욱 성제의 마음을 약하게 만들었다. 관계가 고립되어 외로움만 남은 군주의 마음은 대체 어디로 향해야 할까? 역사에는 이러한 조건을 자기 수양의 기회로 삼아 학문에 정진하는 군주도 있었지만, 대부분은 주색잡기 음주가무와 같은 자기 쾌락에 빠져든다. 성제는 후자에 가까운 군주였다.

군주가 이러한 마음을 내비치자 똥에 파리가 꼬이듯, 이런 마음과 호응하는 자들이 나타나기 시작했다. 부평후富平侯 장방張放은 바로 그런 자들의 대표로, 선제 때의 충신 장안세가 그의 고조부다. 장방은 뼈대 있는 집안에서 성장해 활달하고 영민했으나 교만하고 방자했다. 선대의 조상들이 갖고 있던 능력과 겸손은 찾아볼 수 없었지만 '잘 노는 능력' 하나로 성제의 마음을 단숨에 사로잡는다. 그렇게 두 사람은 요즘으로 치면 클럽 단짝이 되어 수년 동안 유람은 물론 투계나 말달리기와 같은 모든 유희판을 함께한다.

두 사람의 유희의 절정은 언제나 술과 여자였다. 성제가 조비연을 만나게 된 것도, 어느 날 장방과 함께 양아공주陽阿公主 집에서 술판을 벌일 때였다. 물론 비공개 외출이었다. 조비연은 출신은 비천했으나, 성제를 혹하게 할 만한 미모와 춤사위, 그리고 교태를 갖춘 여인이었다. 이에 성제는 조비연을 단번에 후궁으로 삼는다. 정치적 부침과 마음 둘 곳 없던 성제에게 모처럼 마음 둘 여인이 생긴 것이다. 인생의 즐거움이 되어 버린 클럽 단짝 장방과, 기녀 조비연이 성제의 전부였다.

태양은 동시에 두 곳을 비추지 않는 법. 황제가 한 여인을 지나치게 총애하면 황실에 피바람이 부는 건 이번에도 예외가 아니었다. 조비연의 등장으로 그동안 성제의 총애를 받아 왔던 허황후와 반첩여의 비극이 시작되었다. 황제의 총애를 등에 업은 조비연이 그녀들을 내쫓기 위해 온갖 음모를 계획했기 때문이었다. 여기서 놓치지 말아야 할 건 조비연을 황후로 만들기 위한 성제의 마음과 그 마음에 편승한 신하들의 움직임이다.

허황후와 반첩여, 현숙한 부인들의 몰락

허황후는 원제의 외조부인 허광한(허평군의 부친)의 동생 은평후 허가許嘉의 딸로, 지혜롭고 총명해 태자비에서 황후가 되는 동안 성제의 총애를 받았다. 허나 성제의 총애는 오래가지 못했다. 성제 특유의 바람기 탓이기도 하지만, 결정적으로 둘 사이엔 후사가 없던 것이 컸다. 자식들이 모두 단명한 까닭이다. 허황후에겐 이것이 화근이 된다.

이 무렵엔 천재지변이 자주 발생해 황태후와 외척들의 걱정이 많았다. 왜냐하면 이 시대의 천재지변은 단순한 기후 이상이 아니라 하늘의 견책이라 여겼기 때문이다. 선정을 베풀지 못하면 온 우주가 감응하여 천재지변을 통해 경고한다. 이에 대조공거 곡영谷永은 이번 재이의 원인이 후궁들의 총애 다툼에서 비롯된 것이라 상서하였다. 문제의 초점을 성제의 바람기가 아닌, 총애를 둘러싼 여인들의 암투에서 찾은 것이다. 곡영이 보기엔 무엇보다 허황후가 문제였다. 나라에서 태자 책봉은 매우 중대한 사안임에도 오히려 허황후는 후사도 없이 군주의 총애를 독점하고 있지 않은가. 이에 곡영은 생모에게 귀천은 없다며, 후사를 위해서라면 미천한 자의 여인이라도 널리 구해야 한다고 간언한다. 허황후에게 위기가 찾아왔다.

나라를 위한 곡영의 말은 구구절절 옳았지만, 딱 하나! 진심이 없었다. 그의 상서는 군주를 위해서가 아니라 권신 왕봉에게 잘 보이기 위한 사심이었다. 현명했던 허황후는 왕봉과 곡영의 검은 커넥션을 눈치챘다. 자신이 왕봉에게 비협조적인 것에 대한 정치보복이란 걸 알고 있었던 것이다. 그러나 허황후는 속절없이 당했다.

왜일까? 그건 허황후가 이 문제를 해결하기 위해 누구와 어떻게 관계 맺어야 할지에 대해서는 고민하지 않고, 오직 성제에게만 자신의 떳떳함을 항변했기 때문이었다. 허황후는 정치를 몰랐다.

그런데 이때, 기막힌 타이밍으로 조비연의 참소가 날아든다. 내용인즉, 허황후가 미도媚道: 무당의 방술이나 기도 등으로 다른 사람의 환심을 사려는 행위에 현혹되어 후궁을 저주했다는 것! 허황후에겐 엎친 데 덮친 격이었다. 게다가 운도 좋지 않았다. 왜냐하면 그녀의 언니가 당시 임신한 후궁인 왕부인과 왕봉 등을 실제로 저주한 일이 있었기 때문이다. 허망하게도 허황후는 이 일에 연좌되어 폐위된다. 그저 왕봉에게 아부해 잘살려고 했던 곡영의 이기심이 의외의 어시스트가 되어 조비연의 모함을 성사시킨 이 황망한 인과! 삶이란 진정 우연들의 마주침이었다. 그렇다면 반첩여는 어찌되었을까?

반첩여班婕妤는 『한서』의 저자 반고의 고모할머니로 이름은 반염班恬이다. 성제 즉위 초에 후궁에 뽑혀, 일찍이 총애를 받아 후궁 소사少使에서 시작해 대행大幸을 거쳐 후궁 서열 2위인 첩여에 오른 여인으로, 아들을 낳았으나 일찍 죽어 후사가 없었다. 후사가 없는데 군주의 총애를 받고 있었으니, 반첩여도 허황후처럼 미도에 현혹되었다는 모함을 피하기 어려웠다. 조사실에서 그녀는 성제에게 『논어』의 한 구절을 인용하여 화와 복에 대한 자신의 철학을 숨김없이 말했다. 죽고 사는 것이 명이며 부귀는 하늘에서 내려주는 것으로, 인간은 정도를 지킨다 해도 복을 받을 거란 확신이 없는데, 하물며 사악한 짓을 한다면 두말할 나위가 있겠느냐고. 게다가 만약 귀신이 알고 있다면 신하의 도리에 벗어난 말은 당연히 들어주지 않을 것이고, 귀신이 무지하다면 그렇게 호소해 본들 자신에게 무슨 이득이 있겠느냐며 자신의 무죄를 항변했다.

이 말을 들은 성제는 자신이 너무했다고 생각했는지, 황금 1백 근을 내어 주며 반첩여를 풀어 준다. 그러나 그뿐이었다. 성제는 그 뒤로 반첩여를 찾지 않았다. 그녀는 상황 파악이 빨랐다. 성제가 비록 풀어 주었지만 교만과 질투의 화신인 조씨 자매가 자신을 가만 둘 리 없다고 판단하여 성제에게 장신궁에서 태후를 모시겠다고 주청한다. 자신을 보존하고 가문을 지키는 길이 스스로 물러나는 길밖에 없다는 걸 알았던 것이다. 덕분에 반첩여는 위기에서 벗어났다.

이렇게 해서 조비연은 입궁 1년 만에 허황후와 반첩여를 몰아내고, 성제가 붕어하기 전까지 자신의 동생 조합덕과 무려 10년간 총애를 독점한다. 안으로는 현명한 여인들이 몰락하고 밖으로는 충신들이 내몰리는 이 암담한 상황! 성제는 부인들의 현명함과 충신들의 충심을 담을 만한 그릇이 되지 못했다. 성제와 한나라는 그렇게 간신과 여자에 빠져 허우적거리고 있었다.

조비연을 황후로 만든 순우장

허황후가 폐위되고, 반첩여도 장신궁으로 쫓겨났다. 자연스레 조비연의 욕망은 황후의 자리로 향했다. 조비연은 성제에게 자신을 황후로 만들어 달라며 조르기 시작한다. 그러나 이 일은 군주의 힘만으로 어떻게 해볼 수 있는 일이 아니었다. 우선 반대여론이 만만치 않았다.

> 예전에 무왕과 주공은 천지의 뜻을 받들었기에 백어와 적오의 길조를 받았어도 군신이 두려워하며 행동과 표정을 서로 조심하였는데 하물며 말세에 후사도 얻지 못하고 여러 차례 하늘의 분노와 같은 재해를 당했다면 어떠하겠습니까? (……) 자손을 두는 경사가 너무 늦은 것을 걱정해야 하는데 지금 욕정이 닿는 대로 비천한 여인에게 넘어가서 황후로 봉하려는 것은 하늘도 두렵지 않고 백성도 부끄러워하지 않는 것으로 그 미혹이 이보다 더할 수 없을 것입니다. (……) 길 가는 사람도 다 아는데 조정에서 말 한마디도 없는 것이 신에게는 마음이 아픕니다. 「유보전」, 『한서』 7, 126쪽

"이게 나라냐!"라는 듯, 유보劉輔의 직언은 적나라했다. 한나라의 모든 백성이 알고 있는 일을 황제 자신만 모르고 있다며 군주의 부덕함에 투창을 던진 유보! 유보의 상서는 황실의 종친들이 성제의 행실은 물론, 조비연을 얼마나 못마땅하게 여겼는지를 잘 보여준다. 유보의 상서에 분노한 성제는 쥐도 새도 모르게 유보를 액정의 비밀감옥에 가둬 버린다. 여인에 눈이 멀어 신하의 입을 막아 버린 것이다. 다른 건 몰라도 항상 귀는 열어 두고 있어야 하는 군주의 자리에서 성제는 군주로서 가장 하지 말아야 할 일을 해버리고

말았다. 나라가 망해 가는 이보다 확실한 징조가 또 있을까.

무엇 하나 마음대로 할 수 없던 성제에겐, 늘 그렇듯 이번에도 사방이 반대였다. 안으로는 조비연의 독촉에 시달리고, 밖으로는 황태후와 종친들의 반대에 시달리고. 이때 등장해 성제의 근심을 풀어 준 이가 바로 희대의 간신 순우장淳于長이다. 원제의 부인 왕황후 언니의 아들로 처첩을 많이 거느리고 음란하여 행실에 법도가 없는 인물이었지만, 그는 누구에게 납작 엎드리고 누구를 설득해야 하는지를 잘 알고 있었다. 어찌나 처세를 잘했는지, 대사마 왕봉이 죽기 전에 성제와 태후에게 순우장을 잘 보살펴 달라고 부탁하게 할 정도였다. 순우장의 어떤 능력이 출중해서 잘 봐달라는 것이 아니라 왕봉 자신의 병수발을 지나치게 잘 들었기 때문에 잘 봐달라는 이 황망한 유언.

순우장은 성제의 가려운 부분이 어딘지 알고 있었다. 그건 최종 결정권자인 황태후의 마음을 얻는 일이었다. 황태후는 처음부터 조비연의 출신이 비천하다는 이유로 반대했던 인물. 순우장은 황태후의 마음을 얻어 내는 일이야말로 자신이 편히 살 길이라 여기고 태후궁과 황제의 궁을 쉴 새 없이 오고 가며 무려 1년간의 긴 호흡으로 황태후를 설득하는 데 성공한다. 결국 재가를 얻어 낸 것이다. 성제는 이에 감동하여 순우장을 정릉후에 봉하고, 거만금을 하사한다.

이렇게 조비연은 황후에 오른다. 아니 만들어졌다. 조비연의 미모와 야심, 기질적으로 여색을 좋아한 성제, 외척과 황제 간의 커다란 힘의 불균형, 그 사이에서 황제를 끊임없이 즐겁게 해준 부평후 장방, 부부의 연을 맺었으나 성제의 마음을 바로 세우지 못한 허황후, 현명했지만 모함을 피할 수 없었던 반첩여, 성제의 눈에 들기 위해 1년 동안 황태후를 설득한 순우장, 때마침 발생한 일식과 지진으로 인한 곡영의 상소, 모두가 외척에게 빌붙어 황제에게 직언할 수 없던 조정의 분위기! 등 하나로 설명할 수 없는 복잡다단한 욕망들이 조비연을 황후로 만들고야 만 것이다.

조소의, 성제의 후사를 끊어내다

이루었기 때문이었을까? 성제는 막상 조비연이 황후에 오르자, 사랑이 식었다. 허나 조비연은 총애를 잃을까 불안해하거나 두려워하지 않았다. 왜냐하면 성제를 꼼짝 못하게 만드는 자신의 여동생 조소의(조합덕)가 있었기 때문이다. 생각해 보면, 참으로 놀라운 일이다. 어떻게 조소의는 바람기 가득한 성제의 마음을 한결같이 붙들 수 있었을까? 허황후와 반첩여는 황제가 찾지 않으면, 그리워만 할 뿐 애써 황제를 찾지 않았다. 그러나 조소의는 달랐다. 그녀는 황제가 다른 곳으로 눈 돌릴 틈을 주지 않고 쉴 새 없이 황제의 총애를 확인했다. 한마디로 성제를 잘 구워삶은 것이다.

　　나중에 우객자와 왕편, 장겸은 조소의는 늘 황제에게 "늘 나에게 황후궁에서 온다고 속였는데, 황후궁에서 왔다면 허미인의 아이는 어디서 생겼습니까? 허씨가 응당 다시 황후가 되겠네요!"라고 하는 말을 들었답니다. 조소의는 원망하며 손으로 자기 머리를 때리고 머리를 벽의 기둥에 부딪치거나 침상에서 바닥으로 뛰어내리며 울면서 식사도 하지 않으면서 "지금 나를 보낸다면 나는 집으로 가겠습니다!"라고 말했습니다. 그러자 황제께서는 "지금 특별히 너에게 알려주는데, 왜 네가 내게 화를 내나! 정말 어떻게 해야 할지 모르겠다." 그러면서 식사를 하지 않았습니다. 조소의는 "폐하는 처음부터 알고 계시면서 왜 식사를 안 하십니까? 폐하께서 늘 저에게 '약속하나니 너를 버리지 않겠다'라고 말씀하셨습니다. 지금 허미인이 아들을 낳으니, 결국 약속을 어긴 것이니 뭐라 하시겠습니까?" 황제께서는 "조씨를 황후로 삼았고 허씨를 데려오지 않았다. 천하에 조씨보다 위에 있는 사람은 없으니 걱정하지 말라!"「효성조황후전」,『한서』9, 536쪽

조소의가 황제의 총애를 확인하는 방법은 늘 '땡깡'이었다. 그녀는 성제가 자신이 원하는 것을 들어주기 전까지 자기 손으로 자기 머리를 계속 때리는가 하면, 벽에 머리 찧기, 울면서 밥 안 먹기 등 지극히 유아적이고 자학적인 방식으로 성제를 길들였다. 그녀에겐 황실의 제1후궁이라는 자부심도, 자기 존재에 대한 존중감도 없었다. 오직 성제를 향한 질투와 집착만 있었을 뿐이었다. 그녀는 소의라는 직위가 황제 곁에서 어떤 역할을 해야 하는지 알지 못했다. 그리고 그건 성제도 마찬가지였다. 자신이 군주라는 사실을 잊고, 오로지 조소의에게 쩔쩔매며 그녀의 마음을 얻기에만 급급해했다.

이 대화에서 문제가 된 건, 성제가 후궁 허미인과의 사이에서 낳은 아들에 있었다. 조소의가 보기에 허미인의 아들이 태자에 책봉되면, 허미인이 황후에 오르는 건 시간 문제였다. 그건 곧 자신의 총애도 끝이라는 의미였다. 왜냐하면 조비연과 조소의는 성제의 총애를 10년간 독점했지만 정작 후사가 없기 때문이었다. 조소의의 불안과 집착의 근원이 바로 여기다.

여기까지 읽다 보면 우리는 한 가지 흥미로운 사실을 발견하게 된다. 놀랍게도 성제가 낳은 아들들은 전부 죽었다는 점이다. 그런데 이 죽음이 예사롭지 않다. 허황후와 반첩여 사이에서 낳은 자식들은 병사하여 어쩔 수 없다 하더라도, 위 대화에서 보듯 허미인과의 사이에서 낳은 아들과, 이전에 궁녀 조효의 딸 조궁 사이에서 낳은 아들도 있었다. 즉위 초부터 후사가 없던 성제에게 이보다 더 경사로운 일이 또 있었을까. 허나 이 일은 경사는커녕, 두 후궁들의 출산은 철저히 비밀에 부쳐졌고, 성제의 두 아들들은 세상에 나올 수조차 없었다. 모두 죽었기 때문이다.

짐작했겠지만, 이 죽음엔 '내 자식이 아니면 안 된다'는 조씨 자매의 탐욕이 깊숙이 개입되어 있었다. 그러나 이 죽음엔 더 큰 배후가 있었으니 친자식의 죽음을 용인한 막장 아비 성제와, 이 사실을 알면서도 일신의 안위를 위해 공론화하지 않은 신하들이었다. 여인에 눈이 멀어 자기 자식마저 죽음에 이르게 한 아비와 목숨이 아까워 그 어떠한 문제도 제기하지 않은 직무유기 신하들. 한나라의 겨울은 진정 군주가 군주답지 못하고, 신하가 신하답지 못하고, 황후가 황후답지 못한, 그야말로 모든 정명正名이 얼어붙은 시대였다.

덕을 쌓지 않고 얻은 부는 쉬이 사라지는 법. 성제의 황망한 붕어로, 조씨 자매의 끝나지 않을 것 같던 호사도 끝이 난다. 전날까지 건강에 아무런 이상이 없던 성제가 새벽에 일어나 바지를 입으려다가 옷을 입지 못하고, 갑자기 쓰러져 붕어한 것이다. 무엇 하나 이룬 것 없이 평생 우유부단하게 주색잡기만 하다 마친 황제의 죽음이었지만, 백성들의 동요를 막기 위해서라도 황제의 갑작스러운 죽음에 대한 해명은 필요했다. 황태후는 대사마와 승상 어사대부에게 조서를 내려 황제의 죽음에 대해 규명하라 명한다. 그러나 조사가 시작되기도 전에, 조소의는 자살로 생을 마감한다. 자신이 무슨 짓을 저질렀는지 그제야 깨달은 것이다. 그리고 얼마 뒤, 언니 조비연 역시 조소의와 연좌되어 자살한다. 한 시대를 뒤흔들며 한 나라를 기울게 한 이들의 죽음치고는 참으로 허망하기 그지없다. 한나라의 겨울은 그렇게 깊어 가고 있었다.

5장 몰락의 시대, 신하들이 사는 법

외척이 권력을 휘두르는 시대! 위로는 연이은 천재지변이 민심을 흉흉하게 하고 아래로는 기근과 궁핍이 온 나라를 뒤덮었지만 누구 하나 발 벗고 나서지 않았다. 군주는 실권 없이 무능했고, 외척은 실권이 있되 무능했다. 그나마 유능하여 인재라 부를 만한 자들의 상당수는 외척에 줄을 대느라 여념이 없었기에, 그들이 갖고 있는 유능은 사심을 채우기 위한 수단이었을 뿐, 한나라의 대의 차원에선 사실상 무능에 가까웠다. 그야말로 몰락의 시대였다.

게다가 이 시대는 누가 충신이고 누가 간신인지도 명확하지 않았다. 멀리서 보면 충신인데 가까이서 보면 간신이고, 분명 간신인데 그렇다고 딱히 간신으로 치부하기 어려운 자들이 대부분이었다. 이에 반고는 『한서』에서 몰락의 시대를 살아가는 신하들의 삶에 주목했다. 몰락의 시대를 살아가는 신하들은 무엇을 해야 하는지, 몰락이 시대의 대세라면 대체 어떻게 해야 잘 몰락할 수 있는지 묻고 성찰했던 것이다.

정의를 외치고 비리를 저지른, 승상 적방진

몰락의 시대에 그것이 몰락인 줄 모르고 자기영달만 추구하다 몰락한 인물이 있다. 그는 승상 적방진翟方進으로, 정의를 외치지만 가장 정의롭지 않은 인간 부류다. 젊어서 소사小史 일을 했으나 행동이 굼떠 욕을 많이 먹었던 적방진은, 자신이 제후에 봉해질 골상이란 말을 듣자마자 소사직을 그만두고 경학공부에 전념한다. 출세하고자 마음 낸 것이다. 그렇게 학문하기를 어언 10년. 방진은 여러 유생들의 칭송을 받는 인물로 성장하여 낭관을 시작으로 박사, 승상사직, 어사대부, 승상에까지 오른다.

방진의 승진엔 이유가 있었다. 법문과 행정업무에 탁월했고, 모든 크고 작은 일에 밝았으며, 유가 사상으로 법률을 해석하여 법 적용이 법도에 잘 들어맞았다. 게다가 공평 청렴하여 남에게 뇌물을 청탁하지 않았기에 방진의 운신엔 거침이 없었다. 비리를 저지른 자들에 대해 고발할 건 고발했고, 탄핵할 건 탄핵했다. 사예교위인 진경陳慶과 연훈涓勳의 탄핵을 시작으로 구경九卿의 반열에 오른 인물들에 이르기까지 방진의 탄핵레이더는 지위고하를 막론하고 작동했다.

누구도 감히 입에 올릴 수 없었던 외척 왕립에 대한 탄핵을 주청한 것도 바로 방진이었다. 이에 성제가 자신의 외삼촌이라 법대로 할 수 없다고 말하자 방진은 재차 주청하며 이르길, 왕립이 안 된다면 왕립의 욕망에 편승해 공익을 배척하고 사익을 추구한 왕립의 붕당이라도 탄핵하여 악의 근원을 끊어 내야 한다며 호소했다. 결국 방진의 집요한 주청으로 후장군 주박朱博, 거록태수 손굉孫宏, 전 광록대부 진함陳咸이 탄핵되기에 이른다. 이 일로 방진에 대한 성제의 총애는 하늘을 찌른다.

죄다 적폐인 시대에 비리에 눈감지 않는 방진의 등판은 그야말로 한나라의 구원투수처럼 보였다. 그러나 태중대부 평당平當처럼 방진의 실상을 꿰뚫은 자들은 방진을 그렇게 보지 않았다. 방진의 정치행위를 공적 차원의 행동으로 해석하지 않은 것이다.

방진은 나라의 사직으로 자신을 신칙하며 여러 신하에 솔선하지도 않고 지난번에는 치도를 달리는 죄를 저질렀으며 사예교위인 진경이 공평한 마음으로 탄핵했는데도 방진은 자책하며 뉘우치지 않고 사적인 원한을 품고서 진경이 조용히 하는 말을 엿들었다가 헐뜯어 죄를 만들었습니다. 뒤에는 승상 설선薛宣이 북지군의 부도한 살인범을 잡으려고 속연을 보내 사예교위를 감독케 하겠다고 하자 사예교위인 연훈이 조정에서 이의를 제기했는데 방진은 이번에는 연훈을 탄핵하였습니다. 많은 사람들이 방진은 도덕으로 승상을 보좌하려 하지 않고 상황에 따라 아부로 승상을 도우며 기어코 이겨 권위를 세우려 하니 그 근원을 막지 않을 수가 없다고 하였습니다. 「적방진전」, 『한서』 7, 469쪽

평당이 보기에 방진의 탄핵은 비리 척결이 아니라 사적인 원한감정에서 비롯된 분풀이였다. 방진은 스스로 법을 어겼으면서도 반성하기는커녕, 진경이 그에 대해 고발하려 하자 오히려 자신의 비리를 감추려 진경의 비리를 몰래 엿듣고 선수를 쳤다. 연훈에 대한 탄핵도 마찬가지였고, 진함에 대한 탄핵도 마찬가지였다. 방진의 탄핵은 공평하고 법도에 맞았던 면도 없진 않으나, 대부분의 경우 자신을 향한 비방을 참지 못해 어떻게 해서든 죄로 엮은 분풀이였다. 허나 성제는 평당의 주청을 듣지 않았다. 방진의 정치가 곧 정의라 믿었던 까닭이다.

그런 방진에게도 위기가 찾아왔다. 위기의 발단은 순우장이 폐위된 허황후에게 다시 좌황후左皇后로 만들어 주겠다며 뇌물을 받고 그녀를 농락한 일이 밝혀지면서부터다. 폐위된 황후라도 황후는 황후였기에, 농락은 그 자체로 대역죄였다. 성제는 진노하여 순우장은 물론 순우장과 교제하던 이들을 전부 연좌해 주살 파직했다. 그런데 여기서 흥미로운 건, 순우장의 교제명부에 적힌 적방진의 이름이었다. 어찌된 일일까?

사실 방진은 청렴한 재상이라는 평이 무색할 정도로 간신 순우장과 막역했다. 서로 간에 칭찬하며 천거하던 사이였으니 두말할 나위가 없겠다. 권력에 영합하지 않는 척했지만, 뒤로는 승상의 권위를 이용하여 온갖 사심을 채웠던 것이다. 연루가 명백했기에 방진의 파직은 분명해 보였다. 그러나 방진은 운이 좋게도 이 화마에서 홀로 살아남는다. 성제가 방진을 너무 아낀 나머지 살려 준 것이다. 죽음의 문턱에서 살아 돌아온 방진은 이후에 어떤 행보를 걷게 될까?

　죽음의 문턱에서 홀로 살았지만 방진은 변하지 않았다. 방진은 자신을 살렸던 군주의 자비를 타인을 살리는 힘으로 사용하지 않고, 오히려 자신의 허물을 덮고 권위를 회복할 수 있는 일에 골몰했다. 그 타깃으로 방진이 추진한 일이 순우장과 교제했지만 친분이 드러나지 않아 살 수 있었던 자들에게 죄를 만들어 탄핵시킨 일이었다. 모두 20여 명에 이르렀다. 세상의 이치에 밝은 승상이라며 칭송이 자자했지만, 방진의 선택은 이렇듯 늘 사적인 감정들의 반동일 뿐이었으니 세상의 도리를 안다는 게 무색할 지경이었다.

　그렇게 방진이 승상으로 근무하길 10년, 성제의 마음도 변했다. 때마침 형혹성 화성이 심수心宿에 합쳐지는 기이한 일이 벌어졌는데 이를 두고 의조에서 근무하던 이심李尋과 낭관인 비려賁麗는 성제에게 공적 없이 자리만 차지하고 있는 대신 때문에 발생한 현상이라 상서했다. 방진은 걱정이었다. 무위도식하는 자가 자신이어도 문책을 당하고, 자기가 아니어도 문책을 당할 상황이었기 때문이다. 승상의 위치는 그런 자리였다. 방진은 진퇴를 고민했다. 허나 거취를 정하기도 전에 성제는 방진이 승상으로 근무했던 기간 동안 조정의 온갖 나쁜 일의 원인을 방진의 탓으로 돌리며 책임을 물었다. 이에 방진은 성제의 말이 무슨 뜻인지 알아듣고, 그날로 자살한다. 죽음으로써 책임을 진 것이다. 몰락의 시대, 대의가 없는 권력이 어떻게 비겁하게 쓰일 수 있는가를 보여 주며 방진은 그렇게 쓰러져 갔다.

두흠, 외척 왕봉의 조련사

시대에 따라 차이는 있지만, 충신과 간신의 구별은 비교적 분명하다. 그러나 때론 충신과 간신으로 포획되지 않는 인물들이 있는데, 혹리 두주의 후손 두흠杜欽은 바로 그러한 자의 대표라 부를 만하다. 두흠은 집이 부유해 어려서부터 경서를 공부하여 박식했지만 관리가 되려 하진 않았다. 한쪽 눈이 실명한 탓이다. 허나 평소 두흠의 형과 가까이 지내던 왕봉이 심원하고 광박한 두흠의 재능을 알아보고 일찍이 자신의 군무고령軍武庫令으로 삼아 자신을 보좌케 한다.

최고 권력가 왕봉의 특채였으니 두흠도 여타 신하들처럼 왕봉을 위해 기꺼이 뼈를 묻을 각오가 되어 있진 않았을까. 그러나 두흠은 한가함을 즐기던 인물이었다. 주어진 일은 했지만 그렇다고 애써 일거리를 만들진 않았다. 두흠에겐 '열심'이란 없었다. 하기야 벼슬에도 큰 욕심이 없어 이러저러한 핑계를 대며 자주 사임하는 인물이었으니 무슨 '열심'이 있었겠는가! 그럼에도 반고는 두흠에 주목했다. 시대의 조류로 보면 분명 외척에 빌붙은 간신이었지만, 참모로서의 두흠은 간신으로 치부하기 어려운 훌륭한 점이 있었기 때문이었다.

왕봉은 늘 두흠과 함께 의논하였다. 명사인 왕준, 위안세, 왕연세 등을 자주 불러 칭찬하고 격려하였으며, 풍야왕, 왕존, 호상의 허물을 변명·구원하였으며, 공신의 절세를 계승케 하고, 사이四夷를 진무振武하는 등 당시의 여러 선정善政이 두흠에게서 나왔다.「두흠전」, 『한서』5, 96쪽

두흠은 시대의 형세를 읽어 자신의 거취를 정했다. 시대의 조건이 외척이 득세하여 군주가 미약할 수밖에 없는 형세라면, 미약한 군주를 위해 강대한 외척과 맞서기보다 어떻게 하면 그 외척을 잘 활용해 나라를 바르게 이끌 수 있을까를 고민하는 게 더 낫다고 판단했던 것이다. 대부분의 인재들이 외척과 왕봉에 빌붙어 자기영달만을 꾀했던 시대였음을 감안하면, 두흠의 행보는 무척이나 예외적인 측면이 있다. 외척에 빌붙어 선정을 이끌어 내는 신하라니.

두흠은 왕봉의 과실을 고치고 선행을 장려하는 방향으로 왕봉을 이끌었다. 왕봉이 막강한 권력행사로 군주와 신하들을 두렵게 했을 때, "장군께서는 주공의 겸손함과 걱정하는 조심성을 따르고 양후가 위세를 낮추었던 일과 무안후가 욕심을 버린 일을 본받아서 범저와 같은 무리가 중간에 들어와 말하지 않도록 해야 합니다"같은책, 96쪽라고 말하며 왕봉을 깨우칠 정도였다. 두흠은 권력 앞에서 비굴하지 않았다.

물론 두흠이 이렇듯 깨우치는 말만 왕봉에게 했던 건 아니었다. 두흠은 책략에도 능했다. 예전에 경조윤 왕장이 조서를 올려 왕봉이 탄핵 위기에 처했을 때, 눈물 없이 읽을 수 없는 상서를 올려 성제로부터 선처를 받은 적이 있었는데, 이 책략 역시 두흠의 머리

에서 나온 것이다. 그렇다면 이런 책략은 대체 어떻게 받아들여야 할까?

두흠이 왕봉을 위해 처세를 지도해 준 건 맞지만, 이걸 몰락의 시대를 살아가는 간신의 처세로 매도하긴 어렵다. 두흠은 그 어떤 사심 없이 왕봉이 주공과 같은 섭정을 하도록 진심으로 바랐다. 왕봉에게 글쓰기를 제안한 것도 그 때문이다. 스스로의 허물을 되돌아보고, 자신의 정치가 부끄러운 수준임을 아는 가장 좋은 방법 중 하나가 글쓰기 아닌가. 두흠은 왕봉이 글쓰기를 통해 한 단계 더 성장하길 바라며, 진정한 충심은 왕봉 스스로 군주가 의심할 만한 일을 하지 않고 늘 겸사를 자처하는 태도에서 비롯된다고 자주 일깨웠다.

과연 이러한 삶을, 간신을 보좌했다고 간신으로 치부해야 할까. 쉽지 않다. 다만 한 가지 분명한 건 두흠의 삶은 외척을 보좌하되 비굴하지 않았고, 책략을 쓰되 선정과 연결하려 했다는 점이다. 두흠의 이러한 면모는 우리가 알아줘야 하지 않을까.

책까지 써 가며 끝까지 극간한, 유향

적방진이 권력에 영합하여 자기영달을 꾀했다면, 두흠은 권력에 영합은 하되 그 권력을 올바르게 쓸 수 있도록 이끈 인물이었다. 그러나 몰락의 시대엔 이런 인물들만 살고 있었던 게 아니었다. 이들과는 전혀 다른 삶을 살면서 몰락에 대처하는 이들이 있었으니 바로 유향과 매복이다. 이들은 몰락의 시대에 권력에 영합하지 않고,

어떻게 자신이 놓인 조건에서 최선의 자기윤리를 발휘할 것인가를 고민한 자들이었다. 우선 유향부터 살펴보자.

유향劉向은 한고조 유방의 아우 유교劉交의 증손 유덕劉德의 아들로, 그 유명한 유학자 유향이 바로 이 사람이다. 선제 때에는 이렇다 할 활약이 없었지만, 원제와 성제 때에 이르러 자주 충언을 올려 명성이 있었다. 원제 때에는 환관 홍공弘恭과 석현에 반대해서, 성제 때에는 외척에 반대해서 간언을 올렸다. 허나 유향의 외침은 통한 적이 없었고, 심지어 원제 때에는 환관에게 역공을 맞아 면직되어 서인으로 강등되기에 이른다. 그러나 그러한 좌천이 유향의 충언을 멈추게 하진 못했다. 유향은 충언하고 또 충언했다.

그러던 유향이 멈춘 건 동료들의 죽음을 통해서다. 자신과 뜻을 같이했던 광록대부 주감周堪이 말을 하지 못하는 병에 걸려 죽고, 태중대부 급사중 장맹張猛은 모함에 의해 공거에서 자살한다. 이를 본 유향은 더 이상 뭔가 해볼 수 있는 때가 아니라는 걸 알고 자신과 동료들을 애도하며 10년간 출사하지 않았다. 유향은 의리가 있었다.

유향의 극간極諫본능이 되살아난 건 성제 때였다. 성제가 유향을 불러다가 삼보지역의 수리사업을 총괄하는 중랑에 제수한 것이 계기가 되었다. 유향은 관직 생활이 시작되자 다시 예전처럼 적재적소에 상서를 올렸다. 그런데 이번엔 좀 달랐다. 원제 때에 자신의 상서가 채택되지 않은 것에 대한 성찰이었을까. 유향은 상서로 그치지 않고, 역사와 천문에 밝은 자신의 재능을 십분 발휘하여 책을 집필해 헌상한다. 군주를 깨우치기 위해 책까지 써 가며 간언한 것이다.

> 유향은 상고 이래로 춘추시대와 육국을 거쳐 진과 한에 이르는 시기의 여러 징조와 재이의 기록을 모아 그와 관련된 일들을 추적하고 화복을 연결하며 그 징조와 증거를 정리하여 비슷한 종류로 분류하고 각각 조목을 붙여서 모두 11편으로 엮어 『홍범오행전론』洪範五行傳論이라 이름을 지어 황제에게 상주하였다. 「유향전」, 『한서』 2, 357쪽

한나라의 무너진 질서를 회복하고, 황실의 기강을 바로 세우고자 한 유향의 행보는 진심 그 자체였다. 간언만으론 군주와 작금의 형세가 달라지지 않을 것이라 판단한 유향은, 시대를 이해하는 탁월한 안목으로 밤낮으로 책을 읽고 책을 썼다. 시대의 적폐를 외면하지 않고 자신의 붓끝을 가다듬은 것이다. 외척이 득세했을 때는 『홍범오행전론』을 지어 외척의 비리와 사심을 들추어 황실을 외톨이로 만드는 조정의 형세를 꼬집었고, 조씨 자매에 빠져 정사를 게을리할 때에는 『열녀전』·『신서』新序·『설원』說苑 등 총 50편을 지어 현숙한 부인들이 어떻게 군주를 보필해 나라를 번영케 하고, 음란한 여인들이 어떻게 나라를 망쳤는지를 일깨워 주었다.

그러나 주색잡기에 빠져 있는 군주에겐 책도 소용없는 일. 성제는 유향의 책을 받고 감탄은 했으나, 아무것도 실천하지 않았다. 유향의 천금 같은 간언도, 성제에겐 변화의 계기가 되진 못했던 것

이다. 성제는 그저 유향을 가까이에 두고 종친으로서 대우하며 자주 좋은 이야기만 들었을 뿐, 유향을 더 높은 관직에 임명하여 큰일을 맡기진 않았다. 외척과 승상의 반대를 무릅쓰고 자신의 뜻을 관철시킬 만큼 성제는 단호한 군주가 아니었던 것이다.

그럼에도 유향의 충정은 멈추지 않았다. 군주가 받아들이든, 받아들이지 않든 끊임없이 책을 쓰고, 수정하고, 미비한 부분을 채워 다시 올리기를 반복했다. 몰락하리라는 걸 알면서도 자신에게 주어진 현실을 떠나지 않고, 현실이 어떻든 그저 자기의 길을 끝까지 걸어 내는 것! 이것이 유향이 택한 몰락의 시대를 걷는 자기본위의 삶이었다.

몰락을 받아들이고 양생을 택한, 매복

매복梅福은 『상서』와 『곡량춘추』에 밝아 젊은 시절 군郡의 문학文學으로 천거되어 한때 남창현위로 벼슬살이를 했다. 허나 현위에 머물러서는 백성들의 삶이 개선될 거라 생각하지 않았기 때문이었는지 매복은 스스로 벼슬에서 물러나 고향인 수춘현에 은거한다. 제아무리 비방과 탄핵이 난무할지라도 벼슬만은 꼭 쥐고 놓지 않으려 했던 시절임을 감안하면, 스스로 관직을 내버리고 일상으로 돌아간 매복의 선택은 분명 이례적이다. 그런데 흥미로운 건, 그렇다고 매복이 정치로부터 완전히 분리된 삶을 살아간 건 또 아니라는 점이다.

매복은 일상을 충실히 살면서, 나라가 돌아가는 사정은 항상 예의 주시했다. 급한 사안이라면 길을 지나가는 사자들을 멈춰 세워서라도 그들에게 상서를 올려 보냈고, 사자가 지나가지 않을 때에는 직접 초거를 빌려 타고 행재소에 찾아가 붓을 들었다. 허나 매복의 상서는 늘 돌아오지 않는 메아리였다. 하기야 왕봉이 조정을 좌지우지하는 마당에 바른 소리가 군주의 귀에 들어갈 리 만무했고, 설혹 군주의 귀에 들어갔다 하더라도 대부분의 관료가 왕봉에 줄을 대고 있었기에 정언正言이 오히려 사언詐言으로 간주되어 해를 입던, 누구도 바른말을 하지 않는 시대 아닌가! 매복이 보기에 이는 몰락의 조짐이었다. 환난은 도적이 봉기하고 제후들이 배반하는 데에서 오는 게 아니라, 군주가 간쟁하는 신하의 입을 막고, 천하 사람들이 벌 받을까 두려워 말하기를 꺼려하는 것에서 시작되는데, 지금이 정확히 그러한 시대였던 것이다.

이에 매복은 수차례 반려되면서도 끊임없이 성제에게 "사士는 나라의 보배이니, 득사得士하면 나라가 튼튼하지만 실사失士하면 허약해집니다"「매복전」, 『한서』 5, 550쪽라고 간언하며 인재를 귀히 여기라 설파한다. 직언하는 신하의 지조를 꺾는 진나라의 망도亡道를 따라가지 말고, 충언을 듣고서 혹 따라가지 못할까를 걱정했던 한고조나 직언을 들으면 너무 기뻐 어쩔 줄 몰라했던 한무제와 같은 패자들의 도를 따르라는 것이다.

매복이 보기에 '잘 듣는' 건 그저 귀를 열고 호응을 잘 해주는 것에 있지 않았다. '잘 듣는' 건 『서경』에서 말한바, "사방의 문을 열고 사방을 보는 눈을 밝게 가지라" 했듯, 인재의 과실이라는 일면에 연연하지 말고 사면의 지모를 취하는 것에 힘쓰는 것에 그 핵심이 있었다. 즉 이는 잘못은 잘못이고, 직언은 직언이고, 능력은 능력이니, 간언을 받아들이는 데 그 능력과 행적을 연결하지 말고 오직 간언으로서 취하라는 뜻이다.

이를 위해서 매복은 기본적으로 군주가 인재 채용에 확고한 기준이 있어야 한다고 항변한다. 친하게 지내야 할 사람을 가까이 하지 않고, 친하게 지내지 말아야 할 사람을 가까이하고 있는 지금과 같은 인재 채용으론 한나라의 미래가 없다고 본 것이다. 친친지도親親之道의 확립이 필요했다. 그러나 성제는 늘 그래 왔듯 매복의 상서를 받아들이지 않았다.

이에 매복은 단념했다. 그리고 더 이상 붓을 들지 않았다. 그저 무엇을 하되 시류에 영합하지 않고, 어떻게 자신을 바로 세울 윤리를 만들어 낼 수 있을까를 끊임없이 고민했다. 생각이 여기에 이르자, 매복은 소모적인 상서를 멈추고 가향에 홀로 거처하여 일상을 살아가기로 마음을 낸다. 양생을 벗 삼고 독서를 일삼기! 훗날 왕망이 정권을 탈취한 이후, 항간에는 매복이 신선이 되었다는 이야기가 전해지기도 하고, 어떤 마을에 문지기를 하고 있다는 소식이 전해지기도 했으나 그 끝에 대해선 남은 바가 없었다. 홀연히 사라진 매복.

몰락의 시대에 신하로 산다는 것에 정답은 없다. 어떤 삶이 더 고귀하고, 어떤 삶이 더 비천한가는 오직 후대에서 바라보는 가치

평가일 뿐, 결코 진리가 아니다. 중요한 건 공자가 말했듯, 도가 있을 때만 무엇을 하고 도가 없을 때는 아무것도 하지 않는 삶이 아니라, 도가 없다 하더라도 여전히 무엇인가를 해야 한다는 사실에 있다. 그러나 그렇게 계속하더라도 군주와 세상이 변하지 않으면 신하된 자는 어떻게 살아가야 하는가. 후한시대를 살아가던 반고의 고민은 바로 여기에 있지 않았을까.

그럼에도 유향처럼 계속 가야 하는가 아니면, 적방진처럼 시류에 영합하여 자기영달만이라도 꾀해야 하는가, 그도 아니면 두흠처럼 차선이라도 걸어야 하는 것인가, 매복처럼 완전히 떠나서 양생의 길을 걸어야 하는가. 생각해 볼 일이다.

6장 애제, 외척의 늪을 피하려다 꽃미남에게 빠지다

점점 깊어만 가는 외척의 늪

애제哀帝(재위 기원전 7~기원전 1)는 성제가 죽은 후 제위를 이은 황제이다. 재밌는 건 애제의 이야기는 「본기」보다 황후의 이야기가 담긴 「원후전」과 「외척전」에 특히 많이 담겨져 있다는 것이다. 애제의 시대가 외척이 판치는 시대임을 가장 잘 보여 주는 배치라 생각된다. 애제가 태자가 된 것은 원제의 사랑을 받았던 부소의傅昭儀가 적극적으로 로비를 했기 때문이다. 결국 애제는 황제가 됐으나 모셔야 할 할머니가 무려 세 분이나 건재해 있었다. 친할머니 부소의, 친할머니는 아니지만 막강한 정치력을 행사하는 왕정군, 정치적인 야망은 작지만 원제를 곰의 습격에서 구해 준 풍소의까지. 할머니 복이 많다고 해야 하나. 암튼 할머니들과 외척에 둘러싸인 환경이 애제가 놓인 조건이었다.

부소의는 손자인 애제가 황제가 되자 정식 태후로 존호를 높여 달라고 조르기 시작한다. 애제는 친할머니의 소원을 들어주고 싶었지만 명분이 없이는 행할 수가 없었다. 애제는 갈등한다. 만약 친할머니 손을 들어 주면 강성한 왕씨 외척의 힘을 견제할 수도 있을 것이다. 그렇다고 명분 없이 존호를 높일 수도 없고, 만약 들어 준다고 해도 부씨 외척이 강성해지면 왕씨와 부씨가 교체될 뿐 외척이 판치는 건 마찬가지가 아닌가. 어릴 때부터 할아버지 원제가 외척으로 인해 시달리는 걸 본 탓에 애제의 머릿속은 복잡하기만 했다.

친할머니 부소의는 정식 태후의 열망을 끝까지 멈추지 않았다. 신하들의 찬반이 대립하면서 조정은 출렁거렸다. 눈치를 챈 동굉董宏은 부소의를 태후로 삼아야 한다는 상소를 올렸지만 왕망과 사단은 강력하게 반대했다. 찬성을 한 동굉은 다음과 같은 논리를 펼친다. 『춘추』에 모친은 아들에 따라 귀해'지니 응당 존호를 높여야 한다는 것이다. 하지만 왕망과 사단은 부소의는 첩이므로 존호를 높일 수 없다고 주장한다. 부소의의 눈 밖에 난 왕망. 그녀는 왕망을 원망하여 애제에게 손을 써서 면직을 시켜 버렸다. 하지만 애제는 신하들의 신망이 두터운 왕망을 끝내 내치지 못하고 회의에 입조케 하였고, 삼공과 같은 대우를 하는 선에서 타협을 했다. 집권 초기라 애제는 왕씨 외척의 눈치를 엄청 볼 수밖에 없었다.

왕상과 왕근의 추천으로 왕망은 출세를 했기 때문에 왕망이 잘나갈 때는 아무도 그들을 건드릴 수가 없었다. 왕망의 기세가 기올자 왕상의 아들 왕근王根과 그의 조카 왕황王況의 만행이 밝혀졌다. 교만과 사치가 황제보다 더하여 제도를 문란케 했다는 것. 그들은 성제의 장례식에서조차 여인을 불러 가무를 즐겼고, 성제의 후궁을 데려다 아내로 삼기까지 했다. 이로 인해 왕근과 왕상이 천거한 자들까지 모두 파면되기에 이른다. 이런 분위기 속에서 결국 '모친은 아들 때문에 고귀하다'는 근거에 의해 친모 정희丁姬와 함께 할머니 부소의는 황후로 책립되었고 그녀는 조정을 뒤덮을 정도의 횡포를 부리게 된다. 누구 손을 들어 주어도 외척의 횡포는 지속되는 상황. 원제 시절부터 형성된 외척의 힘이 커질 대로 커져 마치 늪과 같았다. 길을 찾을 수도 없고 찾으려고 해도 더 빠져드는 늪. 애제는 외척으로 둘러싸인 궁궐에서 여자가 들어오는 것 자체를 화근으로 여기게 되었다.

지독한 사랑에 빠진 동성애 황제

그는 외척에 신물이 나서 그랬는지 실제로 여성을 멀리했고, 여성 스캔들이 없는 보기 드문 왕이었다. 이것으로 끝나면 좋으련만 반전이 기다린다. 그는 여자 대신 꽃미남에게 푸욱 빠져 버렸다. 한나라 열두 왕조 중 동성애 황제가 탄생한 것이다! 애제의 러버, 그는 누구인가. 이름은 동현董賢으로 전각 아래서 시각을 알려 주는 자였다. 애제는 지나가다 빛나는 그의 모습에 한눈에 반해 버렸다.

잘생긴 외모에 얼굴에 늘 웃음기가 있고 그 의표와 외모가 멋져 애제가 멀리서 알아보고 물었다. "사인이던 동현 아닌가?" 그리고 가까이 불러 이야기를 나누고 황문낭을 제수하였는데 이때부터 동현을 총애하였다.「영행전」,『한서』8, 510쪽

현대인이 스타를 보고 빠지는 것과 비슷하다. 동현의 도화살은 애제의 발길을 멈추게 했고, 그는 외모뿐 아니라 입의 혀처럼 굴면서 애제를 사로잡았다.『한서』는 동현에 대해 이렇게 기록한다. 천성이 온유하고 남의 비위를 잘 맞추는 성격이라 아첨으로 지위를 공고히 하는 자였다고. 애제가 수레를 타면 함께 타는 것은 기본이고 옆에서 계속 시중을 들었는데 한 달 동안 받은 금액이 거만에 달했고, 그의 아버지도 계속 승진했다. 애제의 사랑을 가늠하게 해주는 일화가 있다. 동현이 애제의 소매를 베고 낮잠을 자는데 그것을 차마 깨울 수가 없어서 애제는 옷소매를 자르고 일어났다는 것이다. 얼마나 사랑스러웠으면 깨우지도 못할 정도였을까. 애제의 총애가 얼마나 지극했는지 조정을 뒤흔들 정도라고『한서』는 기록하고 있다.

동현은 외출도 못 하고 궁중에서 애제의 의약을 챙기는 일을 했는데, 이것은 애제가 동현과 함께하기 위한 조처였다. 이것은 시작에 불과했다. 애제는 동현을 옆에 두기 위해 그의 아내도 관사에 머물게 하고, 동현의 여동생을 불러 황후 다음인 소의로 삼았다. 하여 동현, 동현의 처, 동현의 여동생 세 명 모두 애제 옆에서 시중을 들게

했고, 동현의 처와 여동생에게까지 천만금의 재물을 하사했다. 또한 동현의 부친에게 더 높은 벼슬을 주었고, 장인과 처남에게도 벼슬을 내리고, 심지어 동현을 위한 집과 무덤까지 지을 정도였다.

애제는 장작대장에게 명하여 북궐 아래에 동현의 집을 짓게 하였는데 전후 전각에 여러 문을 만들고 토목공사도 극도로 화려하여 기둥이나 난간을 모두 두꺼운 비단으로 감쌌다. 동현의 집 노비까지도 모두 하사품을 받았고 무고의 좋은 병기나 상방의 진기한 보물도 하사하였다. 황궁에 오는 여러 물건 중 좋은 것은 동현의 집에 있었고 수레나 의복 등도 그와 비슷하였다. 그리고 동원에서 제조한 관곽이나 구슬 옷이나 구슬 상자 등도 미리 동현에게 하사하여 없는 것이 없었다. 또한 장작대장에게 명하여 동현을 위한 무덤을 의릉義陵: 애제 생전에 축조한 능 곁에 축조하게 하면서 내부에는 길을 만들고 몇 리에 걸친 담을 두르고 궐문과 정면에 쌓은 담 등이 아주 화려하였다.「영행전」, 『한서』 8, 511쪽

애제의 동현 사랑은 폭주 기관차처럼 멈출 줄을 몰랐다. 하다 하다 해줄 게 없으니 이제 제후로 만들고자 했다. 동현을 제후로 봉할 명분이 없자, 공적을 만들기 위해 조작까지 불사한다. 신하 식부궁息夫躬은 애제의 의중을 알아차리고 가짜 공적을 만들기 위한 밑그림을 그렸고, 곧 실행에 옮겨져서 결국 동현은 고안후에 봉해지고 말았다.

국가를 사지마비 상태로 만들다

동현의 제후 만들기를 주도한 식부궁은 어떤 사람인가? 『춘추』를 배우고 여러 기록과 제자서를 읽었으나 학식보다는 "용모가 크고 잘생겨서 사람들이 특별하게 생각하였다"고 『한서』는 기록하고 있다. 황후의 부친인 '부안'傅晏과는 같은 군 출신으로 친밀하게 지내는 사이였다. 애제가 식부궁을 곁에 둔 것도 외모에 끌려서가 아닐까 싶다.

동현을 제후로 만드는 과정은 다음과 같다. 당시 풍태후가 애제를 기도로 저주한다는 거짓 상소가 올라왔다. 그 상소로 인해 풍태후와 동생 풍참馮參은 모두 자살했으나 그 죄를 입증하지는 못했다. 그 후에 위산에서 돌이 저절로 일어섰고 그 아래로 길이 생기는 일이 발생했다. 동평왕東平王 유운劉雲은 기이하게 여겨 제사를 지내주어 돌을 진정시키고자 했다. 이것을 전해 들은 식부궁과 그 일당은 이 사실을 왜곡하는 모의를 벌였고, 이 제사는 갑자기 유운이 천자가 되고자 해서 애제를 저주하는 의식으로 둔갑한다. 동현은 모반의 고발자가 되었고, 동평왕과 그의 부인을 포함하여 연루된 사람들은 줄줄이 죽게 된다. 동현은 모반을 막은 공적이 생겼고 이 공적으로 인해 제후로 봉해졌다. 당시 승상인 왕가王嘉는 동평왕 사건을 의심했고 동현이 제후에 봉해지는 것을 극렬하게 반대했다. 당시 애제는 즉위한 지 얼마 안 되어 사지마비 병을 앓고 있는 중이었는데 왕가는 다음과 같은 상소를 올렸다.

왕자는 하늘을 대신하여 작위를 내리는 것이니 더욱 신중해야 합니다. 땅을 나누어 분봉하면서 옳지 않다면 백성들이 따르지 않고 음양을 움직여 그 폐해로 (천자의) 질병이 더 심해질 것입니다. 지금 폐하의 옥체가 편안하지 못하기에 신이 내심으로 두려운 것입니다. 고안후 동현은 총애를 받는 신하로 폐하께서 작위를 편파적으로 하사하여 고귀한 지위에 올렸고 재물을 모두 주어 부자로 만들었으며, 폐하의 존엄을 손상시키면서 총애하였기에 주군의 위엄은 이미 사라졌고 국고도 고갈되었는데도 아직도 부족하다고 걱정하고 있습니다. 나라의 재물은 모두 백성이 만든 것이기에 효문황제는 노대를 짓고 싶었으나 백금의 경비를 지출할 수 없어, 하고 싶은 마음을 접으며 짓지 않았습니다. 지금 동현에게 국가의 조세를 가지고 사적 특혜를 베푸는데 한 사람에게 천금을 준 경우는 예전 충신일지라도 이 정도는 아니었기에 사방에 소문이 나서 모두가 함께 원망하고 있습니다. 속언에도 '천인의 손가락질을 받으면 병이 없어도 죽는다'고 하였으니, 신은 늘 한심하다고 생각하였습니다. 지금 태황태후께서 영신태후(부태후)의 유조라 하시면서 승상과 어사대부에게 동현의 식읍을 늘려 주고 3인에게 국읍을 하사하라고 조서를 내리셨는데 신은 당혹스럽습니다. 산이 무너지고 지진이 나며 새해 정월 초하루에 일식이 일어난 것은 모두 음이 양을 침범한 것에 대한 경고입니다. 이전에도 동현이 이미 두 번이나 책봉을 받았고, 부안과 부상傅商도 두 번이나 식읍을 바꿔 주었으며, 정업鄭業은 사적인 연고로 마음껏 재물을 늘려 은택이 이미 지나친데도 재물을 멋대로 늘려

가며 만족할 줄도 모르고 지존의 존엄한 뜻을 심히 손상시키고 있기에 조서를 천하에 알릴 수도 없을 정도로 폐해가 심각합니다! 신하가 교만하여 점차 거짓을 자행하고 음양이 정도를 상실하며 천기가 감응하여 움직이면 몸에 해로울 뿐입니다. 폐하께서는 병석에 오래 계셨고 후사도 아니 정해졌기에 만사를 정도正道로 생각하시고 천심과 인심에 수응하면서 복을 빌어야 하는데, 어찌 가벼운 처신과 방만한 생각으로 고조께서 고생하시며 이룩하신 제도를 끝도 없는 길로 몰아가고 있는 줄을 생각하지 못하십니까.「하무왕가사단전」, 『한서』 8, 51~52쪽

하늘이 애제에게 황제의 지위를 준 것은 하늘을 대신하라는 것이지, 사적 욕망을 채우기 위함이 아니라는 것이다. 국고는 모두 백성들이 만든 것인데 사적으로 사용하면 결국 애제의 질병이 더 나빠질 거라는 것. 왕의 행위와 질병이 무슨 상관인가 싶겠지만 동양의 우주관은 신체와 정치는 감응 관계에 있다고 보았다. 한의학에서 사지마비의 병을 '불인'不仁으로 보는 것도 같은 맥락이다. 불인이란 유학에서 말하는 '인'仁이 삶에서 행해지지 못하는 병이라는 말이다. 즉, 불인은 불인한 삶을 살 때 오는 병이기도 하고, 인하게 살면 고쳐지는 병이란 의미이기도 하다.

애제는 황제다. 황제가 인한 정치를 펼치지 못한다면 불통의 나라가 될 수밖에 없다. 왕가의 말에 의하면 국고는 백성의 재물이므로 황제의 소유인 양 동현에게 퍼줄 수 없다는 것이다. 불인 정치

는 음이 양을 침범하게 하여 자연재해를 불러온다는 것이다. 애제
는 왕가의 직언에 화가 났고 그는 결국 죽임을 당하고 말았다.『한
서』는 동현에 대한 애제의 총애가 너무 커서 왕가의 노력이 '한 광
주리의 흙으로 큰 강물을 막으려는 것으로 죽어야 했다'고 기록하
고 있다. 그만큼 애제는 인의 정치에서 너무 멀어져 있었던 것이다.
왕가는 애제에게 센 침을 놓아 기혈을 통하게 하듯, 강한 발언으로
소통을 꾀하려 했으나, 애제는 꿈쩍하지 않을 정도로 중병 상태였
던 듯싶다. 하지만 애제도 처음부터 병든 황제는 아니었다.

> 효애제는 번왕에서 태자가 되었는데 문사에 박학하고 총명하여 어
> 려서부터 좋은 평판이 있었다. 효성제 때 작록을 수여하는 권한이
> 황실에서 떠났고 권력이 외척에게 넘어간 것을 보았기에 조회에서
> 여러 번 대신을 주살하면서 군주 권한을 키워 무제나 선제를 본받으
> 려고 했다. 평소 성격이 풍류나 여색을 좋아하지 않았고 가끔 맨손
> 겨루기나 활쏘기 놀이를 구경하였다. 즉위 후에 사지마비가 왔고 말
> 년에 더욱 심하여 재위가 길지 않았으니 애통할 뿐이다!「애제기」,『한
> 서』1, 617쪽

애제는 원래 무제나 선제를 본받으려는 뜻을 가지고 있었다.
하지만 외척의 힘은 갈수록 막강했고, 애제가 감당하기에는 역부
족이었다. 이런 조건이 병을 만들었는지, 원래 병약했는지는 알 수
없으나 그는 즉위 후 사지마비의 병증을 앓아야 했다고 반고는 기

록하고 있다. 여기서 애제가 풍류나 여색을 좋아하지 않았다는 대목이 흥미로웠다. 그렇다면 동현과의 '찐'한 러브라인은 무엇인가! 반고는 왜 「본기」에 동현을 등장시키지 않았을까. 애제는 동현과의 러브스토리를 빼고는 설명이 불가능한 캐릭터가 아니던가. 맞다, 애제는 나약하고 구제불능의 황제다. 하지만 아무리 좋은 종자도 가을과 겨울에 태어났다면 싹을 틔울 수도, 꽃을 피울 수도 없다. 겨울에는 어떤 좋은 종자도 썩어 해체되는 흐름을 타야 하기 때문이다. 그래서 반고는 애제의 행위보다는 애제가 놓인 배치와 때를 좀 더 주목한 게 아닐까. 그러니까 애제는 원래 바탕은 좋은 황제라는 것. 시절을 잘 만났으면 누구보다 좋은 정치를 할 수도 있었을 텐데 아쉽게도 한나라 말기에 등장한 애제를 안타까워하는 듯하다. 누구라도 이때에 태어나면 사지마비가 될 수밖에 없고, 불인한 정치를 할 수밖에 없다는 게 아닐까. 이것이 한나라 말년에 태어난 황제가 애제가 될 수밖에 없는 이유라고 반고는 애통해하고 있는 건 아닐는지.

7장 왕망, 윤달의 운명을 타고난 자

'애제와 동현'이 가고 '왕망'이 오다

애제와 동현은 거의 동시에 출현했다가 동시에 가 버리고 왕망王莽
이 등장한다. 그 오고 가는 과정이 참으로 드라마틱하다. 동현은 승
승장구하여, 대사마 위장군에 임명되었다. "이때 동현의 나이 22세
였으니 삼공의 자리에 올랐으면서도 여전히 상서의 일까지 겸하였
기에 백관은 동현을 통하여 국사를 상주하였다"라고 『한서』는 기
록하고 있다. 이제 모든 정치가 동현을 거쳐야 했다. 그렇게 되자
애제는 동현을 황제 자리에 올릴 생각까지 하게 된다. 어떻게 홀리
면 이렇게 되는 걸까. 애제는 연회를 벌이다가 술기운이 올랐고 조
용히 동현을 바라보고 미소를 지으며 말한다.

애제 : 내가 요임금을 본떠 순에게 선양한다면 어떻겠는가.

(그러자 왕굉이 나서며 말했다.)

왕굉 : 천하는 고황제의 천하이지 폐하의 천하가 아닙니다. 폐하께
서는 종묘를 계승하시어 자손에게 전하여 무궁히 이어 가야 합니다.
천하 통치는 막중한 일이오며 천자에게 농담은 있을 수 없습니다.

「영행전」, 『한서』 8, 520~521쪽

애제는 요임금이 순에게 선양하듯이 동현에게 선양할 수 있다
고 생각했다. 왕굉이 단호히 거부하자 애제는 불쾌해했는데, 당시
조정 분위기가 모든 신하가 두려워했을 정도였다고 한다. 애제는
공사의 판단이 안 될 정도로 병이 깊었다. 동현에 대한 그의 과도한
집착 때문이었을까, 불길한 징조가 발생한다. 어느 날 튼튼하게 지
은 동현의 집 바깥 대문이 이유 없이 무너져 내렸고, 그 몇 달 뒤 원
수 2년(기원전 1년) 6월 무오일, 애제가 붕어했다.

미인에게 마음이 기우는 것은 비단 여인의 덕성 때문만은 아니며 아
마 남자에게도 그런 미색이 있을 것이다. (……) 동현에 대한 총애는
특히 유별났으며, 부자가 나란히 공경의 자리에 올라 귀중하기로는
가히 신하에 그런 예가 없을 것이다. 그러나 정도를 거친 출세가 아
니었고 직위를 감당할 수 없었기에 좋은 끝을 본 사람이 없었으니,
이는 애지중지한 것이 도를 넘었기에 오히려 해친 것이라 할 수 있
다. 한 왕조는 원제와 성제 때 쇠약해져서 애제와 평제 때 붕괴된다
고 한다. 애제와 평제 시기는 나라에 변고도 많았다. 그 큰 원인은 후

사가 없었고 농신의 보필을 받았으며 삼공이 나약했고 기둥이 약해 견디지 못했기 때문이다. 하루아침에 황제가 붕어하면 간신의 운명도 다하니 동현은 목매어 죽었고 정명丁明과 부희傅喜는 유배되었는데 재앙은 그 모후까지 미쳐 지위도 빼앗기고 유폐되었으며 그 화가 가까이했던 아첨배까지 닥친 것은 어질지 않은 사람이 등용되었기 때문이다.「영행전」, 『한서』 8, 526~527쪽

20세에 황제가 되어 26세에 사망. 애제의 통치 기간도 그의 삶도 매우 짧았다. 애제의 도를 넘는 동현 사랑은 결국 동현을 해치는 결과를 초래했다. 동현을 전혀 지켜 주지 못했으니 동현 사랑은 애제의 자기만족이 아니었던가. 동현이 감당할 수 없는 벼락출세는 결국 많은 사람의 질투를 유발시켰고, 애제의 죽음과 동시에 동현도 죽어야만 했다. 그럼에도 반고는 상황이 악화된 것을 애제나 동현 탓으로만 돌리지는 않는다. 한 왕조 자체가 이미 원제와 성제 때 쇠약해졌고 외척으로 인한 틈이 애제와 평제 때는 걷잡을 수 없는 상태에 이르렀다고 진단한다.

애제가 죽자 황태후 왕정군이 모든 주도권을 장악했다. 그녀는 대사마 동현을 불러 상을 어떻게 치를까를 의논하는 듯했지만 무능력한 동현은 한마디 답을 못하고 관을 벗고 사죄하기 바빴다. 그녀는 동현이 감당할 수 없음을 알고서 일부러 불렀고, 그에게 안심을 시키며 다독이기까지 한다. "신도후 왕망은 전에 대사마로 선제의 운구를 모신 경험이 있고 전례에 밝으니 내가 왕망에게 명하여 군을

돕도록 하겠소” 하면서 왕망을 불러들인다. 동현은 전혀 의심하지 않았고 감사의 인사까지 했다. 하지만 왕정군은 왕망을 시켜 동현을 탄핵해 버린다. 탄핵의 이유는 황제가 아픈데 의약을 챙기지 않았다는 것. 또한 애제가 있을 때는 감히 말하지 못했던 동현의 무능력을 모두가 문제 삼기 시작했다. “대저 삼공이란 정족鼎足으로 보필하는 자리이거늘 동현은 사리를 알지 못하면서 대사마가 되었으며, 민심에 부합하지 못하고 외적을 막거나 변방을 편하게 하지도 못했다. 이에 대사마의 인수를 회수하고 파직하니 집에 돌아가기 바란다.” 문책을 당한 그날 동현 부부는 자살을 하고 말았다.

애제와 동현이 죽자 황태후 왕정군은 자신에게 순종하고 대신들의 신망이 두터운 왕망을 신임했다. 그러나 왕망은 겉과 속이 달랐고, 자신이 원하는 것을 위해 철두철미하게 일을 처리하는 자였다. 예컨대 동현 부부가 자살을 했으면 그것으로 끝일 것 같은데 왕망은 거짓으로 죽었는가 싶어서 관을 발굴하여 옥에 가져와 검시까지 행했다. 여기서 끝이 아니었다. 죽었음에도 불구하고 공광孔光에게 동현의 문제점을 지적해서 상소를 올리도록 해서 동현을 정치적으로도 매장시키고야 말았다. 동현의 죽음을 처리하는 과정을 보면 그가 얼마나 의심과 두려움이 많은 자인가가 느껴진다. 그의 외모와 기질을 잘 보여 주는 대목이 있다.

왕망은 생김새가 큰 입에 아래턱이 짧으며, 툭 튀어 나온 눈망울에 눈동자가 붉으며, 굵으나 쉰 목소리였다. 키는 7척 5촌약 175cm이었는데 두꺼운 신발을 신고 높은 관을 즐겨 썼으며, 꼬불꼬불한 털을 옷에 넣고 가슴을 내밀어 고개를 들어 보거나 좌우를 내려 보았다. 이때 잡기로 황문 대조로 있던 자에게 어떤 사람이 왕망의 모습을 묻자, 그 대조가 말했다. "왕망은 부엉이 눈에 호랑이 입, 그리고 승냥이 목소리를 갖고 있어 사람을 잡아먹을 수도 있지만 사람에게 잡아먹힐 수 있는 사람이라고 말합니다." 물었던 사람이 이를 밀고하자, 왕망은 그 대조를 죽이고 밀고자를 제후에 봉했다. 왕망은 이후로는 운모의 병풍으로 얼굴을 가렸기에 측근이 아니면 얼굴을 볼 수 없었다.「왕망전」, 『한서』 10, 247쪽

왕망의 모습과 목소리가 느껴지지 않는가. 누군가를 잡아먹을 수도 있지만 잡아먹힐 수도 있는 자. 그의 인상착의만 말했을 뿐인데, 왕망에게 죽임을 당한다. 이것만 봐도 굉장히 의심이 많은 자라는 걸 알 수가 있다. 대조는 왕망의 무엇을 건드렸기에 제거당했을까. 결론부터 말하자면 그는 황제가 되고자 했고, 대조의 말에 자신의 속내가 들켰다고 여긴 게 아닌가 싶다.

태후의 마음을 잡아라

동현이 죽은 후 태황태후 왕정군은 왕망을 대사마로 삼았다. 애제는 후사가 없었으므로 왕정군은 왕망과 함께 왕위 계승을 추진했다. 선택할 것도 없었다. 남은 일족은 중산왕뿐이므로! 중산왕의 이

름은 유기자劉箕子로 풍태후의 손자다. 당시 나이 3세였고 9세가 되자 왕위에 즉위한다. 하지만 말이 황제지 꼭두각시에 불과했다. 태후가 병석에 누워 조회에 참석했고 정사는 왕망이 처리했다. 왕망은 태후가 원하는 것을 잘 알고 있었고, 그것을 적극적으로 이용하기 시작한다. 왕태후는 왕망의 속내는 전혀 눈치채지 못하고 여전히 신임했다.

왕망은 밖으로는 조정 외의 지방관들에게 자신의 공덕을 칭송하게 했고, 안으로는 태후궁의 시녀들에게 수천수만의 재물을 뿌렸고, 태후의 자매들에게 존칭을 주고, 탕목읍湯沐邑: 천자나 제후의 식읍지을 주어 인심을 얻었다. 태후가 궁궐에 있는 것을 답답해하는 것을 알고, 계절에 맞춰 수레를 몰아 주변을 둘러보게 했다. 여기서 끝나지 않는다. 맘껏 놀 수 있도록 명분까지 더해 준다. 과부나 열녀를 돌보기 위해 다니는 거라고!

> 봄에는 견관에 행차하여 황후와 열후의 부인들을 거느리고 뽕을 따고 패수에 따라가며 불제를 지내게 했으며, 여름철에는 장안성 남쪽의 어숙원과 호현과 두현을 유람하게 하였다. 가을에는 동관과 곤명지와 황산궁에서 모여 놀고, 겨울에는 비우궁에서 잔치를 하고 상림원의 상란관에서 사냥 구경을 하고 장평관과 경수를 둘러보게 하였다. 태후가 둘러보는 속현에서는 여러 은택을 준비하여 백성들에게 금전이나 비단, 소고기나 술을 하사하였는데 이런 일을 해마다 계속했다. 「외척전」, 『한서』 10, 53쪽

태후는 왕망이 정사를 돌보는 건 물론이고 알아서 효도 관광까지 시켜 주니 얼마나 즐거웠겠는가. 태후가 가고 싶다고 하면 데려다주고, 태후의 시종이 아프면 친히 가서 챙겨 주기까지. 반고는 "그가 태후의 마음에 들려는 노력이 이와 같았다"거나 "왕망은 정사를 바로잡아 태평을 이룩했다고 날마다 태후에게 거짓말을 했"다고 기록하고 있다.

왕망은 왕정군의 절대적인 신임을 얻으면서 기존의 외척 세력을 모두 제거하고 있었다. 성제의 황후 조비연과 애제의 황후 부씨를 꼬투리 잡아 폐위시켜 자살하게 만들었고, 태후의 총애가 갈 만한 사람은 모두 없애 버렸다.

은밀하게 교묘하게

왕망은 영리했다. 자신은 절대 나서지 않지만 원하는 대로 만드는 은밀하고 교묘한 재주가 있었다. 태후의 동생이자 왕망의 삼촌인 왕립을 탄핵하게 만들 때도 그는 전혀 나서지 않았다. 대신 천하의 신임을 받을 뿐 아니라 태후조차 공경해서 예를 갖추는 공광孔光을 이용한다. 왕망은 내치고 싶은 사람이 있으면 그때마다 초고를 만들어 공광에게 태후의 뜻이라며 넌지시 권하고 보고하게 만든다. 공명정대한 공광이지만 거부하지 못하고 그의 뜻을 따를 수밖에 없었는데 이유는 다음과 같다. "왕망이 눈을 흘겨본 사람으로 죽거나 다치지 않은 사람이 없었다." 강직한 공광조차 왕망이 두려워 그의 의도대로 행했으니 조정은 왕망이 틀어쥐고 있었던 것이다.

이로부터 왕망을 따르는 자는 발탁하고 거스르는 자는 죽이거나 제거하였다. 왕순과 왕읍은 심복이 되었고, 견풍과 견한은 탄핵을 주로 담당했으며, 평안은 군국기무를 총괄하고, 유흠은 예법과 제도에 관한 일을 담당했으며, 손건은 호위무사가 되었다. 견풍의 아들 견심, 유흠의 아들 유분, 그리고 탁원의 최발, 남양군의 진숭은 모두 뛰어난 재능으로 왕망의 총애를 받았다. 왕망은 표정이 엄숙하고 조리 있게 말을 하였으며 하고자 하는 일이 있어 표정을 약간 드러내면 그 무리들이 뜻을 받들어 확실하게 상주하였다. 왕망은 때로 고개를 숙이고 눈물을 흘리며 사양하여 위로는 태후를 현혹시켰고 아래로는 백성의 신임을 얻었다. 「왕망전」, 『한서』 10, 82쪽

왕망은 신하와 백성들에게 신임을 받을 정도로 정치적 '쇼잉'에 능했다. 왕망의 권세는 날로 강해졌고 공광은 두려워 사직을 청하게 된다. 그러자 왕망은 공광을 황제의 사부로 만들었고, 그다음에는 태사의 지위에 임명하는 등 더 높은 자리를 주어 자기 옆에 묶어 놓았다. 공광은 최대한 왕망과 부딪히지 않기 위해 병을 핑계 대면서 대면을 피했다. 그의 야심은 끝을 몰랐고, 그것을 이루기 위한 음모는 은밀하면서 더욱 교묘해졌다. 드디어 그는 본격적인 황위 찬탈에 착수하게 된다.

왕망은 흰 꿩을 출현시켜서 성왕 때 흰 꿩 두 마리가 나타났는데 그것이 재현됐다고 상황극을 꾸민다. 신하들은 길조라며 왕망을 칭송하면서 그가 나라를 안정시켰으니 안한공安漢公이라는 칭호를 주어야 한다고 태후에게 상소를 올린다. 왕망은 겸양하고, 겸양하고, 겸양하고, 또 겸양하다가 "두려워하는 척하며 부득이 일어나 책서를 받"는 쇼잉을 한다. 왕망의 쇼잉은 감동을 연출한다. 겸양을 하면서 백성이 풍족해진 다음에 상을 받겠다고 했으며 실제로 백성과 홀아비나 과부에게 혜택을 베풀어 은택을 받게 했다. 왕망은 백성의 인기에 영합한 뒤, 그 속내는 정사를 독단할 생각이었다고 『한서』는 기록하고 있다. 때마침 태후는 정사를 돌보는 것에 '귀차니즘'이 발동했다. 노년에 정사를 하려니 얼마나 힘들었겠는가. 왕망은 그 타이밍을 기막히게 눈치챘고, 태후가 소소한 일까지 살피는 것은 적합하지 않으니 자신이 정사를 살피겠다고 나선다. 태후는 왕망의 충성심을 믿고 모든 걸 맡겨 버린다. 왕망은 황제의 지위는 아니었지만 실제 황제의 권력을 행사하게 된 것이다. 그러면서도 태후를 안심시키기 위해 겸손하고 소박한 태도를 가장하기까지 한다. 태후에게 무늬 없는 비단 옷을 입게 하고 반찬 수를 줄여 솔선하라고 코치하면서 자신도 소식小食을 실천했다. 신하들은 왕망을 칭송했고 이 쇼가 너무나 리얼해서 태후는 왕망을 걱정할 정도였다. 백성들이 심히 걱정하니 때로는 고기도 먹으며 몸을 아끼라고 당부할 정도로 왕망을 전적으로 신임했다.

해를 가린 달의 등장

이제 왕망은 황위 찬탈을 위해 자신의 딸을 황후로 만들 계획을 세운다. 그 과정 또한 놀라울 정도로 교묘하고 치밀하다. 왕망은 태후에게 자기 딸을 황후로 만들어 달라고 들이대는 게 아니라 정반대의 의사 표현으로 시작한다. 자신의 딸은 덕이 없고 자질도 낮으니 황후가 될 후보에서 배제해 달라고. 그 말을 곧이곧대로 믿은 황후는 그 청을 들어준다. 그러자 백성과 신하들은 들고 일어나 안한공의 딸이 황후가 되어야 한다고 상소를 올린다. 왕망은 거절한다. 신하들은 다시 상소를 올린다. 그것도 모자라 떼까지 친다. 왕망의 딸과 결혼해야 나라가 태평하고 길하다는 결과까지 나오자 태후도 허락한다. 왕망은 자신은 원하는 바는 아니지만, 모두가 원하니 어쩔 수 없다며 못 이기는 척 수락한다. 태후는 황후 맞이 비용으로 3천만 전을 주었는데 왕망은 그 중 1천만 전을 자신의 구족 중 가난한 자에게 나누어 주기까지 한다. 그러자 왕망의 공덕을 칭송하는 글이 줄을 잇는다. 겉만 보면 왕망은 주공을 재현한 듯 보인다. 왕망은 태후 주변에서 늘 자신을 칭찬하는 소리만 들리게 만들었다.

『한서』「평제기」에는 평제가 거의 등장하지 않는다. 해를 가린 달의 상황이라 해야 할까. 왕망은 평제의 주변을 철저하게 관리했다. 예컨대 외척이 나라를 뒤흔든다며 평제의 모친 위희衛姬를 중산국에서 장안으로 들어오지 못하게 막았다. 왕망의 아들 왕우王宇는 평제가 성인이 되면 원망을 하게 될 테니 모친을 모셔 오자고 주장한다. 스스로가 황제가 되고자 했던 왕망은 절대 허락하지 않았다. 하지만 왕우는 왕망의 야심을 눈치채지 못하고 평제와 모친인 위후가 격리되는 건 부당하다 여겨 스승 오장吳章, 처남 여관呂寬과 의논해 귀신을 좋아하는 왕망의 두려움을 이용하기로 했다. 왕우는 여관에게 시켜 왕망의 집 대문에 피를 뿌렸다. 운명의 신은 왕망의 편이었는지 이 일은 발각된다. 이로 인해 왕우는 자살을 했고, 왕망은 위씨 일족을 모조리 멸족시켜 버렸다. 왕망은 이 사건을 계기로 평소에 자신을 비난했던 신하 백 명을 죽여 버렸다.

왕망의 찬탈 욕망은 끝을 몰랐다. 평제에게 독약을 먹여 병들게 하고 천연덕스럽게 병을 낫게 해 달라고 기도를 올린다. 평제 대신 자기를 죽여 달라고. 왕망은 평제가 붕어하자 천하에 대 사면령을 내려 인심까지 얻는다.

이제 남은 일은 후사를 정하는 일. 갑자기 우물에서 글이 써진 흰 돌이 발견된다. 자연의 징조를 '부명'賦命이라 하는데, 하늘이 내린 상서로운 징조로 천지가 감응한다고 여겼다. 흰 돌에 쓰인 내용은 이렇다. '안한공 왕망에게 황제가 되라고 알려라.' 이것은 태후에게 보고가 되었고, 태후는 고민하게 된다. 아무리 왕망이 대단해도 왕망은 황족이 아니지 않는가. 신하들은 천하를 안정시키기 위해 왕망이 필요하다고 설득했고, 태후는 왕망이 '섭정'하는 조건으로 허락을 했다. 그 후 유숭劉崇과 장소張紹가 왕망이 조정의 정사를 독단한다고 거사를 모의했지만 실패로 끝났는데, 그것을 역이용한다. 신하들에게 왕망의 권한이 약해서 이런 일이 일어났다고 태후

에게 고하게 한 것이다. 이 사건을 계기로 왕망은 자신을 가황제假
皇帝로 칭하게 하고, 신하들에게는 섭황제攝皇帝로 부르게 했다.

왕망은 대외적인 작업도 치밀하게 했는데, 없는 공적을 만들
어서 태후에게 보고했다. 예컨대 강족을 돈을 주고 설득해 귀속하
게 해서 마치 자신이 그곳을 평정한 것처럼 꾸미는 식이다. 이것을
계기로 왕망의 손자 왕종王宗이 제후에 봉해졌고, 이렇게 주변을 자
기 뜻대로 만드는 작업이 끝나자 왕망은 본격적으로 나서기 시작
했다.

황제가 되기 위한 최후의 발악

하룻밤에 여러 번 꿈을 꾸었는데, '나는 하늘의 사자이다. 천공께서
나를 보내 정장에게 말하게 했나니 섭황제는 응당 진眞황제가 되어
야 한다. 만약 나를 못 믿거든 이곳에 새 우물이 있나 보아라.' 정장
이 아침에 일어나 보니 정말로 새 우물이 생겼는데 땅 속 깊이가 1백
여 척이나 되었습니다라고 상서하였습니다. (······) 하늘에서 바람이
일어나며 흙먼지로 캄캄해졌다가 바람이 그치자, 그 우측에 구리로
된 부명과 백도가 있었는데 그 글에는 '하늘이 황제의 부명을 전하
나니, 이를 전달하는 자는 제후에 봉해질 것이다. 천명을 받고 신의
명령을 따르라'고 하였습니다. 「왕망전」, 『한서』 10, 189쪽

요약하자면 하늘이 천명을 내려 즉위를 하라니, 정식 황제로 즉위

할 수밖에 없었다는 것. 왕망이 섭정한 지 6년 만에 본색을 드러낸 것이다. 평제는 죽었고 태자 유영劉嬰은 두 살이었고, 황후는 자신의 딸인 상황. 이때 출세하고 싶은 애장哀章이 사건을 일으킨다. 애장은 장안에 와서 유학을 하는 서생인데 허세가 센 자였다. 그는 동으로 된 궤짝을 만들어 그 안에 글을 써넣었다. 왕망이 천자가 되어야 하고, 황태후는 그 천명을 따라야 한다는 내용이었다. 그리고 자신을 포함한 11명의 이름과 관직을 써서 왕망을 보좌해야 한다고 썼다. 왕망은 권력에 눈이 멀어 이 동궤를 진짜로 인정했다. 11명의 사람은 떡장수부터 오합지졸로 이루어진 집단이었다. 그리고 점쟁이와 관상가를 불러 그들이 좋다고 하면 그대로 임명하였다.

이런 가짜 부명을 구실로 왕망은 황위를 찬탈했다. 2백 년 한 왕조는 왕망의 대사기극에 의해 종식이 되었고, 신新나라가 건국된 것이다. 왕망은 태자 유영에게 다음과 같이 책서를 보낸다.

아 너 영嬰아, 예전에 하늘은 너의 태조를 도왔지만, 나라가 12대에 걸쳐 210년을 지나니 바뀌는 순서가 나에게 왔도다. 『시경』도 "(은의 후손이) 제후가 되어 주를 섬기니 천명은 일정하지 않네"라고 하지 않았는가? 너를 정안공에 책봉하나니 영원히 신조의 국빈일지어라. 어희라! 하늘의 뜻에 따라 너의 자리에 가서 내 명을 거역하지 말라. 같은 책, 196쪽

왕망은 두 살짜리 태자의 손을 잡고 눈물을 흘리면서 다음과

같이 말한다.

"옛날 주공은 섭정으로 있으면서 결국에는 자리를 이은 현명한 군주를 얻었지만, 지금 나는 황천의 큰 명을 따라야 하니 마음대로 할 수가 없구나!" 그리고 한참을 슬피 탄식하였다. 환관이 유자를 안고 전각 아래로 내려가 북쪽을 바라보며 칭신하였다. 배석했던 모든 신하가 크게 느끼지 않는 자가 없었다.같은 책, 197쪽

태후는 왕망의 본색을 알게 됐지만 너무 늦어 버렸다. 왕망은 본색을 드러내며 국새를 내놓으라고 압박했고, 처음에는 반발을 했지만 결국은 내줄 수밖에 없었다. 왕망은 이제 가짜 부명으로 명분을 얻었고, 국새까지 얻었다. 왕망은 태자를 보모와 말도 못 하게 감시를 했고, 한 왕조가 다시 일어나지 못하게 하는 주술이 담긴 화폐를 주조했다. 나라 이름도 새로 정했다. 처음에는 신新에서 심心으로, 다음에는 심에서 신信으로 바꾸었다. 아무리 국새를 뺏고 하늘이 자신에게 부명을 내렸다고 우겨도 왕망은 왕이 될 수도, 새로운 국가를 세울 수도 없었다. 이유는 간단하다. 그는 황제가 백성을 위한 자리라는 걸 망각한 채, 황제라는 지위만을 탐냈기 때문이다. 당연히 조정은 왕망의 비위를 맞추려는 경솔하고 천박한 신하들로 넘쳐났고, 백성들의 불만은 날로 높아만 갔다. 그럴수록 왕망은 정신을 차리기는커녕 미신에 더욱더 빠져들었다.

왕망의 천성은 택일의 길흉을 점치거나 사소한 도술을 좋아하였는데 급작 상황에서는 다만 미신행위로 풀어 버리려 하였다. 사람을 보내 원제의 능과 성제의 능의 원문 앞 가림 담장을 헐어 버리게 하면서 "백성들이 다시는 (한을) 생각하지 못하게 하라"고 말했다. 또 그 능원을 둘러친 담을 검정색으로 칠하게 하였다.「왕망전」, 『한서』 10, 397쪽

이뿐만이 아니다. 장군을 제숙으로 이름을 바꾸고, 큰 도끼를 잡고 고목을 찍어 내어 큰물에 떠내려 버리고 불을 끄는 주술을 행했다. 모든 문제를 도술로 풀려고 했던 것이다. 왕망의 황제 놀이는 15년 후에 끝이 나는데, 이 멸망의 때에도 왕망의 행동은 괴이했다. 군사가 성 안으로 난입하여 화재가 나고, 궁궐이 아수라장이 되었는데, 왕망은 검은 옷을 입고 국새와 순임금의 단검을 지니고는 천문을 담당하는 관리에게 북두칠성의 움직임을 보고하게 했다. 그러고는 스스로 자리를 옮기면서 별의 움직임과 자신을 일치시키려고 했다. 당시 고대 천인감응의 세계관에서는 북두칠성은 하늘의 중앙을 제어한다고 보았고 천자는 북두칠성과 같은 존재로 여겼다. 왕망은 북두칠성의 움직임에 맞추어 자신도 움직인다면 천자의 자리를 보존할 수 있다고 굳게 믿으면서 제때에 먹지도 못해 기운이 없으면서도 이 기이한 행동을 멈추지 않았던 것이다. 이 상황에서 그는 이렇게 말한다. "하늘이 나에게 덕행을 주셨거늘 한의 군사가 나를 어찌하겠는가!"라고.

왕망은 하늘이 자신에게 천명을 주었다고 굳게 믿은 걸까. 황제가 되고 싶어 미쳐 버린 걸까. 이처럼 해괴한 행위를 하다가 결국 죽음에 이른다. 이것이 왕망의 마지막 장면이다. 이제 맨 앞에서 대조가 한 말에 답을 할 수 있을 것 같다. 왕망은 한나라를 통째로 잡아먹어 버렸다. 동시에 그는 맹목적인 미신에 통째로 잡아먹혀 버렸다. 반고는 이런 왕망을 어떻게 평가하고 있을까.

윤달의 운명을 타고난 자

왕망, 그는 누구인가? 반고는 기록한다. 왕망은 인자한 모습으로 칭송을 받았으나 속은 불인한 자라고. 그는 경전을 줄줄 외웠지만 은밀하게 간사한 주장을 펴는 자였다. 그가 태평 시대에 태어났다면 겉과 속이 다른 놈 정도에 그쳤을 것이다. 하지만 그는 한나라가 극도로 쇠약한 시기에 등장했다. 4대에 걸쳐 쇠약해졌고 3대에 걸쳐 후사가 없었으며 외척인 왕씨 집안이 권력을 장악하는 시대에 하필이면 그가 있었다.

반고는 왕망의 찬탈이 갖는 위험성을 걸주보다 심하다고 말한다. 왕망 자체의 위험성보다는 그의 간악함과 쇠락한 시대가 마주쳤기 때문에 그 위험성이 증폭됨을 암시하는 듯하다. 왕망이 찬탈 욕망이 있다고 반드시 찬탈을 할 수 있는 건 아니지 않은가. 『한서』는 이런 조건들이야말로 천시이므로 인력으로 될 일이 아니라고 말한다. 반고는 왕망의 집권 과정을 윤달로 인상 깊게 비유한다.

올바른 색이나 올바른 음이 아닌 세월의 여분이 모인 윤달과 같은 정통이 아니었기에 결국 광무제에 의해 쫓겨났다는 것. (……) 이 모두가 항룡의 기수가 다한 것이며 천명을 누릴 수 없는 자의 명운이며, 정색이나 정음이 아니며 세월의 여분이 보인 윤달과 같은 정통이 아니었기에 결국 성왕(광무제)에 의해 쫓겨난 것이라 할 수 있다. 「왕망전」, 『한서』 10, 407쪽

윤달은 가외의 달로 정식 달이 아니다. 필요에 의해 만들어졌지만 정식 달이 될 수 없는 윤달의 운명! 왕망이 왜 그렇게 옥새에 집착하고, 마지막에 북두성의 자리를 흉내 내려 했는지 이해가 된다. 아무리 노력해도 정통이 될 수 없는 한계를 스스로 알았기에 각고의 노력(?)을 했던 것은 아닐까. 그는 황제가 절대 될 수 없었고 한나라 쇠망의 끝자락에서 걸주 같은 악역의 운명을 타고난 것이다.

그렇다고 그가 한 짓을 정당화하자는 건 아니다. 윤달일 수밖에 없는 맥락을 짚으면서 그의 악행도 함께 보라는 것이다. 그는 황제 지위에만 눈이 어두워 황제의 역할에는 관심조차 두지 않았다. 그 결과 백성들은 근심과 걱정 속에 살아갈 의지를 잃었으며 분노와 원한이 맺혔고, 원근에서 모두 들고 일어났기에 땅을 지킬 수 없었다. 성읍이 텅 비고 무덤이 파헤쳐졌으며, 백성에게 해악을 입혔으며 그 죄악은 죽은 사람에게도 미칠 정도였다. 그리하여 스스로 역사에 난신적자亂臣賊子이며 무도한 자로 남게 되었으니 그 재앙과

패망이 왕망보다 더 심한 자가 여태껏 없었다고 『한서』는 기록하고 있다.

분명 그는 자신의 분分을 잊고 하늘이 부여한 황제 지위를 감히 탐을 냈다. 위험성을 감지하기는커녕 욕심을 채우기 위해 자신을 순임금과 같다고 우긴 것이다. 왕망은 생각했을 것이다. 한량 유방도 한나라를 건국했는데 나라고 못할 게 무엇인가? 하지만 왕망과 유방은 달랐다.

> 고조가 흥기한 이유로 다섯 가지가 있는데 첫번째가 요임금의 후손이며, 둘째가 외모가 다른 사람과 같지 않았고, 셋째 신무와 그에 따른 호응이 있었고, 넷째 관대·명철하고 인자하였으며, 다섯째 사람을 보고 잘 쓸 줄 알았다. 거기에다 성실하면서도 지모가 있고, 다른 사람의 의견을 잘 수용했으며, 좋은 일을 잘 베풀면서 용인을 잘 했고, 여러 충고를 잘 따랐으며 시류를 잘 이용하였다. (……) 그리고 신령스러운 조짐이나 징후로도 또한 그 대략을 알 수 있다.「서전」 하,
> 『한서』 10, 438쪽

유방이 고조가 된 것은 황제가 될 운명을 타고났기 때문이다. 고조는 그것을 잘 알았고, 그 운명에 맞게 행동한 게 고조의 능력일 것이다. 여기서 천명을 타고난 유방의 능력을 눈여겨볼 만하다. 황제란 혼자서 모든 것을 할 수 있는 자가 아니다. 황제는 다른 사람의 의견을 잘 수용하고 충고를 잘 따르고 시류에 맞게 행동하는 자

였다. 자신의 부족함을 인정하기에 늘 인재를 등용하고, 불리한 상황이 와도 인재들의 조언을 적극 받아들여 위기를 넘기는 자. 하여 천자의 운명을 타고난 자와 아닌 자의 차이는 자신을 비울 수 있는가와 아닌가에 달려 있음을 알 수가 있다.

천자의 자질만 보더라도 왕망은 절대 천자가 될 수가 없다. 그는 마음을 비우기는커녕 천자 지위에 대한 탐욕으로 부글거리는 자가 아닌가. 반고는 고대 악인의 아이콘이 걸주이듯 전한을 망하게 한 왕망이 당대의 대표적인 악인이라고 말한다. 그런데 반고는 왕망을 악인으로 비유하면서도 묘한 뉘앙스를 풍긴다. 만약 왕망이 욕심을 부리지 않았다면 한은 달라졌을까. 시간은 늦추어졌겠지만 쇠락은 피할 수 없었으니 누구라도 악역을 해야 했을 것이다. 한이 쇠락할 운명의 시기라면 왕망은 하필이면 이때 등장하여 악역을 잘 수행한 셈이다. 하여 반고는 왕망을 '윤달'로 읽어 내는 것이다.

그가 윤달로 비유되는 순간 왕망은 자연의 변화 과정으로 읽히면서 길흉이란 이분법에서 벗어난다. 한고조가 있으면 왕망이 있고, 왕망이 있으니 후한의 광무제가 있는 게 아닌가! 자연에서는 정식 달만 있는 게 아니라 쪼가리 달 윤달도 함께 공존한다. 선인과 악인도 대립되는 존재가 아니다. 대립은커녕 서로가 서로를 비춰 주는 환상의 콤비다. 정통과 비정통, 선인과 악인, 낮과 밤, 이질적인 것들이 부단히 교차하면서 경계를 허물어트린다.

반고는 『한서』에서 자연의 생명력으로 충만한 세계를 펼쳐내고 있다. 하여 『한서』는 좋은 왕을 그리거나 좋은 시절에 주목하지 않는다. 다양한 캐릭터들이 반복하고 간섭하고 어울리면서 끊임없이 구성되는 구체적인 사건의 장에 주목한다. 매 순간 생장수장하는 네버엔딩 스토리의 충만함으로 가득한 장! 하여 『한서』는 왕망을 악인으로 고정시키지 않고 윤달로 기억할 수 있었던 것이다. 놀랍지 않은가! 역사와 인간을 자연의 운행으로 읽어 내는 상상력이! 12왕조는 정식 달에 해당한다. 정식 달만으로는 별들의 운행이 불가능하다. 윤달이 더해져야 우주의 운행이 가능해지듯 왕망이 있어야 한 왕조가 구성된다. 하여 전한 200년은 왕망으로 인해 드디어 생장수장이라는 자연의 변화무쌍한 장에 동참하게 되었다. 그 다음에 이어지는 후한 200년은 말할 것도 없고.

부록

부록1 『한서』와 반씨가문

역사는 누가 쓰는가? 흔히 왕조시대의 역사는 왕 혹은 국가의 명령에 의해 제작되었을 것이라 생각한다. 『조선왕조실록』만 해도 그렇지 않은가. 역사 편찬에는 방대한 사료가 바탕이 되어야 하고, 이 사료들을 선별·분석·정리하기 위해 엄청난 공력이 필요하다. 그러므로 역사 편찬은 국가 주도의 프로젝트가 아니라면 이루기 힘든 사업이라 생각하는 것이 오히려 자연스럽게 보인다. 그러나 2000년 전 최초의 정사正史라고 불리는 『사기』史記와 그 뒤를 잇는 『한서』漢書는 왕의 명령으로 편찬된 역사책이 아니다. 개인이 역사를 기록해야 한다는 사명감으로 출발하여 한 집안이 대를 이어 일구어 낸 가문 프로젝트였다.

『사기』는 부친 사마담司馬談이 준비하고 아들 사마천이 완성한 역사책이다. 사마천이 궁형이라는 치욕을 견디면서까지 살아남은 이유는 대를 이어 역사책을 써 달라는 부친의 간곡한 유언과 역사책을 마무리하지 않고는 죽을 수 없다는 '사관'史官으로서의 사명감 때문이었다. 그렇다면 『한서』는 어떨까? 『한서』 역시 반고班固가 부친 반표班彪의 유업을 이어받아 썼으니 역사책 집필이 가문 프로젝트였다는 점에서 사마천 집안과 비슷해 보인다. 하지만 반표와 반고가 역사를 쓰게 된 사정은 사마천과는 다르다.

반표와 반고는 '사관 가문' 출신도 아니었고, '사관의 직책'에 있지도 않았다. 이들은 스스로가 부여한 사명감에 의해 문장가로서 역사책을 썼다. 흥미로운 사실은 부친의 뜻을 받들어 혼자의 힘으로 역사책 편찬을 완수했던 사마천과는 달리, 『한서』는 부친 반표와 아들 반고, 여동생 반소班昭가 집필에 참여하고, 서역을 개척한 남동생 반초班超가 집필 환경을 만들어 준, 반씨 가문의 대를 이은 총력전이었다는 점이다. 어떻게 이런 일이 가능했을까? 이 집안, 너무 궁금하다.

중국 최초의 여성 시인, 반고의 고모할머니 반첩여

반씨 집안의 명성은 전한시대 반첩여班婕妤로부터 시작된다. 반첩여는 반고의 고모할머니로 성제의 후궁이었다. 후궁으로 이름을 남긴다는 건 무엇을 의미할까? 경국지색? 질투의 화신? 아니다. 반첩여는 우리가 생각하는 후궁의 이미지와는 전혀 다른 모습으로 역사에 등장한다.

어느 날 성제가 후원에서 놀다가 반첩여와 수레를 함께 타려고 했는데 반첩여가 사양하며 말했다. "옛 그림을 보면 성군 곁에는 명신이 있었지만 삼대 마지막 주군 옆에는 사랑하는 여인이 있었습니다. 지금 같이 연을 탄다면 그와 비슷하다고 아니하겠습니까?" 성제는 그 말을 옳다고 여겨 그만두었다. 태후가 이를 듣고서 기뻐하며 말했다. "옛날에 번희가 있었다는데 오늘에는 반첩여가 있다." 반첩여는 『시경』을 외우고, 절조竊窕·덕상德象·여사女師의 글을 읽었다. 반첩여는 황제를 뵙거나 상소할 때 예전의 의례를 본받았다.「외척전」, 『한서』 9, 519쪽

역사책에 자주 등장하는 후궁들의 모습은 대개 황제의 총애를 얻기 위해 외모를 가꾸거나 음모를 꾸미거나 둘 중 하나다. 무엇보다 공부와 거리가 멀다. 하지만 반첩여는 어려서부터 『시경』을 비롯해 여성교훈서를 공부했던바, 배운 그대로 실천하는 여인이었다. 황제가 수레를 함께 타자는 것은 총애가 지극하다는 뜻임에도 여기에 기뻐하지 않고, 여인에 빠져 정사를 소홀히 하기보다 명신과 국사를 의논하라는 직언을 마다하지 않은 장면은 이를 잘 보여준다. 반첩여는 일신의 안위와 영달에 급급해하지 않는 특기할 만한 품격을 갖춘 여인이었던 것이다.

그런 반첩여에 대한 성제의 총애는 조비연이 등장하면서 식어 버린다. 조비연은 우리가 예상하는 후궁의 공식에서 한 치도 벗어나지 않은 여인으로 질투가 심하고 술수에 능했다. 반첩여가 황

제를 저주한다고 음해하여 모진 고문을 받게 된 건 모두 조비연의 작품이었다. 반첩여는 가까스로 풀려났지만 조비연이 자신에 대한 음해를 멈추지 않을 거란 예감에 후궁의 자리에서 물러나 화를 면한다. 성제에게 남은 생을 황태후를 모시며 살겠다고 청한 것이다. 질투의 대상이 되지 않고 낮은 자리에 처하는 것, 반첩여가 위기에서 스스로를 구한 방법이었다.

그후 반첩여는 황제의 사랑을 되찾기보다 그러한 것에 구애받지 않고 자기 삶을 살기 위해 노력한다. 이때부터 그녀는 많은 시를 짓기 시작하는데 그 유명한 「자상도부」自傷悼賦, 「도소부」擣素賦, 「원가행」怨歌行이라는 시가 전부 이 시절의 작품이다. 훗날 성제가 붕어하자 반첩여는 여생을 성제의 능을 지키며 보냈고, 죽어서는 성제의 옆에 묻혔다. 보통 음해와 고초를 당하면 복수를 준비하거나 화병으로 앓아눕기 십상인데 반첩여의 삶은 마지막까지 고결했다. 반씨 집안이 세상에 알려진 건 그녀의 의로운 삶과 문장력 때문이라 해도 과언이 아니다.

반표의 역사책 저술

그런 반씨 집안이 '역사 쓰기'로 이름을 알린 건 반고의 부친, 반표 때부터다. 그는 어떤 연유로 역사를 쓰게 된 걸까? 이야기는 반표가 후한의 개국공신 두융竇融을 도와준 인연으로 광무제로부터 벼슬을 하사받을 즈음으로 거슬러 올라간다. 새로운 왕조도 섰고, 든

든한 뒷배경도 있으니 편하게 지내기만 하면 될 일처럼 보이는 이때, 어쩐 일인지 반표는 이러저러한 이유를 대며 몇 번이나 관직을 고사하고 떠난다. 이유가 뭘까. 병약했기 때문에? 아니면 관직이 마음에 들지 않아서?

관직에 마음 둘 곳 없던 속사정이야 반표 자신만이 알겠지만, 관직을 떠난 반표의 다음 행보가 죽을 때까지 글쓰기를 향해 있던 것을 보면, 반표에겐 당장의 벼슬보다 지금 써야만 하는 글이 더 중요했던 듯 보인다. 벼슬과 양다리를 걸치면서는 도저히 할 수 없던 글쓰기. 대체 반표에겐 글쓰기가 무엇이었기에 벼슬마저 그만두고 전념해야 했던 것일까? 이와 관련하여 후한의 문장가이자 반표의 벗이었던 왕충王充은 자신의 저서『논형』論衡에 반표에 대한 흥미로운 기록을 남겨 두었다.

문장을 쓰는 일은 사람의 행위를 기록하고, 사람의 명성을 전하기 위해서다. 착한 사람은 문장으로 기록되기를 원해서 착한 일에 더욱 힘쓸 것이다. 악인은 문장으로 기록되기를 싫어해 스스로 악한 행위를 절제하려고 애쓸 것이다. 그러므로 문인은 붓으로 선을 권하고 악을 징계한다고 말할 수 있다. (……) 반표는 사마천의『사기』를 계승해서『후전』을 지었다. 향리 사람을 내용에 싣고, 악인에 대한 징벌로 삼았다. 사악한 사람이 법도를 능멸할지라도 문장으로 탄핵한다면 피하기 어려울 것이다. 그러므로 양웅은 돈으로 유혹해도 이끌리지 않았다. 반표는 사사로운 정에 얽매이지 않았다. 세상에서 오

직 이러한 문인의 붓이 가장 공정하다 할 수 있다.왕충, 『논형』, 성기옥 옮

김, 동아일보사, 2016, 748쪽

공자는 『춘추』 쓰기를 통해 선한 일은 칭찬하고 악한 일은 비
판함으로써 왕도의 이치를 밝혔고, 사마천은 『사기』 쓰기를 통해
역사가의 붓만이 인간의 행위를 심판할 수 있다는 문사의식을 드
러냈는데, 반표에게도 글쓰기란 이와 다르지 않았다. 반표에게 글
쓰기는 붓으로 선악을 드러내는 일로, 공자와 사마천이 했던 '역사
쓰기'였다. 그런데 왜 하필 지금이어야만 했을까?

'역사 쓰기'에는 시기가 있다. 사마담은 아들 사마천에게 '『춘
추』의 획린獲麟(춘추의 마지막 기록) 이래로 400년간 단절되었던 역사
를 써야 할 때가, 한나라가 흥기하여 천하가 통일된' 바로 지금이라
며 힘주어 말했다. '역사 쓰기'는 아무 때나 할 수 있는 일이 아닌 것
이다. 『사기』에 담긴 이 장면에 감명을 받은 것일까. 반표는 『사기』
의 마지막인 한무제 초기 이래로 100여 년간 단절되었던 역사를
써야 할 때가, 제국을 통일하여 다시 근본을 세우고 있는 광무제의
시대, 바로 지금이라 생각했다. 누군가의 명령으로 역사를 쓰게 된
것이 아니라 후한이 걸어가야 할 사표師表가 필요하다는 스스로가
만들어 낸 사명감과 문제의식으로 전한시대를 정리하고자 마음 낸
것이다. 하여 반표는 『사기』의 뒷이야기를 써 내려가기 시작한다.
그래서 이름도 『사기후전』이다. 『사기』를 계승하겠다는 포부를 밝
힌 것이다. 다만 반표에겐 『사기』를 계승하면서도 인정할 수 없는

부분이 있었다.

반표는 사마천의 역사를 해석하는 시선, 문장력 그리고 그 안에 담긴 진심은 인정했다. 하지만 사마천이 유교의 가치를 인정하지 않은 부분에 대해서는 비판적이었다. 반표가 역사를 중요하게 생각한 이유는 '지금 사람은 옛일을 알 수 있고, 후세에서는 이전 세대를 볼 수 있으니 성인의 이목과 같은 것'이라 생각했기 때문이다. 역사는 성인의 이목이었다. 유학을 공부한 반표에겐 다른 어떤 가치보다 공자의 도, 공자의 이목이 중요했다. 그래서 인의를 경시하고, 가난을 부끄럽게 여기며, 수절을 천시한 사마천의 이목을 그대로 받아들일 수가 없었다. 하여 반표는 사마천의 기전체 글쓰기 형식에 유교의 핵심경전인 '오경'五經의 가치를 중심에 두고, 인물의 선악시비를 드러내는 역사 서술을 구상한다. 이 기획 의도는 훗날 아들 반고의 역사 쓰기에도 그대로 이어진다. 그렇게 완성한 내용이 『사기후전』 65편. 하지만 반표는 그것을 미완으로 남겨 둔 채 52세의 나이로 죽음을 맞이한다.

『한서』의 탄생, 쌍둥이 형제 반초의 활약

드디어 『한서』의 대부분을 저술한 반고의 등장이다. 반고는 어떻게 '역사 쓰기'의 길로 들어서게 된 것일까? 표면적인 이유는 '아버지가 이어 쓴 전사前史가 상세하지 못한 것을 보고 마음을 모아 연찬하여 일을 마무리하려고' 했다는 것으로 알려져 있지만 항간에는 다음과 같은 일화도 있다. 왕충이 반표의 집을 방문했을 때 당시 13세인 반고를 처음 봤는데, 반고의 관상을 본 후 왕충은 이렇게 말한다. "이 아이는 틀림없이 한漢의 국사를 기록할 것이네." 국사를 쓰기 위해 태어난 운명이라니. 왕충의 이 말에 어린 반고가 얼마나 자극받았는지 모르겠지만 왕충의 예언은 훗날 현실이 된다.

스물여섯 살이었던 반고가 아버지의 유업을 이어받아 '역사 쓰기'를 한 지 약 5년. 어느 날 반고는 국사를 개작하는 사람으로 몰려 옥에 갇힌다. 역사란 선악을 드러내는 일로 미화의 문장이 아니라 직언의 문장. 당연히 왕에 대한 잘못도 직서直書할 수밖에 없다. 문제는 직서행위가 현 왕조를 부정하고 왕을 비난하는 불온한 글로 분류될 때다. 이럴 경우 개작의 죄를 묻게 되어 심한 경우 사형에 처해지기도 하는데 반고가 옥에 갇힌 건 바로 이 때문이다. 개인이 역사를 쓴다는 건 이처럼 위험한 일이었다.

예상대로 반고는 모진 고초를 겪는다. 하지만 쌍둥이 동생 반초의 도움으로 위기에서 벗어난다. 전한시대의 장건 이후 끊어졌던 실크로드를 되찾아 서역을 개척한 바로 그 장군 반초다. 반초는 반고가 고문을 받으면 스스로를 변호하지 못할 것을 알았다. 그대로 두면 변변한 해명도 하지 못하고 처형될 것은 뻔한 일. 이에 반초는 형을 변호하기 위해 온 정신을 가다듬어 상서를 올렸는데 그 마음이 가닿았는지 황제를 만나는 기회를 얻게 된다. 반초 역시 문장가 집안의 아들로서 어렸을 때부터 온갖 책과 전기를 두루 읽으며 성장했기에 가능한 일이었다.

반초는 황제 앞에서 반고를 힘껏 변론하였다. 반고가 『한서』를 짓는 이유는 '한 왕조의 공덕을 찬양하고 후세 사람들에게 역사를 이해할 수 있게 하여 교훈을 남기고자 함이지 조정을 비방하거나 할 뜻은 없다'는 것이다. 명제明帝는 반초의 말에 설득되어 반고의 글쓰기를 다시 보게 된다. 그리고 역사 쓰기를 계속하라 명한다. 『한서』가 개인 저작에서 국책사업으로 전환된 순간이다. 반고에게 역사를 집필할 수 있는 환경을 만들어 준 인물이 반초였으니 어떤 면에선 반초가 구한 건 반고가 아니라 『한서』일지도 모르겠다. 위기를 기회로 만든 반초의 활약이 아니었다면 『한서』가 과연 세상에 나올 수 있었을까.

반고, 나는 문사로소이다!

본격적으로 반고에 대해 알아보자. 반고는 '아홉 살에 문장을 짓고 시부를 외웠으며, 장성하여서는 전적과 구류백가의 책을 두루 읽고 깊이 연구하지 않은 책이 없었다'고 전해질 정도로, 타고난 문재와 성실성 그리고 다양한 학문을 종횡하는 통섭의 사유가 있었다. 게다가 성품이 너그러워 태학에서 공부하던 시절 반고를 좋아하지 않은 유생이 없었다고 한다.

청년 반고에게 새로운 삶이 열린 건, 반표가 죽음을 맞이했던 스물세 살 때였다. 장남인 반고는 태학에서의 공부를 중단하고 고향으로 돌아와 3년상을 치른다. 이때 반고는 아버지가 집필하던

『사기후전』을 본 후 크게 감명받아, 부친의 뜻을 이어 '역사 쓰기'를 결심한다. 그러나 앞서 보았듯, 반고는 역사 개작이라는 죄목으로 옥에 갇혀 위기를 맞지만 동생 반초의 활약 덕에 황제로부터 역사 쓰기를 허락받고 난대영사蘭臺令史라는 벼슬까지 하사받는다.

반고의 관직생활은 '역사 쓰기'로 얽힌 인연에 의해 시작되었다. 난대영사는 오늘날로 치면 국회도서관장쯤 되는 직책으로, 반고는 당시 현령이었던 진종陳宗, 윤민尹敏 등과 함께 세조(광무제) 본기를 완성한다. 또한 후한 공신들에 대한 열전과 후한에 맞섰던 할거세력에 대한 열전을 완성했는데 모두 28편이었다. 반고가 당대 최고의 문장가로 이름을 떨치게 된 것은 군주 장제章帝를 만나고 나서부터다. 어려서부터 경학과 문학을 공부했던 장제는, 반고의 문장을 얼마나 좋아했던지 지방을 순수할 때마다 반고를 동행시켜 부와 송을 짓게 했다. 대체 반고의 문장이 어떠했기에 황제에게 남다른 총애를 받을 수 있었던 것일까?

반고가 황제에게 올린 문장들은 한나라의 덕을 칭송하는, 이른바 한나라의 덕이 요순시대와 같은 성인치세에 버금간다는 내용이 대부분이었다. 하지만 당시 의식이 있다는 문사와 학자들은 반고의 의견에 동의할 수 없어 비판한다. 한나라에는 성인과 같은 제왕이 없고 정치와 교화의 측면에서 보더라도 태평시대라 부르기에는 오히려 부족하다는 게 그들의 주장이었다. 과연 문사로서 자기시대의 미덕과 문화를 칭송하면 권력에 영합하는 것일까? 문사로서 반고의 행위를 어떻게 봐야 할까?

지금으로 치면 시사평론가로 세상의 허위를 누구보다 날카롭게 비판했던 왕충은 한나라를 칭송한 반고의 작품이 주나라 때의 송頌과 그 종류가 같다고 보았다. 광무제·명제·장제가 만들어 낸 태평성대 역시 충분히 칭송받아 마땅하다는 것이다. 당대 사람들의 태평성대 기준이었던 상서로운 징험으로 판단하더라도 그러한 징조는 오히려 요순시대보다 후한이 훨씬 더 많다는 것이 왕충의 근거였다. 하여, 왕충은 말한다. '신하로서 군주를 칭송하는 일 역시 문사가 해야 할 일이며, 성군인 줄 알면서도 칭송하지 않는 것은 옳거나 그른 일을 보고도 말하지 못하는 벙어리와 같은 것'이라고. 없는 것을 지어내서도 안 되지만, 있는 것을 폄훼하거나 감추어서도 안 된다. 왕충은 반고의 붓이 그러했다고 보았다. 그래서 왕충은 후한의 덕을 깎아내리는 사람들에게 '반고의 문장'을 읽어 보라고 권한다. 적어도 반고의 문장 안에 담겨 있는 한나라 덕의 '사실과 진의' 정도는 확인한 후에 비판하라는 말이다.

　　그러자 이번엔 일군의 학자들이 반고의 행적을 문제 삼았다. 반고가 다행히 제왕의 시대에 태어나 활동하기 때문에 문장가로서의 영광을 누리는 것일 뿐, 그의 문장은 황제를 즐겁게 해주는 일 외에 현실에는 별 쓸모가 없다는 것이었다. 반고는 문장의 가치를 의심하고 문장가의 역할을 무시하는 이러한 가치평가를 참을 수 없었다. 문장의 공덕은 실질적 기술이나 실리적 업적을 세우는 문제와 다른 차원의 것이 아닌가. 이에 반고는 「답빈희」答賓戱라는 부賦를 지어 문장을 무용하게 보는 이들에게 답했다.

반고에게 글쓰기란 누군가의 인정을 얻기 위해 써야 하는 것이 아니었다. 육가나 양웅처럼 글쓰기로 인정받아 명예를 누린 문사도 있었지만, 평생 글을 썼음에도 인정받지 못한 공자와 같은 이도 있었다. 해서, 칭찬에 기뻐할 것도, 비난에 뜻을 굽힐 필요도 없었다. 반고가 보기에 문사를 움직이는 것은 부·명예·칭찬이 아니라 성현의 뜻을 하늘과 땅에 가득 채우려는 마음에 있었다. 글을 쓴다는 것은 그 자체로 성인의 뜻을 전하는 일이자, 세상 사람들의 마음을 바꾸고, 삶을 바꾸는 일 아닌가. 세상에서 유용하다고 칭송하는 기술보다 더 중요한 것, 기술과는 다른 차원의 세상의 빛이 되는 것! 반고에겐 그것이 글쓰기였고, 자신이 황제에게 올리는 문장 역시 그런 차원의 글쓰기였다. 문장에 대한 이런 자부심이 없었다면 아버지의 유업을 이어 20년 동안 한나라의 역사를 쓰는 작업에 매진하지 못했을 것이다. 반고에겐 '역사 쓰기' 그 자체가 역사적인 과업이었던 것이다.

『한서』1백 권은 황제 12기를 순서대로 서술하고 관사를 나열하였으며, 후왕의 책봉을 정리했고 천지의 표준을 설명하였으며 음양을 통합하고 원시 이래 일월과 성신의 운행을 확대하여 추산하였으며, 지리와 지역을 분할 설명하였고 강토를 연구 정리하였으며 인류의 뿌리와 근원을 밝히고 만방을 포괄하여 설명하였다. 육경과 도덕의 체계를 밝혀 성과를 엮었고 모든 인물의 성과와 자취를 종합하여 편장을 찬술하였다. 고아한 전고를 모두 포함하고 고금의 세상사를 관통하였으니 모든 문자가 정밀하고 전아하며 학술의 총림을 생각했다.

「서전」하,『한서』10, 548쪽

반고는 역사 쓰기가 단순한 업적과 사건의 나열이 아닌 학술의 총림이 되어야 한다고 보았다. 하나의 분야를 중심으로 전개하는 역사가 아닌 다양한 분야의 지식 체계를 자유롭게 횡단하여 집대성하겠다는 의미였다. 그래서 반고는 황제를 중심으로 한 신하들의 흥망성쇠뿐만 아니라, 해와 달과 별의 움직임은 물론 지리와 지역, 인류의 뿌리와 근원, 육경과 도덕적 체계, 고금의 세상사를 관통하는 그 모든 것을 역사의 체계로 편입시켰다. 즉 반고가 보기에 나라의 흥망성쇠는, 사람의 흥망성쇠에 더하여 자연의 흥망성쇠, 도덕의 흥망성쇠, 지리와 지역의 흥망성쇠 이 모든 것들이 유기적으로 맞물려 돌아간 결과물로서 드러나는 것이었다. 반고가 전한시대의 흥망성쇠를 총망라하여 중층적으로 입체적으로 조망한 이유가 여기에 있었다. 반고는『한서』가 후한의 오늘과 미래를 비추어 주는 거울이 되길 바랐다. 후한의 영도자들이 작은 것은 반드시 커지고, 은미한 것은 반드시 드러난다는 기미와 조짐을『한서』를 통해 발견하길 바랐던 것이다.

반고의 죽음, 그리고「한서」를 마무리한 여동생 반소

죽음이 누구에게나 그렇듯, 반고의 죽음 역시 전혀 예상할 수 없던 곳에서 찾아왔다. 사연은 이렇다. 낙양 현령인 충경种競이 길을 가는데 반고의 노비가 특별한 이유 없이 충경의 수레를 막아 세웠다. 노비가 현령의 수레를 막다니, 현령을 수행하던 관리들이 가만히 있었겠는가. 관리들은 그 노비를 흠씬 패 주었는데, 황당한 것은 그 노비는 맞으면서도 현령을 향해 욕을 한 것이다. 충경은 더욱더 화가 나 노비를 죽이고 싶었지만, 반고와 친분이 있던 두헌의 권세가 두려워 어쩌지 못하고 원한을 품은 채 발길을 돌린다. 낙양 현령도 떨게 만든 두헌은 어떤 인물인가? 어떤 인물이었기에 반고의 죽음과 관련 있는 것일까?

　　두헌은 '성격이 과감하고 조급하였으며, 사소한 원한도 꼭 보복하는' 성품을 지녔는데, 여동생이 태후(두태후)가 된 후 오만방자의 아이콘이 되는, 한마디로 문제적 인물이었다. 충경은 이러한 두헌의 권세와 성품이 무서웠기에 화를 자초하지 않으려 발길을 돌렸던 것이다. 그런데 얼마 뒤, 두헌이 황제 암살 계획을 세우다 발각되어 연루자들이 모두 소환되는 일이 벌어졌다. 충경은 이때를 이용하여 노비의 주인이었던 반고에게 복수한다. 반고가 두헌의 역모에 연루되었다 고발한 것이다. 반고는 두헌의 흉노 원정에 동행했으며「두장군북정송」竇將軍北征頌이라는 명문銘文을 남겨 두헌의 전공을 기념한 적도 있어 의심을 사기 충분했다. 이 사건으로 반고는 61세의 나이로 옥사한다. 궁형을 피하지 못한 사마천을 비판했던 반고였지만, 죽음도 운명이기에 피한다고 피할 수 있는 것이 아님을 자신도 몰랐던 것이다.

미완으로 남은『한서』를 완성한 것은 반고의 여동생 반소였다. 장장 100권 52만 자 분량의 방대한 역사 쓰기를 마무리한 존재가 여동생이란 사실에 먼저 놀라고, 근대 이전 중국에서 역사 쓰기에 참여한 최초이자 마지막 여성이라는 사실에 또 한 번 놀라게 된다. 반소는 어떤 인물이었기에『한서』의 대업을 완성할 수 있었을까?

반소의 유년 시절에 대한 기록은 거의 없다. 그녀가 열네 살에 동향사람 조세숙과 결혼했지만 남편이 단명하여, 꽤 일찍 홀로되었다는 것. 그럼에도 재가하지 않고 아이를 홀로 키웠다는 것이 전부다. 그런 반소가 역사에 등장한 것은 반고의 갑작스런 죽음 때문이었다.『한서』집필 상황을 알고 있던 군주 화제和帝는, 반고가 마무리하지 못한「표」와「천문지」를 반소에게 완성하라 명한다.『한서』의 집필기획과 관련한 전 과정을 알고 있는 거의 유일한 인물이 반소였기 때문이었다.

여기 반소의 학식을 보여 주는 흥미로운 일화가 있다. 때는 반소가『한서』를 완성한 후로 거슬러 올라간다.『한서』는 완성되었지만, 완성하고 보니『한서』를 온전히 읽어 낼 수 있는 사람이 없었다. 특히 구두가 없는 게 문제였다. 구두란 구두점으로 어디에서 어떻게 끊느냐에 따라 의미가 달라지는데 그것이 없었던 것이다. 해서 마융馬融과 같은 후한의 대학자도『한서』의 진의를 파악할 수 없었다. 그래서 화제는 마융에게 명을 내려 반소에게 구두를 받아 오라 명한다. 구두점은『한서』의 의미를 온전히 이해하고 있는 사람이어야만 제대로 찍을 수 있다는 걸 화제는 알고 있었던 것이다.『한서』

는 마융이 반소로부터 읽는 법을 전수받은 뒤에야 비로소 읽을 수 있는 텍스트가 되었다. 반소의 마지막 공력으로 세상에 나올 수 있었던 텍스트, 그것이 바로『한서』였던 것이다.

반소의 학식을 높이 평가했던 화제는 훗날 그녀를 황후와 비빈들의 스승으로 삼아 황실 여인들의 교육을 담당하게 한다. 반소가 '최고의 여성지식인'이라는 의미의 '조대가'曹大家로 불리게 된 것도 바로 이 즈음이다. 중국 최초의 '여성교육서'이자 근대 이전까지 여성들에게 가장 많이 읽힌 내훈서『여계』女誡를 편찬한 것도 반소였으니 그녀가『한서』를 마무리한 건 결코 우연이 아니었다. 반소는 여성이 학문과 정치의 주체로 활동했던 최초의 사례이자, 여성들의 스승으로 기록된 최초의 인물이다.

『한서』는 반씨 가문의 보이지 않는 힘들이 빚어낸 역작으로, 그 저변에는 남녀를 구분 짓지 않고 가르쳤던 반씨 집안의 교육철학이 있었다. 그러한 교육이 삶으로 옮겨진 결과 고모할머니 반첩여는 백성과 황실로부터 높은 신망을 받았고, 부친 반표는 역사 쓰기로 세상의 사표가 되고자『사기후전』을 남겼으며, 반고는 부친의 유업을 이었다. 여기에『한서』집필 환경을 만들어 준 동생 반초의 활약과 반고가 마무리하지 못한 부분을 완수해『한서』의 대업을 완성한 반소에 이르기까지. 대를 이어 전해졌던 글쓰기의 이면에는 배운 대로 행동하고 배운 대로 쓴 반씨 가문의 놀라운 실천력이 자리하고 있던 것이다. 하여『한서』는 반고만의『한서』가 아니다. 반표·반초·반소의『한서』이기도 한, 말하자면 반씨가문의『한서』다.

부록2 『한서』, 우주의 눈에서 지상의 눈으로 '욕망을 해부하다'

역사, 『주역』이라는 렌즈를 통과한 기억

우리는 보통 역사를 업적 기록으로 생각한다. 그리고 업적이란 보통 성과다. 그런데 잘한 것만 기록하는 게 좋은 걸까? 나만 해도 잘한 일만 기억한다면 내 삶은 어떻게 될까? 성과를 기준으로 나와 남을 평가하고 우월감으로 살게 되면 과거는 내 식으로 편집하고 싶어질 것이다. 역사 왜곡이 문제되는 것도 이런 맥락이 아닐까. 업적 중심의 역사에는 분명 승자의 시선이 반영된다. 그런 역사에는 민초, 여성, 자연 등의 소수자의 목소리가 실려 있을 리 만무하다. 우리가 아는 대부분의 역사는 보통 승자의 입장에서 세계를 해석하고 유지하려는 목적을 통해 선별되고 지워진다.

　우리가 만난 『한서』와 『사기』는 왕을 중심으로 쓰였다 해도 권력자의 목소리를 대변하는 역사는 아니었다. 그렇다면 동양에서 역사란 무엇일까. 동양에서 역사는 선과 악에 대한 포폄이었는데, 이런 인식이 생긴 것은 공자의 역사관이 반영된 것이다. 공자는 역사서 『춘추』를 통해 '과거의 잘못을 반복하지 않기 위해' 역사가 쓰여야 함을 강조했다. 공자의 역사의식은 『주역』이 바탕이 된다. 『주역』은 동아시아의 천지만물이 끊임없이 변화하는 자연현상의 원리를 설명한 경전이다.

> 사마천은 사물의 이치를 잘 서술하였으며 부박浮薄하지 않았고 질박하지만 비속하지 않으면서 문질文質이 함께 빛나니 실로 훌륭한 재능을 가진 사관이었다. 범엽, 「반표열전」, 『후한서』 5, 진기환 역주, 명문당, 2018, 427쪽

반표는 사마천을 사물의 이치를 잘 서술한 사관으로 극찬하고 있다. 그가 보기에 역사란 자연과 분리된 채 작동하는 인간의 행위가 아니라, 인간을 통해 자연과 우주 전체의 기운을 포착하는 행위였다. 그것이 『주역』과 통할 수밖에 없는 이유이기도 하다. 그렇다. 동양의 역사는 만물과 연결된 시선으로 그 시대를 기억하고자 한다. 예컨대 흥하고 망하는 일만 해도 그렇다. 흥은 좋은 것이고 망은 나쁜 것으로 보지 않는다. 역의 시선으로 보면 흥하면 반드시 망하게 되어 있다. 그것이 삶이고 자연의 변화라면 흥망이라는 결과에 집착하기보다는 흥과 망의 파동을 잘 타는 게 중요하다.

자연은 낮과 밤, 봄과 가을, 더위와 추위 등 서로 다른 이질적

인 기운을 향해 가는 파동의 세계이고 역사도 다르지 않다. 그렇다면 그 변화의 파동에 몸을 맡겨야 한다. 역동적인 변화의 장에 열려 있는 자는 어떤 대단한 것도 영원할 수 없다는 것, 동시에 어떤 어려움도 계속될 수 없다는 것. 마치 줄타기를 하듯이 변화무쌍함 속에서 중심 잡는 법을 보여 주는 듯하다.

공자가 추구한 요순시대란 천도를 실천하는 시대였다. 아이러니하게도 공자가 살던 시대는 폭력과 이기심, 사치가 판을 쳤기에 그것을 멈추게 해야 했다. 즉, 『춘추』를 통해 사람들이 욕망을 멈추고 천지와 함께 리듬을 타는 길을 열고자 했던 것이다. 『사기』와 『한서』는 공자의 뜻을 이어받은 역사서이다. 하지만 두 역사서는 천지만물의 시선으로 시대를 보고자 한 점은 같지만 그들이 살았던 시대가 다른 만큼 서로 다른 색깔을 지니고 있다.

도도한 시간들을 살아 낸 인간들의 위대함과 치열함, 그리고 찰나에 갇힌 인간의 무지가 씨줄, 날줄로 얽혀 있는 투쟁의 터전으로서 역사를 만날 수 있다. 역사라는 그 전장에서 현재를 길어 내고, 미래를 사유해야 한다. 나라면 어떻게 행동할 것인가의 질문을 던지면서 삶의 출구를 찾자는 것이다. 역사가 인류 지성의 경험이듯, 삶 또한 많은 것을 경험하는 일이다. 실패든 성공이든 경험은 사라지지 않는다. 잘한 것만을 기억한다고 해서 나의 문제가 사라지지 않듯이. 중요한 것은 성공이냐 실패냐가 아니라 여기, 지금을 어떻게 잘 살아 내는가가 핵심이다. 성공한 것, 잘한 것만을 기억해서는 '지금 여기'를 잘 살아 낼 수가 없다. 지금 여기는 계속 다른 물결로

다가오기 때문이다. 『사기』와 『한서』가 그 질문에 대한 답을 준다고 생각한다. 그러나 『사기』와 『한서』는 비슷한 듯 다르다. 일본 학자 야스시는 두 역사서의 다른 시선을 다음과 같이 꿰뚫고 있다.

> 사마천의 『사기』가 신의 눈, 우주의 눈으로 쓰인 것이라면, 반고의 『한서』는 현재의 왕조에 근거한 지상의 눈, 한 왕조의 눈으로 쓰인 셈이다.오키 야스시, 『사기와 한서』, 김성배 옮김, 천지인, 2010, 127쪽

『사기』, '우주의 눈'으로 3천 년을 주파하다

사마천이 다룬 시대는 신화시대인 황제黃帝부터 한나라 무제까지 장장 3천 년을 포괄한다. 그에 반해 『한서』는 한나라에 주목한다. 3천 년의 시공간을 주파하는 '통사'와 200년의 '단대사'. 먼저 『사기』가 다루는 3천 년의 통사를 보자. 『사기』는 하, 은, 주, 진 등 다양한 나라의 「본기」로 구성되어 있다. 하나의 「본기」가 아닌 다양한 「본기」는 중층적인 시선을 우리에게 제공한다. 그렇게 되면 결과 중심주의에서 벗어날 수가 있다. 예컨대 『사기』에서 진나라를 볼 때도 속도와 리듬의 측면에서 볼 뿐 특별하게 취급하지 않는다. 3천 년의 큰 파동의 측면에서 보자면 크고 짧게 친 물결에 불과할 뿐이다.

역사의 크고 작은 파동은 바다의 물결이 그러하듯 계속된다. 그 속에서 인간은 타고난 운명의 파동으로 역사의 파동과 끊임없이 마주하는 존재이다. 시대의 파동과 운명의 파동이 겹치면서 설

명할 수 없는 삶들이 넘실거린다. 백이나 허유는 자기 신념을 지켰으나 굶어 죽는 등 아무런 보상도 받지 못했다. 안연은 공자가 극찬할 정도로 배움 제일이었으나 밥도 배불리 못 먹고 요절하고 말았다. 하지만 사람을 밥 먹듯이 죽인 도척은 잘 먹고 잘살 뿐 아니라 천수까지 누렸다.

사마천은 질문한다. "천도天道는 공평무사해서 항상 착한 사람을 돕는다"라고 했는데 실상은 왜 이런 것인가. 그도 도무지 인과가 맞지 않는 실상 앞에서 천도를 의심했다. 하지만 곧 자신의 의심이 협소한 시선에 갇힌 질문임을 알아차린다. 앞서 보았듯이 다양한 「본기」들은 척도에 대한 생각을 무참하게 깨 버린다. 인간의 삶만 해도 그렇다. 다양한 삶이 있을 뿐 비교가 불가능하다. 삶은 관계의 산물이기 때문이다. 예컨대 부귀만 해도 그것은 노력의 산물이 아니다. 이것을 우리는 운명이자 천명이라고 부른다. 공자도 이것을 간파하고 다음과 같이 말했다. "부귀라는 것이 만약에 추구해서 구할 수 있는 것이라면 비록 채찍잡이와 같은 천한 직업이라고 할지라도 나는 그것을 할 것이며, 만약에 구할 수 없는 것이라면 나는 내가 좋아하는 것을 좇아 행할 것이다."

부귀는 노력의 결과가 아니라 타고난 운명이라는 것이다. 그러니 부귀를 척도로 결핍을 찾기보다는 '내가 좋아하는 것을 좇아 행하라'는 것. 평생 정규직을 원했지만 백수로 살았던 공자의 깊은 통찰력이 담긴 조언인 것이다. 사마천은 공자의 문제의식을 빌려 운명에 대한 질문을 던진다. 부귀가 노력에 의해 구할 수 있는 것이 아니라 운명에 달려 있는 것처럼 세상의 지위라는 것도 마찬가지라는 것. 자연의 렌즈를 통해 본 세상은 황제, 제후, 장사꾼, 재주꾼심지어 선인과 악인까지 다양한 삶으로 구성되어 있을 뿐 거기에는 위계가 없다. 이것은 돌과 나무나 물과 불과 같이 각기 다른 운명을 타고난 것과 같다. 그래서 비교가 아무런 의미가 없다. 무엇으로 태어났는가가 중요한 게 아니라 자신의 운명을 발견하고 그 삶을 잘 살아 내는 게 중요한 것이다.

사마천은 "추운 계절이 된 연후에야 소나무와 잣나무는 시들지 않는다(푸르게 남아 있다)는 것을 안다"라고도 하였다. 온 세상이 혼탁해졌을 때라야 청렴한 사람이 드러난다는 것이다. 이것은 세속 사람들은 부귀를 중시하고 청렴한 사람은 부귀를 경시하는데 평소에는 잘 드러나지 않는 속내가 어려운 시절이 되면 적나라하게 드러난다는 것이다. 소나무처럼 덥든 춥든 푸르기 위해서는 생명에 우열이 없음과 만물이 연결되어 있음을 깨달아야 한다. 이런 생명의 비전이 바로설 때 어떤 변화에도 휘둘리지 않고 나아갈 수 있는 것이다. 공자는 "군자는 죽은 뒤에 자기의 명성이 칭양稱揚되지 않을까 걱정한다"라고 하였고, 가의賈誼는 "탐부貪夫는 재물 때문에 목숨을 잃고, 열사는 명분 때문에 목숨을 바치며, 권세를 과시하는 사람은 그 권세 때문에 죽고, 서민들은 자기의 생명에만 매달린다"라고 하였다.

그렇다. 군자든 탐부든 열사든 자기 신념을 고집하는 순간 생명의 장에서 점점 멀어질 뿐이다. 모든 천지 만물은 끊임없이 변화

할 뿐이고, 인간은 좋은 운명이 따로 있는 게 아니라 천도를 아는 자와 모르는 자가 있을 뿐이다.

하루살이도 천지 입장에서 보면 그 자체로 완전하다. 하루를 살아도 천지와의 관계 속에서 보자면 하루살이의 행위는 생명의 연못에 동심원이 그려지듯 파문을 일으킨다. 아무리 미약해도 그 파문은 전체에 영향을 미치게 마련이다. 우리는 요절한 백이와 안회를 보고 안쓰러워하지만 그들은 억울해하지 않았을 것이다. 하지만 이 역시 인간 중심주의적 생각이다. 자연은 어떤 보상도 바라지 않는다. 백이나 안회는 결과나 보상과 상관없이 매 순간 천지를 지도 삼아 자신의 길을 간 자였다. 사마천은 이런 자들은 시대를 초월하여 서로 감응하기 마련이라고 말한다. 같은 종류의 빛은 서로가 비춰 주고, 같은 종류의 물건은 서로 감응感應한다. "구름은 용을 따라 생기고, 바람은 범을 따라 일어난다. 그것처럼 성인이 나타나면 이에 따라서 세상 만물의 모습이 모두 다 뚜렷이 드러나게 된다. 백이와 숙제가 비록 현인이긴 하였지만 공자의 찬양을 얻고 나서부터 그들의 명성이 더욱더 두드러지게 나타났고, 안연이 비록 학문에 독실하기는 하였지만, 천리마의 꼬리에 붙여져서 그의 덕행이 더욱더 뚜렷해졌다. 암혈岩穴에서 살아가는 은사들은 출세와 은퇴를 일정한 때를 보아서 한다. 이와 같은 사람들이 명성에 파묻혀 버려서 칭양되지 않는다면 정말 비통하리라! 항간의 평민으로 덕행을 연마하고 명성을 세우고자 하는 사람이 청운지사靑雲之士에 의지하지 않는다면 어떻게 그의 명성을 후세에 전할 수 있겠는가."

이것이 사마천이 3천 년을 주파하면서 통사를 쓴 이유이다. 그는 엄청난 시공간을 통해 다양한 삶을 발굴했고, 그들을 지도 삼아 인간의 길을 제시하길 원했다. 우주의 눈으로 천명에 대한 태도, 신념, 죽음을 사유하면서 이들의 삶을 조명하고 있는 것이다. 하여 타고난 운명을 발견하고 그곳에서 편안하게 사는 것! 천지만물이 연결된 세계에서는 우리의 행위가 시공간을 통해 새로운 세계를 생성할 수 있다. 인간은 무력한 존재가 아니다. 세포 하나하나가 유전자를 가지고 있듯이, 생명력을 발휘할 수 있는 잠재력을 가지고 있다. 삶에서 사건에 직면할 때 기존의 가치에 매이지 않고 만물과 감응하는 삶을 사는 것! 이것은 타고난 운명을 사랑할 때 가능한 일이다. 하여 운명을 사랑하는 일은 천지의 연결성을 자각하는 일이고 그때 나의 현실은 전혀 다른 방식으로 창조된다. 이런 운명에 대한 문제의식이 기전체라는 창조적인 역사 서술 형식을 탄생시켰다고 생각한다. 세상의 중심인 왕이나 황제를 다룬 「본기」, 제후들을 그린 「세가」, 중심이 아닌 자들의 삶을 그린 「열전」. 이렇게 중심에서 주변으로 아우르는 「본기」, 「세가」, 「열전」에는 형식보다는 실질을 중시한 인물들이 등장할 수 있기 때문이다.

한고조의 아들 혜제만 해도 천자지만 겉으로 볼 때는 영향력을 행사하지 못했다고 보아 사마천은 「본기」에 기록하지 않았다. 하지만 여태후와 항우는 황제는 아니었지만 황제만큼의 힘을 발휘했으므로 「본기」에 당당히 기록된다. 형식보다는 실질을 강조한 『사기』의 파격은 이뿐만이 아니다. 공자는 제후도 아닐 뿐 아니라 한량에 불과하지만 그 영향력을 높이 평가하여 「세가」에 넣었고, 주류 역사서에 절대 등장할 수 없는 자객, 상인, 이민족 등 적극적으로 천명에 따르는, 즉 자기 운명을 사랑한 인간들을 발굴했다. 천자와 제후는 물론이고 목숨이 위태로워도, 친분이 없어도 의로운 자라면 변호를 했듯이 사마천은 자신을 자석처럼 끌어당긴 자들에게 깊이 매료되었고 그들을 당당하게 기록했던 것이다.

우주의 눈으로 3천 년을 내달리면서 그는 황제는 황제답게, 제후는 제후답게, 개인은 개인답게 각자 자리에서 주어진 천명을 알아차리고 자신의 길을 가야 한다고 생각했다. 그렇게만 된다면 세상은 평화로워질 것이다. 『사기』는 이런 비전 속에서 인간을 탐구하였고 그것이 바로 역사서 『사기』가 되었다.

『한서』, '지상의 눈'으로 욕망을 해부하다

『한서』 이야기에 먼저 『사기』를 언급한 이유는 『한서』가 『사기』의 문제의식을 포함하면서 그 다음 스텝을 밟고 있기 때문이다. 오키야스시의 표현을 빌리자면 『사기』의 '우주의 시선'에서 『한서』의 '땅의 시선'으로 옮겨 왔다고 할 수 있다. 3천 년을 주파했던 우주적 시선이 드디어 200년의 지상의 시선으로 내려온 것이다. 이렇게 시선을 이동한 이유는 무엇일까. 『한서』를 쓴 반씨 가문은 사마천과 서 있는 지점이 다르다. 한나라는 전한과 후한으로 두 번의 흥망성쇠를 겪었다. 사마천은 전한 시대 역사가로 한나라가 가장 잘나가는 조건 위에서 역사를 기록했다. 하지만 『한서』를 지은 반씨 가문은 전한의 흥망성쇠를 겪은 아픔을 지나 후한 시대를 산 자였다. 한번도 겪기 힘든 왕조 교체를 두 번이나 겪으면서 전한의 잘못을 후한에서 반복되게 할 수는 없었다. 그들은 전한의 혼란을 수습하고 재통일한 후한을 유지하기 위해 절박함으로 『한서』를 썼다.

지상의 눈으로 본 『한서』는 이런 시대적 조건 속에서 탄생했다. 이제 한나라는 본격적인 통일국가가 되었고, 한고조 유방 또한 지금까지 없던 왕의 캐릭터로 평화의 아이콘이었다. 그는 출신부터가 특별(?)했다. 한미한 집안에 한량인 자가 천자의 운명을 타고났고 천하의 기운이 그에게 모여 황제가 되었다. 그는 과격한 전쟁이 아니라 최소한의 전쟁 즉 백성들이 원하는 방식으로 통일을 이루었다. 그는 진시황과는 달리 백성들에게 부역을 줄여 휴식을 주고 위로하고 생산력을 회복시켰다. 이제 국가 안정을 위해 제도와 시스템 정비가 필요했고, 그것을 뒷받침하기 위해 국가 정치이념으로 유학이 강력하게 요청되었다. 예컨대 공신들만 해도 유학 교육이 필요했다. 한나라를 세우기 전에는 호전적인 인물들이 필요했지만 통일이 되자 제도를 정비할 자가 필요했다. 공신의 힘이 전환되지 않으면 위협적인 존재, 골칫거리로 전락한다. 그렇다고 내칠 수도 없는 법. 유방은 힘이 넘치는 공신들에게 유학의 예를 가르쳐 변화를 시도하게 된다. 그들에게 예를 통해 위계를 알게 해서 모반의 싹을 없애고자 한 것이다. 이런 필요에 의해 법가, 도가 등 제자백가 사상에 섞여 있던 유학은 한나라에 오면서 본격적으로 뿌리를 내리게 되었다. 공자가 '예의 회복'[復禮]을 내세워 인간관계에 대한 기본질서를 강조한 유학이 한나라의 국가학이 된 것이다.

『한서』가 『사기』에 비해 유학적 색채가 짙은 것은 이런 시대적 배경 때문이다. 이제 한나라는 관료 사회가 되었고, 이제 국가적으로 유학의 최고 가치인 '인의'가 강조되기 시작한다. 이런 유학적인 색채는 『한서』의 구성에서도 반영된다. 『한서』는 『사기』와 달리 실질보다는 명분을 중시한다. 혜제의 경우 『사기』는 「본기」에서 빼버렸지만 『한서』는 「본기」에 그를 싣고 있다. 그리고 「세가」를 없애고 「본기」와 「열전」으로 구성했다. 이제 제후와 협력하기보다는 왕과 백성이 합심하는 것이 국가 유지에 더 적합하다고 본 것이다.

유학의 시대, 인간관계가 중시되고 인의의 가치를 구현하는 자가 관리가 되는 시대. 천명을 발견해서 자기 길을 가는 『사기』와는 달리 이 시대에는 인의가 출현하였고 유학자는 인의를 행하는 자인 동시에 관료 즉, 출세를 추구하는 자가 되어 버렸다. 이렇게 전도된 욕망은 우리 시대에도 다르지 않다. 수능만 해도 암기가 아닌 이해력과 논리력을 높이기 위한 능력 평가였는데 성적으로 줄세우기가 되었고, 대학만 해도 취업을 위한 학원이 되고, 정규직이 인생의 목표가 된 것과 같다. 한나라도 안정이 되자 유학의 근본 비전은 점점 사라지고 출세를 위한 등용문이 된 것이다.

『한서』는 통일 제국 한나라가 안정을 위해 유학을 중시했지만 그 이념이 전도되면서 벌어지는 '인간의 욕망'에 주목하고 있다. 이렇게 된 결정적인 이유는 세상이 물질적 면에서 풍족해졌기 때문이다. 겉으로는 안정되고 평온해 보이지만 내면에는 보이지 않는 탐진치가 끓어올랐다. 저술 의도를 밝힌 「서전」에 다음과 같은 내용이 있다. "세력에 따라 합치고 시류에 영합하여 나쁜 풍속이 좋은 풍속으로 바뀌[移風易俗]어도 '서로 어긋나게 통용할 수 없는 것'은 '군자의 법'이 아니기 때문입니다." 풍속이 바뀌어도 해결되지 않는 것이 있다는 것. 『사기』가 천명을 따르는 자를 드러내듯이 『한서』는 이제 군자의 법과 아닌 것을 구분해야 했다. 겉으로는 군자다운 자들이 넘치지만 그 속은 검은 욕망으로 꽉 차 있는 자가 누구인가. '군자의 법'의 여부를 판단하려면 가치 전도의 욕망이 일어나는 그 지점을 적나라하게 해부해야 했던 것이다.

　이것이 『한서』가 신의 눈에서 지상의 눈으로 역사를 써야 했던 이유이다. 『한서』의 절실함은 인간들의 욕망을 더 적나라하게 분석하고 해부를 함으로써 '군자의 법'으로 나아가는 지도를 그리도록 만든다. 반표는 "공자는 '천성은 서로 비슷하나 습관은 크게 다르다'고 하였고, 가의는 '선인과 함께 오래 생활하면 선행을 아니 할 수 없으니 마치 제나라에서 나고 자라면 제의 말을 아니 할 수 없는 것과 같다. 악인과 함께 오래 거처하면 악행을 하지 않을 수 없으니, 초에서 나고 자라면 초의 말을 안 할 수 없는 것과 같다'고 하였습니다. 이 때문에 성인은 거처할 곳을 잘 살피며 습성을 삼갑니다" 「반표열전」, 『후한서』 5, 431~432쪽라고 광무제에게 말한 바 있다.

　무엇보다 어디서 거처하는가, 어떤 습성을 익히는가가 절실해졌다. 타고난 본성대로 살 수 없는 시대가 온 것이다. 오키 야스시가 말한 "『한서』는 현재의 왕조에 근거한 지상의 눈, 한 왕조의 눈으로" 쓰였다는 것은, 자신과 행위에 대해 적극적이어야 함을 시사하고 있다. 이 시대에 산다는 건 자신도 모르게 물질적 이익을 탐하느라 생명의 그물망 속에 내재한 자연의 본성을 망각하게 되는 조건에 빠지기 쉽다는 걸 의미한다. 하여 사마천은 하늘의 시선으로 천명에 주목했다면, 반고는 지상의 욕망을 파고들 수밖에 없었던 것이다. 실제로『한서』에는『사기』에서처럼 천명을 따르는 거인이 출현하지 않는다. 하지만 '욕망을 통찰하는 자'와 '욕망을 통찰하지 않는 자'는 분명히 나뉜다. 한나라는 건국기의 혼란을 극복하고 문경지치와 무제의 치세로 안정기에 접어든다. 하지만 안정된 시기는 계속 이어지지 않는다. 안정과 동시에 끝없는 소유욕이 분출하면서 만족을 모르는 인간의 출현을『한서』는 목격해야만 했다.

반씨 일가는 전한 200년의 흥망성쇠 속에서 탐욕으로 들끓는 욕망에 의해 나라가 좌지우지됨을 온몸으로 경험해야 했다. 공자와 사마천이 아무리 훌륭해도 그들은 동시대 인물은 아니었다. 공자와 사마천의 역사 정신으로 반씨 일가는 그 시대를 반영한 새로운 역사서를 쓸 수밖에 없었던 것. 통일제국과 함께 자라는 그 얽히고설킨 욕망의 흐름을 읽어 내는 것. 그것을 위해 3천 년을 '줌 아웃'했던 렌즈를 200년으로 '줌 인'하게 된 것이고, 촘촘한 관계망 안에서 발생하는 욕망이 일어나는 지점을 낱낱이 해부하고자 했던 것이다. 이것이『한서』가 주목하고자 했던 지점이다.

결국 욕망의 클로즈업을 통해『한서』는 천지와 불통된 인간들과 정면 대결한다. 예컨대 성공한 것, 잘한 것만을 기억하거나 성공을 향해 달려가는 건 이치에 맞지 않으니 역풍을 맞을 수밖에 없다. 역풍을 맞는 결정적인 이유는 인간중심적 사고 때문이다. 인간의 탐진치는 소유하고 집착하게 만든다. 원하는 결과나 목적지에 도달하려는 순간, 흐름은 막히고 모든 관계가 단절된다. 탐욕적인 자는 자아라는 감옥에 갇혀 자신의 본성을 발휘하지 못한다. 『한서』는 그 어두운 욕망을 기어이 드러내고, 정면으로 마주하게 하면서 이기적인 마음이 얼마나 반자연적인가를 통찰하게 만든다.

이렇게 『한서』는 전한 시대의 욕망을 해부하면서 후한 시대를 열고 있다. 이제야 알겠다. 내가 왜 『한서』를 읽으면서 열광했는지. 『한서』는 사건이라는 장 속에서 자연과 우주가 펼쳐 내는 에너지의 장을 경험하게 만들었다. 이것은 내게 우주적 렌즈를 제공하여 뭉친 자의식을 녹여 흘러가게 하는 성찰의 과정이기도 했다. 단언컨대 전한 후에 이어진 후한 200년 또한 『한서』의 힘이 작용했다고 생각한다. 『한서』는 전한의 무거운 욕망을 해체하는 우주적 바다 역할을 했고, 거기서 쏟아져 들어오는 생명력으로 그다음의 장을 열 수 있었던 것이다.

저자 인덱스